Götz Hütt
Eine deutsche Kleinstadt
nach dem Nationalsozialismus

AF206892

Schriftenreihe der Geschichtswerkstatt Duderstadt

Götz Hütt

Eine deutsche Kleinstadt nach dem Nationalsozialismus

Zur Geschichte und Nachgeschichte
der NS-Zeit in Duderstadt und im Untereichsfeld

Bibliografische Information der Deutschen Nationalbibliothek
Die Deutsche Nationalbibliothek verzeichnet diese Publikation
in der Deutschen Nationalbiografie;
detaillierte bibliografische Daten sind im Internet über
http://dnb.dnb.de abrufbar.

© 2017 Götz Hütt
Herstellung und Verlag:
BoD – Books on Demand, Norderstedt
ISBN 9783744821308

Inhaltsverzeichnis

01 Einleitung

Noch im Jahr 2011 stand über dem Eingang des früheren Duderstädter Bahnhofs zu lesen: *„müssen rollen für den"* – ein Überbleibsel aus dem „Dritten Reich", ein Fragment des NS-Propaganda-Spruchs „Räder müssen rollen für den Sieg!". Niemand hatte es entfernt, nachdem der Sieg ausgeblieben war und die Armeen der Alliierten 1945 die „Türen des deutschen Zuchthauses"[1] von außen aufgebrochen hatten. So der Philosoph Karl Jaspers in einer Vorlesung im Wintersemester 1945/46. Befreit fühlten sich in Deutschland zunächst vor allem die überlebenden Opfer des „Dritten Reiches": die Kriegsgefangenen der Wehrmacht, die Häftlinge in den Konzentrationslagern, die ausländischen Zwangsarbeiterinnen und Zwangsarbeiter sowie politische Gegner des Nationalsozialismus. Die große Mehrheit der Deutschen dagegen verstand damals die bedingungslose Kapitulation des NS-Staates am 8. Mai 1945 nicht als Befreiung. Die Erleichterung darüber, dass der Krieg vorbei war und man ihn überlebt hatte, war allgemein. Aber die militärische Niederlage wurde als Debakel, als Schmach und Erniedrigung Deutschlands verstanden.

Schon dieser Umstand belegt, dass es 1945 keine Stunde null gab, in der alle Verbindungen zur Vergangenheit gekappt waren und in der alles ganz neu anfing. Das NS-Regime ging mit seiner Niederlage nicht spurlos unter. Es blieben in Deutschland nicht nur die Zerstörungen, die es hinterlassen hatte, es blieben auch die körperlichen und seelischen Verletzungen der Menschen. Für längere Zeit lebten hier noch viele der aus fast ganz Europa

---

[1] Jaspers, Karl (Neuausgabe 1987): S. 12.

zur Zwangsarbeit Verschleppten als Displaced Persons. Hinzu kamen die Flüchtlinge und Vertriebenen aus den deutschen Ostgebieten. Materielle Not bestimmte die Nachkriegs-Gegenwart. Viele lebten in Ungewissheit über das Schicksal von Angehörigen und in Sorge darüber, was die Zukunft bringen werde. Sie „interessiert, was der Not steuert, was Arbeit und Brot, Wohnung und Wärme bringt". Mit diesen Worten beschrieb wiederum Karl Jaspers die geistige Situation und fuhr fort: „Der Horizont ist eng geworden. Man mag nicht hören von Schuld, von Vergangenheit, man ist nicht betroffen von der Weltgeschichte. Man will einfach aufhören, zu leiden, will heraus aus dem Elend, will leben, aber nicht nachdenken. Es ist eher eine Stimmung, als ob man nach so furchtbarem Leid gleichsam belohnt, jedenfalls getröstet werden müsste, aber nicht noch mit Schuld beladen werden dürfte."[2]

Es blieben nach dem Ende des „Dritten Reiches" aber auch die unveränderten Überzeugungen uneinsichtiger Nazis sowie Relikte der NS-Propaganda und der nationalsozialistischen Ideologie im Denken vieler Menschen – ebenso wie an der Wand des Bahnhofgebäudes in Duderstadt.

Obwohl die Bundesrepublik Deutschland als demokratisch-rechtsstaatlicher Gegenentwurf zum „Dritten Reich" gegründet worden war, dauerte es auf der Bonner politischen Bühne doch vier Jahrzehnte, bis Bundespräsident Richard von Weizsäcker am 8. Mai 1985 die Erkenntnis Karl Jaspers' von 1945 aussprach: „Der 8. Mai war ein Tag der Befreiung. Er hat uns alle befreit von dem menschenverachtenden System der nationalsozialistischen Gewaltherrschaft."[3] Diese im Parlament vorgetragene Sichtweise der Niederlage Deutschlands stieß weithin auf Empörung, machte die Rede berühmt und regte bei vielen einen Bewusstseinswandel an. Altbundeskanzler Helmut Schmidt zum Beispiel erklärte in einem ZEIT-Interview 2015, gefühlsmäßig habe er das relativ früh begriffen, die Rede Richard von Weizsäckers habe ihm diese Sichtweise „dann wahrscheinlich ins Bewusstsein gehoben".[4]

Auch in Duderstadt empfing die am 9. April 1945 einrückenden amerikanischen Truppen kein Jubel, wie er doch Befreiern eigentlich gebührt. Der zu diesem Zeitpunkt noch amtierende Nazi-Bürgermeister Dornieden erinnerte sich später, um 1950, so: „Von der Rathauslaube konnte ich mehrere Szenen einer würdelosen Anbiederung beobachten. Während die meis-

---

[2] A.a.O., S. 15.
[3] www.bundespraesident.de/SharedDocs/Reden/DE/Richard-von-Weizsäcker/Reden/1985/05/19850508_Rede.html, Download 4.5.2015.
[4] „Wir dachten nur: endlich ist es vorbei", DIE ZEIT Nr. 18, 29. April 2015.

ten Hausbewohner das traurige Schauspiel vom Fenster aus ernst und würdig beobachteten, stürzten sich einige Weiber auf einen zugeworfenen Karton mit Schokolade und balgten sich zum Ergötzen der Amis wie junge Hunde. [...] Den Rekord schlug jedoch die Frau eines Schuhmachers. Sie erschien auf der Straße mit einer Flasche Kognak und einer Kiste Zigarren, schenkte den Amerikanern ein und bot ihnen Zigarren an."[5] Die Gefühle der Duderstädter bei der Besetzung ihrer Stadt durch die „Amis" waren also gemischt, entsprachen aber weitgehend denen des Bürgermeisters. Noch mehrere Jahre nach Kriegsende schrieb ein Einwohner im Hinblick auf die Besetzung der Stadt: „Die Gefühle der beteiligten Menschen sind noch nicht erkaltet. Es sind kaum verharschte Wunden vorhanden ..." Er sah Anlass zu zwei Mahnungen: „Der siegreiche Feind ist der Verbündete von heute – vergessen wir das nicht!" Und: „Man sollte heute nicht mehr nachforschen, an welchem Haus eine weiße Fahne beim Einmarsch der Amerikaner hing, um daraus einen Mangel an nationaler Würde zu konstruieren."[6]

Als Retter dagegen verstanden die nach Duderstadt verschleppten Zwangsarbeiterinnen und Zwangsarbeiter die fremden Soldaten und feierten den Tag ihrer Befreiung. Mirosław Kukliński, damals als Zwangsarbeiterkind in Duderstadt, hat beschrieben, wie für ihn die Befreiung zum lebenslang unvergessenen Ereignis wurde.[7] Tragisch, dass einige Menschen aus der Sowjetunion zu tödlich wirkendem Methylalkohol griffen.

Mit dem Einrücken der amerikanischen Truppen begann zugleich die Nachgeschichte des Nationalsozialismus in Duderstadt. Sie umfasst, was an Relikten aus der NS-Zeit bestehen blieb und wie die städtische Gesellschaft sich zur nationalsozialistischen Vergangenheit und zur eigenen Geschichte in den Jahren des „Dritten Reiches" verhielt, und zwar nunmehr mit einer Denk- und Entscheidungsfreiheit versehen, die unbeeinflusst war von Furcht vor dem diktatorischen Staat. Doch auch ohne Repression wurde das Verhältnis zur NS-Vergangenheit auf lange Zeit vor allem bestimmt durch Beschönigung, Beschweigen und Leugnen der Beteiligung, durch Verdrängen und Vergessen, durch das Schlüpfen in eine Opferrolle und den Widerstand gegen eine wahrhaftige Aufarbeitung. Erst nach Jahrzehnten konnte diese Haltung allmählich überwunden werden. Aber das Verdrängen blieb doch auch, nunmehr vor allem in der Form von Bemühungen, das lange und beschämende Sich-nicht-erinnern-Wollen an die NS-Zeit zu verbergen und

---

[5] Zitiert nach Ebeling, Hans-Heinrich (1997): S. 13.
[6] Ebeling, Hans-Heinrich (1997): S. 15. / StadtA Dud: SM 1 Nr. 53.
[7] Filmisches Interview 2011, auf einer DVD herausgegeben von der Geschichtswerkstatt Duderstadt.

es nachträglich in sein Gegenteil, nämlich zu angeblich aktiver Aufarbeitung seit Jahrzehnten, zu verkehren. Die Nachgeschichte des „Dritten Reiches" aber dauert mit der noch immer nicht beendeten Erforschung der NS-Zeit in Duderstadt und der erforderlichen Auseinandersetzung damit bis heute an. Der kritische, aller Beschönigung sich enthaltende, allem Unliebsamen nicht ausweichende offene Blick in die Vergangenheit, hier in die einer südniedersächsischen Kleinstadt, ist immer auch ein Stück notwendiger und förderlicher Selbsterkenntnis, aus der Erfahrungen für die Gestaltung von Gegenwart und Zukunft zu gewinnen sind. Ein Schlussstrich, der dem ein Ende setzt und den so viele wünschten, ist nicht zu ziehen.

Duderstadt ist kein Einzelfall, sondern einer von vielen Orten, denen es schwer fiel und teils immer noch fällt, sich der nationalsozialistischen Vergangenheit aufrichtig zu stellen, samt den Fortschritten, die schließlich dabei gemacht wurden. Es geht in diesem Buch somit um die Darstellung eines Beispiels und die Offenlegung eines anzunehmenden Normalfalls.

Der Verlauf der Nachgeschichte der NS-Zeit in Duderstadt wird an ausgewählten Beispielen aufgezeigt. Mancher wird daher vielleicht dieses oder jenes Kapitel vermissen. Die Darstellung erfordert auch den Rückblick in die Zeit der Jahre von 1933 bis 1945. Der Sachverhalt ist komplex. Es gibt Parallelen und Überschneidungen. Dem entspricht die Form dieses Buches, das Überlappungen und Wiederholungen nicht meidet. Sie sind gewollt. – Jedem Kapitel ist eine kurze Zusammenfassung vorangestellt, um eine schnelle Orientierung zu ermöglichen.

02 Der lange Weg zur Selbsterkenntnis

Duderstadt, Bahnhofstraße 20, früher Sitz der NSDAP-Kreisleitung, 2016

Das Eichsfeld habe im „Dritten Reich" nicht auf der Seite der National-sozialisten gestanden, sondern als christlich geprägte Region gegen sie. Wegen ihres Glaubens und Widerstandes hätten die Eichsfelder zu den Opfern des „Dritten Reiches" gezählt. So lautete in den Nachkriegsjahr-zehnten die Selbstdarstellung in Duderstadt und im Untereichsfeld, häu-fig unter Berufung auf das Ergebnis der Reichstagswahl am 5. März 1933. Dieses Geschichtsbild war aber nur aufrecht zu erhalten durch die Nichtwahrnehmung, das Verdrängen und Leugnen historischer Fakten, zum Beispiel dessen, dass die Zustimmung zur NSDAP und zum NS-Staat im Untereichsfeld im Laufe des Jahres 1933 sehr schnell wuchs und dass die christlichen Kirchen ihren Anteil daran hatten. Erstmals im Jahr 2000 schrieb ein Duderstädter Historiker: „Man richtete sich ein, und fast alle machten mit."[8]

Die Tendenzen der Geschichtsschreibung über die NS-Zeit im Eichsfeld

„Hätte man 1933 überall wie im Eichsfeld gewählt, so wären Deutsch-land und die Welt von dem Hitlerwahnsinn verschont geblieben, und man-ches sähe heute anders aus."[9] Einen Aufsatz mit dieser Analyse der Reichs-tagswahl vom 5. März 1933 veröffentlichte die Zeitschrift „Eichsfelder Hei-matstimmen"[10] im Jahr 1980. Der Verfasser, Johannes Müller, wollte zwei-erlei belegen: die Oppositionshaltung des Eichsfeldes gegenüber dem Nati-onalsozialismus und dass Wählerinnen und Wähler anderer Regionen des Deutschen Reiches Hitler an die Macht gebracht hätten, aber eben nicht die Eichsfelder. Er irrte mehrfach: Wenn die NSDAP bei dieser Wahl selbst im katholischen Eichsfeld, also einer Hochburg der katholischen Zentrumspar-tei, etwa 26 Prozent der Wählerstimmen[11] für sich verbuchen konnte, in Duderstadt sogar annähernd 34 Prozent, trug durchaus bei zum Wahlerfolg der Nationalsozialisten im Deutschen Reich insgesamt. Sodann: Die Über-gabe der Macht an Hitler war bereits am 30. Januar 1933 erfolgt und nicht erst durch die Reichstagswahl am 5. März. Außerdem stimmten auch die

---

[8] Wagner, Dieter (2000): S. 183.
[9] Müller, Johannes. In: Eichsfelder Heimatstimmen, Heft 9, 1980, S. 400 f.
[10] Die Monatszeitschrift „Eichsfelder Heimatstimmen" wurden vom Landschafts-, Heimat- und Verkehrsverband Eichsfeld mit Sitz im Duderstädter Rathaus herausgegeben.
[11] Siebert, Heinz (1982): S. 5.

Abgeordneten der im Eichsfeld favorisierten Zentrumspartei dem Ermächtigungsgesetz zu, welches die Republik endgültig aufhob und als Rechtsgrundlage der nationalsozialistischen Herrschaft diente. Schließlich kann das Ergebnis dieses einen Wahltages nicht hochgerechnet werden auf die gesamte Dauer der NS-Herrschaft und damit nicht als Beleg einer kontinuierlichen Gegnerschaft zum „Dritten Reich" gelten.

Johannes Müller schrieb weiter über die Anfangszeit des Nationalsozialismus im Eichsfeld: „Die ersten, die hier mitmachten, waren im allgemeinen keine Eichsfelder, sondern landfremde und zugezogene Personen, die von dem neuen Regime persönliche Vorteile erhofften." Von ganz anderer Art schienen ihm dagegen die einheimischen Anhänger Hitlers gewesen zu sein: „Dass es auch hier Idealisten gab, die den Worten Hitlers Glauben schenkten und für ihr Vaterland aus der Überwindung des Parteienhaders Rettung erwarteten, ohne zu ahnen, dass der Nationalsozialismus zwangsweise zur Diktatur führen musste, kann nicht bestritten werden."[12] Es handelte sich also dieser Auffassung nach bei jenen, die als erste Eichsfelder die Hakenkreuzfahne hoch hielten, um irregeleitete, idealistisch gesinnte Patrioten, im Grunde aber nicht um wahre Nationalsozialisten. Nazis, das waren für Müller die Anderen, die Fremden. Daher konnte er das Eichsfeld als einen im totalitären „Dritten Reich" vom Nationalsozialismus okkupierten, unterdrückten Landstrich verstehen: „Jedenfalls hat sich das Eichsfeld nur widerwillig und verhältnismäßig spät dem Nationalsozialismus gebeugt, nachdem einmal ‚die Partei die Macht ergriffen' hatte."[13]

Ähnlich sah Heinz Siebert die Haltung der Eichsfelder im „Dritten Reich". In seinem 1982 erschienenen Buch „Das Eichsfeld unterm Hakenkreuz" schrieb er von Bewährung in dunkler Zeit. Diese Region habe „von Anfang an zum Nationalsozialismus in Opposition gestanden und dafür gelitten."[14] Durch den Schutz des katholischen Glaubens sei das Eichsfeld „in hohem Maße immun […] gegen die Verlockungen und Verführungen des Dritten Reiches"[15] gewesen. Geradezu schwärmerisch schrieb er in seinem im Eichsfeld von vielen beachteten Buch: „Die Ma-

[12] Müller, Johannes: „Das Eichsfeld". In: Eichsfelder Heimatstimmen 1980, S. 400 ff.
[13] A.a.O., S. 400 f.
[14] Siebert, Heinz (1982): Vorwort.
[15] A.a.O., S. 108.

rienverehrung verleiht eine einzigartige religiöse Instinktsicherheit. Wie sicher findet z. B. die Schwalbe im Frühling ihr Nest; wie trefflich baut die Biene ihre kunstvolle Wabe. Ein sicherer Instinkt trifft eben immer das Richtige. Auch uns Menschen hat Gott eine innere Witterung mitgegeben für das Gute und das Schlechte, die in Umwertung aller Werte einen festen Standpunkt, einen klaren Kopf und eine unbeirrbare Sicherheit verleiht."[16]

Ebenso bestritt eine Leserbriefschreiberin 1982 entschieden, dass es in Duderstadt ein Außenlager des KZ-Buchenwald mit jüdischen Gefangenen gegeben habe. Als Begründung für ihre Behauptung führte sie an, „dass aufgrund der christlichen Einstellung der Eichsfelder die braune Ideologie dort nie hat Fuß fassen können."[17] – Egon Kreißl, Verfasser einer Ortschronik von Nesselröden[18], stellte im Jahr 1988 in den „Eichsfelder Heimatstimmen" fest: „Vor und nach 1933 ließ sich die gläubige und streng katholische Bevölkerung des Eichsfeldes … nicht von nationalsozialistischen und kommunistischen Parolen beeinflussen."[19] – Der Bürgermeister des Duderstädter Ortsteils Tiftlingerode wurde 2013 in der Presse mit dem Satz zitiert: „Zu Zeiten des Zweiten Weltkrieges war das Eichsfeld ein Bollwerk gegen die Nationalsozialisten und Kommunisten, wir waren nie Mitläufer."[20]

Damit ist jene Deutung der Geschichte des Eichsfeldes im „Dritten Reich" in ihrer Grundtendenz umrissen, die in den Nachkriegsjahrzehnten in Duderstadt bis in die 80er Jahre und teils noch darüber hinaus ins allgemeine Bewusstsein gehoben war: Das Eichsfeld habe nicht auf der Seite der Nationalsozialisten gestanden, sondern als christlich geprägte Region gegen sie. Wegen ihres Glaubens und Widerstandes hätten die Eichsfelder zu Opfern des „Dritten Reiches" gezählt. Und immer wieder wurde zum Beweis auf das Ergebnis der Reichstagswahl am 5. März 1933 verwiesen, um das Eichsfeld in den Status des geschichtlich Beispielhaften und Vorbildlichen, von keiner Mitschuld Belasteten zu heben. Aber zu Recht? Um dieser Frage nachzugehen, ist zunächst ein Blick zu werfen auf die Ergebnisse der Reichstagswahlen von 1928 bis 1933, auf die wachsende gesellschaftliche Unterstützung der NSDAP und ihrer Herrschaft, auch durch die christlichen Kirchen, sowie die nach 1945 lange Zeit der Verdrängung und der Selbsttäuschung über das Maß des Mittuns im „Dritten Reich".

---

[16] A.a.O., S. 108.
[17] Ursula Brüning am 31.12.1982 in der Südhannoverschen
   Volkszeitung.
[18] Heute Ortsteil von Duderstadt.
[19] Kreißl, Egon: „Nesselröden einst und heute". In: Eichsfelder Heimatstimmen,
   Jg.1988, Heft 5, S. 244.
[20] „Wunderschön, aber nicht realistisch", Eichsfelder Tageblatt am 2.3.2013.

Wahlergebnisse und Akzeptanz der NSDAP in Duderstadt

Am 12. November 1925 gründete der Bautechniker Andreas Dornieden, ein Eichsfelder, die Kreisorganisation der NSDAP im Untereichsfeld – mit zunächst wenigen Mitgliedern. Die meisten von ihnen stammten aus Duderstadt.[21] Sie waren zunächst politisch wenig erfolgreich. Bei der Reichstagswahl am 20. Mai 1928 erhielt die katholisch geprägte Zentrumspartei in der Stadt Duderstadt 45,8 Prozent der Stimmen, die NSDAP kam auf 4,2 Prozent. Dieser niedrige Stimmenanteil der Nationalsozialisten übertraf aber immer noch das Gesamtergebnis der NSDAP im Reichsgebiet mit nur 2,6 Prozent. Schon bei der Reichstagswahl am 14. September 1930 überwand die NSDAP in Duderstadt erstmals die 20-Prozent-Marke, im Jahr 1932 stieg ihr Stimmenanteil hier bei zwei Reichstagswahlen auf rund 31 bzw. 28 Prozent, um am 5. März 1933 mit 33,9 Prozent seinen bis dahin höchsten Stand zu erreichen. Die NSDAP erhielt im Deutschen Reich bei dieser schon nicht mehr völlig freien Wahl insgesamt 43,9 Prozent der Stimmen.

Auch in Duderstadt waren zur Zeit der Weimarer Republik Auffassungen und Wünsche verbreitet, die einen Nährboden für die Versprechungen Adolf Hitlers bildeten. Das ist den Reden zu entnehmen, die 1931 bei der Einweihung eines „Krieger-Ehrenmals"[22] gehalten wurden und über welche die Eichsfelder Morgenpost berichtete. Zuerst sprach Bürgermeister Oeben (Mitglied der Zentrumspartei): Die Soldaten hätten 1914-1918 gegen eine Welt von Feinden für Volk und Vaterland gekämpft, das Gedenken ihrer in Wehmut und Dankbarkeit sei eine Ehrenschuld. Das Denkmal möge ein Ansporn für die Jugend sein, „sich für Deutschlands Ruhm und Ehre, für Recht und Freiheit einzusetzen".[23] – Propst Algermissen verstärkte dem Pressebericht zufolge die Sichtweise, der Kampf der Soldaten sei einer für Volk und Vaterland gewesen, indem er deren Tod zusätzlich zu einem heiligen Opfertod erhöhte. Die Zeitung referierte den weiteren Inhalt seiner Ansprache so: „Der Geist der Toten müsse über die Lebenden kommen. Als sie ausgezogen seien, seien sie ein einig Volk von Brüdern gewesen. Auch wir müssten in unserem Leben unsere ganze Kraft für dasselbe Ziel einsetzen. Wir brauchten den Frieden der Welt, aber den [sic!] Frieden, den wir bekommen hätten, sei kein Frieden. Wir brauchten aber auch den Frieden

---

[21] Siehe Ebeling/Fricke (1992): S. 99.
[22] „Einweihung des Krieger-Ehrenmals", Eichsfelder Morgenpost am 18.8.1931.
[23] A.a.O.

15

in unserem Volke [...]"[24] Als Ziel nannte der Propst, gemeinsam am Wiederaufstieg zu arbeiten, auch, um die gegenwärtige Not zu überwinden. – Der Pastor der evangelischen Kirchengemeinde, Martin Stünkel, beklagte ebenfalls die Zerrissenheit des deutschen Volkes, das sich zur großen Brüderschaft verbinden müsse. Das Denkmal solle zum „Ruf werden zu einem starken, tapferen Geschlecht"[25]. – Der Journalist schließlich fügte seinem Bericht über die Einweihungsfeier das Gedicht „Vermächtnis" des Arbeiterdichters Karl Bröger an, in dem die Fortsetzung des Werkes der im Ersten Weltkrieg Gefallenen angemahnt wird:

„Stärker als alle Kämpfer und ewig ist der Kampf.
[...] Jeder gefallene Bruder wirbt
Neue Hände, dass sein verlassenes Werk nicht stirbt."[26]

Genau auf solche Befindlichkeiten derjenigen, welche die Niederlage Deutschlands im Ersten Weltkrieg und den Friedensvertrag von Versailles nicht verwinden konnten, zielten die Wahlversprechen Hitlers, das deutsche Volk zu einer Volksgemeinschaft zu vereinen, seine Ehre, Freiheit und sein Recht wiederherzustellen und es zu neuer Größe in der Welt zu führen. In Verbindung mit der Versicherung, die Wirtschaftskrise und Arbeitslosigkeit zu überwinden, erreichte die nationalsozialistische Propaganda eine wachsende Zustimmung zur NSDAP auch in Duderstadt und im Untereichsfeld.

Ergebnisse der Reichstagswahlen von 1928-1933 in der Stadt Duderstadt in Prozent der gültigen Stimmen[27]

	20.5.1928	14.9.1930	31.7.1932	6.11.1932	5.3.1933
NSDAP	4,2	20,9	32,4	28,1	33,9
Zentrum	45,8	43,9	43,8	43,3	41,5
SPD	23,7	16,6	12,1	12,3	11,1
Andere	26,3	18,6	11,7	15,8	13,5

Die Tabelle zeigt, wie die Unterstützung des Zentrums sich in Duderstadt über die Jahre hinweg nur wenig verringerte. Bei einem Anteil der

---

[24] A.a.O.
[25] A.a.O.
[26] A.a.O.
[27] Diese wie die weiter folgenden Wahlergebnisse sind übernommen von Dörries, Johannes (1984): S. 120. Siehe dazu auch Ebeling/Fricke (1992).

Katholiken an der Gesamtbevölkerung von mehr als zwei Dritteln erhielt die Partei des politischen Katholizismus immerhin über 40 Prozent der Wählerstimmen, während sich der Stimmenanteil der Sozialdemokraten von 1928 bis 1933 mehr als halbierte.

Zum wachsenden Erfolg der NSDAP in Duderstadt trugen mutmaßlich Wahlberechtigte evangelischer Konfession wesentlich bei; im Bereich der hannoverschen Landeskirche, zu der die Duderstädter evangelische Gemeinde gehörte, stimmte nämlich bei der Reichstagswahl im März 1933 mehr als die Hälfte der Wählerinnen und Wähler für die NSDAP.[28] Andererseits erhielt das Zentrum in Duderstadt nicht die Unterstützung aller katholischen Wählerinnen und Wähler; etliche von ihnen müssen in nicht genau bestimmbarer Zahl ebenfalls die NSDAP gewählt haben. Es war also den Nationalsozialisten durchaus ein Einbruch in eine Hochburg des Katholizismus gelungen, aber nicht in die Stammwählerschaft des Zentrums; sie war ihrer Partei weitgehend treu geblieben.

Es folgte die Gleichschaltung oder auch Selbstgleichschaltung vieler gesellschaftlicher Institutionen und die nächste Reichstagswahl am 12. November 1933. Sie war verbunden mit einer Volksabstimmung über den Austritt Deutschlands aus dem Völkerbund. Es gab diesmal nur noch einen Wahlvorschlag, den der NSDAP. Gewaltig war der Propagandaaufwand ohne öffentliche oppositionelle Gegenrede. Beeinflussung bis hin zur Einschüchterung bestimmte ebenso den Ablauf der Wahl selbst. Wie anderswo dürfte es in Duderstadt gewesen sein: Hakenkreuzfahnen und Hitlerportraits hingen im Wahlraum. Wahlhelfern war erlaubt, Parteiuniformen zu tragen. SA-Männer konnten die Wählerlisten einsehen als Voraussetzung für ihren „Wahlschleppdienst", der bereits von Mittag an „säumige" Wählerinnen und Wähler von zu Hause abholte und zu den Wahlurnen geleitete. In Duderstadt erreichte die NSDAP, dass es unter 4194 Wahlberechtigten nur 14 Nichtwähler gab.[29] Die Abstimmung selbst war allerdings geheim; die Wählerstimmen wurden öffentlich ausgezählt. Gegner der NSDAP konnten also im Schutz der Wahlkabine ungefährdet das Nein ankreuzen.

Diese Wahl ist wegen der Umstände ihres Ablaufs nicht als eine demokratische zu verstehen, aber das Ergebnis in Duderstadt – 92,3 Prozent für die NSDAP – gibt doch einen deutlichen Hinweis auf die inzwischen gewachsene Zustimmung großer Teile der Bevölkerung zum NS-Staat.

---

[28] Röhrbein, Waldemar (1996): S. 14.
[29] Quelle: Eichsfelder Morgenpost vom 13.11.1933.

Norbert Frei schreibt von einem ungemein raschen und starken Faschisierungsprozess in der deutschen Gesellschaft.[30] Bemerkenswert ist in diesem Zusammenhang der Vergleich des Wahlverhaltens in Duderstadt mit dem im Deutschen Reich insgesamt. In Duderstadt erhielten die Nationalsozialisten bei dieser Wahl 92,3 Prozent Ja-Stimmen. Die Zustimmung zur NSDAP lag hier jetzt sogar geringfügig, nämlich um 0,2 Prozentpunkte, über dem Reichsdurchschnitt mit 92,1 Prozent und erheblich über dem Wahlergebnis der NSDAP in vielen deutschen Großstädten wie z. B. in Hamburg, Berlin, Bremen oder Leipzig. Dort lag die Zustimmung zur NSDAP bei 78 bis 80 Prozent, also deutlich unter derjenigen in Duderstadt. Bei der gleichzeitigen Volksabstimmung unterstützten die Duderstädter mit 94,8 Prozent Hitlers Außenpolitik noch deutlicher.[31] Das heißt, die durchaus bestehende Möglichkeit, den Nationalsozialisten im Schutz der Wahlkabine das Ja ungefährdet zu versagen, wurde in der katholischen Region und ehemaligen Zentrumshochburg am 12. November 1933 weniger genutzt als im Durchschnitt des Reichsgebietes insgesamt. Von einer im Vergleich mit anderen Regionen Deutschlands zu dieser Zeit in Duderstadt auffälligen Oppositionshaltung gegenüber dem Nationalsozialismus kann angesichts des Wahl- und des Abstimmungsergebnisses nicht gesprochen werden. Diese Fakten wurden nach 1945 in Duderstadt verdrängt. So wurde Geschichte nach Belieben umgedeutet.

Das Ergebnis der Reichstagswahl im November 1933 in Duderstadt ist stark beeinflusst durch die Haltung der katholischen Kirche gegenüber dem NS-Staat, unter anderem durch den Abschluss des Konkordats am 20.7.1933. Mit dessen Bestimmungen wollte die katholische Kirche ihre Institution und die Glaubensfreiheit sichern und ließ sich dafür vertraglich weit mit den Nationalsozialisten ein. So hatten die Bischöfe vor ihrem Amtsantritt dem Deutschen Reich Treue zu schwören. Das war aber das „Dritte Reich". Außerdem hatten sie eidlich zu versichern, die verfassungsmäßige Regierung zu achten und vom Klerus achten zu lassen. Das galt aber der Regierung Hitlers. In jedem Hauptgottesdienst an Sonn- und Feiertagen war fortan ein Gebet für das Wohlergehen des deutschen Reiches und Volkes zu sprechen. Zugleich wurde der Rückzug der katholischen Kirche aus dem Bereich des Politischen und damit die Beschränkung der kirchlichen Organisationen und Verbände ausschließlich auf karitative, rein religiöse und kulturelle Bereiche vereinbart. Ein geheimer Zusatz traf Regelungen für die Militärseelsorge im Fall der Einführung einer (gegen den Versailler

---

[30] Siehe Frei, Norbert (2009): S. 127.
[31] Wahl- und Abstimmungsergebnisse nach Dörries, Johannes (1984): S. 122.

Vertrag verstoßenden) allgemeinen Wehrpflicht. Dafür sagte der Hitler-Staat zu, die Freiheit des Bekenntnisses und der öffentlichen Ausübung der katholischen Religion zu gewährleisten, und er erkannte das Recht der katholischen Kirche als Institution an, ihre inneren Angelegenheiten selbständig zu regeln.

Dem Konkordat waren die deutschen katholischen Bischöfe schon vorausgeeilt. Hatten sie bis zur Reichstagswahl am 6.3.1933 vor den Nationalsozialisten gewarnt und völlig zutreffend erklärt, die Ideologie des Nationalsozialismus sei mit christlichen Glaubensgrundsätzen unvereinbar, vollzogen sie bereits am 28. März 1933 eine weitgehende Kehrtwende. In einem Hirtenwort rief die Fuldaer Bischofskonferenz die deutschen Katholiken zur Mitarbeit im nationalsozialistischen Staat auf. Der für Duderstadt zuständige Hildesheimer Bischof Nikolaus Bares verfasste eine Kurzversion des Fuldaer Hirtenwortes für seine Diözese, die in der Duderstädter Südhannoverschen Volkszeitung im Wortlaut abgedruckt wurde. Darin erklärte er mit der Autorität seines Bischofsamtes – in der Zeit eines Kirchenverständnisses, welches die katholischen Bischöfe noch mit der Kirche gleichsetzte[32] –, dass die bisherigen Verbote und Warnungen gegenüber der nationalsozialistischen Bewegung „nicht mehr als notwendig betrachtet werden brauchen. Für die katholischen Christen, denen die Stimme ihrer Kirche heilig ist, bedarf es auch im gegenwärtigen Zeitpunkte keiner besonderen Mahnung zur T r e u e gegenüber der rechtmäßigen Obrigkeit und zur gewissenhaften Erfüllung der staatsbürgerlichen Pflichten unter grundsätzlicher Ablehnung alles rechtswidrigen und umstürzlerischen Verhaltens.“[33]

Mit dem Gebot zur staatsbürgerlichen Treue und der Ablehnung umstürzlerischen Verhaltens wurde Widerstand gegen die neue nationalsozialistische Obrigkeit kirchlich untersagt. Durch das wegweisende Hirtenwort der Fuldaer Bischofskonferenz war im Eichsfeld somit bereits vor dem Abschluss des Konkordats das katholisch-kirchliche Bollwerk gegen den Nationalsozialismus beiseite geräumt. Der Duderstädter Stadtkaplan Thienel hielt sich, wie andere auch, in seinen Ansprachen an diese bischöfliche Richtlinie und trug damit zur Bejahung und Etablierung des nationalsozialistischen Systems in Duderstadt bei. Über diese Mitverantwortung der katholischen Kirche für die Festigung der nationalsozialistischen Diktatur wurde in der Geschichtsschreibung des Eichsfeldes nach 1945 ohne Ausnahme geschwiegen.

---

[32] Siehe Gross, Alexander (2004): S. 23.
[33] „Kundgebung der Fuldaer Bischofskonferenz", Südhannoversche Volkszeitung am 30.3.1933.

Die NSDAP konnte bereits im ersten Halbjahr 1933 in Duderstadt zahl-reiche große Veranstaltungen mit Aufmärschen und vollen, teils überfüllten Sälen durchführen, also auch Nichtmitglieder dabei einbeziehen. Die Ha-kenkreuzfahne wurde am 9. März durch SA-Leute auf dem Landratsamt und am nächsten Tag auf dem Duderstädter Rathaus aufgezogen, begleitet durch „eine vielhundertköpfige Menge".[34] – Am Abend der Reichstagser-öffnung, also am 21. März 1933, der als „Tag von Potsdam" in die Ge-schichte einging, aber auch in Duderstadt feierlich begangen wurde, betei-ligten sich viele Einwohner an einem von der NSDAP organisierten Fackel-zug. In folgender Reihenfolge zog man durch die Stadt: voran der Katholi-sche Bläserchor, dann die SA, der Reiterverein, eine Schülergruppe des staatlichen Gymnasiums, die Mitglieder der NSDAP, die Hitlerjugend, die Scharnhorst-Ortsgruppe, die Stahlhelm-Ortsgruppe und zum Schluss der Kriegerverein.[35] – Einen „Deutschen Abend" der SA am 30. April 1933 wollten so viele Duderstädter besuchen, dass der größte Saal der Stadt beim Schützenhaus völlig überfüllt war, weshalb auf den geplanten Einmarsch der SA-Formation verzichtet werden musste und überdies „viele Hunderte von Besuchern" nicht eingelassen werden konnten.[36] Selbst wenn diese Zei-tungsmeldung übertrieben gewesen sein sollte, die Nationalsozialisten wa-ren in Duderstadt gesellschaftsfähig geworden.

Den Höhepunkt solcher NSDAP-Aktivitäten im Jahre 1933 in Duder-stadt bildete ein ganztägiger Kreiskongress am 23. Juli. Für die Parteimit-glieder fanden am Vormittag 11 Veranstaltungen statt, die auf verschiedene Gruppen wie Frauen, Landwirte, Lehrer, Jugendliche usw. ausgerichtet wa-ren. Am Nachmittag marschierten dann 2000 Parteigenossen, also in der Mehrzahl auswärtige, demonstrativ durch die Stadt zu einem Sportplatz. Dort nahmen etwa 7000 Menschen an einer Kundgebung teil.[37] Die NSDAP war nun also in der Lage, in Duderstadt Menschenmassen zu organisieren. Viele Eichsfelder folgten ihren Aufrufen auch dann, wenn dies beschwer-lich war. Zum Erntedankfest im Herbst 1933 veranstaltete die NSDAP auf dem Bückeberg bei Hameln eine zentrale Feier mit Hitler als Redner. Aus dem Untereichsfeld fuhren zwei Sonderzüge mit 1700 Teilnehmern dorthin. Abfahrt war am Samstagabend und Rückkehr am frühen Montagmorgen. Das war also eine durchaus strapaziöse Art, das Wochenende zu verbringen. Dieses Ereignisses wegen musste die evangelische Kirchengemeinde in Du-derstadt sogar die Hauptfeier des Erntedanks um eine Woche verschieben,

---

[34] Eichsfelder Morgenpost am 10.3. und am 11.3.1933.
[35] „Nationalfeiertag in Duderstadt", Eichsfelder Morgenpost am 22.3.1933.
[36] „Deutscher Tag in Duderstadt", Eichsfelder Morgenpost am 2.5.1933.
[37] „Der 1. Kreiskongreß der N.S.D.A.P.", Eichsfelder Morgenpost am 25.7.1933.

weil zu viele Gemeindeangehörige und Mitglieder des Kirchenchors dem Ruf der NSDAP zum Bückeberg folgen wollten.[38]

Ernte-Danktag am Bückeberg bei Hameln

Die Fahrzeiten der Sonderzüge stehen nunmehr endgültig fest. Danach fahren:

Sonderzug I:
| ab Duderstadt | Sonnabend abends | 23.34 Uhr, |
| an Lündern | Sonntag morgens | 4.05 Uhr. |

Rückfahrt:
| ab Lündern | Montag morgens | 10.43 Uhr, |
| an Duderstadt | Montag nachmittags | 15.09 Uhr. |

Sonderzug II:
| ab Duderstadt | Sonntag morgens | 1.42 Uhr, |
| an Emmerthal | Sonntag morgens | 5.45 Uhr. |

Rückfahrt:
| ab Emmerthal | Montag morgens | 9.48 Uhr, |
| an Duderstadt | Montag nachmittags | 14.09 Uhr. |

Der Teilzug des Sonderzuges II wird gegen 1 Uhr ab Zwinge fahren und in Wulften mit dem Hauptzug Nr. 2 verbunden. Alle Teilnehmer müssen sich wenigstens ¼ Stunde vor Abgang der Züge am Bahnhof einfinden!

An die Bevölkerung von Stadt u. Land Duderstadt!

Am 1. Oktober, zu dem Erntedankfest des Deutschen Bauerntums, wird im ganzen Reiche geflaggt werden. Auch unsere Bevölkerung wird ihre Verbundenheit durch allseitiges Beflaggen der Häuser kundtun. Also Fahnen heraus!

Die Kundgebung vom Reichs-Erntedankfest am Bückeberg wird durch den Rundfunk übertragen. Jeder, der nicht selbst Teilnehmer ist, wird am Sonntag die großen Reden unseres Führers Adolf Hitler und des Reichsministers Darré am Lautsprecher mitanhören!

Kreisleitung Duderstadt, Propaganda-Abteilung.

Die Straße Auf der Spiegelbrücke kann als ein Beispiel aufschlussreich dafür sein, wie sehr es der NSDAP mit der Zeit gelang, die städtische Gesellschaft in Duderstadt zu durchdringen, und in welchem Maße Duderstädter sich durch Mitgliedschaft zur NSDAP bekannten, und zwar trotz des Unrechtscharakters des NS-Staates – also trotz der Bedrohung und Unterdrückung Andersdenkender, trotz verbaler Hetze gegen jüdische Einwohner und Gewerbetreibende, trotz der brutalen Gewalt gegen Sachen und Menschen beim Pogrom am 9. November 1938, trotz des Militarismus. Das alles war auch in Duderstadt unmittelbar zu beobachten und nichts davon mit der christlichen Lehre vereinbar, der die Eichsfelder zugleich anhingen. Am Jahresende 1939 gehörten 588 Duderstädterinnen und Duderstädter der Nazi-Partei an, schätzungsweise jeder siebente Erwachsene.[39] Dazu ist noch die jahrelange Mitgliedersperre, also die Sperrung des Eintritts in die NSDAP, zu bedenken. Darüber hinaus waren weitere Einwohner Mitglied in einer der vielen der NSDAP verbundenen Organisationen wie etwa der

---

[38] „Tag des Bauern", Eichsfelder Morgenpost am 29.9.1933.
[39] HStA Hannover: Hann 310 I O 189 ("Beitragseinhebeliste" der NSDAP).

Nationalsozialistischen Volkswohlfahrt, dem Nationalsozialistischen Lehrerbund oder dem NS-Juristenbund, ohne selbst Parteimitglied zu sein. Die Straße Auf der Spiegelbrücke ist kurz: nur 19 Häuser, aber dennoch eine der wichtigsten Geschäftsstraßen der Stadt. Dort wohnten während der NS-Zeit 30 NSDAP-Mitglieder. Zu ihnen gehörten 10 der 19 Hausbesitzer. Die Duderstädter Parteigenossen waren also durchaus bodenständig. Wollte der NSDAP-Kassierer die Mitgliedsbeiträge einziehen, musste er 13 der 19 Häuser betreten. 23 Geschäfte und Betriebe gab es hier 1935. Für das Jahr 1940 ist nachweisbar, dass 11 der Betriebsinhaber NSDAP-Mitglieder waren, 12 dagegen nicht.[40] Die politische Einstellung dieser 12 bleibt unbekannt. Es ist also offen, wie sie zur NSDAP standen. Ihre Nichtmitgliedschaft ist allerdings Beweis dafür, dass Geschäftsleute nicht gezwungen waren, Parteimitglieder zu sein. Die 11 anderen dagegen zeigen: Eine große Anzahl der Duderstädter Geschäftsleute schwamm nachweislich mit dem braunen Strom

Wahlergebnisse und Akzeptanz der NSDAP in den Landgemeinden

In den Landgemeinden des Landkreises Duderstadt gewann die NSDAP bei der Märzwahl 1933 gegenüber der vorangegangenen Reichstagswahl sieben Prozentpunkte hinzu und vereinigte mehr als 20 Prozent der Stimmen auf sich. Der starke Anstieg der Zahl der Wählerstimmen für die NSDAP erfolgte auch hier nur zum kleineren Teil zu Lasten der der Zentrumspartei.

Die nachfolgende Tabelle zeigt die Ergebnisse der Reichstagswahlen von 1928-1933 in den 28 Landgemeinden des Kreises Duderstadt ohne Gieboldehausen in Prozent der gültigen Stimmen.

	20.5.1928	14.9.1930	31.7.1932	6.11.1932	5.3.1933
NSDAP	0,5	9,6	15,8	15,1	22,5
Zentrum	71,3	74,4	71,4	70,0	66,8
SPD	11,2	6,7	6,0	6,6	6,3
Andere	17,0	9,3	6,8	8,3	4,4

Bei der Reichstagswahl am 12. November 1933 erhielt die NSDAP auch in den Landgemeinden mehr als 90 Prozent der Stimmen. Die früher großen

---

[40] StadtA Duderstadt: Dud II Nr. 4712 / HStA Hannover: 310 I O Nr. 189 / Duderstädter Häuserbuch 2007.

Unterschiede zwischen den Wahlergebnissen in Duderstadt und seinem Umland waren damit eingeebnet.

Wahlergebnisse und Akzeptanz der NSDAP in Gieboldehausen

Die Wahlergebnisse in Gieboldehausen, dem zweitgrößten Ort im Untereichsfeld, entwickelten sich ähnlich wie in den anderen Kommunen des Landkreises Duderstadt, wobei die Zustimmung zum Zentrum hier über die Jahre hinweg noch stabiler war. Aber auch in Gieboldehausen steigerte sich die der NSDAP und der Hitler-Regierung entgegengebrachte Sympathie offenbar rasch.

Die Ergebnisse der Reichstagswahlen von 1928-1933 in Gieboldehausen in Prozent der gültigen Stimmen:

	20.5.1928	14.9.1930	31.7.1932	6.11.1932	5.3.1933
NSDAP	2,4	13,4	17,4	17,0	20,8
Zentrum	51,0	60,4	59,9	55,6	57,6
SPD	18,7	10,7	11,6	13,0	10,9
Andere	27,9	15.8	11,1	14,4	10.7

Am 19.4.1933, dem Vorabend von Hitlers Geburtstag, nahmen zahlreiche Menschen in Gieboldehausen an Feierlichkeiten zur Ehrung des „Führers" teil. Die Veranstaltung wurde von der NSDAP organisiert und von den beiden Geistlichen des Ortes durch ihre Anwesenheit beehrt. Die beiden Duderstädter Zeitungen würdigten dieses Ereignis inhaltlich übereinstimmend, unterschieden nur durch das Maß an Ausführlichkeit.

> Die national-konservative Eichsfelder Morgenpost (Auflage rund 1000 Exemplare) sympathisierte mit den Nationalsozialisten, während die zentrumsorientierte Südhannoversche Volkszeitung (Auflage rund 2800 Exemplare) im Jahr 1933 einer solchen Tendenz überhaupt nicht verdächtig ist. Beide Zeitungen erschienen in Duderstadt.

Zunächst marschierte den Zeitungsberichten zufolge ein großer Festzug unter den Klängen von Musikkapellen durch den Ort mit dem Ziel, eine Straße in Adolf-Hitler-Straße umzubenennen. Beteiligt waren nicht nur SA,

SS und Stahlhelm, sondern auch der Kriegerverein, die Freiwillige Feuer-
wehr, der Katholische Gesellenverein, die Deutsche Jugendkraft, die Freiwillige Sanitätskolonne, der Gesangverein Liedertafel, der Radfahrerverein
Wanderlust, der Deutsch-Hannoversche-Verein, der Radfahrerverein
Schwalbe, der Sportverein Eintracht und der Männergesangverein. Die
Schulkinder waren ebenfalls dabei. Es folgte ein „Deutscher Abend" in der
Gastwirtschaft Reimann, welche jedoch nicht alle fassen konnte, die teilnehmen wollten. Auch die beiden Geistlichen von Gieboldehausen ergriffen dort das Wort. Pfarrer Muth würdigte das Wirken Adolf Hitlers für die
Einigung des deutschen Volkes und wies darauf hin, dass die Führer des
politischen Katholizismus und die deutschen Bischöfe zugesagt hätten, sich
an diesem Werk zu beteiligen. Er schloss mit dem Wunsch, „daß das deutsche Vaterland unter der Führung des Reichspräsidenten von Hindenburg
und des Reichskanzlers Adolf Hitler wieder zu Ansehen und Macht in der
Welt gelangen möchte."[41]

Pastor Flemming rühmte ungeachtet der Verfolgung politischer Gegner
und der Juden die Einigung des deutschen Volkes durch Hitler gleichermaßen, zusätzlich die Bewahrung vor dem Schrecken des Bolschewismus.
„Mit dem deutschen Volke ginge es" – so schloß Pastor Flemming der
Eichsfelder Morgenpost zufolge seine Ansprache, „unter Adolf Hitlers Führung wieder vorwärts und aufwärts mit Gott."[42] Laut Südhannoverscher
Volkszeitung sagte er abschließend, mit „dem deutschen Volke ginge es
unter Adolf Hitlers Führung wieder aufwärts und vorwärts mit Gott."[43]

Längst nicht alle Teilnehmer dieser Veranstaltung waren Nationalsozialisten, aber doch schienen sie erfüllt von einer Stimmung des Aufbruchs in
eine vermeintlich bessere, glorreichere Zukunft. Die christlichen Kirchen
erwiesen sich nicht als Hort des Widerstandes gegen die neuen Machthaber
und deren bereits damals offenkundig verbrecherisches Handeln, vielmehr
bestärkten die beiden Geistlichen die Menschen in ihrer Zustimmung zum
neuen, zum nationalsozialistischen Staat, der sich zu dieser Zeit bereits als
Unrechtsstaat erwiesen hatte. – Wie die Nationalsozialisten dennoch, und
zwar durch ihre Drohungen gegenüber nichtkonformen Einstellungen, über
die Jahre hinweg mehrfach eingestanden, konnten sie nicht alle Menschen
im Untereichsfeld für sich gewinnen. Wohl aber erreichten sie die Zustimmung und das Mittun sehr vieler.

---

[41] Hitlerfeier in Gieboldehausen", Eichsfelder Morgenpost am 20.4.1933.
[42] A.a.O.
[43] „Gieboldehausen", Südhannoversche Volkszeitung am 20.4.1933.

Das christliche Milieu ignorierte seine nationalsozialistische Vergangenheit lange

Die Stadt Duderstadt und ihre Bediensteten waren in der NS-Diktatur ausführende Behörde, also Mitwirkende, zum Beispiel bei der Umsetzung der gegen die Juden gerichteten Bestimmungen einschließlich der Nürnberger Gesetze – das Standesamt etwa lieferte Daten, die Menschen zu „Ariern" erhoben oder zu Juden abstempelten –, weiter bei der polizeilichen Überwachung von vermuteten Regimegegnern, bei der Organisation von Zwangsarbeit sowie der Beschäftigung von Zwangsarbeitern im eigenen Bereich, bei der „Arisierung" jüdischen Grundbesitzes, bei der Ansiedlung eines kriegswichtigen Rüstungsbetriebes, des Polte-Werkes, ferner durch politische Propaganda für den NS-Staat. Die Liste ließe sich gewiss verlängern.

Von diesem staatlich-weltlichen Bereich ist der religiöse zu unterscheiden. Für den letzteren trifft zu, dass die Katholiken im Untereichsfeld ihrem Glauben treu blieben, ohne Zugeständnisse an die nationalsozialistische Weltanschauung zu machen. Das schloss eine zugleich enge Bindung vieler an den Nationalsozialismus dennoch nicht aus. Ein Beispiel dafür war der Duderstädter Bürgermeister Andreas Dornieden, der praktizierender Katholik und Nationalsozialist zugleich war – wie mit ihm zahlreiche der mehrere hundert NSDAP-Mitglieder in Duderstadt. Ein anderes Beispiel war der katholische Geistliche Richard Kleine, als geistlicher Studienrat Religionslehrer am Duderstädter Gymnasium. Er beteiligte sich 1933 an führender Stelle daran, eine Vereinigung zu gründen, die sich, bedeutungsvoll klingend, „Bund katholischer Deutscher ‚Kreuz und Adler'" nannte und eine Verbindung des deutschen Katholizismus mit dem „Werk des Führers" anstrebte. Schirmherr dieses Bundes war Vizekanzler von Papen.

Die Absichten dieser Vereinigung erinnern entfernt an die Rolle der „Deutschen Christen" in der evangelischen Kirche, die den Protestantismus in Deutschland der nationalsozialistischen Ideologie angleichen wollten. Deren Bedeutung erlangte der Bund „Kreuz und Adler" in der kurzen Zeit seines Bestehens allerdings nicht. – Die „Deutschen Christen" lösten in den evangelischen Landeskirchen einen internen Streit um den rechten Glauben aus. Die evangelische Kirchengemeinde in Duderstadt mit ihrem Pastor Stünkel stellte sich dabei hinter den Landesbischof Marahrens. Der war ein „glaubenstreuer" Christ, also gegen Konzessionen im Glaubensbereich an die nationalsozialistische Weltanschauung, zugleich aber begrüßte er das

25

Ende der Weimarer Republik und das Entstehen des neuen „Dritten Reiches", so wie die evangelische Kirchengemeinde in Duderstadt auch. Pastor Flemming aus Gieboldehausen stellte sich dagegen hinter die Forderung der „Deutschen Christen" nach einer Reichskirche, welche die „besonderen Bedürfnisse und Erfordernisse unserer Zeitlage"[44] berücksichtigen sollte.

Es ist also ein Festhalten an der christlichen Glaubenslehre festzustellen bei gleichzeitig angepasstem oder auch überzeugtem politisch-staatsbürgerlichem Verhalten im Alltag des NS-Staates. Das eine schloss das andere im realen Leben nicht aus. Wenn dagegen bis in die 1980er Jahren und darüber hinaus im Eichsfeld immer wieder dargestellt wurde, die hiesige Bevölkerung habe sich aus Gründen ihres christlichen Glaubens durch den Nationalsozialismus nicht beeinflussen und vereinnahmen lassen, wurde angenommen, das Verhalten im weltlich-politischen Bereich habe der religiösen Überzeugung widerspruchslos entsprochen. So entstand ein Wunschbild der Geschichte, welches allerdings damit unvereinbare historische Fakten ausblenden musste. Das spiegelt sich in den seit den 1970er Jahren in vielen Ortsteilen von Duderstadt erschienenen Chroniken wider, insbesondere in denen, die als erste erschienen waren. Entweder wird darin über die NS-Zeit nur andeutungsweise oder gar nicht berichtet und die Geschichte geht, die 1930er Jahre überspringend, erst nach 1945 weiter. Oder wesentliche Fakten bleiben unerwähnt. Die von Stadtarchivar Christoph Lerch verfasste und 1979 von der Stadt Duderstadt herausgegebene „Duderstädter Chronik" unterschlägt zum Beispiel das 1944 errichtete Frauen-Außenlager des KZ-Buchenwald, in dem jüdische Ungarinnen inhaftiert waren und welches Duderstadt, neben der Deportation und Vernichtung jüdischer Einwohner im Jahr 1942, mit dem Holocaust in Verbindung brachte. Ein großes, in der Kleinstadt unübersehbares Kriegsgefangenen-Durchgangslager, in dem die deutsche Wehrmacht in den letzten Kriegswochen Kriegsverbrechen beging und mehr als 40 Gefangene ums Leben kamen, entging dem Chronisten gleichermaßen. Über die Nationalsozialisten, die im Ort verantwortlich gehandelt hatten, wurde in den Ortschroniken geschwiegen. Selbst in der 1992 erschienenen umfangreichen Darstellung „Duderstadt 1929-1949" ging die Rücksichtnahme noch so weit, dass in dem abgebildeten Organisationsplan der NSDAP in Duderstadt die Namen anonymisiert wurden, obwohl sie doch zwischen 1933 und 1945 nicht vertraulich gewesen waren.

---

[44] E. Flemming: „Was fordert die Stunde von uns evangelischen Christen?", Eichsfelder Morgenpost am 14.5.1933.

Selbst der sonst durchaus namentlich genannte Kreisleiter seit 1937, Pfeiffer, erscheint hier als Pg. W███ P███ und der Kreisbauernführer Hackethal als Pg. J██ H████.

Wirksame Filter der Wahrnehmung der Jahre von 1933 bis 1945 in der Nachkriegszeit waren Gleichgültigkeit, Mangel an Empathie, eine konservative, politisch von der CDU geprägte Grundhaltung, das Vor-Urteil, die christlichen Kirchen mit ihren Wertvorstellungen könnten sich nicht auf den Nationalsozialismus eingelassen haben, und die Liebe zur Heimat, die keinen Schatten einer Mitwirkung und Mitschuld dulden mochte.

Andere Ortschroniken dagegen, vor allem die in späteren Jahren erschienenen, nahmen es mit ihrem Anliegen, Erinnerung an die Vergangenheit wach zu halten und die Kenntnis der Heimatgeschichte weiterzutragen, auch im Hinblick auf die Jahre von 1933-1945 ernster. Ungeachtet dessen blieb aber doch in der untereichsfeldischen Gesellschaft die verbreitete Neigung bestehen, das Geschehene möglichst zu ignorieren, zu bestreiten oder zu beschönigen. Als die Geschichtswerkstatt Duderstadt 2004 die Tagebuchaufzeichnungen samt den später hinzugefügten Erinnerungen des Italieners Giuseppe Chiampo an seine Gefangenschaft in Hilkerode[45] in einer öffentlichen Veranstaltung im Pfarrsaal des Dorfes vorstellte, wurde aus dem Buch auch eine Passage vorgetragen, die den damaligen Ortsgeistlichen in keinem guten Licht erscheinen lässt. Über die Beerdigung von zwei italienischen Kriegsgefangenen, also zu einer Zeit, nachdem Italien die Front gewechselt und auf Seiten der Alliierten in den Krieg gegen Deutschland eingetreten war, schrieb der Verfasser:

„Und ich erinnere mich auch gut an gewisse Verhaltensweisen des mit Chorhemd und lila Stola angetanen Pfarrers: Als wir vor der Kirche ankamen, schickte er uns, statt uns eintreten zu lassen – ich meine nicht, um die Messe zu zelebrieren, aber wenigstens um das Beerdigungsritual an einem geeigneten Ort zu vollziehen, oder sogar nur […] um uns vor dem prasselnden Regen unterzustellen – mit einer Handbewegung direkt zum Friedhof, einen kleinen steilen Weg hinauf, der noch enger und schlammiger war als der vorige. […]"Chiampo fuhr fort: „Heute Abend, am 30. September 2001, erinnert mich mein ehemaliger Gefangenschaftsbruder Emilio Magnaghi […] an etwas, das jenes erste Begräbnis betrifft und das ich vergessen hatte (oder das ich vielleicht vergessen wollte), und zwar daran, dass dieser christliche katholische Pfarrer auf dem Kirchplatz auf unsere Bitte hin, mit

---

[45] Heute Ortsteil von Duderstadt.

den Bahren in die Kirche eintreten zu dürfen, mit genau diesen Worten antwortete: ‚In meiner Kirche ist kein Platz für italienische Verräter!'" [46]

An genau dieser Stelle der Lesung begann es in der Zuhörerschaft zu rumoren. Unwille machte sich deutlich bemerkbar. „Das ist nicht wahr!", rief jemand, „Das stimmt nicht!" ein anderer. Aber keiner der Widersprechenden war dabei gewesen. Weil jedoch das Selbstverständnis des Dorfes an einem zentralen Punkt, sich samt seiner Kirche von staatlich-nationalsozialistisch beeinflusstem Denken christlich unterschieden zu haben, in Frage gestellt wurde, wehrten die Anwesenden diese erzählte Geschichte in emotionaler Weise ab und gestanden nicht einmal die Möglichkeit zu, dass die Zeitzeugen das Geschehene vielleicht doch zutreffend geschildet haben könnten.

So verhinderte die Wahrnehmung der Heimatgeschichte im Eichsfeld die notwendige Auseinandersetzung mit der eigenen nationalsozialistischen Vergangenheit jahrzehntelang. Während in der Bundesrepublik Deutschland nach dem Auschwitzprozess in den 1960er Jahren und nach der Ausstrahlung des Holocaust-Films Ende der 1970er Jahre eine Beschäftigung mit der NS-Zeit allmählich einsetzte, folgte Duderstadt dem wesentlich später. Erst der Duderstädter Ortsverband der Grünen brachte mit seiner Entdeckung, dass es in Duderstadt während des Zweiten Weltkrieges ein großes Außenlager des KZ Buchenwald gegeben hatte, die alten Gewissheiten erstmals ins Wanken. Und erst 1992 überwanden Hans-Heinrich Ebeling und Hans-Reinhard Fricke die bis dahin geltende, verharmlosende, beschönigende und vieles verleugnende Geschichtsdarstellung, indem sie in ihrer Untersuchung mit dem Titel „Duderstadt 1929-1949" verklausuliert zusammenfassend feststellten: „Der Regelfall des Umgangs mit dem Nationalsozialismus an der Macht scheint aber ein faktisches Tolerieren und Sich-Einrichten mit den als gegeben akzeptierten Verhältnissen gewesen zu sein, was in vielen Fällen und bei vielen Gelegenheiten ein Mitwirken – aus welchen Gründen und mit welchem Grad an Überzeugung auch immer – an Aktionen von Staat oder Partei einschloss."[47] Der „Regelfall" des Tolerierens und Sich-Beteiligens besagt: Nicht alle, aber die meisten, die Mehrheit machte mit. Diese Feststellung war, wenn auch spät, ein großer Schritt in Richtung auf eine selbstkritische und wahrhaftige Betrachtung der NS-Zeit in Duderstadt. Dazu gehörte auch, dass die beiden Autoren erklärten, wie es zu diesem Tolerieren und Sich-Einrichten im „Dritten Reich" gekommen

---

[46] Chiampo, Giuseppe (2004): S. 91.
[47] Ebeling/Fricke (1992): S. 226.

sei: Die meisten Duderstädter hätten sich in einer relativ sicheren und relativ bequemen „Nische" auch gedanklich unter dem Nationalsozialismus eingerichtet. Diese Nische hätten sie sich durch die „Ausblendung negativer Erfahrungen" geschaffen. Ausgeblendet worden sei z. B. das Schicksal von Zwangsarbeitern und die Verfolgung und Vertreibung von Juden.[48] In solcher Darstellung ist aber immer noch die Vorstellung erkennbar von den Duderstädtern einerseits und von den ihnen „gegebenen" Verhältnissen andererseits, also von der ihnen auferlegten nationalsozialistischen Heerrschaft, welche sie tolerierten und unter der sie sich einrichteten bis hin zum Mittun. Tatsächlich jedoch waren es Duderstädter selbst, welche in der Stadt die Macht für den Nationalsozialismus errangen, sie verkörperten und ausübten. Es gab aus freien Stücken eine große Gruppe der Überzeugten, Begeisterten, Hitler und dem Nationalsozialismus Verfallenen und in diesem Sinne Handelnden – bis hin zu Tätern, die an den Verbrechen des „Dritten Reiches" beteiligt waren. Die nationalsozialistische Herrschaft war der Einwohnerschaft nicht nur gegen ihren Willen übergestülpt.

Erstmals im Jahr 2000 formulierte ein Eichsfelder Historiker, Dieter Wagner, unumwunden diese Erkenntnis: „Gravierende Unterschiede in der Haltung der Bevölkerung gegenüber dem Nationalsozialismus waren zwischen dem Untereichsfeld und dem Reich in den Friedensjahren der nationalsozialistischen Herrschaft nicht mehr festzustellen. Man richtete sich ein, und fast alle machten mit."[49] Im Raum Kirchengeschichte des Duderstädter Heimatmuseums lautet seit einigen Jahren ein Text: „Nach 1933 gibt es zwischen dem Eichsfeld und dem restlichen Deutschland keinen großen Unterschied in der Haltung der Bevölkerung zum Nationalsozialismus." Und im Grenzlandmuseum in Teistungen findet man seit 2008 den folgenden Satz über das Eichsfeld: „Zwar gilt die Region nicht als Hochburg der Nationalsozialisten, aber auch im Eichsfeld können die Nazis ihre Ziele weitgehend erreichen."

Das „Dritte Reich" war auch für die Einwohner im Eichsfeld Hoffnung, es faszinierte sie als diejenigen, die Herrenmenschen sein und denen die Zukunft gehören sollte. Unumwunden wurde also seit der Jahrtausendwende ausgesprochen: Das Untereichsfeld war integrierter Bestandteil des NS-Staats und nicht eine Enklave der Opposition und der Widerständigkeit. Nein, von Widerstand gegen das „Dritte Reich" in Duderstadt ist wenig bekannt geworden. Es gab einen Sabotageakt, dem die gepflanzte Hitler-Eiche

---

48 A.a.O., S. 227.
49 Wagner, Dieter (2000): S. 183.

zum Opfer fiel, es gab „Redensarten über führende Mitglieder der Reichs-regierung"[50], welche dem Gastwirt Willi Thiele zugeschrieben wurden und wofür das Sondergericht Hannover ihn zu vier Monaten Gefängnis verur-teilte, es gab dem Pfarrer in Rhumspringe nachgesagte Äußerungen, welche die Verhaftung durch die Gestapo und die Einlieferung in das KZ Dachau zur Folge hatten – gegen den öffentlichen Protest vieler Mitglieder seiner Kirchengemeinde. Und es gab einige wenige Menschen, die Zwangsarbei-tenden, die den KZ-Häftlingen verbotenerweise Lebensmittel zusteckten.

Wenn also Rückblicke auf die NS-Zeit ergeben, dass Duderstadt sich weit eingelassen hat mit dem Nationalsozialismus – in einem Umfang und einer Weise, die man nach 1945 nicht wahrhaben wollte – so war dieses Sich-Einlassen doch keineswegs ausnahmslos. Das öffentliche Leben wurde von den Nationalsozialisten beherrscht – wohlgemerkt, vor Ort von den Duderstädter Nationalsozialisten. Zu vielen Anlässen prangte die Stadt im Schmuck der Hakenkreuzfahnen. Das Hakenkreuz, das „Heil Hitler!" waren im täglichen Leben allgegenwärtig – und damit die perverse natio-nalsozialistische Ideologie und das aus ihr abgeleitete Handeln. Aber auch das Glockengeläut der Kirchen schallte von den Türmen und rief zum Got-tesdienst. Neben dem totalitären Anspruch der Nationalsozialisten behaup-teten sich kirchliches Gemeindeleben und christlicher Glaube. Diese Situa-tion ist aber wiederum nicht als bloßes Nebeneinander oder gar Gegenein-ander zu verstehen. Die Glocken läuteten auch zu den Triumphen, zu den militärischen Siegen des NS-Staates. Das Geschichtsbild der Zeit des „Drit-ten Reiches" in Duderstadt mit seinen Widersprüchlichkeiten ist also diffe-renziert zu betrachten.

---

[50] „Das christliche Hauptquartier in Duderstadt", Eichsfelder Morgenpost am 3.7.1934.

03 Das Leugnen und Verschweigen von Mittun und Täterschaft

Das Rathaus in Duderstadt mit polnischer und städtischer Fahne 2010

03.1 Die restlose Entnazifizierung eines Nazi-Bürgermeisters

Bürgermeister Andreas Dornieden hatte zwei sehr unterschiedliche Gesichter. Zum einen das desjenigen, der als NSDAP-Kreisleiter von 1933-1937 und 1939-1941 sowie als NS-Bürgermeister von 1933-1945 in Duderstadt dem verbrecherischen „Dritten Reich" diente und dabei seine nationalsozialistische Grundüberzeugung mit dem christlichem Glauben vereinbaren konnte. Ansehen errang er sich auch dadurch, dass er sich für die Verbesserung der Infrastruktur von Duderstadt einsetzte und für viele Anliegen der Einwohner nach Kräften eintrat – allerdings begrenzt auf die „Volksgenossen". Die Maske, die er sich nach dem Ende des Zweiten Weltkrieges aufsetzte, war dann das Gesicht eines Mannes, der nicht nur seine ganze Arbeitskraft dem Wohl der Stadt und ihren Bewohnern gewidmet, sondern dabei auch frühzeitig begonnen hatte, sich vom Nationalsozialismus abzuwenden und innerlich zu dessen Gegner zu wandeln. Die Täuschung gelang mit Hilfe wohlwollender Zeugnisse vieler Duderstädter und führte dazu, dass Dornieden, der prominenteste Nationalsozialist des Untereichsfeldes, im Entnazifizierungsverfahren als Unbelasteter eingestuft wurde.

Der Prozess im Duderstädter Rathaus

Niemand fing 1945 ganz von vorne an. Selbst dann, wenn er oder sie allen äußeren Besitz verloren hatte und sein Eigentum sich auf das beschränkte, was er auf dem Leibe trug. Seinen Werdegang, die Geschichte seines Lebens nahm er unauslöschlich mit in die Gegenwart. Jeder hatte eine Vergangenheit – und viele leugneten sie.

Andreas Dornieden war von 1933 bis 1945 Bürgermeister der Stadt Du-

derstadt gewesen. Das Amt des Kreisparteileiters der NSDAP im Landkreis Duderstadt übte er von 1933-1937 und dann wieder während des Zweiten Weltkrieges von 1939-1941 in Vertretung seines zur Wehrmacht eingezogenen Nachfolgers aus. 1936 wurde er zum Mitglied des Reichstags ernannt. Kurz, er war der prominenteste Nationalsozialist im Untereichsfeld und auch nach 1945 von der Richtigkeit seines Handelns überzeugt, weil, wie er sich 1948 im Entnazifizierungsverfahren zuschrieb, „meine Tätigkeit als Bürgermeister u. nebenamtlicher Kreisleiter weitgehend von der Sorge um das Wohlergehen der Bevölkerung bestimmt wurde und mein Verbleiben in den Ämtern im ureigensten Interesse der Allgemeinheit lag, da ich nicht nur keinen Missbrauch getrieben, sondern auch den beabsichtigten Missbrauch anderer unter vollem Einsatz meiner Person nach Kräften verhindert habe".[51]

Das sahen andere in Duderstadt ähnlich. Propst Ernst bescheinigte ihm 1945: „Ich habe Herrn Dornieden in der Zeit vom März 1943 bis April 1945 in Duderstadt kennengelernt. In dieser Zeit hat Herr Dornieden regelmäßig und öffentlich am Gottesdienst und Sakramentenempfang teilgenommen. Dem kirchlichen Leben in der Stadt hat er keinerlei Schwierigkeiten bereitet und stand den kirchlichen Einrichtungen als Bürgermeister wohlwollend gegenüber."[52] Adolf Bolte, Weihbischof von Fulda, erklärte 1947, Propst Algermissen, der Vorgänger von Propst Ernst, habe ihm gesagt, Dornieden sei „ein treuer, aufrechter Katholik, er setzt sich für die Erziehung der Jugend im christlichen Sinne ein, er hilft, dass katholische Einrichtungen erhalten bleiben. Ich habe ihn direkt gebeten, sein Amt nicht niederzulegen, sondern im Interesse der Kirche weiterzuführen."[53] Zahlreiche Einwohner von Duderstadt stellten Dornieden weitere sogenannte „Persilscheine" aus, eidesstattliche Erklärungen, die ihn von seinem Mittun im NS-Staat entlasteten.

Solche Zeugnisse zur eigenen Verteidigung einzuholen war nach 1945 gängige Praxis der Beschuldigten und vor der Spruchkammer Angeklagten. Christina Ullrich hat diese Vorgehensweise beschrieben: „Die eidesstattlichen Erklärungen hatten aus Sicht der Betroffenen den Zweck, die eigene Argumentation und Darstellung zu belegen und die Sicht der Spruchkammern zu widerlegen. Die Leumünder wurden gezielt ausgesucht, um den Bestätigungen möglichst viel Gewicht und Glaubwürdigkeit zu verleihen. Auch die Inhalte waren nicht willkürlich, sondern wurden genau von den Betroffenen vorgegeben, indem sie darum baten, dass man ihnen bestimmte Dinge bestätigen möge."[54]

Nun hatte Bürgermeister Dornieden sich aber in der Amtszeit der beiden Pröpste nicht nur als praktizierender und treuer Katholik gezeigt, sondern war entgegen der eigenen Darstellung und öffentlich erkennbar auch als aktiver Parteigänger der NSDAP für vieles unrechtmäßige Handeln während der NS-Zeit in Duderstadt mitverantwortlich geworden. Darauf wiesen die

---

[51] HStA Hannover: Hann 171 Hild. Nr. 21490.
[52] Kreisarchiv Göttingen: LK DUD Nr. 20.
[53] Entnazifizierungsakte im Hauptstaatsarchiv Hannover: Hann 171 Hild. Nr. 21490.
[54] Ullrich, Christina (2011): S. 71 f.

nachsichtigen Geistlichen nicht hin. Sie legten vielmehr ein auf einen Teil-aspekt beschränktes positives Zeugnis ab und trugen damit bei zu der aus heutiger Sicht erstaunlichen, damals aber keineswegs ungewöhnlichen Re-habilitierung, die Dornieden in der Nachkriegszeit erreichte. Die Kirchen, auch die evangelische, wirkten in Duderstadt wie anderswo „aktiv an der Selbstexkulpation der Deutschen"[55] mit.

Knapp drei Jahre nach Kriegsende, im Februar 1948, stand Andreas Dornieden im Sitzungssaal des Duderstädter Rathauses, in dem er zwölf Jahre lang als Bürgermeister amtiert hatte, vor Gericht. Dornieden hatte also zwei Verfahren zu überstehen, nicht nur das allen auferlegte Entnazifizie-rungsverfahren, sondern zusätzlich noch ein Verfahren vor der Spruchkam-mer Recklinghausen. Wegen der vielen Zeugen, etwa 25 an der Zahl, hatte die Spruchkammer die Verhandlung nach Duderstadt verlegt.[56] Zuständig war dieses Gericht, weil Dornieden, 1945 von den Amerikanern verhaftet, zuletzt in Recklinghausen interniert gewesen war. Die Anklage gegen ihn erstreckte sich zeitlich nicht auf seine gesamte Tätigkeit als im Untereichs-feld ehemals führender Nationalsozialist, sondern sie wurde eng begrenzt. Ihm wurde vorgeworfen, von September 1939 bis März 1941 „als stellver-tretender Kreisleiter dem politischen Führerkorps angehört zu haben, ob-wohl er gewusst hat, dass diese Organisation zur Ausführung von Handlun-gen verwandt worden ist, die das Internationale Militärgericht für verbre-cherisch erklärt hat".[57] Dornieden wurde also nicht beschuldigt, persönlich an Verbrechen beteiligt gewesen zu sein. Vielmehr wurden ihm seine hohe Position in der NSDAP und die Kenntnis der nationalsozialistischen Unta-ten vorgehalten. Dornieden jedoch bestritt die Berechtigung dieser An-klage. In der Urteilsbegründung heißt es dazu: „Der Angeklagte machte gel-tend, er habe von dem Bestehen von Lägern wohl bis März 1941 gehört, aber angenommen, die Häftlinge seien auf Grund gerichtlichen Urteils in die Lager eingewiesen worden. Die wahren Verhältnisse seien ihm erst nach 1941 bekannt geworden. Von den Maßnahmen gegen das Judentum vom 1.9.1939 bis März 1945 habe er nichts gewusst. [...] Die Fremdarbeiter-frage habe bis März 1941 das politische Fürherkorps [sic!] auf dem Eichs-feld nicht beschäftigt." Die Spruchkammer kam zu dem Schluss: „Das Ge-genteil konnte bei der mündlichen Verhandlung nicht festgestellt wer-den."[58] Das geschah deshalb nicht, weil bei einer Umkehr der Beweislast in diesem Verfahren der Angeklagte seine Unschuld glaubhaft zu machen

---

[55] A.a.O., S. 73.
[56] StadtA Duderstadt: Dud 3/10 Nr. 7
[57] HStA Hannover: Hann. 171 Hild. Nr. 21490.
[58] A.a.0.

hatte. Dornieden musste also nachweisen, dass er, obwohl Kreisparteileiter, von den Verbrechen des „Dritten Reiches" nichts gewusst hatte und dass er überhaupt ein Gegner des Nationalsozialismus gewesen sei. Das gelang ihm durch die Benennung von zahlreichen Zeugen aus Duderstadt, die mit ihren Aussagen die Mitschuld des früheren Bürgermeisters in der NS-Zeit verdeckten.

Die Spruchkammer versäumte trotz der Begrenzung des gerichtlich zu untersuchenden Zeitraums nicht, das gesamte Wirken Dorniedens als Nationalsozialist einer Würdigung zu unterziehen. Sie billigte ihm zu, sich ab 1934 von der NSDAP innerlich abgewendet zu haben, vor allem in der Auseinandersetzung mit der NSDAP-Gauleitung in Braunschweig wegen des Verhältnisses der Partei zu den Kirchen. Deshalb schrieben die Richter in das schriftliche Urteil: „Er blieb wohl in der Partei, hatte aber seine eigenen Ansichten und machte kein Hehl daraus. Weil er in der Partei verblieb, wurde er als Bürgermeister der politische Schutzpatron der Stadt […] Er war es auch, der sich mit Erfolg gegen eine sinnlose Verteidigung der Stadt bei der Kampfführung der Wehrmacht wandte […]"[59] Dieses letztere Verdienst, die Stadt vor der Verteidigung bewahrt zu haben, nahmen allerdings nach 1945 auch andere für sich in Anspruch.

Es sind viele Akten aus der Zeit des „Dritten Reiches" in Duderstadt kurz vor dem Einrücken der amerikanischen Truppen vernichtet worden. Aus dem, was blieb, sowie aus den Duderstädter Zeitungen in Verbindung mit den Ergebnissen der Forschung über das „Dritten Reich" ist ein wesentlich anderes Bild der Tätigkeit Dorniedens in diesen Jahren zu gewinnen, als es der Spruchkammer glaubhaft gemacht wurde.

Katholik und Nationalsozialist

Dornieden hat im Eichsfeld die NSDAP teils werbend, teils rücksichtslos drohend vertreten. Diese Doppelstrategie wird deutlich in einem Aufruf, den er nach dem Tod des Reichskanzlers Hindenburg im Jahr 1934 veröffentlichte: „Meine lieben Eichsfelder Volksgenossen! […] Der Reichspräsident von Hindenburg ist tot. Sein würdiger Nachfolger ist der Führer Adolf Hitler. Hierüber ist sich das gesamte deutsche Volk einig. […] Auch wir Eichsfelder werden an die Wahlurne gerufen, um unsere Zukunft vertrauensvoll in die Hände des Führers zu legen. Eichsfelder! Seien wir uns in dieser denkwürdigen Stunde unserer Verantwortung vor der Geschichte, vor Gott und unseren Kindern bewusst und geben wir Hitler, unserem Führer, ein überzeugendes, freudiges ‚Ja'! Wahlrecht ist Wahlpflicht! Wer in

---

[59] A.a.O.

dieser wichtigen Stunde dem Führer des deutschen Volkes das ‚Ja' versagt, der ist nicht wert ein Deutscher zu sein. Heil Hitler! Dornieden, Kreisleiter"[60]. Solches massive Werben des Kreisparteileiters für die NSDAP, gefolgt von dem Versuch der Einschüchterung, ist mehrfach überliefert.

Im katholischen Eichsfeld versuchte Dornieden Christentum und Nationalsozialismus zu verbinden. Das zeigt eine Ansprache im Dezember 1934. Die NSDAP veranstaltete drei Weihnachtsfeiern, eine für 750 Kinder, eine für die vom Winterhilfswerk betreuten Erwachsenen und die dritte für die Mitglieder der NSDAP und ihre Angehörigen. Bei den beiden letzten Feiern wurde ein Krippenspiel aufgeführt. Die Eichsfelder Morgenpost gewann von den Vorführungen den Gesamteindruck, „dass Christentum und Nationalsozialismus einander ergänzen und dass gerade uns Deutschen die Weihnacht etwas ganz besonderes zu sagen hat". Die Zeitung fuhr fort: „Diesen Gedanken brachte auch der Kreisleiter zum Ausdruck, der bei beiden Feierstunden die Schlussansprache hielt, in der er auf die Sonnenwendfeiern der alten Germanen hinwies als Feiern des Sieges des Lichtes über die Finsternis und betonte, dass nach Einzug des Christentums in Deutschland der Weihnachtsbaum, der Lichterbaum dem Weihnachtsfeste die rechte Stimmung gab. Er wies auf das Krippenspiel hin, auf die Gottesliebe und Nächstenliebe, und betonte, dass erst Adolf Hitler dem deutschen Volke den Begriff der Liebe wieder gebracht hat, die Erkenntnis gefördert hat, dass jeder Volksgenosse für den anderen einzutreten hat, das gewaltige Winterhilfswerk als größte soziale Tat aller Zeiten geschaffen hat und dass es darum notwendig ist, dass das ganze deutsche Volk voll Liebe, Glauben und Vertrauen hinter dem Führer steht."[61]

Diese Rede ist ein Beispiel dafür, wie jemand Hitler verehrte und ihn dabei ausgerechnet als Verkünder der Nächstenliebe verstand und pries. Die Rede lässt Dornieden als Katholiken und Nationalsozialisten zugleich erscheinen, welcher der Vorstellung eines germanisierten Christentums anhing. Damit war er damals aber keineswegs ein Exot. Unter den annähernd 600 Mitgliedern der NSDAP in Duderstadt war er als Katholik selbstverständlich nicht allein, vielmehr waren zahlreiche Parteimitgenossen Mitglieder der katholischen Kirche.[62] Einer von diesen war der Lehrer Abich aus Duderstadt. In einer Versammlung des Nationalsozialistischen Lehrerbundes trug er vor: Deutsches Volkstum sei christlich geprägte germanische

---

[60] „Aufruf!", Eichsfelder Morgenpost vom 17.8.1934.
[61] „Weihnachten 1934", Eichsfelder Morgenpost im Dezember 1934.
[62] Stadtarchiv Duderstadt: DUD 2 Nr. 4712.

Substanz. Die Nation bedürfe des Christentums und der Kirche. Die Rassenfrage im Hinblick auf Jesus sei dabei durch die Erkenntnis ausgeräumt, dass Jesus Gottes Sohn und nicht der eines Juden sei. Vereinbarkeit des NS-Staates mit christlicher Religion drückte er in dem Satz aus: „Gebt dem Staate, was des Staates ist, und Gott, was Gottes ist."[63]

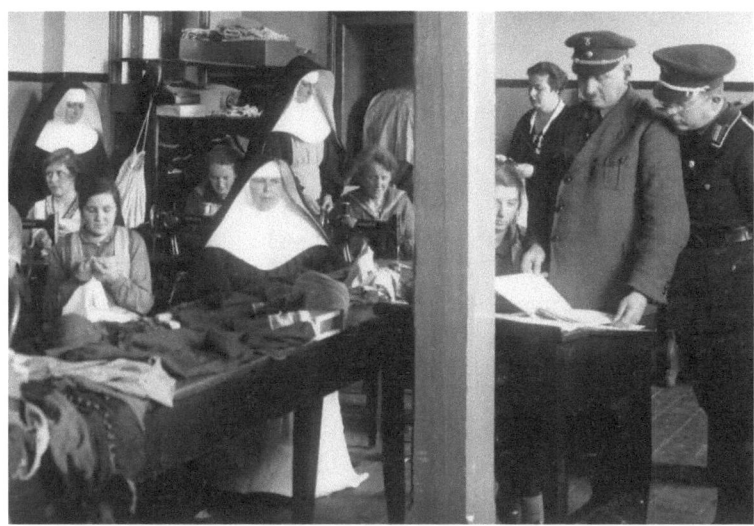

Andreas Dornieden (2. von rechts) in der Schule der Ursulinen

Die NSDAP war kein monolithischer Block, sondern eine Partei mit unterschiedlichen Strömungen, mit vielen inneren Differenzen und Machtkämpfen. Da es auch einen antireligiösen Flügel der NSDAP gab, ist es durchaus möglich, dass, wie Dornieden nach 1945 vorbrachte, wegen seiner Haltung zur katholischen Kirche Differnzen zwischen ihm und der Gauleitung in Braunschweig bestanden. Dafür gibt es allerdings außer seiner eigenen Aussage keine weiteren Belege.[66] Nachweislich unwahr ist dabei jedoch Dorniedens Behauptung, dass er wegen seiner kirchentreuen Haltung 1937 als Kreisparteileiter abgelöst worden sei.[67] Tatsache ist vielmehr, dass die NSDAP im Jahr 1937 Personalunionen auf der Ebene der Kreisleiter verbot. „Kreisleiter, die beispielsweise gleichzeitig Landräte waren, hatten

---

[63] „Nationalsozialistische Erziehung", Eichsfelder Morgenpost am 13.6.1933.
[64] Nolzen, Armin (2011): S. 160.
[65] A.a.O. S. 172.
[66] Vgl. Ebeling, Hans-Heinrich/Fricke, Hans-Reinhard (1992): S. 188 ff.
[67] Hauptstaatsarchiv Hannover: Hann 171 Hild. Nr. 21490.

sich bis zum 1. Oktober 1937 für eines der beiden Ämter zu entscheiden."[68] Daher konnte auch Dornieden fortan nur eines seiner Ämter behalten, das des Kreisparteileiters oder das des Bürgermeisters. Er blieb Bürgermeister. Ein angeblicher Hauptbeweis zu seiner Entlastung im Spruchkammerfahren, die „Absetzung" vom Amt des Kreisparteileiters wegen einer politisch-kirchenfreundlichen Haltung, verbunden mit innerer Entfremdung vom Nationalsozialismus, war demnach unzutreffend. Dennoch wurde seine Aussage, offenbar in Unkenntnis der die Parteiämter betreffenden Neuregelung, als glaubhaft gewertet, von der Spruchkammer 1948 bis hin zu den Autoren des Buches „Duderstadt 1929 -1949" aus dem Jahr 1992.[69]

Totengräber der Demokratie im Untereichsfeld

Es wurde bereits dargestellt, wie Dornieden vor der Reichspräsidentenwahl 1934 neben dem propagandistischen Werben um Zustimmung auch das Mittel der Einschüchterung einsetzte. Drohungen hatte die NSDAP in Duderstadt auch schon vor der Reichstagswahl am 12. November 1933 ausgesprochen. In vier öffentlichen Sälen und fast allen Gaststätten der Stadt waren damals für die Übertragung einer Rede Hitlers im Rundfunk Lautsprecheranlagen aufgestellt und die Einwohnerschaft war nachdrücklich aufgefordert worden, sich diese Rede anzuhören: „Wer dennoch aus Gleichgültigkeit oder Gehässigkeit sich hiervon ausschließt, wird als Volks- und Staatsfeind gebrandmarkt und behandelt werden."[70]
Dass solche Drohungen durchaus ernst zu nehmen waren, zeigt das Beispiel eines Landwirtes aus Desingerode. Eine von Andreas Dornieden unterzeichnete Anzeige der NSDAP-Kreisleitung in den beiden Duderstädter Zeitungen bezeichnete ihn als „Saboteur des Winterhilfswerks"[71], weil er keine Spende beitragen wollte, und fügte die Aufforderung hinzu, ihn im Dorf zu isolieren. Derart wurde ein Einwohner skrupellos an einen Pranger gestellt, vermutlich auch zur Disziplinierung weiterer unwilliger Spender. Ebenfalls per Anzeigen in beiden Zeitungen teilte Dornieden als Kreisleiter der NSDAP wenige Tage später mit, der Landwirt habe sich „nunmehr bereit erklärt, seinen sämtlichen Verpflichtungen gegenüber dem Winterhilfswerk nachzukommen".[72]

---

[68] Wegehaupt, Philipp (2009): S. 109.
[69] Ebeling, Hans-Heinrich/Fricke, Hans-Reinhard (1992): S. 190.
[70] Eichsfelder Morgenpost am 21.10.1933.
[71] Südhannoversche Volkszeitung und Eichsfelder Morgenpost am 12.10.1934.
[72] Südhannoversche Volkszeitung am 15.10.1933 und Eichsfelder Morgenpost am

Unliebsame Personen waren für Dornieden auch einige Lehrer am Duderstädter Gymnasium. Er ging schon wenige Wochen nach der „Machtergreifung" gegen sie vor und strebte personelle Veränderungen an. „In einem Schreiben vom 17. März 1933 stellt der Kreisleiter der NSDAP in Duderstadt die Verhältnisse am Gymnasium als unhaltbar dar"[73], teilte die Kommission für höhere Schulen beim Oberpräsidium Hannover im August 1933 dem Ministerium für Wissenschaft, Kunst und Volksbildung in Berlin mit. Die Kommission übernahm nach einer Visitation in Duderstadt, was Dornieden ihr in seinem Brief über fünf Lehrer des Gymnasiums vorgetragen hatte. Um dienstliche Verfehlungen ging es dabei nicht; das Vergehen der Lehrer war vielmehr politischer Natur, lag in ihrer politischen Gesinnung und bestand angeblich darin, dass sie „dem Nationalsozialismus nicht nur ablehnend, sondern feindlich" gegenüberstanden. So heißt es in dem genannten Schreiben der Kommission über Studiendirektor Dr. Stuke: „Er ist selbst mit den Zentrumsrednern von Dorf zu Dorf gezogen und hat den Nationalsozialismus dabei gehässig bekämpft, ‚durch den Dreck gezogen', wie Kreisleiter Dornieden sagt." Ferner habe Dornieden den Oberstudienrat Ernst als „demokratisch-zentrümlich-pazifistisch" geschildert. Jeder Wehrwille sei diesem unsympathisch. „Er, wie auch die folgenden Herren, werden als gehässige Gegner des Nationalsozialismus bezeichnet und fanatische Anhänger des Zentrums." Die folgenden Herren, für die das Gesagte noch in erhöhtem Maße gelte, waren die Studienräte Keseling und Feind: „Kriegsdrückeberger" der eine, ein gehässiger Gegner der „Bewegung" der andere.[74] Der Eingabe von Kreisleiter Dornieden war weitgehender Erfolg beschieden. In Anwendung des Gesetzes zur Wiederherstellung des Berufsbeamtentums wurden Studiendirektor Dr. Stuke und Oberstudienrat Ernst zu Studienräten degradiert und ebenso wie die Studienräte Feind und Keseling an andere Schulen versetzt.[75]

Als im Juni 1933 die Christlichen Gewerkschaften zerschlagen wurden, beteiligte sich Andreas Dornieden an der Besetzung des Duderstädter Gewerkschaftshauses.[76] Auch gegen demokratisch gewählte Bürgermeister ging der NSDAP-Kreisleiter vor. Bei den Kommunalwahlen am 12. März 1933 hatte die NSDAP in vielen Orten des Untereichsfeldes erhebliche Stimmenanteile erreicht, aber die Zentrumspartei nirgendwo überflügelt.

16.10.1933.

[73] Zitiert nach Bormann, Irene (2001): S. 282.

[74] A.a.O. , S. 282 ff.

[75] Eine umfangreiche Dokumentation zu diesem Thema ist abgedruckt in Bormann, Irene (2001).

[76] Siehe Ebeling, Hans-Heinrich/Fricke, Hans-Reinhard (1992): S. 206.

Deshalb kam sie aufgrund der Wahlergebnisse in keiner der Kommunen an die Macht. Aber sie wusste sich diese auf anderen, illegalen Wegen zu verschaffen. Organisator dieser nachträglichen Verfälschung der Wahlergebnisse war der Kreisparteileiter und in Duderstadt zum Bürgervorsteher (= Ratsherr) gewählte Andreas Dornieden.

Die Übernahme der Macht in den Gemeinden des Landkreises Duderstadt begann im März/April 1933 mit der Entlassung von fünf amtierenden Gemeindevorstehern. Sie lief nach folgendem Muster ab: Der NSDAP-Kreisleiter Dornieden teilte dem Landrat Schuster (Zentrum) die Missliebigkeit des jeweiligen Gemeindevorstehers mit und schlug zugleich einen zunächst kommissarisch zu berufenden Nachfolger vor. Der Landrat stellte willfährig die Entlassungsurkunde für den rechtmäßigen Amtsinhaber aus und berief den von Dornieden vorgeschlagenen Nachfolger.[77] Als Beispiel kann die Entlassung des Gemeindevorstehers Nolte in Breitenberg dienen. In einem Protokoll dazu vom 31. März 1933 heißt es: „Nach den in persönlicher Besprechung gemachten Angaben des Kreisleiters der NSDAP Dornieden – Duderstadt und des Landwirts Johannes Dornieden in Breitenberg ist der Bauermeister[78] Nolte durch seine gegensätzliche Einstellung zur NSDAP und einzelner Mitglieder nicht mehr in der Lage, in Ruhe seine Geschäfte zu führen. Zur Beruhigung der Gemeinde erscheint daher die Beurlaubung Noltes erforderlich."[79] Die Beurlaubung und die Vereidigung seines Nachfolgers Johannes Dornieden erfolgten am gleichen Tage. – In anderen Fällen beschränkte sich die Begründung der Entlassung auf die Formulierung „Auf Grund der allgemeinen politischen Lage …"[80] Für diese Vorgehensweise gegen die Amtsinhaber gab es keine Rechtsgrundlage. Die betreffenden Gemeindeparlamente wurden dazu nicht gehört und erhielten keine Gelegenheit, andere Gemeindevorsteher zu wählen. Landrat Schuster, der dem Verlangen Dorniedens jeweils entsprach, ließ sich also mit diesem wiederholten Bruch des Rechts von der NSDAP instrumentalisieren.

Im Mai 1933 ging die NSDAP dann gegen die Amtseinführung von elf der von den Gemeinderäten nach der Kommunalwahl am 12. März 1933 neu gewählten Gemeindevorsteher vor. In Zusammenwirken mit Dornieden und dem Kreisausschuss, den inzwischen die NSDAP ebenfalls dominierte, ohne dass dies durch ein Wahlergebnis legitimiert gewesen wäre, verwei-

---

[77] Siehe Dörries, Johannes (1984): S. 80.
[78] Bauermeister = Bürgermeister
[79] Zitiert nach Dörries, Johannes (1984): S. 80.
[80] Zitiert nach Dörries, Johannes (1984): S. 81.

gerte Schuster ihnen mit pauschaler Begründung die erforderliche Bestätigung und benannte „nach Benehmen mit dem NSDAP-Kreisparteileiter"[81] andere zu Gemeindevorstehern.

Am 1. Juni 1933 erklärte Kreisparteileiter Dornieden in einer Mitgliederversammlung der NSDAP, man habe „in kommunalpolitischer Hinsicht […] im Kreise Duderstadt zunächst den Hebel auf den Dörfern angesetzt und die meisten Gemeindevorsteher ausgewechselt, sodass nun alle Gemeindevorsteher restlos hinter Adolf Hitler ständen."[82] Zugleich kündigte Dornieden in dieser Mitgliederversammlung die nächsten Schritte gegen weitere demokratisch gewählte Amtsinhaber an. Er sprach davon, dass nun die anderen Behörden an der Reihe seien. Gemeint waren damit die Stadt- und die Kreisverwaltung. In der Folgezeit wurden Landrat Schuster und Bürgermeister Oeben rechtswidrig aus ihren Ämtern entfernt.

Im September 1933 wurde Dornieden zum kommissarischen Bürgermeister von Duderstadt ernannt, im November dann durch das Bürgervorsteherkollegium (= Stadtrat) in dieses Amt gewählt. Zu diesem Zeitpunkt gehörten dem Bürgervorsteherkollegium nach Übertritten und dem unfreiwilligen Ausscheiden von Kollegiumsmitgliedern nur noch NSDAP-Vertreter an, wenige Monate nach der ganz anders ausgegangenen Kommunalwahl im März 1933.

Nach der „Machtergreifung" Hitlers am 30. Januar 1933 war es also im Untereichsfeld Andreas Dornieden, der hier als nationalsozialistischer Totengräber der Demokratie gewirkt hat. Mit Einschüchterungen und Drohungen hat er versucht, Wahlergebnisse zu beeinflussen, durch sozialen Druck und öffentliche Anprangerung hat er Einfluss genommen auf das Handeln von Menschen, missliebige politische Gegner hat er angeschwärzt und berufliche Nachteile für sie erwirkt, überdies rechtmäßig gewählte Bürgermeister aus dem Amt gedrängt oder ihre Ernennung verhindert und somit Wahlergebnisse nachträglich verfälscht. Dabei war Dornieden ein Überzeugungstäter. Dies drückte er in einer Rede am dritten Jahrestag der Machtergreifung aus, als er die Erkenntnis des „Führers" betonte, dass Deutschland nicht mit den alten Methoden des Marxismus, Liberalismus und der Demokratie, sondern nur auf dem Boden der nationalsozialistischen Weltanschauung gesunden könne.[83]

Nichts von alledem erwähnte Dornieden nach 1945. Nichts davon wurde ihm im Entnazifizierungsverfahren vorgehalten. In einer Darstellung

---

[81] A.a.O.

[82] Eichsfelder Morgenpost vom 2.6.1933.

[83] „Wir helfen die deutsche Zukunft gestalten!", Eichsfelder Morgenpost am 31.1.1936.

seines politischen Werdegangs schrieb er rückblickend: „Ich handelte nach Recht und Gesetz, redete Niemand [[sic!]] in seine Angelegenheiten hinein und überall herrschte Ruhe und Ordnung ...“[84]

Beteiligung an der Unterdrückung und Verfolgung der Juden in Duderstadt

In einer schriftlichen Äußerung im Entnazifizierungsverfahren schrieb Dornieden: „Da ich jeden Rassenhass als unchristlich ablehnte, so führten die jüdischen Geschäftsleute ihre Geschäfte ungehindert weiter." – „Meine Stellung zur Judenfrage war eindeutig. Ich habe die Rassenlehre abgelehnt."[85]

Schon die Spruchkammer, die vor dem Entnazifizierungsausschuss verhandelt hatte, war auf Grund der von Dornieden und den Zeugen in Duderstadt gemachten Aussagen ohne weitere Ermittlungen zu dem Ergebnis gekommen: „Die an anderen Orten gleich bei Kriegsbeginn gegen die Juden getroffenen Maßnahmen sind in Duderstadt nicht angeordnet worden. Als die einschneidenden Maßnahmen gegen die Juden 1941 getroffen wurden, war der Angeklagte nicht mehr Mitglied des politischen Führerkorps."[86] Allerdings war und blieb er Bürgermeister von Duderstadt, war damit zugleich oberster Chef der städtischen Polizei und trug die oberste Verantwortung für alle durch die Stadt umgesetzten antijüdischen Maßnahmen. Es war also ein Fehler, Dornieden nur als früheren Kreisparteileiter vor Gericht zu stellen und ihn nicht auch wegen seiner Funktion als Bürgermeister von 1933 bis 1945 zur Verantwortung zu ziehen.

Behinderungen jüdischer Geschäftsleute gab es in Duderstadt entgegen der Aussage Dorniedens im „Dritten Reich" sehr wohl. Beim Boykott jüdischer Geschäfte am 1. April 1933 wurden Schaufensterscheiben eingeschlagen. 1935 veranstaltete die NSDAP in Duderstadt eine spektakuläre Kampagne gegen die Juden allgemein und gegen die jüdischen Einwohner Duderstadts. Nicht glaubhaft ist, dass sie gegen den Willen und Widerstand Dorniedens durchgeführt wurde. In einer Parteiversammlung im August 1935 sprach der Kreisschulungsleiter Wieprecht, also ein Mitarbeiter des Kreisparteileiters Dornieden, Volksschullehrer von Beruf, über das Thema „Warum lehnen wir die Juden ab?" Er stellte dar, „der" Jude sei ein rassisch

---

[84] Entnazifizierungsakte im Hauptstaatsarchiv Hannover: Hann 171 Hild. Nr. 21490.

[85] A.a.O.

[86] A.a.O.

42

ganz anderer Mensch. Er sei ein Kulturzerstörer und lebe nur als Blutegel am Körper anderer Völker.[87] Außerdem waren an allen Stadteingangsstraßen Schilder mit der Aufschrift „In dieser Stadt werden mit Juden keine Geschäfte gemacht!"[88] angebracht. Das dürfte ohne Zustimmung des Bürgermeisters nicht möglich gewesen sein.

Eine billigende Einstellung Dorniedens ist auch anzunehmen bei der nächsten antijüdischen Affäre 1936. Zu Beginn des Oktober 1936 wollte die Betriebsgemeinschaft des Einzelhandels im Kreis Duderstadt die Bevölkerung darüber aufklären, „warum sie nicht beim Juden kaufen"[89] dürfe. Ein Mann trug ein Plakat vor dem Geschäft Rosenbaum hin und her. Auf der Vorderseite stand: „Wer beim Juden kauft, ist ein Volksverräter", und auf der anderen: „Wer beim Juden kauft, liefert Munition für den Bürgerkrieg des Bolschewismus"[90] Diese Aktion blieb nicht ohne Auswirkung auf das Geschäft der Rosenbaums. Im November 1936 schickte Ernst Rosenbaum eingekaufte Ware mit der Bemerkung an den Lieferanten zurück, sein Geschäft werde „durch Schildertragen vor unserer Ladentür und Fotografieren unserer Kunden boykottiert, sodaß kaum ein Kunde unseren Laden betritt".[91] Weil derartige Einzelunternehmungen gegen Juden damals aber untersagt waren, wurde Bürgermeister Dornieden durch den Landrat angewiesen, das „Schildertragen" zu unterbinden. Dornieden folgte dieser Weisung, stellte die Aktion aber als eine „Abwehrmaßnahme"[92] hin und fügte an: „Dass das Geschäft von der Bevölkerung gemieden wird, kann man leider nicht sagen."[93] Diese Äußerung offenbart eine antisemitische Einstellung, die Dornieden dann vor dem Entnazifizierungsausschuss leugnete.

Die nächste bekannte Behinderung der jüdischen Geschäfte ist aus dem Jahr 1938 bekannt. Im Juni untersagte der Duderstädter Bürgermeister in seiner Funktion als Ortspolizeibehörde weisungsgemäß den beiden Geschäften Rosenbaum und Loewenthal die Verteilung von Reklameschriften an „arische" Haushaltungen. Die Geheime Staatspolizei Hildesheim hatte befunden, dass „es keinem Volksgenossen mehr zugemutet werden kann,

---

[87] „Warum lehnen wir die Juden ab?", Eichsfelder Morgenpost am 22.8.1935.
[88] „Die Juden sind unser Unglück", Eichsfelder Morgenpost am 17.7 1935.
[89] Kreisarchiv Göttingen: LA DUD Nr. 549.
[90] A.a.O.
[91] A.a.O.
[92] A.a.O.
[93] A.a.O. Siehe dazu auch Hütt, Götz: Geschichte der neuzeitlichen jüdischen Gemeinde in Duderstadt, Norderstedt 2012, S. 113 ff.

dass er von jüdischen Firmen heute noch mit derartiger Reklame belästigt wird ...“[94]

Es kann also keine Rede davon sein, dass, wie Dornieden behauptete, in Duderstadt jüdische Geschäfte nicht behindert worden wären. Beim Pogrom am 9./10. November 1938 wurden die Geschäfte Rosenbaum und Loewenthal durch SS und Bürgermob geplündert, in Hör- und Sichtweite der städtischen Polizei, die im Rathaus ihren Sitz hatte.[95] Dornieden untersagte der Feuerwehr, die brennende Synagoge zu löschen.[96] Duderstadt war kein Ort, an dem es unter diesem Bürgermeister den Juden besser erging als anderswo.

Im Spruchkammerverfahren 1948 behauptete Dornieden, dass von 1933 bis März 1941 im Kreis Duderstadt niemand in Schutzhaft genommen oder sogar in ein Konzentrationslager gebracht worden sei. Dadurch veranlasste er das Gericht zu der Annahme, er als Kreisparteileiter habe deshalb auch nichts davon gewusst, dass Menschen ohne Gerichtsbeschluss in Konzentrationslagern inhaftiert worden waren. Dies gelang ihm, obwohl die Richter sich dessen durchaus bewusst waren, dass solche Unwissenheit bei Kreisleitern allgemein nicht angenommen werden konnte.[97] Willkürlichen Inhaftierungen waren aber entgegen den Behauptungen Dorniedens auch in Duderstadt bemerkbar gewesen und es hatte sie auch hier gegeben. Im März 1933 berichtete die Duderstädter Eichsfelder Morgenpost, veranschaulicht durch ein Foto, in Dachau sei ein Konzentrationslager für 5000 politische Häftlinge eingerichtet worden und ein weiteres für zunächst 1500 Gefangene auf dem Heuberg (Schwäbische Alb). Zugleich berichtete die Zeitung über die Festnahme von Menschen in Aurich und ihre Einlieferung in ein KZ.[98] Die zahlreichen Verhaftungen aus politischen Gründen wurden also keineswegs geheim gehalten. 1933 waren auch im Untereichsfeld mehrere Kommunisten festgesetzt worden. In das Duderstädter Gerichtsgefängnis, etwa 300 Meter vom Rathaus entfernt, wurden Verhaftete aus St. Andreasberg eingeliefert, ferner, wie die Südhannoversche Volkszeitung am

---

[94] Kreisarchiv Göttingen: LA DUD Nr. 549.

[95] Siehe dazu: Ebeling, Hans-Heinrich/Fricke, Hans Reinhard (1994); Hütt, Götz (2012); Schwedhelm, Hans-Georg (2006).

[96] Karl Vollmer: „Erinnerung an den Brand der Synagoge", Leserbrief in der Südhannoverschen Volkszeitung am 8.1..1978. (Vollmer wurde von der Zeitung nicht als Verfasser benannt, hat aber später in einem Interview mitgeteilt, diesen Leserbrief geschrieben zu haben.)

[97] Entnazifizierungsakte im Hauptstaatsarchiv Hannover: Hann 171 Hild. Nr. 21490.

[98] „Die Konzentrationslager für politische Schutzhäftlinge", Eichsfelder Morgenpost am 24.3.33. „Das erste Konzentrationslager in Dachau bei München", Eichsfelder Morgenpost am 28.3.1933.

30.3.1933 berichtete, 21 „politische Untersuchungsgefangene" aus Clausthal, weil die dortigen „Unterkunftsmöglichkeiten bereits voll besetzt" waren. Diese Belegung des Gerichtsgefängnisses hätte dem Bürgermeister, der damit zugleich Polizeichef war, und dem Kreisparteileiter Dornieden in der Kleinstadt selbst dann nicht entgangen sein können, wenn es nicht in der Zeitung gestanden hätte.

Die Existenz von Konzentrationslagern für politische Häftlinge war in Duderstadt aber nicht nur erkennbar, sondern sie war durchaus auch bekannt. Das belegt eine Eingabe des Leiters des Duderstädter Elektrizitätswerks, Schütz, an seinen Dienstherrn. Der städtische Bedienstete war von jemandem, der ihm nicht wohlgesonnen war, wegen verschiedener Vergehen bei der Staatsanwaltschaft, bei der Berufsgenossenschaft und beim Finanzamt angezeigt worden. Um sich der fortgesetzten Anschuldigungen zu erwehren, bat er den Magistrat der Stadt, ihn vor der „Wühlarbeit" dieses „Volksschädlings" dadurch zu schützen, dass jener in „Schutzhaft" genommen werde.[99] Dadurch war auch Bürgermeister Dornieden mit dem Ansinnen von „Schutzhaft" konfrontiert. Der Magistrat, dem er angehörte, verwies den Schütz auf den Weg der Zivilklage.[100]

Im November 1938 dann, nach dem Pogrom, meldete Dornieden, die festgenommenen männlichen Juden seien zunächst im Gerichtsgefängnis festgesetzt worden. Sie waren, wie er zweifellos wusste, nur deshalb verhaftet worden, weil sie Juden waren, und nicht, weil sie sich eines Rechtsbruchs schuldig gemacht hatten. Und Dornieden berichtete am 21. Dezember 1938, der Kaufmann Ernst Rosenbaum sei auf Anordnung der Staatspolizeistelle Hildesheim am 6.12.1938 aus der Haft entlassen worden.[101] Dornieden hat also als Bürgermeister und damit auch als Kreisparteileiter nicht nur wahrscheinlich, sondern gewiss davon gewusst, dass im „Dritten Reich" Menschen unrechtmäßig in Konzentrationslager eingesperrt wurden. Die Spruchkammer aus Recklinghausen war über dieses Wissen getäuscht worden.

Auch mit der behördlichen Aufarbeitung der Plünderungen während des Pogroms am 9. November 1938 war Dornieden mehreren Schreiben zufolge befasst. Er bezeichnete darin den Pogrom als „Protestaktion" und das aus

---

[99] StadtA Duderstadt: Dud 2, Nr. 12049.
[100] StadtA Duderstadt: Protokoll der Sitzung des Magistrats am 29. März 1934 im Protokollbuch.
[101] Beides im Kreisarchiv Göttingen: DUD 549.

den jüdischen Geschäften geraubte Eigentum nicht als Diebesgut der beteiligten SS, sondern als „sichergestellte Sachwerte"[102]. Auch dieser Sprachgebrauch zeigt, wie sehr Dornieden ins „Dritte Reich" eingebunden war.

Dass in Duderstadt, wie der Spruchkammer weisgemacht wurde, die Unterdrückungsmaßnahmen des „Dritten Reiches" gegen die Juden nicht angeordnet worden wären, ist weder für die Zeit des Kriegsbeginns noch überhaupt für die NS-Zeit anzunehmen. Eindeutig ist, die öffentliche städtische Volksschule stand den Kindern der jüdischen Familie Israel ab 1938 nicht mehr offen.[103] Nach dem Pogrom 1938 blieben die jüdischen Geschäfte geschlossen, eine weitere Geschäftätigkeit war auch hier untersagt. Die verbliebenen Duderstädter Juden mussten in einem Judenhaus zusammen wohnen, dem Haus Obertorstraße 59. Und wer wollte glauben, sie hätten beispielsweise bei den mit Kriegsbeginn eingeführten Lebensmittelmarken die für deutsche „Volksgenossen" vorgesehenen Rationen erhalten und nicht die geringeren für Juden, sie seien ab 1941 nicht verpflichtet gewesen, den Judenstern zu tragen und nicht den zahlreichen Beschränkungen und Erniedrigungen unterworfen worden, die den Juden sonst in Deutschland auferlegt wurden? Ein Brief aus dem Jahre 1939, mit dem Erich Loewenthal, der kommissarische Vorsteher der jüdischen Gemeinde, die Auswanderung der Familie Israel zu ermöglichen versuchte, lässt die verzweifelte Lage der Juden auch in Duderstadt erkennen.[104]

Schließlich wirkte die Stadt Duderstadt im März 1942 bei der Deportation der letzten jüdischen Einwohner in die Vernichtungslager im Osten mit. Die detaillierte Planung der Gestapo Hannover für eine großräumige Aktion, die auch ein aktives Mitwirken der Bürgermeister betroffener Städte vorsah, ist erhalten geblieben.[105] Unter dem Datum 26.3.1942 wurde auf der Karteikarte der Familie Israel im Einwohnermeldeamt Duderstadt eingetragen: „Stapo Hildesheim übergeben"[106]. Das „Übergeben" war Aufgabe der Ortspolizeibehörde, lag also letztlich im Verantwortungsbereich des Bürgermeisters.[107] Der aber wollte, wie oben zitiert, von Maßnahmen gegen Juden in der Zeit von 1939-1945 nichts gewusst haben, obwohl er als oberster Polizeichef in der Stadt daran beteiligt gewesen war.

---

[102] A.a.O. Im Faksimile abgedruckt bei Schwedhelm, Hans-Georg.
[103] Siehe Hütt, Götz: Geschichte der neuzeitlichen jüdischen Gemeinde in Duderstadt, Norderstedt 2012, S. 127.
[104] Abgedruckt in: Götz Hütt (2012). S. 128 f.
[105] Siehe dazu Buchholz, Marlies (1987): Anhang.
[106] Stadtarchiv Duderstadt: Einwohnermeldekartei.
[107] Siehe dazu: Buchholz, Marlis (1987): Anhang.

Rassismus und Mitwirkung am Verbrechen der NS-Zwangsarbeit

An dem Unrecht, das ausländischen Zwangsarbeitenden während des Zweiten Weltkrieges in Duderstadt zugefügt worden war, beteiligt gewesen zu sein, wies Dornieden später wahrheitswidrig zurück.

Am 5. Mai 1940 erhielt der Duderstädter Bürgermeister die Anweisung des Landrats zur geschlossenen Lagerunterbringung polnischer Zwangsarbeiter. Am 16.5.1940 wurde das „Lager May" im Horst-Wessel-Ring (heute: Ebertring) eingerichtet. Später wurde dieses Lager in die Kurze Straße verlegt. Mehrfach hatte die Stadtverwaltung mit Beschwerden über das Verhalten der Bewohner dieses Lagers und die hygienischen Verhältnisse zu tun.[108] Als Verwaltungsbehörde, auch als Polizeibehörde, wirkte die Stadt Duderstadt am Arbeitseinsatz der hierher deportierten Zwangsarbeiter an vielen Stellen mit. Die Stadt war selbst auch „Arbeitgeber" und beschäftigte in der Forstverwaltung mindestens acht polnische Arbeiter.[109] Der Bürgermeister musste also zweifellos die Unrechtsbestimmungen, die für Zwangsarbeiter galten, kennen und anwenden. Und was dem Bürgermeister Dornieden bekannt war, wusste zugleich der Kreisparteileiter Dornieden. Es kann also keine Rede davon sein, was aber Dornieden dennoch behauptete und die Spruchkammer übernahm, er sei mit „Fremdarbeitern" zwischen 1939 und 1941 nicht befasst gewesen. – In einem Rechenschaftsbericht nach dem Krieg behauptete er weiterhin wenig einsichtig über das Schicksal der zur Zwangsarbeit nach Duderstadt Deportierten, es sei den „Fremdarbeiterinnen" besser gegangen als den deutschen Arbeiterinnen.[110]

Als 1942 auf einem Sportplatz am Rande der Stadt ein Barackenlager für die ausländischen Arbeiter der Munitionsfabrik Polte errichtet werden sollte, war Dornieden mit der Einzäunung durch einen 1,5 m hohen Lattenzaun und darüber Stacheldraht bis zu einer Gesamthöhe von zwei Metern nicht einverstanden. Er schrieb deshalb an die Abteilung Rüstungsneubau des Reichsministers für Bewaffnung und Munition, Außenstelle Hannover: „Die Forderung der neben dem Sportplatz wohnenden Kleinsiedler muss ich nicht allein aus polizeilichen, sondern auch aus rassenpolitischen Gründen voll unterstützen. […] Man kann nicht einmal der Bevölkerung Tag für Tag in Wort und Schrift einen möglichst weiten Abstand von den Fremd-

---

[108] Siehe dazu Siedbürger, Günther (2005): S. 147.
[109] Mitteilung von Günther Siedbürger bei einem Stadtrundgang zum Thema Zwangsarbeit am 13.11.2015 in Duderstadt.
[110] Siehe Ebeling, Hans-Heinrich/Fricke, Hans-Reinhard (1992). S. 160.

stämmigen predigen und das andere Mal den Familien zumuten, direkt neben einem leicht umzäunten Barackenlager für Fremdstämmige zu wohnen. Die hierdurch gefährdeten rassischen und kulturellen Werte sind bestimmt höher zu werten als die geringe Einsparung durch die Herstellung eines Lattenzaunes."[111] Statt des Lattenzauns verlangte er eine zwei Meter hohe geschlossene Bretterwand zur Feilenfabrik und zur Wohnsiedlung Westerborn hin. Eine große Zahl von diskriminierten, zu harter Arbeit gezwungenen und schlecht ernährten Menschen in einem Lager zusammenzupferchen und damit einen sozialen Brennpunkt zu schaffen, liefert für Anwohner durchaus einen Anlass, Bedenken vorzubringen. Wer dabei aber, wie Dornieden, wegen eines angeblich zu gering dimensionierten Sicherungszauns mit rassenpolitischen Gründen argumentiert, erweist sich als Rassist.

Nach dem Zweiten Weltkrieg wurde dieses Lager als Unterkunft für deutsche Flüchtlinge und Heimatvertriebene genutzt.

Baracke im Lager Westerborn 1961

Keine Wandlung zum Gegner des Nationalsozialismus

Es gelang Andreas Dornieden, auch den Entnazifizierungsausschuss in Duderstadt davon zu überzeugen, dass er das Muster eines Menschen sei, „der

---

[111] Stadtarchiv Duderstadt: Dud 2 Nr. 14387.

zunächst aus Idealismus Anhänger des Nazismus war, im Laufe der Zeit aber ins Gegenteil umschlug und sich als Gegner der Naziideologie wirksam betätigte."[112] Nur bis 1934 sei er ein begeisterter Anhänger des Nationalsozialismus gewesen und habe sich danach gewandelt. Tatsächlich aber war 1935 und auch später der behauptete Gesinnungswandel nicht bemerkbar. Der Antisemitismus war, wie dargestellt, geblieben. Der Rassismus ebenfalls. Während einer Arbeitstagung der NSDAP im Jahr 1935 vertrat Dornieden die Auffassung, „dass der Nationalsozialismus im deutschen Menschen, in seiner Rasse, in seinem Blut, seinem Boden begründet sei. Der Nationalsozialismus wolle die Neuschaffung des deutschen Menschen."[113] – Als 1936 die HJ-Fahne auf der katholischen Volksschule feierlich gehisst wurde, weil eine dafür hinreichende Anzahl von Schülerinnen und Schülern der HJ beigetreten war, hielt er eine Ansprache. Die Südhannoversche Volkszeitung berichtete über deren Inhalt: „Alle erwarten jetzt, dass sich diese Jugend restlos einsetzt, wie sich das deutsche Volk restlos für den Führer eingesetzt hat. Die Jugend eifert dem Beispiel des Führers nach. Geschlossen ausgerichtet steht sie unter der Fahne […].[114] – Als Kreisparteileiter hielt Dornieden zur Eröffnung des Kriegswinterhilfswerkes im Oktober 1939 in Duderstadt eine Rede. Er begann wörtlich: „Wenn ein Volk sich im Lebenskampf dieser Erde durchsetzen will, dann muss es dafür sorgen, dass alle Glieder dieses Volkes einig sind. Diese Glieder müssen eine wahre Schutz- und Trutzgemeinschaft bilden; der eine muss für den anderen einstehen und mit ihm, wenn es sein muss, das letzte Stück Brot teilen." Das war sozialdarwinistische, völkische Ideologie des Nationalsozialismus. Und Dornieden schloss: „In dieser Notzeit wollen wir uns zusammenschließen. Wir wollen so hart werden, wie es die heutige Zeit verlangt, damit es dem Gegner nicht gelingt, das deutsche Volk weich zu machen. Wir werden opfern bis zum Letzten! Dann wird der Sieg unser sein!"[115] – Auch zu dieser Zeit wird also kein Bruch mit dem Regime spürbar, sondern im Gegenteil die Unterstützung des NS-Krieges „bis zum Letzten". Im Entnazifizierungsverfahren nach 1945 schrieb Dornieden dagegen ganz anders: „Bei meiner im Laufe der Jahre vollzogenen pol. Wandlung

---

[112] Entnazifizierungsakte im Hauptstaatsarchiv Hannover: Hann 171 Hild. Nr. 21490.
[113] „Die große Arbeitstagung der NSDAP", Eichsfelder Morgenpost am 25.2.1935.
[114] „Kath. Volksschule hißt die HJ-Fahne", Südhannoversche Volkszeitung am 21.4.1936.
[115] „Wir werden opfern bis zum Letzten! – Dann wird der Sieg unser sein!", Südhannoversche Volkszeitung am 16.10.1939.

war es für mich eine Selbstverständlichkeit, den Krieg und die sinnlose Durchhaltepolitik der Partei abzulehnen."[116]

Ein Jahr später, am 8.10.1940, sprach Dornieden vor einer Versammlung der Ortsgruppen- und Kreisamtsleiter der NSDAP: „Die Lehren und Grundsätze der nationalsozialistischen Weltanschauung müssen in der Bevölkerung immer tiefer verankert werden, damit alle auch die Ereignisse unserer Tage unter nationalsozialistischem Blickwinkel sehen und die zuversichtliche Stimmung und das Vertrauen zum Führer weiter wachsen."[117] Das sind nicht die Worte eines Menschen, der sich innerlich von der NSDAP distanziert hatte oder sich gar, wie er nach 1945 behauptete und wie ihm geglaubt wurde, als Gegner der Nazi-Ideologie wirksam betätigte.

Dornieden war ein NSDAP-Mitglied, das tatkräftig dahin wirkte, das NS-Regime zu stützen und die Kriegsbereitschaft zu stärken. Er trat im „Dritten Reich" nicht nur anfangs, sondern vielmehr durchgehend als überzeugter Nationalsozialist auf. Auch das von Dornieden nach 1945 zu seiner Entlastung vorgebrachte, aber weiter nicht belegte und angesichts der sonstigen Unglaubwürdigkeit seiner Aussagen somit zumindest fragliche Zerwürfnis mit der NSDAP-Gauleitung in Braunschweig scheint keinesfalls so tief gewesen zu sein, wie er behauptete, denn es war der Braunschweiger Gauleiter, auf dessen Vorschlag hin er 1936 vom Führer der NSDAP-Reichstagsfraktion, Reichsminister Frick, in den Reichstag berufen wurde.[118] Auch, dass er von 1939 bis 1941 wieder als Kreisparteileiter eingesetzt wurde, weist darauf hin, dass er über eventuell begrenzte Konflikte hinaus keineswegs grundsätzlich in Ungnade gefallen war.

Der geschätzte und geehrte Nationalsozialist

Dass Andreas Dornieden leugnete, die nationalsozialistische Weltanschauung bis in die Kriegszeit hinein vertreten zu haben, dass er Mitwissen, Mitwirken und Mittäterschaft abstritt, zahlte sich für ihn aus. Die Spruchkammer sprach ihn 1948 davon frei, von Judenverfolgung, Konzentrationslagern und Zwangsarbeit mehr als nur harmlose Kenntnisse besessen zu haben und bescheinigte ihm, obwohl Parteimitglied, zum „politischen Schutzpatron" der Stadt gegen den Nationalsozialismus geworden zu sein. Dieses

---

[116] Entnazifizierungsakte im Hauptstaatsarchiv Hannover: Hann 171 Hild. Nr. 21490.
[117] „Die Winterarbeit der Partei beginnt", Südhannoversche Zeitung am 8.10.1940.
[118] Meldung der Südhannoverschen Volkszeitung am 22.2.1936.

Urteil war ein sehr wichtiger Pluspunkt auch für das nachfolgende Entnazi-fizierungsverfahren vor dem Entnazifizierungs-Hauptausschuss in Duder-stadt. Ferner kam Dornieden jetzt zu Gute, dass die Briten ihn fast drei Jahre gefangen gehalten hatten und dieses Verfahren deshalb so spät durchgeführt wurde. Inzwischen war die Entnazifizierung auf deutsche Behörden über-gegangen und hatte sich allgemein von der Bemühung um politische Säu-berung zu einer Aktion der Rehabilitierung früherer Nationalsozialisten ge-wandelt. Der Entnazifizierungs-Hauptausschuss Duderstadt machte sich alle Einlassungen Dorniedens zueigen. Er billigte ihm zu, einen „Abwehr-kampf gegen unsinnige Ideologien und Maßnahmen des Nazismus" geführt zu haben und stellte fest: „Dornieden betätigte sich weiter fortlaufend als Gegner des Nazismus, von dem er im Laufe der Zeit vollständig ab-rückte."[119]

Das „Gesetz zur Befreiung von Nationalsozialismus und Militarismus" von 1946, welches die Entnazifizierung in deutscher Hand regelte, sah ein fünfstufiges Beurteilungssystem vor, nämlich die Einteilung in: I Haupt-schuldige, II Belastete, III Minderbelastete, IV Mitläufer und V Entlastete. Als entlastet hatte zu gelten, „wer trotz seiner formellen Mitgliedschaft oder Anwartschaft oder eines anderen äußeren Umstandes sich nicht nur passiv verhalten, sondern nach dem Maß seiner Kräfte aktiv Widerstand gegen die nationalsozialistische Gewaltherrschaft geleistet und dadurch Nachteile er-litten hat".[120] Da nach Auffassung des Entnazifizierungs-Ausschusses An-dreas Dornieden dem entsprach, kam es zu dem absurden Ergebnis, dass der prominenteste Nationalsozialist im Untereichsfeld, der als „politischer Leiter" in Duderstadt der NSDAP in Führungspositionen gedient hatte, in die Kategorie der Entlasteten eingestuft wurde.

Mit dem Freispruch von Andreas Dornieden wurde indirekt zugleich die Stadt Duderstadt insgesamt von Mitschuld entlastet, denn wenn schon der Bürgermeister der Jahre 1933-1945 kein wirklicher Nationalsozialist gewe-sen war, dann konnte der Bürgerschaft kaum mehr etwas vorzuwerfen sein. Das in Duderstadt gepflegte Selbstbild, die Stadt habe sich vor dem braunen Ungeist bewahrt, wurde nicht in Frage gestellt.

Im April 1947 schrieb der Nachkriegs-Bürgermeister Schmalstieg an das Internierungslager, in dem Dornieden zu dieser Zeit inhaftiert war, um auf seine Freilassung hinzuwirken. Er führte aus: „Viele Duderstädter wün-schen die Rückkehr des Andreas Dornieden. Die öffentliche Meinung steht

---

[119] Entnazifizierungsakte im Hauptstaatsarchiv Hannover: Hann 171 Hild. Nr. 21490.
[120] Königseder, Angelika (2009): S. 156.

durchweg auf Seiten des D. […].“[121] Auf der Seite des in Duderstadt hochrangigsten Nationalsozialisten also und damit gegen diejenigen, die ihn zur Rechenschaft ziehen wollten. Die kirchlich orientierte städtische Gesellschaft, die ihrem Selbstverständnis nach fest verwurzelt war in der christlichen Tradition und sich doch selbst mit dem Nationalsozialismus eingelassen hatte, erinnerte sich daran, dass Bürgermeister Andreas Dornieden sich während seiner Amtszeit große Verdienste um den Ausbau städtischer Einrichtungen erworben hatte, dass er sich für die Belange vieler „Volksgenossen" engagiert eingesetzt hatte, sogar für zwei frühere Sozialdemokraten eingetreten war, die 1944 in das KZ Neuengamme eingeliefert worden waren. Sie rechnete ihm dankbar zu, dass Duderstadt im April 1945 nicht verteidigt und somit vor einer Zerstörung bewahrt wurde. Ferner sah sie in ihm als Angehörigem der St.-Cyriakus-Kirchengemeinde und als „treue(m) und aufrechte(m) Katholik(en)"[122] einen der ihren. Sie blendete dagegen sein Handeln als Nationalsozialist aus. Sie war, ohne jetzt dem Droh- und Zwangspotential während der NS-Diktatur ausgesetzt zu sein, aus freien Stücken Fürsprecher für einen früheren Nazi. Die städtische Gesellschaft, die das eigene Mittun im „Dritten Reich" verdrängte, statt es kritisch aufzuarbeiten, lastete auch ihm sein Mitwirken und seine Mittäterschaft in der NS-Zeit nicht an, als sei es bedeutungslos. Das erklärt den Schutz, der Dornieden in der Nachkriegszeit von den Duderstädter Zeugen gewährt wurde.

Andreas Dornieden starb am 4. März 1976 in Herne. Nun vollendete die Stadt Duderstadt seine Entnazifizierung.

Am 4. März 1976 verstarb im Alter von 89 Jahren in Herne

Herr Bürgermeister a. D.

Andreas Dornieden

Der Verstorbene war von 1933 bis 1945 Bürgermeister der Stadt Duderstadt. Während dieser Zeit hat er seine ganze Arbeitskraft dem Wohle unserer Stadt gewidmet. Dafür sei ihm herzlich Dank gesagt.

Wir werden ihm ein ehrendes Gedenken bewahren.

Duderstadt, den 8. März 1976

Stadt Duderstadt

Thiele
Bürgermeister

Krukenberg
Stadtdirektor

---

[121] HStA Hannover: Hann 171 Hild. Nr. 21490.
[122] A.a.O.

52

Der amtierende Bürgermeister Thiele und der Stadtdirektor Krukenberg veröffentlichten folgenden Nachruf: „Der Verstorbene war von 1933 bis 1945 Bürgermeister der Stadt Duderstadt. Während dieser Zeit hat er seine ganze Arbeitskraft dem Wohle unserer Stadt gewidmet. Dafür sei ihm herzlich Dank gesagt. Wir werden ihm ein ehrendes Gedenken bewahren."[123] Der frühere Bürgermeister hatte aber seine Arbeitskraft zum Wohle eines nationalsozialistischen Duderstadt eingesetzt. Er war eben nicht nur ein um die Stadt von 1933-1945 bemühter Bürgermeister, sondern er war der Nazi-Bürgermeister gewesen. Diese Dimension seines Wirkens in Duderstadt nicht zu erwähnen, sondern ihm uneingeschränkt herzlich zu danken, war in dem Nachruf nicht mehr nur Verharmlosung, sondern bedeutete, die nationalsozialistische Prägung jener Jahre gänzlich auszublenden, als hätte es sie nicht gegeben. Er war und blieb in dieser Sichtweise der uneingeschränkt gute Bürgermeister der Jahre von 1933-1945. Es war die wirklich restlose Entnazifizierung Dorniedens.

Diese 1976 ausgedrückte Wertschätzung Dorniedens wurde durch das 1992 erschienene Buch „Duderstadt 1929-1949" um sein Wirken als Nationalsozialist ergänzt. Allerdings beurteilten die Verfasser eine Rechtfertigungsschrift Dorniedens aus dem Jahre 1950 als zwar kritisch zu prüfende, den verbrecherischen Charakter der NS-Zeit nicht erwähnende, aber weithin doch herausragende „ehrlich(e) und zuverlässig(e)"[124] Quelle und ließen sich davon stark beeinflussen. Somit gewann Dornieden posthum einen nicht unerheblichen Einfluss auf ein weiterhin geschöntes Geschichtsbild, das von ihm gezeichnet wurde. Er war demnach vor allem kommunalpolitisch ein Planer, der sich um die Stadtentwicklung verdient gemacht hat und von der NSDAP mehr und mehr abrückte.

Das in der Danksagung 1976 gegebene Versprechen des ehrenden Gedenkens wurde von der Stadt Duderstadt eingehalten. Ein Bild Dorniedens hängt heute in einer Fotogalerie der früheren Bürgermeister im Stadthaus, ohne Unterscheidung – als sei er für das offizielle Duderstadt auch gegenwärtig gleichermaßen ehrenwert wie die Bürgermeister der anderen Jahre.

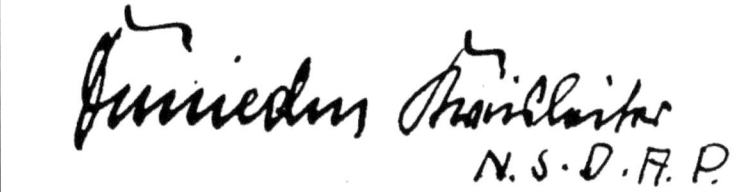

---

[123] Anzeige im SPOT, 26.3.1976. Siehe auch Staeck/Adelmann (1977): S. 42.
[124] Ebeling, Hans-Heinrich/Fricke, Hans-Reinhard (1992): S. 161.

03.2 Ein angesehener Richter mit nationalsozialistischer Vergangenheit

Das Amtsgericht Duderstadt 2016

Die Wiedereinstellung Ferdinand Trümpers nach 1945 als Richter in Niedersachsen war Teil des Versagens der Bundesrepublik Deutschland im Umgang mit früheren Angehörigen der Justiz des „Dritten Reiches". Während des Zweiten Weltkrieges war Trümper in den Jahren 1942/1943 als Richter am Sondergericht Kalisch im Warthegau tätig und an Unrechtsurteilen überwiegend gegen Polen beteiligt gewesen. Im Entnazifizierungsverfahren erreichte er durch Verschweigen und Lügen seine Entlastung und stieg schließlich in seiner Heimatstadt Duderstadt zum Leiter des Amtsgerichts auf. Für die von ihm begangenen Justizverbrechen wurde er nie zur Rechenschaft gezogen.[125]

Das Urteil des Sondergerichts Kalisch im Reichsgau Wartheland gegen den Polen Paul P., einen Kleinkriminellen, dem Diebstähle, Betrug, Heiratsschwindel, Amtsanmaßung als angeblicher Polizist, Urkundenfälschung und anderes vorgeworfen wurde, war vernichtend. Er sei „ein völlig haltloser Mensch" mit einem unwiderstehlichen inneren Hang zum Verbrechen, ein „Schädling und Saboteur der deutschen Ernährungswirtschaft", der „nach seiner Persönlichkeit und seinem bisherigen Leben auch durch hohe Freiheitsstrafe und in der Sicherungsverwahrung nicht mehr zu einem brauchbaren Menschen erzogen werden kann".[126] Diesen also angeblich unbrauchbaren Paul P. stuften die Richter in Kalisch im Sinne nationalsozialistischer Rechtsauffassung als „gefährlichen Gewohnheitsverbrecher" ein, der zum „Schutz der Volksgemeinschaft" nicht anders als mit dem Tode zu bestrafen sei. Nachdem Gauleiter Greiser ein Gnadengesuch abgelehnt hatte, wurde Paul P. am 29.6.1943 hingerichtet.

Das Urteil gegen P., das nicht mehr die einzelnen Straftaten angemessen sühnte, sondern ihn das Leben kostete, weil er als Person für lebensunwert befunden wurde, trägt drei Unterschriften, darunter die des aus Duderstadt stammenden Richters Ferdinand Trümper. Dieser jedoch leugnete und beschwieg nach 1945 seine Beteiligung an Verbrechen des „Dritten Reiches" im Zweiten Weltkrieg. Bekannte aus Duderstadt, die gar nicht wissen konnten, was er während des Krieges in der Ferne getan hatte, bescheinigten ihm, als katholischer Christ Gegner des Nationalsozialismus gewesen zu sein. So erreichte Trümper im Entnazifizierungsverfahren, als „unbelastet" eingestuft zu werden und ab 1949 wieder in seinem Beruf arbeiten zu dürfen,

---

[125] Siehe dazu auch Hütt, Götz (2015): Urteile des Sondergerichts Kalisch und der Richter Ferdinand Trümper.

[126] Staatsarchiv Kalisz: Sondergericht Kalisz 1939-1944, Nr. 394.

zuerst in Herzberg am Harz und dann in seiner Heimatstadt Duderstadt, wo der frühere NS-Richter schließlich zum Leiter des Amtsgerichts aufstieg.
Über Ferdinand Trümpers Tätigkeit während des Zeiten Weltkrieges gibt es

drei Varianten der Darstellung. Die eine: Er war von Anfang bis Ende des Krieges Soldat. Das war die zu seiner Verabschiedung aus dem Richterdienst im Jahr 1969 in der Presse verbreitete Version. Die andere Variante ist seiner Entnazifizierungsakte von 1948 zu entnehmen: Er war im Reichsgau Wartheland (also in einer von Polen annektierten Region) am Aufbau einer Justizbehörde beteiligt. Das klingt nach einer sinnvollen Verwaltungstätigkeit. Was er aber wirklich getan hatte, steht in der Personalakte seiner Dienstzeit als Richter bis 1945, die im polnischen Staatsarchiv in Posen erhalten ist, sowie in den Gerichtsakten des Sondergerichts Kalisch, die im Staatsarchiv im polnischen Kalisz aufbewahrt werden. Danach gehörte er 1942/1943, bevor er dann tatsächlich Soldat wurde, einer Kammer des Sondergerichts Kalisch an, das seine „Recht"-Sprechung auf Unrechtsgesetze und nationalsozialistische Ideologie gründete. Dieses Sondergericht urteilte hauptsächlich über deutsche Kritiker des nationalsozialistischen Regimes und es urteilte – so die Sicht der Richter entsprechend der nationalsozialistischen Rassenideologie – über polnische „Untermenschen". Ferdinand Trümper war, soweit überliefert, am Sondergericht Kalisch an 95 Verfahren gegen 152 Personen beteiligt, 23 Deutsche und 129 Polen. Die Deutschen wurden zu Gefängnis- oder Zuchthausstrafen verurteilt, die Polen zu härterer Straflagerhaft. Die Folterung von Polen bei den Verhören durch die Polizei hielt die Strafkammer, der Trümper angehörte, für angebracht. Ferdinand Trümper war an drei Todesurteilen beteiligt. Aber auch die mit seiner Beteiligung zu befristeter Haft verurteilten Polen konnten nach Verbüßung der gegen sie verhängten Freiheitsstrafen keineswegs alle darauf rechnen, tatsächlich freigelassen zu werden. Vielmehr war es verordnete Justizpraxis, die zu längerem Freiheitsentzug Verurteilten nach der Strafverbüßung an die Sicherheitspolizei zu übergeben. Das Schicksal dieser Verurteilten sollte sein: „Vernichtung durch Arbeit" in einem Konzentrationslager. Diese Praxis war der Richterschaft bekannt. Sie traf auf 111 der unter Beteiligung von Ferdinand Trümper verurteilten 129 Polen zu. Damit war Ferdinand Trümper nicht direkt an der systematischen Tötung von Menschen beteiligt, aber er leistete Beihilfe dazu.

Besonderen Wert legte das Sondergericht Kalisch den schriftlichen Begründungen seiner Urteile zufolge darauf, mit seiner Rechtsprechung die Herrschaft des „Dritten Reiches" im Warthegau abzusichern, insbesondere gegenüber der polnischen Bevölkerung durch abschreckende Urteile, also durch die Ausübung von Terror. Den ideologischen Rahmen der gegen Polen verhängten Strafen bildete die sozialdarwinistische Rassenlehre, in deren Sinn es war, das Deutschtum im „Volkstumskampf" gegen die Slawen zu schützen. Seine Vorgesetzten beurteilten Trümper als dafür brauchbaren Richter.

Beispiel für eine Verurteilung wegen „deutschfeindlicher Äußerungen" ist das Verfahren gegen Czesława B. Der Beweiserhebung zufolge hatte sie im Herbst 1941 auf einem Morgen Pachtland Roggen ausgesät. Dieser Acker wurde ihr nicht sehr lange vor der Erntezeit, am 24. Juni 1942, entschädigungslos weggenommen und dem Volksdeutschen Jantz zugesprochen. Als am nächsten Tag Czesława B. die Mutter von Jantz und später auch ihn selbst auf der Straße traf, soll sie sich nach Feststellung des Gerichts zu unbedachten Äußerungen haben hinreißen lassen. *„Ihr habt mir mein Land weggenommen und damit mein letztes Stück Brot"*, sagte sie demnach. Vergeblich versuchte Janz ihr zu erklären, dass nicht er, sondern der SS-Arbeitsstab[127] die Entscheidung getroffen hätte, und dass der Acker einem anderen Deutschen zugeteilt worden wäre, wenn er ihn nicht angenommen hätte. Damit konnte er Czesława B. jedoch nicht beruhigen. Wütend soll sie ausgerufen haben: *„Das Korn von meinem Acker soll Dir zu Stein im Munde werden!"* Sie fragte demnach: *„Wirst Du im Herbst noch hier sein?"* Und sie schimpfte angeblich: *„Ich habe Dich im Arsch. Da kommt ein Krüppel aus dem Osten und nimmt mir das Land weg!"*[128]

Jantz zeigte sie an. Zwar bestritt Czesława B. vor Gericht, diese Äußerungen getan zu haben, aber die Richter sahen sie *„auf Grund der eidlichen Bekundung des Zeugen Ferdinand Jantz, an dessen Angaben zu zweifeln nicht der geringste Anlass besteht"*[129], als der Tat überführt an. Die beeidigte Aussage eines Deutschen galt immer als glaubwürdiger denn die eines Polen oder einer Polin. Das Gericht hielt, in dem

---

[127] Für die Organisation der Enteignung von polnischen und jüdischen Betrieben und ihre Übergabe an Volksdeutsche waren SS-Ansiedlungs- und Arbeitsstäbe gebildet worden.

[128] A.a.O.

[129] A.a.O.

Sd 7 KLs 263/42 (267).   Das Urteil ist rechtskräftig. 46

Kalisch, den 27.März 1943.

Oeuburg , Justizinspektor
als Urkundsbeamter der Geschäftsstelle.

U r t e i l !

Im Namen des Deutschen Volkes

Strafsache

gegen die Czeslawa B i a l e k geb. Matuszak, geboren am 24.
10.1911 in Zeronicski, Kreis Turek, wohnhaft in Josefow,
Gem.Dobra, Kreis Turek, verheiratet, polnischer Volkszums-
zugehörigkeit, in Untersuchungshaft seit 9.2.1934,
1943

wegen Beleidigung,

hat das Sondergericht bei dem Landgericht in Kalisch in der
Sitzung vom 23. März 1943, an der teilgenommen haben:

Landgerichtsdirektor Dr. Müller
als Vorsitzer,

Landgerichtsrat Walter,

Amtsgerichtsrat Trümper
als beisitzende Richter,

Staatsanwalt Dr. Lubbe
als Beamter der Staatsanwaltschaft,

für R e c h t erkannt:

Die Angeklagte wird wegen deutschfeindlicher Äußerungen
auf Grund der Polenstrafrechtsverordnung zu
2 Jahren Straflager
und den Kosten des Verfahrens verurteilt.

- - - - - - - -

G r ü n d e .

Die Angeklagte ist Polin. Sie betrieb bis Herbst 1942 zusammen mit ihrem Ehemann in Josefow, Gemeinde Dobra, Kreis Turek,
eine Kolinialwarenhandlung mit Fleischerei. Ausserdem bewirtschaft-
te sie einen Morgen Pachtland, den sie im Herbst 1941 mit Roggen
ausgesät hatte. Als im März/April 1942 in Josefow vom SS-Arbeitsstab Z=Höfe gebildet wurden, sollte auch das Land der Angeklagten dem Z=Hofe eines umgesiedelten Wolhyniendeutschen
Eichmann zugelegt werden. Der Zeuge Bezirkslandwirt Hollatz
teilte dies der Angeklagten mit und nahm ihr das Land ab, ohne
es zugleich dem Eichmann zuzuweisen. Er legte es vielmehr am 24.

- 2 -

Staatsarchiv Kalisz: Sondergericht Kalisz 1939-1944, Nr. 26.

Sondergericht Kalisch – die Unterschriften der Richter Müller, Walter und Trümper unter dem Urteil gegen Czeslawa Bialek

Deutschen Jantz personifiziert, letztlich das deutsche Volk für beleidigt. In der Urteilsbegründung heißt es: *„Die Äußerungen der Angeklagten sind deutschfeindlich. Ihre Worte ‚Das Korn von meinem Acker soll Dir zu Stein im Munde werden' sind nämlich nicht nur eine üble und gehässige Verwünschung, sondern es verbirgt sich auch darin ihr Wunsch, dass der Zeuge, gerade weil er Deutscher ist, mit dem Land kein Glück haben möge. Mit ihren Worten: ‚Wirst Du im Herbst noch hier sein', gibt sie ihrer wie unzufriedener Polen Hoffnung Ausdruck, dass die Deutschen überhaupt aus dem hiesigen Gebiet verschwinden und bald ein Umsturz stattfinden möge. Ihre Äußerung ‚Ich habe Dich im Arsch' ist eine grobe Beschimpfung und Beleidigung. Besonders frech und unverschämt sind aber die Worte über die Kriegsverletzung des Zeugen Jantz, mit denen sie diesen und damit zugleich auch das gesamte Deutschtum gröblichst beschimpft."* [130] Um der Angeklagten zum Bewusstsein zu bringen, *„dass sie sich vor allen abträglichen Äußerungen über das Deutschtum, insbesondere aber vor Beschimpfungen deutscher Kriegsversehrter zu hüten hat"* [131], verurteilte das Gericht sie zu zwei Jahren Straflager. Damit wäre sie, sofern sie das Straflager überlebt hat, bei anderem Kriegsausgang nie wieder freigekommen, sondern nach Ablauf der Haftzeit in ein Konzentrationslager eingeliefert worden.

Das Amt des Richters hob Ferdinand Trümper in den Kreis der Honoratioren der Duderstädter Nachkriegsgesellschaft. Er war Mitglied in vielen Vereinen, in Schulelternräten und im Pfarrgemeinderat. Als im Jahr 1965 die DDR ein „Braunbuch" [132] herausgab, in dem die Wiederverwendung ehemals nationalsozialistischer Juristen im Staatsdienst der Bundesrepublik

---

[130] A.a.O.
[131] A.a.O.
[132] Braunbuch (3. Auflage 1968): S. 386.

Deutschland aufgedeckt wurde und darin auch auf Ferdinand Trümper als früheren Richter an einem Sondergericht hingewiesen wurde, blieb das in Duderstadt unbemerkt oder unbeachtet und stand auch seiner Beförderung zum Oberamtsrichter nicht im Wege. Zur Rechenschaft gezogen wurde er für die Justizverbrechen, an denen er beteiligt gewesen war, nicht. Bei seiner Verabschiedung aus dem Dienst am 9. Januar 1970 ehrten ihn der Landgerichtsdirektor, der Stadtdirektor, der Landrat, die Duderstädter Rechtsanwälte und die Bediensteten des Amtsgerichts. Trümper erklärte, er habe immer nur seine Pflicht getan. Immer – also auch im NS-Staat. Das bedeutete: keine Verantwortung für das eigene Handeln im „Dritten Reich" zu übernehmen, sondern Willfährigkeit und Dienstfertigkeit für gerechtfertigt zu halten – als Pflicht eben. Eine Schuld wurde nicht eingestanden oder vielleicht auch gar nicht eingesehen.

03.3 Die uneingestandene Selbsteingliederung der Duderstädter Schützengesellschaft in das NS-System

Das Duderstädter Schützenmuseum 2016

Die Duderstädter Schützengesellschaft passte sich 1933 von sich aus dem nationalsozialistischen Regime an. Ein besonderer Berührungspunkt war die militaristische Auffassung, die Förderung des Wehrsports sei für die Bildung junger Menschen eine Aufgabe von nationaler Bedeutung. Ihre Eingliederung in den NS-Staat aus eigenem Antrieb im Jahr 1933 verdrängt die Schützengesellschaft bis heute und beschönigt so ihre Geschichte.

Das Verdrängen und Bestreiten des schuldbehafteten Mitwirkens im NS-Staat reicht in Duderstadt bis ins einundzwanzigste Jahrhundert hinein. 2001 gab die Schützengesellschaft anlässlich ihres siebenhundertjährigen Bestehens eine Dokumentation zu ihrer Geschichte heraus.[133] Die Zeit des „Dritten Reiches" ist darin nicht ausgespart. Allerdings wird dargestellt, die Duderstädter Schützen seien einem „NS-Diktat"[134] unterworfen worden.

Für den Duderstädter Schützenhauptmann Hans Hertwig jedoch trifft diese Darstellung keinesfalls zu. Er passte sich dem „Dritten Reich" rasch an. Bei der Kommunalwahl im März 1933 war er als Kandidat der „Bürgerlichen Arbeitsgemeinschaft", einer national-konservativen Gruppierung, in das Bürgervorsteherkollegium gewählt worden. So hieß damals der Stadtrat. Mit den Stimmen der Nationalsozialisten ließ sich Hertwig zum Senator der Stadt wählen. Am 3.8.1933 meldete die Südhannoversche Volkszeitung, er sei als Hospitant der NSDAP-Fraktion beigetreten. Drei Jahre später wurde er Mitglied der NSDAP.

Bereits im Juli 1933 war das Schützenfest stark nationalsozialistisch geprägt. Der Redakteur der Eichsfelder Morgenpost, Schmalstieg, stimmte darauf ein: „Das diesjährige Schützenfest wird unter neuen Farben gefeiert. Neben der alten ruhmgekrönten schwarz-weißroten [sic!] Fahne[135] wird man überall die Fahne des neuen Deutschlands, das Hakenkreuzbanner sehen und es ist in diesem Falle auch vollkommen berechtigt, überall die blaugelben Stadtfahnen zu zeigen, denn in erster Linie ist unser Schützenhof eine Duderstädter Angelegenheit, ein Fest, das allerdings in seinen Zielen eingestellt sein muss auf die große deutsche Volksgemeinschaft […]."[136]

Den Kommersabend gestaltete eine SA-Kapelle musikalisch mit. In seiner Begrüßungsansprache wies Schützenhauptmann Hertwig darauf hin,

---

[133] Siehe Hauff, Maria (2001).
[134] Hauff, Maria (2001): S. 221.
[135] Das war die Fahne des deutschen Kaiserreichs anstelle des Schwarz-Rot-Gold der Weimarer Republik.
[136] „Eichsfelder Zickzack. Schüttenhof 1933", Eichsfelder Morgenpost am 8.7.1933.

dass „die Schützengesellschaft neben der Geselligkeit besonders die nationale Idee, den Wehrsport gefördert hat und in dieser Idee einig mit den höchsten Führern des deutschen Reiches, dem Herrn Reichspräsidenten von Hindenburg und dem Herrn Reichskanzler Adolf Hitler geht."[137]

Bei einer derart politischen Einfärbung des Schützenfestes mitzuwirken war Hertwig nicht gezwungen. Er konnte notfalls auf sein Amt verzichten. Stattdessen drückte er die schnelle Bereitschaft aus, die Schützengesellschaft den neuen Machterhältnissen anzupassen. Dieses Verhalten stimmt nicht überein mit der Darstellung in der Dokumentation von 2001, wonach die Schützengesellschaft durch die NS-Diktatur zwanghaft politisiert und fremdbestimmt auf die Wehrhaftmachung des deutschen Volkes und die „kriegstreiberischen Ziele der Nazi-Herrschaft"[138] eingeschworen wurde. Der Hinweis Hertwigs auf die bisherige Förderung des Wehrsports durch die Schützengesellschaft drückte vielmehr ihre in dieser Hinsicht ungezwungen ideologische Nähe zum nationalsozialistischen Regime aus.

Die positive Einstellung nicht nur des Hauptmanns sondern der Schützengesellschaft insgesamt zum Wehrsport bestätigt auch ein Brief, den 33 Schützen im Herbst 1933 an den Regierungspräsidenten Muhs in Hildesheim mit der Bitte um Unterstützung schrieben. Sie stellten sich als „Träger der gleichen Meinung von 75% aller Schützen" vor und erhoben pauschal heftige Vorwürfe gegen Vorstandsmitglieder der Gesellschaft: „Diese Herren […] entehren durch Interessen- und Verständnislosigkeit in einem fort diejenigen Schützen, die immer und immer wieder mit grossen Opfern die Schützengesellschaft nach innen und außen vertreten und alles aufbieten, um den noch vorhandenen kleinen Rest an Schützen zusammen zu halten." Die Verfasser des Briefes forderten daher eine Neugestaltung des Duderstädter Schützenwesens, nämlich die Besetzung des Vorstandes mit Mitgliedern, die „den Schützen mit gutem Beispiel vorangehen" und auch „die heutige Zeit verstehen und begriffen haben, dass gerade der Schiesssport mit zu den wichtigsten Aufgaben des deutschen Volkes gehört". Besonders stellten sie dabei die Bedeutung „des so überaus wichtigen Schiesssportes für die Ertüchtigung unserer Jugend"[139] heraus. Die „Vormundschaft" der Stadt über die Schützengesellschaft beschrieben die 32 Schützen so: „Führer (Hauptmann) der Schützengesellschaft kann nur ein Mitglied des Magistrates (Senator) sein. Im Zusammenhange mit den alten Rechten und Pflichten, bestimmt auch der Magistrat die weiteren Vorstandsmitglieder

---

[137] „Schüttenhof 1933", Eichsfelder Morgenpost am 11.7.1933.
[138] Hauff, Maria (2001). S. 117.
[139] Stadtarchiv Duderstadt: DUD2 Nr. 12211.

dieser Gesellschaft und zwar auf Lebensdauer. – Alle Beschlüsse der Schützengesellschaft fasst der Vorstand allein und ist den Mitgliedern das Mitbestimmungs- und Mitverwaltungsrecht in jeder Hinsicht genommen."[140]

Auf diesen Brief hin stellten sämtliche Vorstandsmitglieder ihre Ämter zur Verfügung, „um dem Schützenhauptmann die verlangte Gleichschaltung, ohne besondere Schwierigkeiten, zu ermöglichen"[141]. – „Gleichschaltung", ein Begriff aus der nationalsozialistischen Terminologie, bedeutete Führungswechsel zugunsten von Anhängern der NSDAP und die Übernahme nationalsozialistischer Wertvorstellungen und Ziele. – Gleichzeitig forderten die zurückgetretenen Vorstandsmitglieder den Magistrat der Stadt auf, „ihren bestbewährten Hauptmann, Herrn Senator Hans Hertwig als Führer" zu ernennen.[142] Hertwig erklärte ebenfalls seinen Rücktritt, blieb aber kommissarisch im Amt. Der Magistrat der Stadt Duderstadt beauftragte ihn, den Entwurf einer neuen Schützenordnung vorzulegen. Hertwigs Vorschlag behielt bei, dass der Schützenhauptmann durch den Magistrat ernannt wird, und sah als einzige Änderung vor, dass die weiteren Vorstandsmitglieder künftig nicht mehr gemeinsam durch den Magistrat und das inzwischen rein nationalsozialistisch besetzte Bürgervorsteherkollegium auf Lebenszeit gewählt, sondern durch den Schützenhauptmann im Einvernehmen mit dem Magistrat eingesetzt und entlassen werden sollten. Hertwigs Vorschlag lief also darauf hinaus, durch das Recht, die Vorstandsmitglieder selbst zu ernennen und zu entlassen, wenn auch im Einvernehmen mit dem Magistrat, die Rolle des Schützenhauptmanns sowohl gegenüber der Stadt als auch gegenüber den abhängiger werdenden Vorstandsmitgliedern in Richtung Führerschaft zu stärken. Dem Verlangen der Schützen nach Abschaffung lebenslanger Amtszeit der Vorstandsmitglieder war entsprochen worden. Für die einfachen, von einer Wahl des Schützenhauptmanns und des Vorstands nach wie vor ausgeschlossenen Mitglieder der Schützengesellschaft änderte sich dadurch aber nichts. Die Satzungsänderung wurde vom dafür zuständigen Magistrat entsprechend dem Vorschlag Hertwigs beschlossen.

Die Dokumentation der Schützengesellschaft von 2001 beschreibt diesen Vorgang allerdings ganz anders. Dass die Forderung nach einer Anpassung an die neuen politischen Verhältnisse und nach einer Änderung der Satzung massiv aus den Reihen der Schützen selbst kam und dass sie dabei

---

[140] A.a.O.
[141] A.a.O.
[142] A.a.O.

den nationalsozialistischen Regierungspräsidenten um Hilfe baten, verschweigt sie. Die Dokumentation erwähnt auch nicht, dass es der Schützenhauptmann selbst war, der die neue Satzungsbestimmung formuliert hatte. Die Satzungsänderung wird in der Dokumentation vielmehr als „diktatorische Maßnahme zur Ausschaltung demokratischer Mitbestimmung"[143] bezeichnet. Das passt zwar zu der bereits zitierten Behauptung, die Duderstädter Schützen seien einem NS-Diktat unterworfen worden, ist jedoch eindeutig falsch, denn demokratische Mitbestimmungsrechte der Mitglieder wurden nicht im Geringsten ausgeschaltet, konnten auch nicht ausgeschaltet werden, weil es sie schon vorher in der Duderstädter Schützengesellschaft nicht gab. Allerdings gewann der Schützenhauptmann geringfügig mehr Eigenständigkeit gegenüber der Stadt.

Zusammenfassend ist also festzustellen: Die Nationalsozialisten brauchten die Duderstädter Schützengesellschaft überhaupt nicht zwangsweise gleichzuschalten. Vielmehr wandten sich zahlreiche Duderstädter Schützen von sich aus mit der Bitte um Hilfe an den nationalsozialistischen Regierungspräsidenten Muhs in Hildesheim. Die Position des Schützenhauptmanns musste nicht neu besetzt werden, denn der Amtsinhaber stand den Nationalsozialisten nahe. Demokratische Vereinsstrukturen waren nicht zu beseitigen. Die Schützengesellschaft betonte überdies von sich aus Übereinstimmung mit Wertvorstellungen und Zielsetzungen der neuen Machthaber. Die Duderstädter Schützen reihten sich von selbst ein in das neue NS-Regime.

Diese Einbindung der Schützengesellschaft in das nationalsozialistische Machtsystem seit 1933 hatte Bestand. 1934 zum Beispiel rief Hertwig beim Umzug der Schützen ein dreifaches Sieg-Heil auf von Hindenburg, Hitler, das deutsche Vaterland und die tausendjährige Stadt Duderstadt aus. Nach dem Deutschland- und dem Horst-Wessel-Lied löste sich der Zug auf. 1939 wurde das Schützenfest als Fest der „Volksgemeinschaft" inszeniert. Nach der Begrüßung übergab Hertwig die Leitung des Kommersabends der NS-Gemeinschaft „Kraft durch Freude". Auch sprach der NSDAP-Kreisleiter Pfeiffer. Am zweiten Tag des Festes versammelten sich die Schützen um 13 Uhr zum Frühstück im Festzelt. Hier hielt Schützenhauptmann Hertwig die Rede. Er betonte wiederum, die Schützengesellschaft habe seit vielen Jahren großen Wert darauf gelegt, den Wehrgedanken in die Jugend hineinzutragen. Zu diesem demnach ureigenen Anliegen der Duderstädter Schützen sagte Hertwig weiter: „Unser Führer hat diesen Grundsatz schon immer vertreten. Wenn wir ein Bild des Führers sehen, während er zwischen der

---

[143] Hauff, Maria (2001): S. 223.

Jugend weilt, so zeigt sein Gesicht stets ein Lachen. Er fühlt sich verpflichtet mit seiner Jugend. Auch wir wollen den sonnigen Gedanken der Jugend einführen und immer neue und frische junge Kräfte in die Reihen der Schützen aufnehmen. So geht die Idee des Führers über das Volk zur Jugend und kann nicht verloren gehen."[144] Dass sich die Schützengesellschaft eigener Aussage nach an der wehrsportlichen Erziehung junger Menschen aus seit langem eigener Überzeugung beteiligte, fehlt aber in der Dokumentation von 2001. Es heißt dort vielmehr ganz anders: Die Schützengesellschaft „hatte sich auf diesen Kurs einzustellen"[145].

Der Schützenhauptmann Hertwig, so berichtete die Zeitung 1939 weiter, schloss seine Rede „mit einem Sieg Heil auf den Führer, dem die Lieder der Nation folgten – also das Deutschlandlied und das Horst-Wessel-Lied". – Wir wissen heute, diese Rede mit der Betonung des Wehrgedankens wurde wenige Wochen vor der Entfesselung des Zweiten Weltkrieges gehalten.

Die in der Dokumentation aufgestellte These von den „Duderstädter Schützen unter NS-Diktat"[146] lässt sich überdies von einem ganz anderen Gesichtspunkt her in Frage stellen. Niemand war gezwungen, in einer nationalsozialistisch ausgerichteten Schützengesellschaft mitzuwirken. Es gab keinen Zwang zur Mitgliedschaft. Niemand musste deshalb zum angeblichen Wohl Deutschlands den Wehrsport junger Menschen fördern. Daher kann der Hinweis auf Vorgaben des NS-Regimes auch niemanden entlasten. Wer Mitglied war, war es freiwillig, und er war mitverantwortlich.

Noch ein Indiz dafür, dass die Duderstädter Schützen sich in der NS-Zeit nicht in starkem Maße fremdbestimmt und unterdrückt gefühlt haben können, ist anzuführen. 1949 wurde im Rahmen der Neuorganisation der Schützengesellschaft ihr früherer nationalsozialistischer „Führer" Hertwig als Vorsitzender wiedergewählt und blieb bis zu seinem Tode 1960 im Amt.

Die Dokumentation von 2001 retuschiert also das Verhältnis der Duderstädter Schützengesellschaft zum Nationalsozialismus erheblich.

---

[144] Der zweite Schützenfesttag", Südhannoversche Volkszeitung am 11.7.1939.
[145] Hauff, Maria (2001): S. 225.
[146] A.a.O., S. 221.

03.4 Der vergessene Jahrestag

Das inzwischen abgerissene Haus Obertorstraße 59   Zeichnung: D. Hütt

Während des „Dritten Reiches" war Duderstadt vielfach und unübersehbar einbezogen in die Verfolgung der Juden. Am 26. März 1942 übergab die Stadt die letzten jüdischen Einwohner der Gestapo. Das Schicksal dieser Menschen wurde in den Nachkriegsjahrzehnten weitgehend beschwiegen und vergessen. Am 50. Jahrestag ihrer Verschleppung in den Tod wurde in Duderstadt ihrer nicht gedacht.

„Augenblicklich leben in Duderstadt keine Juden, die letzten konnten noch 1937 auswandern", schrieb 1953 die damals in Duderstadt erscheinende Südhannoversche Volkszeitung.[147] Das bedeutete, alle jüdischen Einwohner Duderstadts hätten sich vor der Verfolgung durch den NS-Staat retten können. Es war aber eine Falschmeldung, die ermöglichte, ein verhältnismäßig gutes Gewissen zu haben. Berichtigt wurde sie nicht. Tatsächlich waren die letzten jüdischen Einwohner der Stadt am 26. März 1942 an die Gestapo ausgeliefert worden.

50 Jahre später verlief der 26. März 1992 in Duderstadt als ein ganz gewöhnlicher Tag. Hier ist man üblicherweise nicht geschichtsvergessen und beachtet wichtige Jahrestage der städtischen Geschichte. Aber an diesem Tage fehlte das Erinnern daran, dass genau ein halbes Jahrhundert zuvor die letzten jüdischen Einwohner Duderstadts verhaftet worden waren, um von Hannover aus mit der Bahn „nach Osten" abgeschoben zu werden – und das bedeutete in der verschleiernden Sprache der Nazis: zu ihrer Ermordung. 1942 war das nicht verborgen geblieben. Doch 1992 schien es vergessen.

Das Geschäfts- und Wohnhaus des Viehhändlers Joseph Israel in der Obertorstraße 59, das inzwischen samt den dahinter gelegenen Stallungen abgerissen ist, war im „Dritten Reich" zum kleinen Duderstädter „Judenhaus" geworden. Hier wohnte zuletzt nicht nur Joseph Israel mit seiner Familie – seiner Frau Selma und den beiden 1923 und 1932 geborenen Söhnen Leo und Norbert. Der älteste Sohn Hans, Jahrgang 1920, war 1939 nach Hamburg gegangen. Er kam im Vernichtungslager Minsk ums Leben. In das Haus waren außerdem die Schwiegermutter Joseph Israels, Bertha Rosenbusch, und der Kaufmann Erich Löwenthal eingezogen. Erich Löwenthal stammte aus der Familie Gustav Löwenthals, der in der Duderstädter Marktstraße bis zum 9. November 1938 ein Textilgeschäft betrieben hatte. Warum er nach dem Pogrom in Duderstadt blieb, während sich seine Eltern und Geschwister in den Niederlanden in eine allerdings nur befristete Sicherheit brachten, ist unbekannt. Zeitweise hatte auch noch das Ehepaar

---

[147] „1600 jüdische Tote", Südhannoversche Volkszeitung am 22.8.1953.

Holländer in der Obertorstraße 59 gewohnt. Frieda Holländer war 1938 gestorben; das weitere Schicksal ihres Mannes Karl Holländer ist unbekannt.

Dass es in Deutschland für sie keine Zukunft mehr gab, war den Bewohnern im Haus Obertorstraße 59 bewusst. Die Familie Israel bemühte sich noch 1939 um die Auswanderung aus Deutschland. Das geht aus einem Brief vom 1. Mai 1939 hervor, den Erich Löwenthal in der Funktion als – von der Reichsvereinigung der Juden in Deutschland bestellter – Vorsitzender der „Jüdischen Kultusvereinigung Synagogengemeinde Duderstadt e.V." an den Oberfinanzpräsidenten in Hannover schrieb. Darin bat er um die Freigabe des bei der Sparkasse Duderstadt eingerichteten Sperrkontos der Synagogengemeinde. Auf dieses Konto hatte die Stadt Duderstadt den Kaufpreis für das im Dezember 1938 erworbene Ruinengrundstück der Synagoge in Höhe von 3300 Reichsmark eingezahlt. Mit dem davon noch verfügbaren Betrag von 2068 Reichsmark wünschte Löwenthal der Familie Israel die Ausreise aus Deutschland zu ermöglichen. „Ich bürge mit meinem Kopf dafür, dass die Gelder nur für obigen Zweck treu u. redlich verwandt werden", schloss Löwenthal seinen Brief.[148] Aus der Emigration wurde aber nichts, schon deshalb, weil der Oberfinanzpräsident das Geld nicht freigab und weil bald auch der Krieg jede Chance dazu zunichtemachte.

Über das Leben der Menschen in dem Haus Obertorstraße 59 während der ersten Kriegsjahre ist nur sehr wenig überliefert. Joseph Israel hatte seinen Viehhandel gegen Ende der dreißiger Jahre aufgeben müssen und arbeitete in einer Ziegelei. Der Kaufmann Richard Löwenthal war als Landarbeiter tätig. Die beiden Jungen durften als Juden keine der öffentlichen Schulen in Duderstadt besuchen beziehungsweise konnten hier keine Ausbildungsstelle finden. Es ist anzunehmen, dass sie deshalb zeitweise Internatsschüler der Israelitischen Gartenbauschule Ahlem in Hannover wurden: Leo Israel als Feinmechanikerschüler vom 4.3.1940 bis zum 11.9.1940 und Norbert Israel vom 23.3.1939 bis zum 6.7.1940 als Grundschüler.[149]

Als Juden waren die Bewohner des Hauses Obertorstraße 59 den allgemeinen Repressionen durch das „Dritte Reich" ausgeliefert, was sich daraus ergibt, dass sie nicht mehr in ihren Berufen arbeiten durften, aus den öffentlichen Schulen der Stadt ausgeschlossen waren und auch über das Geld der von ihnen gebildeten jüdischen Gemeinde nicht verfügen durften. Sie waren zweifellos außerdem den zahlreichen schikanösen und diffamierenden Vorschriften unterworfen, die gegen die Juden im „Dritten Reich" allgemein

---

[148] Hauptstaatsarchiv Hannover : Hann 210 Acc. 2004/011 Nr. 17 – Grundstück 456/69 „Beim Judenfriedhof".
[149] Gedenkbuch der Gedenkstätte Ahlem in Hannover.

erlassen wurden. Um einige zu nennen: die Verpflichtung, die Kleidung mit einem Judenstern zu kennzeichnen (ab 1941), die Vorschrift, elektrische und optische Geräte, Edelmetalle und Wertgegenstände, Fahrräder, Pelze, Rundfunkgeräte, Schreibmaschinen und anderes abzuliefern, die Untersagung, „arische" Ärzte zu konsultieren, das Verbot der Benutzung von Kraftwagen, von Leihbüchereien, öffentlichen Badeanstalten, öffentlichen Fernsprechern, des Betretens von Bahnhöfen und Wäldern, des Bezugs von Fleisch, Fisch und noch anderer Lebensmittel, der Eheschließung, des außerehelichen Geschlechtsverkehrs mit „Deutschblütigen" usw. Die Beachtung, Durchführung und Überwachung oblag den örtlichen Behörden. Duderstädter wirkten also beruflich an der Verfolgung der Juden mit. Das gilt auch für die Deportation der letzten jüdischen Einwohner Duderstadts.

Zur Festnahme der Bewohner des Hauses Obertorstraße am 26. März 1942 liegen keine Augenzeugenberichte vor und sind auch Dokumente nicht aufgefunden worden, außer dem Eintrag „26.3.1942. Stapo Hildesheim übergeben" auf einer Karteikarte des Einwohnermeldeamts.[150] In dieser kurzen amtlichen Eintragung ist ein Todesurteil ausgedrückt.

Ein vertraulicher Organisationsplan der Gestapo vom 19.3.1942 für die – wie es wiederum in der Sprache der Nazis hieß –„Abwanderung der Juden" aus Südniedersachsen und Hannover[151] am 31.3.1942 war auch allen Landräten zugegangen. Hinsichtlich Zeitplan und Aufgabenverteilung wurde diese Aktion sorgfältig und detailliert vorbereitet. Weitere Akten über ihre Durchführung in anderen Landkreisen sind erhalten. Daher lässt sich der polizeiliche Vorgang der Deportation der Duderstädter Juden in seinem Ablauf rekonstruieren, nicht aber die Gedanken und Gefühle der betroffenen Menschen. Dem Organisationsplan zufolge haben die Bewohner des Hauses Obertorstraße am 25.3.1942, wie vergleichsweise für Juden anderer Orte belegt[152], durch die kommunalen Behörden, sei es durch die Stadt Duderstadt oder durch den Landkreis Duderstadt über die Stadt, eine schriftliche Aufforderung erhalten, sich auf ihre Evakuierung am nächsten Tag vorzubereiten. Sie sollten am 26.3.1942 in einem Koffer oder Rucksack bis zu einem Höchstgewicht von 50 Kilogramm „Ausrüstungsstücke", nämlich Bekleidung samt ordentlichem Schuhwerk, Bettzeug mit Decke („keine

---

[150] Einwohnermeldekartei im StadtA Duderstadt.
[151] Nds. HstA Hannover: Hann 174 Springe III Nr. 113.
[152] Nds. HstA Hannover: Hann 174 Springe III Nr. 113:
Schreiben des Bürgermeisters als Ortspolizeibehörde von Wunstorf an Herrn Richard „Israel" Lazarus vom 26.3.1942. Die Wunstorfer Juden waren laut Organisationsplan der Gestapo am 27.3.42 zu verhaften. – Schreiben des Landrats von Springe vom 23.3.1942 an den Bürgermeister von Pattensen.

Matratzen"), Transportverpflegung für etwa drei Tage und Essgeschirr (Teller oder Topf mit Löffel) mitnehmen. Außerdem wurden sie aufgefordert, alles Geld, über das sie verfügten, Wertpapiere und Schmuck bei sich zu führen. Eine der ersten Aufgaben der Gestapo war es dann, die Verhafteten alsbald auszuplündern. Im Organisationsplan hieß es dazu: „Keinesfalls dürfen Juden Bargeld oder Wertgegenstände auf den Transport mitnehmen. Nur Eheringe dürfen den Juden belassen werden. Für die aus dem Regierungsbezirk Hildesheim abzuschiebenden Juden werden vorstehend bezeichnete Sachen von der Außenstelle Hildesheim bereits in eigener Zuständigkeit abgenommen." [153] Dazu waren die Koffer zu durchsuchen und eine Leibesvisitation vorzunehmen.

Alles bewegliche und unbewegliche Vermögen der abzuschiebenden Juden musste, so der Organisationsplan, rückwirkend zum 1.3.1942 „staatspolizeilich beschlagnahmt und eingezogen" werden. „Die Verwertung des eingezogenen Judenvermögens wird der Oberfinanzpräsident durchführen." [154] – Als in Duderstadt am 26. März 1942 (vielleicht aber auch an einem der darauf folgenden Tage) der Lehrling S. sich nach Arbeitsschluss auf dem Heimweg befand, blieb er, wie neben ihm andere auch, vor dem „Judenhaus" in Duderstadt stehen, weil hier für ihn Außergewöhnliches geschah. Polizei war da, die Duderstädter Polizei, und das Haus wurde ausgeräumt. Die Bewohner waren nicht mehr zu sehen.[155]

Über Hannover führt die letzte Lebensspur der Familie Israel aus Duderstadt ins Warschauer Ghetto. Zurückgekehrt ist niemand. Erich Löwenthal wurde am 16. September 1942 in Majdanek ermordet.[156] Bertha Rosenbusch kam ihres hohen Alters wegen in Hannover zunächst in das „Judenhaus" Ohestraße[157], nach dessen Räumung[158] in das Judenhaus Ellernstraße und von dort am 23. Juli 1942 in das Konzentrationslager Theresienstadt. Dort starb sie am 20. Mai 1943.[159]

Über die Verfolgung der Juden von Staats wegen wurde nicht in Duderstadt entschieden. Aber an der Ausführung waren Duderstädter beteiligt –

---

[153] Organisationsplan in: Nds. HstA Hannover: Hann 174 Springe III Nr. 113.
[154] A.a.O.
[155] Mündliche Mitteilung an den Verfasser.
[156] Schäfer-Richter, Uta/Klein, Jörg (1992): Die jüdischen Bürger im Kreis Göttingen 1933-1945, Gedenkbuch des Landkreises Göttingen.
[157] Verzeichnis der ehemaligen jüdischen Familien in Duderstadt des Standesamts Duderstadt vom 24.2.1981.
[158] Buchholz, Marlis (1987): S. 140.
[159] Schäfer-Richter, Uta/Klein, Jörg (1992): Die jüdischen Bürger im Kreis Göttingen 1933-1945, Gedenkbuch des Landkreises Göttingen.

sei es als hetzende Nazis und als Staatsdiener in den Behörden, sei es als beifällige oder gleichgültige Zuschauer. Die letzten jüdischen Einwohner, mit denen die lange Geschichte jüdischen Lebens in Duderstadt ihr Ende fand, blieben nach 1945 nicht völlig vergessen. Dass ihre Namen 1953 in den Gedenkstein auf dem zerstörten jüdischen Friedhof eingemeißelt wurden, konnte allerdings wenig zum Erinnern beitragen, weil diesen abgelegenen Ort kaum ein Duderstädter betrat. 1974 veröffentlichte Christoph Lerch in der Zeitschrift des Heimatvereins Goldene Mark einen Aufsatz über „Die Juden in Duderstadt". Darin wird auch die Deportation der Familie Israel und von Erich Löwenthal durch die „Staatspolizei" erwähnt[160], nicht aber die Mitwirkung der Stadt Duderstadt daran. In dem 1992 erschienenen Buch „Duderstadt 1929 – 1949" heißt es dagegen, diese Menschen seien der „Gestapo Hildesheim übergeben"[161] worden. Dass dies Mitwirkung und Mitschuld der Stadt Duderstadt bedeutete, wurde dabei aber nicht weiter herausgearbeitet, blieb somit leicht überlesbar und tatsächlich unbeachtet.

Dem 1992 erschienenen Buch entnahmen die Duderstädter GRÜNEN das Deportationsdatum. In ihrer kleinen Zeitschrift DER REGENBOGEN veröffentlichten sie im Februar 1993 einen Aufsatz, in dem unter der Überschrift „Das vergessene Gedenken" das Ereignis der Deportation ausführlicher dargestellt wurde.[162] Verbunden war der Artikel mit der Bitte, vor dem letzten jüdischen Wohnhaus in Duderstadt einen Gedenkstein aufstellen zu dürfen. Das führte dazu, dass die Stadt Duderstadt 1994 in der Obertorstraße eine Hinweis- und Erläuterungstafel anbrachte. Es handelt sich dabei um eine pultförmige Blechtafel auf zwei Stahlrohrfüßen, wie sie die Stadt Duderstadt als Informationssystem auch bei Sehenswürdigkeiten im Stadtgebiet einsetzt. Der Text darauf lautet: „An dieser Stelle, im abgerissenen Haus Obertorstraße 59, lebten die letzten fünf[163] Duderstädter Juden, bis sie am 26. März 1942 von der Gestapo verhaftet wurden, ihre Spur verliert sich in den Vernichtungslagern im Osten. Von den im Jahr 1933 in Duderstadt wohnenden 35 Juden haben nur fünf die nationalsozialistische Gewaltherrschaft überlebt. Zum ehrenden Gedenken an alle ehemaligen jüdischen Mitbürger."

Diese Gedenktafel von 1994 bietet damit wichtige Informationen, übergeht aber die oben dargestellte Mitwirkung der Stadt Duderstadt bei der

---

[160] Lerch, Christoph 1974: S. 19.
[161] Schäfer-Richter, Uta in: Ebeling, Hans-Heinrich/Fricke, Hans-Reinhard (1992): S. 264 ff.
[162] Regenbogen Nr. 17, Februar 1993.
[163] Richtig: sechs.

Deportation dieser Menschen ebenfalls. Unmittelbar neben der Gedenktafel befand sich ein Altkleider-Sammelcontainer des Roten Kreuzes. Bei dessen gelegentlicher Überfüllung lagen Plastiktüten mit herausquellenden Kleidungsstücken als Zeichen der Gedankenlosigkeit bis zu dieser Tafel hin verstreut. Trotz der mehrfach auch öffentlich wiederholten Hinweise auf solches unwürdige Erinnern änderte sich jahrelang an diesem Missstand nichts. Erst 2001, nach einem erneuten Protestbrief an „die Mitglieder des Rats der Stadt Duderstadt durch Herrn Bürgermeister Lothar Koch" trat eine Änderung ein. Der Container wurde an einen anderen Ort umgesetzt.

Am 30. Mai 2007 verlegte der Kölner Künstler Gunter Demnig im Auftrag der Geschichtswerkstatt Duderstadt fünf so genannte Stolpersteine zur Erinnerung an die Familie Israel und für Bertha Rosenbusch vor dem Grundstück des ehemaligen Hauses Obertorstraße. Der Stein für Erich Löwenthal fand seinen Platz vor dessen Elternhaus in der Marktstraße. Die Genehmigung für die Verlegung der Stolpersteine auf dem Bürgersteig hatte der Stadtrat einstimmig erteilt.

Stolpersteine zur Erinnerung an Familie Israel
vor dem früheren Haus Obertorstraße 59

04 Kontinuität von Denkweisen und Nachhall der NS-Propaganda

Die Volkshochschule in Duderstadt 2016

04.1 Verbunden in nationalsozialistischem Geist: Hans Grimm in Duderstadt

Hans Grimm, ehemals berühmter Autor des Romans „Volk ohne Raum" und nach 1945 weiterhin bekennender Nationalsozialist, wurde 1950 zu einer Lesung nach Duderstadt eingeladen und traf auf Gesinnungsgenossen. Damit ist für die Nachkriegszeit eine vom Nationalsozialismus wenig distanzierte Haltung und Einstellung in einem Teil von Duderstadts bürgerlicher Gesellschaft nachweisbar. Dies korrespondiert mit der Zusammenarbeit, welche die gewählten Vertreter der katholischen und national-konservativen Gesellschaftsschichten im Duderstädter Stadtparlament mit den Nationalsozialisten 1933 alsbald eingingen, bis zum mehrheitlichen Anschluss an die NSDAP.

Am 12. März 1933 wurde in Duderstadt ein neuer Stadtrat gewählt, der damals Bürgervorsteherkollegium (BVK) hieß. Von den 16 Sitzen errang das Zentrum sechs, die NSDAP fünf. Die Nationalsozialisten erreichten also im Stadtparlament keine Mehrheit, wurden nicht einmal stärkste Fraktion, konnten aber die Machtverhältnisse schnell zu ihren Gunsten verändern. Aus dem Kreis der 16 Bürgervorsteher mussten drei Senatoren gewählt werden. Dazu legten die NSDAP, das katholische Zentrum und die nationalkonservative Bürgerliche Arbeitsgemeinschaft in der konstituierenden Sitzung am 29. März einen gemeinsamen Wahlvorschlag vor, des Inhalts, den Senat der Stadt mit je einem Vertreter dieser drei Fraktionen zu besetzen.[164] Der Regierungspräsident in Hildesheim, ein Nationalsozialist lehnte dann aber die erforderliche Bestätigung der Wahl des Zentrums-Mitglieds zum Senator ab. In der nächsten Sitzung im Juni 1933 verweigerten die Bürgervorsteher aus den anderen Parteien durch einstimmigen Beschluss den beiden gewählten Vertretern der Sozialdemokraten die Mitarbeit im Stadtparlament weitgehend: Sie erhielten keinen Sitz in einem der zahlreichen Ratsausschüsse, Kommissionen genannt, waren aber auch schon von sich aus dieser Sitzung ferngeblieben. Durch das kurze Zeit später über die SPD als „staats- und volksfeindlicher" Partei verhängte Betätigungsverbot wurden sie von der Ausübung ihrer Mandate vollständig ausgeschlossen. Das am 1.8.1933 wieder tagende Bürgervorsteherkollegium war der NSDAP bereits gänzlich gleichgeschaltet, weil die drei Abgeord-

---

[164] „Die neuen Magistratsmitglieder", Südhannoversche Volkszeitung am 1.4.1933.

neten der Bürgerlichen Arbeitsgemeinschaft und drei der sechs Bürgervorsteher des Zentrums sich nämlich als Hospitanten der NSDAP-Fraktion angeschlossen hatten. Die drei weiteren Zentrumsvertreter zogen es vor, diesmal und auch künftig an den Sitzungen des Bürgervorsteherkollegiums nicht mehr teilzunehmen. [165]

Solche rasche Anpassung von Angehörigen der Duderstädter katholischen und national-konservativen Gesellschaftsschichten an die NSDAP hatte Wirkungen über das Ende des „Dritten Reiches" hinaus. Im Jahrgang 1950 der in Duderstadt erscheinenden Südhannoverschen Volkzeitung, ein Blatt mit katholischer Tendenz und engagierte Unterstützerin der CDU, fällt die Überschrift „Hans Grimm spricht in Duderstadt"[166] ins Auge. Der Dichter werde, so die Ankündigung, am 8. Mai 1950 in der Aula des Gymnasiums „zur geistigen Situation unserer Zeit" Stellung nehmen.

Zunächst soll genauer dargestellt werden, um wen es sich handelte, der da nach Duderstadt eingeladen worden war und nunmehr öffentlich angekündigt wurde als jemand, der geistige Orientierung geben könne. Hans Grimm war als Autor des 1926 erschienenen Romans „Volk ohne Raum" sogleich berühmt geworden. Die deutsche Niederlage im Ersten Weltkrieg und den Verlust der Kolonien empfand er wie so viele Konservative als nationale Schmach. In seinem Roman stellte er den Typus des fleißigen und ehrlichen deutschen Handwerkers dar, der nach Afrika auswandert und dort seine kulturelle Identität zu wahren sucht. So propagierte Grimm den Erwerb von Lebensraum als Möglichkeit zur Lösung der wirtschaftlichen und politischen Probleme Deutschlands. Der Titel seines Buches wurde von den Nationalsozialisten als Schlagwort zur Begründung ihrer Absichten übernommen und propagandistisch verwendet. Sie dachten jedoch dabei zunächst weniger an Kolonialismus in Afrika als an die Eroberung des Lebensraums anderer Völker im Osten Europas.

Der Roman „Volk ohne Raum" wurde eines der vielgelesenen Bücher der NS-Zeit. Hans Grimm geriet trotz ideologischer Nähe zur NSDAP in Konflikt mit dem NS-Staat. Das hinderte ihn allerdings nicht daran, nach 1945 als Verteidiger des Nationalsozialismus aufzutreten. Zahlreiche Treffen alter Nazis fanden an seinem Wohnort Lippoldsberg statt. Georg Hansen hat in seinem Buch „Als Kalisch deutsch war …" eine dieser nationalsozialistischen Feierstunden mit Hans Grimm eindringlich geschildert:

---

[165] Meldung der Südhannoverschen Volkszeitung am 11.6.1933.
„Sitzung des Bürgervorsteher-Kollegiums", Eichsfelder Morgenpost am 10.6.1933.
[166] „Hans Grimm spricht in Duderstadt", Südhannoversche Volkszeitung am 28.4.1950.

76

„Meine Mutter hatte aktiv versucht, uns Kinder an die Gedankenwelt der Nazis heranzuführen. Im Sommer 1950 waren wir für zwei Wochen bei Verwandten in Neuhaus im Solling zu Besuch [...]. Und an einem Tag hatten wir eine ziemlich lange Wanderung unternommen, das müssen so rund zwanzig Kilometer gewesen sein für den Hinweg, immer von Neuhaus nach Süden. Wir sind sehr früh losgegangen, weil Mutter über Mittag in Lippoldsberg sein wollte, um ‚einen bedeutenden deutschen Dichter' zu besuchen. Als wir eintrafen, waren wir keineswegs die einzigen Besucher. Der ganze Garten wimmelte von Männern und Frauen. [...] Punkt zwölf öffnete sich die Haustür, alle Stimmen erstarben, und die Köpfe wandten sich dem stattlichen alten Herrn zu, der mit seiner schlohweißen Mähne (damals sagte man ‚Löwenhaupt' dazu) aus der Tür trat und sich auf den Stufen davor aufbaute. Der alte Herr musterte sehr bedachtsam die Menge, er erweckte den Eindruck, als blicke er jedem einzelnen ins Auge [...].

Und dann hielt er eine Ansprache. Erst bedauerte er das Leid, das über die Deutschen unverhofft hereingebrochen sei. Die alliierten Besatzungsmächte seien dabei, ‚Seelenmord' an den Deutschen zu begehen. Triebfeder sei dabei der ‚Deutschenhaß' der Briten, die die hehren Ziele und das edle Wesen des Nationalsozialismus nicht begriffen hätten. In ihrer Borniertheit hätten sie Hitler und die Deutschen zum Krieg gezwungen und so dem Bolschewisten Stalin halb Europa ausgeliefert. Die Tragödie hätten die Briten herbeigeführt, obwohl sie als nordische Rasseverwandte der Deutschen die geschichtliche Mission Hitlers doch hätten begreifen müssen. Nun aber seien dank der Uneinsichtigkeit der Briten die Deutschen noch viel mehr als nach dem ersten Weltkrieg ‚ein Volk ohne Raum'. Hier klingelte es zum ersten Mal bei mir, jetzt glaubte ich zu wissen, wer der Redner war. Zum Schluss rief er die Anwesenden auf, sich des Schicksals Deutschlands anzunehmen und das große, gescheiterte Werk zu retten. Er machte wieder eine Pause, ließ den Blick über die Versammlung schweifen, erweckte wieder den Eindruck, als ob er jedem einzelnen in die Augen schaute, dann hob er den rechten Arm – ich dachte jetzt gibt's den Hitlergruß – und strich wie in einer segnenden Geste über unsere Köpfe. Der alte Herr drehte sich um, öffnete die Haustür und verschwand. Die Audienz war beendet. Die Anwesenden begleiteten seinen Abgang mit leisem Beifall. Sehr langsam und bedächtig, als kämen sie aus der Kirche, verließen sie paar- oder grüppchenweise den Obstgarten und zerstreuten sich im Dorf."[167]

Die „Südhannoversche Volkszeitung" applaudierte Hans Grimm ebenfalls. Vor seinem Auftritt in Duderstadt huldigte sie ihm noch in einem

---

[167] Hansen, Georg (2005): S. 114 ff.

zweiten Artikel. Unter der Überschrift „Zu einem besonderen Ereignis: Ein Willkommen für Hans Grimm" [168] schrieb sie nicht ohne ein gewisses Pathos: „Der Dichter des großen deutschen Romans ‚Volk ohne Raum' verlässt das alte Klosterhaus auf dem Lippoldsberg an der Weser unweit Göttingen, um nach langem Schweigen das Wort an uns zu richten. Sein erster Weg nach Deutschlands Zusammenbruch führt ihn in unsere Grenzstadt im Herzen Deutschlands." Daran anschließend wurde Grimm dargestellt als Ratgeber für deutsche Menschen, die bei ihm geistige Wegweisung und seelische Hilfe suchten. Er wurde vorgestellt als Autor, der in seinem neuesten Werk „Die Erzbischofsschrift" eine mutige Antwort auf den Vorwurf der „Kollektivschuld" gebe und das den Deutschen zugefügten Unrecht benenne, nämlich „Landraub, Zwangsaustreibung, Ausplünderung und wirtschaftliche Versklavung". Dass dieses deutsche Volk sich nach der Entfesselung des zweiten Weltkrieges zu allererst des Landraubs, der Zwangsaustreibung, der Ausplünderung und wirtschaftlichen Versklavung anderer sowie zusätzlich des Völkermords schuldig gemacht, also den Kreis der zivilisierten Staatswesen verlassen und sich dadurch schließlich in ein selbstverschuldetes Unglück gestürzt hatte, kam offenbar dem Verfasser des Huldigungstextes in der Südhannoverschen Volkszeitung nicht in den Sinn.

Die 1950 in einem Göttinger Verlag erschienene „Erzbischofsschrift" lässt erkennen, dass Grimm zu den Gegnern der Weimarer Republik gehörte. Seinen Antikommunismus verhehlt er darin ebenso wenig wie seinen Antisemitismus. Mit Recht, so Grimm, werde gesagt, „der jüdische hohnvolle Spaltpilz brachte fertig, die Meinungen und die Haltungen eines unausgeglichenen Volkstums, wie es das Deutsche damals war, zu verfäl-

schen, zu stören und zu verseuchen, und niemals kam dies irgendwo stärker und unzweifelhafter zum Ausdruck als im tief verwundeten Deutschland der Jahre 1917 bis 1933. In dieser Zeit wurden Juden, o h n e Wollen der älteren deutschen Judenschaft, die ärgsten inneren Vernichter der Demokratie und Toleranz in der Deutschen Republik." [169]

Die ärgsten Feinde der Demokratie in Deutschland waren aber ganz andere gewesen und genau diesen hatte sich Grimm, wie er in seinem Buch darstellt, zur Zeit der Weimarer Republik verbunden

---

[168] Südhannoversche Volkszeitung am 6.5.1950.
[169] Dieses und die folgenden Zitate aus Grimm, Hans (1950): Seiten 17-50.

gefühlt. Er neigte seinen Angaben zufolge weitgehend jener „Bewegung" zu, die Deutschland im Inneren von „Zersetzung und Fäulnis" und nach außen vom „Versailler Diktat" befreien wollte. Er unterscheidet zwischen Nationalsozialismus und Hitlerismus. Der Nationalsozialismus sei von seinem Ursprung her eine höchst moralische, geradezu religiöse Bewegung gewesen, die für die gesamte Menschheit hätte von Nutzen sein können. Wichtig sind ihm dabei in der nationalsozialistischen Ideologie „die Brüderlichkeit und gegenseitige Verpflichtetheit der Volksgenossen". In dem Umstand, dass die „Teilnehmer an der Bewegung" eine gemeinsame Abneigung „gegen den Kommunismus und gegen ein auflösendes Judentum" pflegten und statt Brüderlichkeit rücksichtslose Ausgrenzung praktizierten, sieht er dennoch nichts Verwerfliches. Den NS-Terror gegen Andersdenkende, die Abschaffung des Rechtsstaats und der demokratisch-freiheitlichen Ordnung weiß Grimm sehr wohl zu rechtfertigen. Die Deutschen „begriffen, dass Ordnungsbrüchigkeit mit zarter Hand nicht zu beseitigen sei. Einmal musste die Volkseinheit, und sei es durch Zwang, hergestellt werden, zeitweilig mussten die ewigen Kritiker und Querulanten und die Träger geistiger Vergiftung und geschlechtlicher Morbidität ausgeschieden und die kalte Geldmacht aufgehalten werden, einmal musste der Staat [...] sich durchsetzen gleich einer Schiffsführung in höchster Not; und höchste Not bestand."

Grimm findet es also auch 1950 noch in Ordnung, wenn alle diejenigen, welche von den Nazis als ihre Gegner eingeschätzt wurden, aus der Volkseinheit „ausgeschieden" wurden. Er verwendet tatsächlich dieses Wort „ausscheiden" für die rücksichtslose Verfolgung von Menschen ohne Achtung ihrer Würde und Menschenrechte.

Negativ beurteilt Grimm für die Zeit von 1933 bis 1939 lediglich zwei Ereignisse: „das Standgericht nach der sogenannten Röhmrevolte und die angeblich spontane Volkserhebung gegen die Juden in der 10. Novembernacht des Jahres 1938". Von diesen beiden Ereignissen abgesehen, seien jene Jahre „eine Zeit voll großer Hoffnung der Vielen" gewesen.

An der Außenpolitik Hitlers 1933 bis 1939 hat Grimm in seiner Schrift nichts auszusetzen. Diese Politik zielte angeblich nur darauf ab, die „nationale deutsche Not" nach Versailles zu beheben und begrenzt nur so viel Macht zu erlangen, wie unter den anderen Völkern notwendig ist, um geachtet zu werden. Die „Heimholung" Österreichs, des Sudeten- und des Memellandes sowie die Zerschlagung der Rest-Tschechoslowakei und ihre Umwandlung in ein deutsches Protektorat Böhmen und Mähren beurteilt er als Maßnahmen zur „Friedenssicherheit" Europas. Die deutschen Friedensabsichten seien allerdings an der fehlenden Verständigungsbereitschaft Polens, an der „offen bekannten Vernichtungsabsicht" der Engländer gegenüber Deutschland und an dem kommunistisch-bolschewistischen Massenansturm aus dem Osten gescheitert. Der zweite Weltkrieg wurde somit nicht mutwillig von Hitler entfesselt, sondern war Präventivkrieg aus einer Notsituation heraus. Daher, so Grimm, sei auch eine deutsche Kriegsschuld nicht zu erörtern.

Kriegsverbrechen der Deutschen verweist Grimm in den Bereich propagandistischer Unwahrheiten. Und die nach Deutschland verschleppten Zwangsarbeiter? Grimm sah „allerlei fremdes Hilfsvolk, am meisten Ukrainerinnen und Franzosen und Russen, und [das] war gern hier und fühlte sich wohl und wurde gut genährt, und am Sonntag sahen die Straßen rundum, darauf die Fremden lachend spazierten, wie Dorfstraßen im Frieden aus." Ein Verbrechen sieht er also auch hier nicht, Zwangsarbeit wird in seinen Augen vielmehr zur Wohltat.

Den Völkermord an den Juden leugnet Grimm dagegen nicht, sondern nennt ihn eine unmenschliche Untat. Hierbei sieht er „Hitlerismus" am Werk, also letztlich nur einen dafür Verantwortlichen. Er habe sich aber, so Grimm, „an den Kopf gefasst", als Pfarrer Niemöller in einer Göttinger Kirche von 6 Millionen getöteter Juden redete. Das sei eine Propagandaziffer. Und Grimm findet in seinem Buch Wege, das deutsche Volk, wenn schon nicht von Schuld freizusprechen, so doch erheblich zu entlasten durch den Verweis auf andere. Zu diesem Zweck erwähnt er die von König David eroberte Stadt Rabba der Ammoniter und zitiert aus der Bibel: „Aber das Volk drinnen führte er [König David] heraus und legte sie unter eiserne Sägen und Zacken und eiserne Keile und verbrannte sie in Ziegelöfen. So tat er allen Städten der Kinder Ammon."[170] Daran schließt Grimm an: „Ich will dartun, dass unmenschliche Verwirrung selbst die Propheten überfiel und anscheinend, wo ein Volk gequält wird, immer wieder entsetzlich auszubrechen vermag bis hinein in unsere Zeit." Das, was wir heute den Holocaust nennen, erscheint bei Grimm sozusagen als eine Fortsetzung dessen, was vergleichbar dem biblischen Volk Gottes auch schon unterlief, nur eben diesmal mit umgekehrten Vorzeichen, also gegen die Juden gerichtet. Klein und kleiner wird bei einer derart relativierenden Sichtweise die Verantwortung der Deutschen für den von ihnen an den europäischen Juden mit den Mitteln des modernen Industriestaats begangenen Völkermord.

Unter anderem aus diesem „Erzbischofsbrief" sollte Hans Grimm in Duderstadt lesen. „Erlebt ihn, diesen Mann und legt nicht das gewöhnliche

---

[170] Zweites Buch Samuel 12, Vers 31, zitiert nach Grimm.

Maß zu messen an!"[171], warb ‚km' in der Südhannoverschen Volkszeitung für die Veranstaltung. Diese Würdigung eines unbelehrten Nationalsozialisten in einer Zeitung mit konservativ-katholisch-christdemokratischer Tendenz ist auffällig. Es wäre freilich ein Irrtum, darin eine einmalige journalistische Entgleisung in einem gänzlich anders gestimmten Umfeld zu sehen. Nicht allein dem Artikelschreiber war Hans Grimm in Duderstadt willkommen. Seinen Auftritt in der Aula des Gymnasiums, im Rahmen einer Festveranstaltung der Volkshochschule, hatten vielmehr die Duderstädter Buchhändler im Einvernehmen mit dem Leiter der örtlichen Kreisvolkshochschule, Dr. Hellberg, vorbereitet.[172]

Ein dritter Zeitungsbericht, diesmal im Göttinger Tageblatt, berichtete über die Veranstaltung selbst. Inhaltliche Kritik wurde nicht vorgebracht, nur eine etwas enttäuschende Art des Vortrags thematisiert und das, was auf die Lesung folgte: Danach weilte Hans Grimm noch „einige Stunden im Kreise seiner Duderstädter Freunde … man versteht, dass seine Dorfgemeinde zu ihm wie zu einem Vater steht. Dem Dichter ist es gegeben, Vertrauen einzuflößen. Vertrauen zu dem deutschen Menschen wieder. Und auch Stolz auf dieses Deutschsein!"[173] Das Beisammensein bestärkte demnach die bürgerlichen Alt-Nazis in ihrer Gesinnung. Bei dem Artikel handelte es sich übrigens um einen Bericht aus erster Hand. Volkshochschulleiter Dr. Hellberg hatte ihn verfasst.

Einen solchen „Ratgeber für deutsche Menschen" und Verteidiger des Nationalsozialismus nach Duderstadt einzuladen, würde heutzutage den Leiter einer Kreisvolkshochschule fristlos sein Amt kosten. Damals geschah nichts dergleichen. Im Gegenteil, im nächsten Jahr drückte der Kreistag, in dem die CDU über eine große Mehrheit verfügte, sein Bedauern darüber aus, dass Dr. Hellberg Duderstadt verließ.

Exkurs:

Das Nichtbeachten einer NS-Vergangenheit war aber ein dem Anschein nach in den 1950er Jahren nicht ungewöhnlicher Umgang des Kreistages mit offensichtlich nationalsozialistisch belastetem Personal. Bedenken hatte er auch nicht bei der Wahl von Albert Paulmann zum stellvertretenden Oberkreisdirektor. Der hatte sich in einem 1941 in der Heimatzeitschrift

---

[171] „Ein Willkommen für Hans Grimm", Südhannoversche Volkszeitung am 6.5.1950.
[172] Siehe a.a.O.
[173] „Plauderstunde mit Hans Grimm", Göttinger Tageblatt, Ausgabe Duderstadt am 15.5.1950.

„Unser Eichsfeld" veröffentlichten Aufsatz, ausdrücklich als Kreisoberinspektor, mit wirtschaftlichen Problemen des Landkreises Duderstadt auseinandergesetzt und sich dabei ausführlich mit der angeblichen Einflussnahme jüdischen Wirtschaftsdenkens befasst. Er schrieb von „jüdischen Großschiebern", vom „Eindringen jüdisch-bolschewistischen Giftes", von der „Versklavung" des „deutschen Volkes „durch den internationalen Kapitalismus und das Judentum" sowie dem „jüdische[n] Ideal, möglichst als Schmarotzer von der Arbeit anderer leben zu dürfen".[174] Die Nachkriegskarriere Paulmanns behinderten solche Äußerungen letztlich nicht.

Paulmann um 1960

Wegen seiner Nazi-Vergangenheit erst 1949 wieder in den Dienst des Landkreises eingestellt, wählten ihn 1952 die Kreistagsabgeordneten zum Stellvertreter des Landrats. 1954, anlässlich seines 40jährigen Dienstjubiläums, wurde er in großem, feierlichem Rahmen geehrt. Vor Behördenvertretern hielt Landrat Diedrich die Laudation: Liebe und Treue zur Heimat zeichneten den Kreisamtmann aus, der ob seiner Pflichterfüllung ein leuchtendes Beispiel darstelle. Er verkörpere den Typ eines gewissenhaften, verständnisvollen deutschen Beamten, der weit über ursächliche Berufsinteressen eine menschliche warme Verbindung zu seiner Umwelt behielt.[175] Dass sein Verhältnis zu den Juden keineswegs menschlich warm gewesen war, wurde beschwiegen und vergessen. Sein im „Dritten Reich" hetzerisch und öffentlich vertretener Antisemitismus hatte daher auch seinem Aufstieg in der Kreisverwaltung nicht im Wege gestanden.

Anders verhielt es sich bei Karl Hackethal. Mit ihm machte ebenfalls ein früheres NSDAP-Mitglied in den Nachkriegsjahrzehnten in Duderstadt Karriere. Aber seine Parteimitgliedschaft war ein offensichtlich opportunistisches Verhalten ohne innere Überzeugung gewesen. Im Unterschied zu Albert Paulmann sind in seinem Fall keine Äußerungen im Sinne nationalsozialistischer Ideologie bekannt geworden. Sein Mitwirken in der NSDAP beschränkte sich auf ein Maß, das die Partei nicht mehr hinzunehmen bereit

---

[174] „Die verschiedenen seit 1933 beschrittenen Wege zur Überwindung der Arbeitslosigkeit unter besonderer Berücksichtigung des Kreises Duderstadt. In: Unser Eichsfeld 1941, S. 2-20.

[175] „Liebe und Treue zur Heimat", Südhannoversche Volkszeitung am 8.4.1954.

war. Daher konnte Hackethal im Entnazifizierungsverfahren zwei Dokumente vorlegen, die seine Einstufung in die Kategorie V (Entlastete) als gerechtfertigt erscheinen lassen.

Die Motorstandarte 57 des Nationalsozialistischen Kraftfahrerkorps beschloss am 27.10.1940 die strafweise Entlassung des Korpsangehörigen Hackethal mit der Begründung: „Hackethal hat seit seiner Zugehörigkeit zum NSKK sehr wenig Sturmdienst getan. In den letzten Jahren ist er trotz mehrmaligen Aufforderungen überhaupt nicht erschienen. Dieses zeugt von großer Interessenlosigkeit und seine Dienstauffassung ist mit den übernommenen Pflichten als NSKK-Mann nicht in Einklang zu bringen."[176]

Die Wehrmacht hatte ihn als Sonderführer für Landwirtschaft ausgebildet, setzte ihn aber als solchen nicht ein. Grund dafür war eine negative Stellungnahme der NSDAP. In einem Schreiben des Oberkommandos des Heeres vom Februar 1944 heißt es: „Auf Grund der ablehnenden Haltung des stellv. Gauleiters des Gaues Südhannover, sowie im Hinblick darauf, daß die Entlassung des Sdf.Anw. K.H.[177] aus der Partei vorgesehen ist, ist H. die außerdienstliche Eignung abzusprechen.

Der dortigen Ansicht gemäß Bezugschreiben wird voll zugestimmt. Der Stellungnahme der Partei muß Rechnung getragen werden.

H. verbleibt im aktiven Wehrdienst u. ist seinem militärischem Dienstgrad in einer seinem Tauglichkeitsgrad entsprechenden Stellung weiter zu verwenden.

Seine Versetzung an die Ostfront ist nach Möglichkeit zu veranlassen."[178] Hackethal diente in der Wehrmacht als Kraftfahrer. Nach dem Krieg betätigte er sich politisch und setzte sich werbend für die Unterstützung demokratischer Verhältnisse ein. Er wurde in den Duderstädter Kreistag, dann in den Niedersächsischen Landtag und von 1957-1961 in den Deutschen Bundestag gewählt.

Doch zurück zu den Buchhändlern:

Auch gegen ihr Wirken bei der Einladung an Hans Grimm erhob sich in Duderstadt kein Protest. Von öffentlichem Widerspruch ist nichts bekannt. Vielmehr schob die Südhannoversche Volkszeitung im Juli 1950 sogar noch einen weiteren Grimm-Artikel auf ihrer Duderstädter Lokalseite nach,

---

[176] Hauptstaatsarchiv Hannover: Nds. 120 Hildesheim Acc. 166/86 Nr. 1418 Karl Hackethal.

[177] Sonderführer-Anwärter Karl Hackethal.

[178] Hauptstaatsarchiv Hannover: Nds. 120 Hildesheim Acc. 166/86 Nr. 1418 Karl Hackethal.

nämlich einen Bildbericht über ein „Dichtertreffen bei Hans Grimm" mit Will Vesper, Erwin Guido Kolbenheyer und Heinrich Zillich sowie mehreren tausend Zuhörern, welche diese aus dem Dunstkreis der Nazi-Zeit bekannten und inspirierten Autoren mit Ovationen begrüßten.[179]

Der öffentliche und unwidersprochene Auftritt von Hans Grimm in Duderstadt weist keineswegs auf eine allgemeine Abkehr von nationalsozialistisch geprägten Denkweisen im Duderstädter Bürgertum hin. Die Dichterlesung diente vielmehr der Verharmlosung, Entschuldung und Rechtfertigung des „Dritten Reiches" sowie der Stärkung eines deutschen Nationalismus. Das gleichwohl in der lokalen Geschichtsschreibung der 1980er Jahre noch gezeichnete, im allgemeinen Bewusstsein hochgehaltene und sehr viel angenehmere Bild einer eichsfeldischen Heimat, die sich nicht vom Nationalsozialismus hatte beeinflussen lassen, erweist sich auch dadurch als geschönt und als Selbstbetrug. Die bürgerlichen Veranstalter der Lesung in der Aula des Gymnasiums, der Kreis der in der Zeitung erwähnten Duderstädter Freunde Grimms jedenfalls, die nach der Veranstaltung noch lange mit ihm zusammengesessen und innere Nähe zueinander festgestellt hatte, lebten zwar in der demokratisch verfassten Bundesrepublik, aber einen weiten Abstand zum Nationalsozialismus hatten sie noch nicht gewonnen und demnach auch im „Dritten Reich" selbst nicht eingehalten – beides, obwohl die nationalsozialistischen Verbrechen während des „Dritten Reiches" auch im provinziellen Duderstadt nicht gänzlich verborgen blieben und dann nach dem Ende des Krieges die ungehinderte, aber oft nicht wahrgenommene Möglichkeit bestand, sich darüber zu informieren.

Geselliges Beisammensein in nationalsozialistisch-nostalgischem Geist war in Duderstadt offensichtlich kein Einzelfall. Ebenfalls 1950 wurde bei einem Kameradschaftsabend des Zollgrenzdienstes das Horst-Wessel-Lied, also die Parteihymne der NSDAP, gesungen. Dieser Vorfall erregte zwar Aufsehen, Landrat Diedrich tat ihn jedoch als humoristisch gemeintes Ereignis zu fortgeschrittener Stunde ab.[180]

Diese lokalen Verhältnisse können in Beziehung gesetzt werden zu Ergebnissen demoskopischer Untersuchungen und den Wahlergebnissen der ersten Nachkriegsjahre in Westdeutschland. Bei den Wahlen erhielten die wieder beziehungsweise neu gegründeten Parteien SPD und CDU/CSU insgesamt eine große Mehrheit der Wählerstimmen. Aber bei Umfragen vertrat mehr als die Hälfte der Befragten die Auffassung, der Nationalsozialismus

---

[179] „Dichtertreffen bei Hans Grimm", Südhannoversche Volkszeitung am 21.7.1950.
[180] „Humoristische Kopie", Göttinger Tageblatt am 15.7.1950.

sei eine gute Idee gewesen, die nur schlecht ausgeführt worden sei.[181] Oder, bei etwas anderer Fragestellung, sahen 1952 in der nationalsozialistischen Vergangenheit 44 Prozent der befragten Deutschen „mehr Gutes", 39 Prozent „mehr Schlechtes" und nur knapp 25 Prozent erklärten, sie würden „alles" tun, um die Restauration des Nationalsozialismus zu verhindern.[182] Die 1950 feststellbare Nähe Duderstädter Bürger zum Nationalsozialismus war also in der Bundesrepublik Deutschland zu dieser Zeit nicht ungewöhnlich.

---

[181] Siehe Graf Kielmannsegg, Peter (1989): S. 62 f.
[182] Siehe Frei, Norbert (2003): S. 373.

04.2 Schiller, Göring und Weinrich

Soldatengräber auf dem St.-Paulus-Friedhof in Duderstadt 2016

Die den Spartanern für ihren Kampf bei den Thermopylen gebührende Ehre, wie Friedrich Schiller sie in seinem Gedicht „Der Spaziergang" beschrieb, versuchte Hermann Göring 1943 auf die Soldaten der 6. deutschen Armee bei Stalingrad zu übertragen – und gleich ihm 1950 der Vertriebenenfunktionär Weinrich auf die gefallenen Soldaten der Wehrmacht insgesamt. Mit solcher Art des Rühmens und der Totenehrung wurde indirekt zugleich der verbrecherische Zweite Weltkrieg gerechtfertigt.

Auf den Mauern erschienen, den Säugling im Arme, die Mütter,
Blickten dem Heerzug nach, bis ihn die Ferne verschlang.
Betend stürzten sie dann vor der Götter Altären sich nieder,
Flehten um Ruhm und Sieg, flehten um Rückkehr für euch.
Ehre war euch und Sieg, doch der Ruhm nur kehrte zurücke,
Eurer Taten Verdienst meldet der rührende Stein.

So dichtete Friedrich Schiller über die Kämpfer Spartas, die 480 v. Chr. unter ihrem König Leonidas die Thermopylen, einen Engpass zwischen Mittel- und Nordgriechenland, gegen eine gewaltige Übermacht der Perser verteidigten und erst gefallen waren, als die Feinde diese Stellung durch Verrat umgehen konnten. Den Spruch auf dem „rührenden Stein" formte Schiller in den Vers:

Wanderer, kommst du nach Sparta, verkündige dorten, du habest
Uns hier liegen gesehen, wie das Gesetz es befahl.

Am 30. Januar 1943, also zu der Zeit, da in Stalingrad die furchtbare Schlacht zu Ende ging, hielt Reichsmarschall Hermann Göring im Rundfunk eine Rede zum 10. Jahrestag der „Machtergreifung" durch die Nationalsozialisten. Das war keine einfache Aufgabe, denn die Niederlage und Vernichtung der 6. deutschen Armee an der Wolga musste mitgeteilt und erklärt werden. Göring bemühte sich, das militärische Desaster als Heldenepos darzustellen:
„Noch in tausend Jahren wird jeder Deutsche mit heiligem Schauer von diesem Kampf in Ehrfurcht sprechen und sich erinnern, dass trotz allem Deutschlands Sieg entschieden worden ist […] Und so wird es auch in späteren Tagen über den Heldenkampf an der Wolga heißen: Kommst du nach

Deutschland, so berichte, du habest uns in Stalingrad liegen sehen, wie das Gesetz der Ehre und Kriegführung es für Deutschland befohlen hat."[183]

Göring versuchte damit, Schillers Verse dem dringenden Propagandabedürfnis der nationalsozialistischen Führungsriege anzupassen. Doch so holprig seine Sprache, so falsch war der Vergleich. Die Deutschen bei Stalingrad waren nicht Verteidiger wie die Griechen bei den Thermopylen, sondern Aggressoren wie die Perser. Die Wehrmacht war eine in Bedrängnis geratene Armee der Eroberer und 1943 mit einem Begriff des Ehrenvollen nicht in Verbindung zu bringen. Dennoch setzte am Totensonntag 1950 Regierungsdirektor Weinrich, ein Duderstädter Vertriebenen-Funktionär, auf dem städtischen St.-Paulus-Friedhof die Göring'sche Heroisierung fort. Vor Soldatengräbern veranstalteten an diesem Tag die Kriegshinterbliebenen und die Vertriebenen aus dem Osten eine gemeinsame Gedenkfeier. Und Weinrich als Redner rief, wie die Südhannoversche Volkszeitung berichtete, den Versammelten das Wort „ins Gedächtnis, das in unvergänglicher Form die ehrt, die starben, ‚wie das Gesetz es befahl'. Er ehrte damit das Andenken der Soldaten des letzten Weltkrieges ..."[184]

In sein Gedenken bezog Weinrich, anders als Göring, diejenigen mit ein, „die auf der Gegenseite fallen mussten."[185] Aber das „Gesetz" stellte er nicht in Frage, obwohl es doch die von den Nazis aufgestellten Kriegsziele und angewandten Kampfmethoden umfasste. Zu den Zielen gehörten: die militärische und wirtschaftliche Beherrschung Europas, um von dieser Basis her als dominierende Weltmacht auftreten zu können; die Eroberung von Lebensraum im Osten für die so verstandene deutsch-germanische Herrenrasse, verbunden mit der wirtschaftlichen Ausplünderung, der Vertreibung, Versklavung, Ausrottung, zum Teil auch Eindeutschung der dortigen Bevölkerung: ein von Deutschland zu schaffendes und beherrschtes koloniales Ausbeutungsgebiet jenseits des deutschen Siedlungsbereichs im Osten; schließlich die Vernichtung der Juden in Europa.

Darüber, dass vor allem der Krieg im Osten anders als nach geltendem Kriegsrecht geführt werden solle, wurden auch die kämpfenden Soldaten nicht im Unklaren gelassen. Generalfeldmarschall Erich von Manstein z. B. erließ am 20.11.1941 in regimetreuer Wortwahl einen Befehl für die 11. Armee. Darin heißt es:

„Seit dem 22.6. steht das deutsche Volk in einem Kampf auf Leben und Tod gegen das bolschewistische System.

[183] Zitiert nach Shirer, William Lawrence 1990: S. 848.
[184] „Gedenkstunde vor den Birkenkreuzen", Südhannoversche Volkszeitung am 28.11.1950.
[185] A.a.O.

Dieser Kampf wird nicht in hergebrachter Form gegen die Sowjetische Wehrmacht allein nach europäischen Kriegsregeln geführt. [...]
Das jüdisch-bolschewistische System muss ein für alle Mal ausgerottet werden. Nie wieder darf es in unseren europäischen Lebensraum eingreifen.
Der deutsche Soldat hat daher nicht allein die Aufgabe, die militärischen Machtmittel dieses Systems zu zerschlagen. Er tritt auch als Träger einer völkischen Idee und Rächer für alle Grausamkeiten, die ihm und dem deutschen Volk zugefügt wurden, auf [...].
Für die Notwendigkeit der harten Sühne am Judentum, dem geistigen Träger des bolschewistischen Terrors, muss der Soldat Verständnis aufbringen."[186]

So wie die Zielsetzung waren also die Methoden der Kriegsführung des „Dritten Reiches" und seiner Wehrmacht verbrecherisch. Die deutschen Soldaten kämpften in diesem Krieg, in welchem subjektiven Bewusstsein und aus welchen Gründen auch immer, nicht auf einem „Feld der Ehre", sondern in einem Angriffs- und Vernichtungskrieg im Dienste einer kriminellen Obrigkeit. In diesem Krieg auf der Seite Deutschlands dabei gewesen zu sein, kann deshalb nicht verdienstvoll und ehrenvoll genannt werden. Anders zu beurteilen ist das Handeln derjenigen, die den Kriegsdienst um den Preis der Verurteilung zum Tode ablehnten, die desertierten oder Gelegenheiten zum Widerstand nutzten, Solches widerständige Verhalten, das der Redner Weinrich aber gewiss niemals vertreten hätte, schließt dabei überhaupt nicht aus, derjenigen Menschen, die als Soldaten der Wehrmacht ihr Leben verloren, in Trauer zu gedenken. Unwürdig wäre es, sich ihrer nicht zu erinnern. Aber die Bilanz dessen, was sich ereignet hat, das Morden und Sterben eingeschlossen, muss auch in der Trauer wahrhaftig sein. Indem jedoch der Redner Weinrich in Görings Denkweise Gehorsam und Aufopferung der von ihm geehrten Toten der Wehrmacht rühmte wie Schiller die Kämpfer der Spartaner, „die starben, wie das Gesetz es befahl'", schloss das ein: Sie starben für eine gerechtfertigte Sache. Tatsächlich aber war es der von den Nationalsozialisten verbrecherisch entfesselte Zweite Weltkrieg.

[186] Abgedruckt in Ueberschär, Gerd R./Wette, Wolfram (Hrsg.) 1991: S. 289 f.

Gemeinde Tiftlingerode

Festschrift

zur

700-Jahrfeier

vom 17. bis 20. Juni 1966

Zwölf Jahre nationalsozialistische Propaganda bei gleichzeitiger Beschränkung der Informationsmöglichkeiten hatte einen lange nachwirkenden Einfluss auf das Denken, Schreiben und Sprechen vieler Menschen gewonnen. Das belegt eine Totenehrung in Tiftlingerode, heute Ortsteil von Duderstadt, in einer Festschrift aus dem Jahr 1966.

Vom Schlussteil der Weihnachtsringsendung 1942 des Großdeutschen Rundfunks gibt es ein Tondokument, welches die Ausdehnung der deutschen Kriegsfronten bewusst machte: „Achtung, ich rufe noch einmal den Eismeerhafen Liinamahari. – Hier ist der Eismeerhafen Liinamahari. – Achtung, ich rufe noch einmal Stalingrad. – Hier ist Stalingrad. Hier ist die Front an der Wolga. […] Achtung, noch einmal Süd-Frankreich. Die Luftwaffe. – Hier ist ein Feldflugplatz in Süd-Frankreich. […] Achtung, noch einmal die Kaukasus-Front. – Hier meldet sich die Front im Kaukasus. – Achtung, die U-Boot-Fahrer im Atlantik. – Hier ist ein Unterseeboot-Stützpunkt am Atlantik. – Achtung, Catania. – Hier ist die Mittelmeerfront und Afrika. […]"[187]

Mit vergleichbarem Pathos erinnerte 1966 die Festschrift[188] zur in der Gemeinde Tiftlingerode begangenen 700-Jahrfeier an „die toten Kameraden", aber nicht nur an diejenigen aus dem eigenen Dorf. Es hieß allgemein: „Auf den Schlachtfeldern vom Atlantik bis zum Kaukasus, vom Nordkap bis Nord-afrika, auf den Weltmeeren, in der Luft […] ließen sie ihr Leben für uns." Das klingt wie ein Nachhall der Weihnachtssendung des Großdeutschen Rundfunks von 1942. Auch sonst wirkt auf dieser Seite die nationalsozialistische Kriegspropaganda nach: „In Ehrfurcht verneigen wir uns vor den Opfern beider Weltkriege. In Treue und Pflichterfüllung sind sie für die Freiheit, für das Recht und für die Einigkeit des deutschen Vaterlandes den Heldentod gestorben." Damit wurden aber in der Festschrift nicht tatsächliche Gründe und Ziele, die das „Dritte Reich" zur Entfesselung des Zweiten Weltkrieges veranlasst hatten, genannt, sondern die von den Nationalsozialisten zur Rechtfertigung und Irreführung lügnerisch vorgegebenen Propagandasprüche wiederholt.

Dem zumeist grausamen Tod der Soldaten maßen damit die Verfasser eine positive Sinngebung bei, eine Verklärung, die, so unerhört falsch sie war, leichter ertragen werden konnte als die Wahrheit über das tatsächliche Handeln des „Dritten Reiches", nämlich aus Größenwahn, aus Machtgelüsten und Vernichtungswillen andere Staaten zu überfallen, sie auszurauben, andere Völker zu unterjochen, sich fremdes Land anzueignen, Menschen zu deportieren und Mordtaten zu begehen bis hin zu dem Völkermord an den Juden. Sich dieser entsetzlichen Realität zu stellen, dass die Gefallenen gestorben waren im Dienste von Verbrechern und für deren Ziele, hätte mehr

---

[187] De.wikipedia.org/wiki/weihnachtsringsendung, heruntergeladen am 25.5.2015
[188] Ein Exemplar der Festschrift befindet sich im Besitz des Verfassers.

Nachdenken über die NS-Zeit, mehr Wahrhaftigkeit, mehr Mut und innere Stärke erfordert als das jahrzehntelange Festhalten an der Selbsttäuschung, dieser Krieg, wie auch der Erste Weltkrieg, sei sinnvoll und gerechtfertigt gewesen als Kampf „für uns", für deutsche Frauen, Kinder und die nachfolgenden Generationen und für das deutsche Vaterland insgesamt.

Aber der Festschrift-Text von 1966 ging doch auch über die von den Nationalsozialisten propagierten Sichtweisen hinaus. Als Vermächtnis der Toten wurde verstanden: „Schafft Frieden!" Auch erweiterte er das Gedenken an die Gefallenen. Er bezog die Toten „in den Flammenhöllen der zerbombten Städte" ein, die Opfer „der Flucht aus der alten und angestammten Heimat", aus den früheren deutschen Ostgebieten also. Es ist sinnvoll, dieser Toten zu gedenken, aber kaum nachzuvollziehen, dass sie „für uns", die Überlebenden und Nachgeborenen, gestorben sein sollen. Und dann werden noch die „hinter Stacheldraht und Gittern" Umgekommenen genannt, also vermutlich die in der Kriegsgefangenschaft gestorbenen deutschen Soldaten. Aus dem Kontext ergibt sich dagegen eindeutig, dass damit nicht KZ-Häftlinge, die ermordeten Juden und die umgebrachten Sinti und Roma gemeint waren. Es wäre ja vollends absurd anzunehmen, Juden und Sinti und Roma seien im Zweiten Weltkrieg ebenfalls „für uns" gestorben. So ist zu bemerken, dass in der Festschrift ausschließlich der Kriegsopfer gedacht wurde, die im „Dritten Reich" zur deutschen „Volksgemeinschaft" gezählt worden waren. In das Gedenken wurden dagegen diejenigen Menschen nicht einbezogen, die das „Dritte Reich" während des Krieges ermorden ließ.

Es waren angesehene Tiftlingeröder Bürger, welche diesen Text verantworteten. Der Name des Dorfes ist dabei aber eigentlich gar nicht wichtig, weil damals wohl in jedem Orte des Landkreises Duderstadt eine derart gestaltete Festschrift hätte erscheinen können. Immerhin trug der Regierungspräsident Dr. Rabus ein Grußwort bei, ebenso Landrat Willi Döring und Oberkreisdirektor Dr. Gleitze. Bürgermeister Wüstefeld verfasste die Einleitung. Anzeigen renommierter Eichsfelder Firmen füllten das Heft. Zu den Ehrengästen der Jubiläumsveranstaltung gehörten Geistliche und die gesamte politische Prominenz des Landkreises Duderstadt.[189] Öffentliche Einwände gegen den Text der Festschrift zur Totenehrung gab es von niemandem.

---

[189] Vgl.: „Ein Beispiel großer Heimatliebe und Treue", Südhannoversche Volkszeitung am 20.6.1966.

05 Die Abwehr von Erinnerung und Aufarbeitung

Die frühere Evangelische Volksschule (heute Stadtarchiv) 2016

05.1 Der Schulrat und der Lehrer: Wie die Aufarbeitung der NS-Vergangenheit diszipliniert wurde

Auch im Untereichsfeld mit seinen zahlreichen konfessionellen Schulen traten die meisten Lehrer der NSDAP beziehungsweise dem NS-Lehrerbund bei. Sie spielten eine wichtige Rolle bei der Festigung der Macht der Nationalsozialisten und der Unterrichtung der Schülerinnen und Schüler im Sinne des „Dritten Reiches". Das wird dargestellt am Beispiel zweier Lehrer, die zugleich als Organisten in der katholischen beziehungsweise in der evangelischen Kirchengemeinde in Duderstadt wirkten. Nach dem Ende des „Dritten Reiches" behaupteten sie, Gegner des Nationalsozialismus gewesen zu sein, wurden in ihren Entnazifizierungsverfahren schließlich als Entlastete eingestuft und als Lehrer wieder eingestellt. Dagegen musste sich in der unmittelbaren Nachkriegszeit ein anderer Lehrer einem Disziplinarverfahren stellen, weil er sich gegen die militaristisch geprägten pädagogischen Ansichten des Schulrats gestellt hatte.

Die Mitverantwortung der Lehrer

„Die damalige Pädagogenschaft hat das Nazi-Regime nämlich nicht nur erduldet, sondern es mit ermöglicht, vielfältig unterstützt, sich teilweise sogar an seinen Verbrechen beteiligt und nach 1945 jede Mitverantwortung und Mithaftung jahrzehntelang geleugnet", schrieb Wolfgang Keim.[190]

Noch im Juni 1932 hatte der Duderstädter NSDAP-Kreisparteileiter Andreas Dornieden das Gegenteil beklagt: „Unsere stärksten und einflussreichsten Gegner sind die Zentrumspfarrer und Lehrer, die als Autoritäten großes Ansehen geniessen. Sie arbeiten hauptsächlich mit der angeblichen Religionsfeindlichkeit der Nationalsozialisten und üben besonders auf Frauen und ältere Leute einen nicht zu brechenden Einfluß aus."[191] Ein Jahr später dagegen hatte Dornieden kaum mehr Anlass, in diesem Sinne über Lehrer zu klagen. Im Kreis Duderstadt spielten viele von ihnen eine wichtige Rolle bei der Festigung der Macht der Nationalsozialisten. In der Berichterstattung der Eichsfelder Morgenpost im ersten Halbjahr 1933 erscheint ihr Mitwirken unübersehbar. Lehrer der katholischen Dorfschulen führten in vielen Orten des Landkreises Duderstadt die Schulkinder zu

---

[190] Keim, Wolfgang (1995): S. 1.
[191] HStA Hannover: Hann 310 I B 22 I.

NSDAP-dominierten Veranstaltungen aus Anlass der Reichstagseröffnung am 21. März 1933, zu Hitlers Geburtstag am 20. April 1933 und am 1. Mai 1933, zu Schlageter[192]-Gedenkfeiern und zur Sonnenwendfeier. Zu nennen sind die Orte Bodensee, Immingerode, Nesselröden, Tiftlingerode, Fuhrbach, Langenhagen, Seeburg, Wollbrandshausen, Gieboldehausen und Lindau.[193]

Vielfach waren es auch Lehrer, die bei Veranstaltungen Ansprachen im Sinne der „nationalen Erhebung" hielten. In Duderstadt sprach der Studienrat Reinecke als Kreisführer des Stahlhelm anlässlich des Volkstrauertages im März 1933 am Ehrenmal für die Gefallenen einem Revanchismus das Wort, der Krieg bedeuten musste. Er sagte, dass schwarze Fahnen wehen sollten, wenn man daran denke, „dass Millionen Deutscher im Norden, Osten und Westen vom Vaterlande abgetrennt seien und sich die letzte Strophe des Liedes ‚O Straßburg, Dir schwör ich's in den Tod. Einst weht auf Deinem Münster die Flagge schwarz-weiß-rot'[194], noch nicht erfüllt habe."[195] Zur Reichstagseröffnung am 21. März 1933 redeten Lehrer Schippmann in Langenhagen, Hauptlehrer Oppermann in Lindau, Lehrer Brockmann in Fuhrbach. Letzterer sprach in Fuhrbach auch am 1. Mai 1933 und führte dabei aus, wie dieser Tag den Zweck verfolge, die so dringend benötigte Einigkeit wieder herzustellen. Seine Rede beschloss er mit dem Kampfruf der NSDAP: „Sieg Heil!"[196] Als Festredner am 1. Mai 1933 sprachen auch der Schulleiter in Tiftlingerode, ferner Hauptlehrer Petersen in Seulingen und Lehrer Döring in Bodensee. Hauptlehrer Rittmeyer leitete in Hilkerode die musikalischen Beiträge zu einem „Deutschen Abend" der NSDAP.

Ende Mai 1933 wurde in Wollbrandshausen „zur Erinnerung an die nationale Erhebung" ein Hitler-Gedenkstein enthüllt. Er trug die Aufschrift: „Ein Volk, ein Führer: Adolf Hitler". Die Schulkinder eröffneten, so die Südhannoversche Volkszeitung, die Feier unter Leitung des Hauptlehrers Arand „durch ein vaterländisches Weihelied. Darauf ergriff Herr Lehrer Wieprecht das Wort zur Festrede, um einleitend des 10jährigen Todestages

---

[192] Siehe das Kapitel „06.02 Die katholische St.-Cyriakus-Gemeinde – Schweigen über die Unterstützung des NS-Staates".

[193] Siehe dazu die Berichterstattung der Südhannoverschen Volkszeitung und der Eichsfelder Morgenpost.

[194] Nationalfarben des deutschen Kaiserreiches, in der Weimarer Republik von monarchistischen, rechtskonservativen und nationalsozialistischen Gruppierungen verwendet.

[195] "Volkstrauertag 1933", Eichsfelder Morgenpost am 13.3.1933.

[196] „Fuhrbach (Maifeier)", Eichsfelder Morgenpost am 3.5.1933.

des Nationalhelden Albert Leo Schlageters zu gedenken und von ihm über-
zuleiten auf den Sinn dieses hier errichteten Gedenksteins. In ausführlicher,
schöner Weise schilderte der Redner sodann den Dreiklang: Friedensesche
= Hitlerehrung = Granitstein. Dann wurde die gesamte Versammlung durch
den Bürgermeister aufgefordert, zum Schwur die Hand zu erheben und zu
versprechen, dieses Zeichen der Liebe zum Vaterland und Treue zum Führer zu pflegen und der Nachwelt zu erhalten."[197] So wurden Schulkinder
unter Mitwirkung ihrer Lehrer in das „Dritte Reich" hineingeführt.

Schlageter-Gedenkfeiern fanden in Immingerode und in Fuhrbach statt.
In Immingerode war es eine Schulfeier, die mit einem dreifachen Heil „auf
unseren Reichspräsidenten Hindenburg und den Reichskanzler Hitler" en-
dete.[198] In Fuhrbach marschierte die SA den örtlichen Vereinen voran zum
Kriegerdenkmal, NSDAP-Ortsgruppenleiter und Lehrer Brockmann sowie
Pfarrer Sorhage sprachen. Die Schulkinder sangen das Lied „Der Freiheit
Schlachtruf". Dessen erste und letzte Strophe lauten so:

> Der Gott, der Eisen wachsen ließ,
> der wollte keine Knechte.
> Drum gab er Säbel, Schwert und Spieß
> dem Mann in seine Rechte;
> Drum gab er ihm den kühnen Mut,
> den Zorn der freien Rede,
> dass er bestände bis aufs Blut,
> bis in den Tod die Fehde.
> …
> Laßt wehen, was nur wehen kann,
> Standarten weh'n und Fahnen,
> wir wollen heut' uns Mann für Mann
> zum Heldentode mahnen.
> Auf! Fliege hoch Siegspanier,
> voran die kühnen Reihen!
> Wir siegen oder sterben hier
> Den süßen Tod der Freien.

Das war bereits 1933 eine Einstimmung auf den Krieg. Die Gedenkfeier
endete mit den Horst-Wessel- und dem Deutschlandlied[199], den im „Dritten
Reich" bei solchen Feiern üblichen Gesängen.

---

[197] „Wollbrandshausen, 28. Mai", Südhannoversche Volkszeitung am 30. 5. 1933.
[198] „Immingerode, 29. Mai", Südhannoversche Volkszeitung am 30.5.1933.
[199] „Fuhrbach, 27. Mai", Südhannoverschen Volkszeitung am 28.5.1933.

Die Mitwirkung von Lehrern an solchen Veranstaltungen war kein Zufall. Wie Wolfgang Keim dargestellt hat[200], gab es im Bildungsbereich schon in der Weimarer Republik große antidemokratische Potentiale. Die Zahl der republikanisch, sozialistisch oder pazifistisch eingestellten Professoren blieb verschwindend klein. Ähnliches gilt für die Einstellungen und Haltungen der Lehrer an höheren Schulen. Die Volksschullehrer hatten sicherlich in ihrer Mehrheit die Weimarer Republik bejaht. In deren Krise aber rückten sie von ihr ab. In den ersten Monaten nach der „Machtergreifung" entließen die Nationalsozialisten etwa 3000 Lehrer. Das war etwas mehr als ein Prozent der Lehrerschaft. Gegen diese Entlassungen gab es in den Kollegien keinen Protest. Die Mehrzahl der Lehrerinnen und Lehrer passte sich an, viele von ihnen wegen des auf sie ausgeübten Drucks; ein großer Teil der Lehrerschaft handelte jedoch aus innerer Nähe zum Nationalsozialismus. Etwa 30 Prozent der Lehrer wurden Mitglieder der NSDAP, erheblich mehr als in der Beamtenschaft sonst. Mehr als 90 Prozent schlossen sich dem Nationalsozialistischen Lehrerbund (NSLB) an. Opposition gab es wenig.

In Duderstadt verstanden es zwei als Beispiele Lehrer, ihre Ämter als Organisten an der katholischen St.-Cyriakus-Kirche beziehungsweise an der evangelischen St.-Servatius-Kirche mit ihrem engagierten Auftreten als Nationalsozialisten zu vereinbaren – der Musiklehrer Josef Jung und der Schulleiter der Evangelischen Volksschule, Karl Traupe.

Josef Jung: Musik für die Nationalsozialisten

Josef Jung wirkte als Lehrer am Duderstädter Gymnasium und zugleich als Musiker in Duderstadt. In den 30er Jahren stieg er vom Volksschullehrer zum Oberschullehrer auf. Privat erteilte er vielen Kindern unentgeltlich Musikunterricht. Als Kantor und Organist an der St.-Cyriakus-Kirche begleitete er die katholischen Gottesdienste musikalisch. Ebenso machte er Musik für die Nationalsozialisten bei deren Veranstaltungen. Auf seinen Programmen standen aber nicht die Kampflieder der NSDAP, sondern vor allem klassische Musik. Dieses Repertoire erfüllte freilich nicht alle Wünsche. Der lobenden Kritik eines von der Duderstädter NSDAP 1940 veranstalteten Konzertes folgte in der Eichsfelder Morgenpost der Vorschlag, „in einigen Monaten einmal wieder einen ähnlichen Abend miterleben zu dür-

---

[200] Keim, Wolfgang (1995).

97

fen, der sich vielleicht unter dem Gedanken ‚Soldaten – Kameraden' gestalten läßt und uns in seinem musikalischen Teile die Entwicklung der Marschmusik zeigt und uns in seiner Liedfolge von den Landsknechtsliedern zu den Soldatenliedern unserer Tage führt."[201]

Ein Streichquartett, ein städtisches Orchester und zwei Chöre standen Jung für die musikalische Parteiarbeit und im Gymnasium zur Verfügung. Nach dem Untergang des NS-Staats erklärte er, er habe sich in der Pflicht gesehen, „den zersetzenden Einfluss der NSDAP durch Hinweis auf deutsche Ideale bei den uns anvertrauten Schülern zum mindesten abzuschwächen [...]."[202] Tatsächlich aber hat er als Musiker die NSDAP nach Kräften unterstützt.

Quelle: Bundesarchiv

Der SA gehörte Jung seit 1933, der Partei seit 1937 an. Die Liste der weiteren Parteigliederungen oder NSDAP-naher Verbände, deren Mitglied er war, ist lang: Nationalsozialistischer Lehrerbund, Reichsluftschutzbund,

---

[201] „Eine vorbildliche musikalische Feierstunde", Eichsfelder Morgenpost am 28.2.1940.
[202] HStA Hannover: Hann. 180 Hannover e7 Nr. 79.

Nationalsozialistische Volkswohlfahrt, Reichskolonialbund, Bund Deutscher Osten und Verein für das Deutschtum im Ausland. Auch daraus ist zu schließen, dass er keineswegs, wie später behauptet, nur nominell Parteimitglied war. Noch im Januar 1945 ließ er sich ein Dienstleistungszeugnis der SA ausstellen. Der Sturmführer bescheinigte ihm: „Scharführer Jung ist ein eifriger SA-Mann. Sein Auftreten in und ausser Dienst ist stets vorbildlich und kameradschaftlich [...] Scharführer Jung hat jeden Dienstauftrag mit großem Interesse und zur vollen Zufriedenheit ausgeführt."[203] So war er 1944 „Führer"[204] von 319 Hitlerjungen, die in Zwolle in den Niederlanden zu Schanzarbeiten herangezogen wurden. Schüler der Nachkriegsgeneration berichteten später, dass eine Musik-Unterrichtsstunde leicht in eine Erzählstunde umzuwandeln war, wenn man den Lehrer Jung auf Zwolle hin ansprach.

Nach Kriegsende war Jung in Duderstadt umstritten. Im März 1946 wurde er aus dem Schuldienst entlassen und im April 1946 zu drei Jahren Gefängnis – sechs Monate Haft und zweieinhalb Jahre Bewährungsstrafe - - verurteilt, aber nicht wegen seiner Aktivitäten in der NSDAP, sondern weil er in einem Entnazifizierungs-Fragebogen der Besatzungsmacht nicht angegeben hatte, dass er in der SA den Rang eines Scharführers bekleidet hatte. Die Haftstrafe verbüßte er verkürzt im Zuchthaus in Hameln. Danach bemühte er sich mit Hilfe von eidesstattliche Erklärungen, den sogenannten Persilscheinen, aus Kreisen der Lehrerschaft, der katholischen Kirche und der CDU um die Rückkehr in den Schuldienst. In diesen Erklärungen wurde ihm offensichtlich wahrheitswidrig bestätigt, dass „seine Einstellung zum Nationalsozialismus und zur Partei stets innerlich ablehnend war". Er sei „immer ein absoluter Gegner des Nationalsozialismus"[205] gewesen, der die Versammlungen der NSDAP und den Dienst in der SA nur gezwungenermaßen und selten besuchte; in parteipolitischer Hinsicht sei er nicht hervorgetreten. Allen, die sich für Jung einsetzten, ist eines gemeinsam: Keiner brachte vor, Jung habe Irrtümer ernsthaft eingesehen, habe sich gewandelt, sei geläutert und könne deshalb weiter als Lehrer unterrichten. Seine Fürsprecher aus dem konservativ-kirchlichen Lager verkleinerten vielmehr sein Engagement für die NSDAP oder bestritten es gar.

Jung selbst wies darauf hin, dass er im „Dritten Reich" nicht zum Studienrat befördert worden sei. Die NSDAP habe ihm wegen seiner Treue zur Kirche Schwierigkeiten gemacht. So erscheint er seiner Darstellung nach in

---

[203] A.a.O.
[204] A.a.O.
[205] A.a.O.

einer kleinen Opferrolle der Zeit des Nationalsozialismus. Dass er im „Dritten Reich" nicht zum Studienrat befördert wurde, hat allerdings Gründe, die mit seiner Einstellung zum Nationalsozialismus nichts zu tun hatten. Auch im demokratischen Niedersachsen war später eine solche Beförderung nicht möglich, weil Jung mit seiner Ausbildung zum Volksschullehrer die Laufbahnvoraussetzungen eines Studienrats fehlten.

Jung hatte auch Gegner. Der damalige Leiter des Staatlichen Gymnasiums mit Oberschule[206] warnte am 25.6.1947 vor einer Wiederverwendung Jungs in Duderstadt: „Der Oberschullehrer Josef Jung in Duderstadt wird von den Elternkreisen der Stadt nur teilweise als tragbar für den weiteren Unterricht an unserer Schule angesehen. Es steht zu befürchten, dass er bei einer Rückkehr zur alten Schule neuen Anfeindungen ausgesetzt ist."[207] Anfeindungen hatte es also vorher schon gegeben. Ein anderes Mitglied des Kollegiums der Schule ortete die Gegner Jungs bei Eltern, die der SPD oder der KPD angehörten beziehungsweise diesen beiden Parteien zuneigten.

Der Kreis-Entnazifizierungsausschuss Duderstadt urteilte im September 1947 über Jung: Er „war in seiner politischen Einstellung nicht ganz einwandfrei. Er hat für sein Vergehen bereits eine Strafe verbüßt. Wir halten ihn für Gruppe IV [Mitläufer] tragbar unter der Voraussetzung, dass er wohl als Musiklehrer aber nicht in höheren Funktionen zu belassen ist."[208] – Die hier angerechnete Gefängnisstrafe hatte allerdings, wie bereits dargestellt, mit der Betätigung Jungs im „Dritten Reich" nichts zu tun und hätte als Buße für ein Nachkriegsvergehen logischerweise nicht als Sühne für Verhalten in der NS-Zeit angerechnet werden können. Ein Jahr später wurde Jung durch die Entnazifizierungs-Kommission noch günstiger, nämlich in Gruppe V als Entlasteter eingestuft. Dabei hatte sich die Beweisgrundlage nicht zu Gunsten Jungs verändert, sondern die vorteilhaftere Einstufung entsprach der allgemeinen Entwicklung der Entnazifizierungsverfahren vom anfänglichen Versuch der politischen Säuberung zu einer unglaubwürdigen Rehabilitierungsmaßnahme. Trotz der Mitgliedschaft Jungs in der NSDAP und in zahlreichen Parteigliederungen und obwohl er, wie er selbst angegeben hatte, „zu sämtlichen Veranstaltungen der Partei und ihren Gliederungen ... die musikalische Umrahmung"[209] gestaltet hatte, billigte der Entnazifizierungsausschuss ihm jetzt zu, seine Gegnerschaft zur Partei stets ganz offen bekannt zu haben.

---

[206] Oberstudienrat Carl Riemers.
[207] HStA Hannover: Hann. 180 Hannover e7 Nr. 79.
[208] HStA Hannover: Hann. 180 Hannover e7 Nr. 79.
[209] A.a.O.

Bei seinen Feststellungen zur möglichen Wiederverwendung Jungs als Lehrer ging der Entnazifizierungsausschuss offensichtlich von der Annahme aus, dass Musikunterricht nur gänzlich unpolitisch sein könne. Darin irrte er. 1942 hatte Jung im Duderstädter Rathaus eine Feier der Nationalsozialisten zur Ehrung der Gefallenen musikalisch mitgestaltet.[210] Unter anderem dirigierte er das Lied „Der Tod in Flandern", worin Landsknechte in das Feld marschieren und der Gefallene von Gott seinen Segen empfängt. Der Tod in diesem Lied:

> „Er trommelt laut, er trommelt fein:
> Gestorben, gestorben, gestorben muss sein."

1958 ließ Lehrer Jung bei einer Schulfeier zur Gefallenenehrung Schülerinnen und Schüler der vereinten Chöre der beiden Duderstädter Gymnasien erneut das Lied vom Tod in Flandern singen: „Gestorben muss sein!" Er hatte also immer noch keinen Abstand gewonnen von der Hymne auf den gottgefälligen Soldatentod im Krieg und indoktrinierte damit weiterhin junge Menschen. Die Duderstädter Presse nannte das Lied 1958 übrigens „ergreifend"[211].

Karl Traupe – Pflichterfüllung als nationalsozialistischer Schulleiter

Ebenfalls Organist war Hauptlehrer Karl Traupe von der Evangelischen Volksschule in Duderstadt. Er spielte in der evangelischen St.-Servatiuskirche die Orgel. Im Fragebogen der Militärregierung gab er an, NSDAP-Mitglied ohne sein Zutun seit 1937 gewesen zu sein. Sein Eintritt sei ohne jegliche mündliche oder schriftliche Anmeldung erfolgt; er habe auch niemals den Wunsch geäußert, aufgenommen zu werden. „In einer Versammlung wurde ich nach vorn gerufen und erhielt meine Anwärterkarte; damit war ich in der Partei."[212]

Das ist eine nicht glaubhafte Darstellung. Mit der Aushändigung einer Anwärterkarte war er nicht schon Parteimitglied, sondern, wenn es so war, eben Parteianwärter. Über die Frage, ob es möglich war, NSDAP-Mitglied zu werden, ohne einen Aufnahmentrag gestellt zu haben, wurde unter Wissenschaftlern diskutiert. Das Bundesarchiv stellte fest: Es „ist durch eine

---

[210] A.a.O.
[211] „Zu Ehren der gefallenen Soldaten", Südhannoversche Volkszeitung am 4.3.1958.
[212] HStA Hannover: Hann. 180 Hildesheim Nr. 14022.

Vielzahl von Einzelfällen belegt, dass zur Durchführung eines Aufnahme-verfahrens ein Aufnahmeantrag mit eigenhändiger Unterschrift vorgelegen haben muss. Aufnahmescheine ohne Unterschrift wurden vom Reichs-schatzmeister unbearbeitet zurückgewiesen und an die zuständige Gaulei-tung mit Bitte um Berichtigung zurückgesandt. Ein unterschriebener Auf-nahmeantrag war Bedingung für die Aufnahme in die NSDAP (siehe Schreiben des Aufnahme-Amtes vom 21.6.1944 an die Gauleitung Hessen-Nassau). Laut Aussage des sich im Jahre 1947 im Internierungslager Re-gensburg befindenden ehemaligen Leiters des Mitgliedschaftsamtes, Dr. Anton Ling, sind ‚niemals Personen in die Partei aufgenommen worden, für die nicht ein Einzelantrag vorlag.'"[213]

Quelle: Bundesarchiv PK Traupe, Karl

Mitglied der SA wurde Traupe 1934. Er habe aber hierbei keine Märsche oder Sport mitgemacht und sei überhaupt wenig zum Dienst erschienen. Auch das ist wenig glaubhaft, da er Kreisschulungswart im SA Sturm 16/136 war, und es erklärt auch nicht, wie er bei einer derartigen, im Sinne der SA bummeligen Dienstauffassung bis zum Oberscharführer befördert werden konnte. Außerdem war er eigenen Angaben zufolge mit geringem

---

[213] http://www.bundesarchiv.de/aufgaben_organisation/abteilun gen/reich/01509/index.html (2008).

Engagement Mitglied der NS Volkswohlfahrt und des NS Lehrerbundes. Darüber hinaus habe er aber keine Berührungspunkte „mit dem Nazitum in irgendeiner Form gehabt".[214] Doch auch das sind offensichtlich Unwahrheiten. Bei einer parteistatistischen Erhebung im Jahr 1939 hatte Traupe selbst angekreuzt: im NS-Lehrerbund „führend tätig"[215]. Er stand unter anderem als „Kreisabschnittsleiter" ab 1940 den Mitgliedern des NS-Lehrerbundes in der südlichen Hälfte des Landkreises Duderstadt vor. Und er trat als linientreuer nationalsozialistischer Schulleiter auf. Dafür gibt es Belege.

Am Ende einer Schulfeier auf dem Lindenberg gab Traupe den Schülerinnen und Schülern den Hinweis auf den Nachhauseweg mit, ihr Lindenbergfest verdankten sie letztlich dem „Führer". Das diente, so unrichtig es war, der Pflege des Hitler-Kults auch in der Schule.

Im Februar 1939 feierte die Evangelische Volksschule ein Turnfest. In seiner Abschlussansprache betonte Traupe, „daß man um solch eine Jugend, die dann weiter durch die HJ., SA., Wehrmacht und Partei geht, auch in der Zukunft nicht zu bangen brauche"[216]. Führerehrung und Nationallieder, also die erste Strophe des Deutschlandliedes und das Horst-Wessel-Lied, beendeten das Schulfest. Diese Darstellung in der Zeitung beleuchtet, wie sehr Traupe und die Evangelische Volksschule eingebunden waren in die NS-Zeit. Die Worte Traupes zur Jugend, über deren Zukunft man sich keine Sorgen machen müsse, schließen sich inhaltlich ziemlich nahtlos an eine Rede Hitlers von 1938 an. Hitler hatte gesagt: „Diese Jugend, die lernt ja nichts anderes als deutsch denken, deutsch handeln, und wenn diese Knaben mit 10 Jahren in unsere Organisationen hineinkommen …, dann kommen sie 4 Jahre später vom Jungvolk in die Hitlerjugend, dort behalten wir sie wieder 4 Jahre … dann nehmen wir sie sofort in die Partei, in die Arbeitsfront, in die SA, in das NSKK[217] usw. […] dann kommen sie in den Arbeitsdienst […] was dann nach 6 oder 7 Monaten noch an Klassenbewußtsein oder Standesdünkel da oder da noch vorhanden sein sein sollte, das übernimmt dann die Wehrmacht zur weiteren Behandlung […]."[218] Traupes Abschlussrede entsprach also 1939 ganz den Zielen der Pädagogik in der Hitler-Zeit.

Gleiches ist einer weiteren Ansprache Traupes bei der gemeinsamen Entlassungsfeier der konfessionellen Duderstädter Volksschulen im März 1939 zu entnehmen. Traupe zeigte dabei laut Zeitungsbericht auf, „daß wir

---

[214] HStA Hannover: Hann. 180 Hildesheim Nr. 14022.
[215] BArch (ehem. BDC)/PK Traupe, Karl
[216] „Leibeserziehung in der Schule": Eichsfelder Morgenpost am 1.3.1939.
[217] Nationalsozialistisches Kraftfahrerkorps.
[218] Zitiert nach Keim, Wolfgang (1995), S. 18.

in einer großen Zeit stehen, die so groß sei, wie sie keiner jemals erlebt habe. Das Jahr 1914 und die Jahres des Weltkrieges seien große Zeiten gewesen, aber größer sei unsere Gegenwart, denn über ihr stehe das Werden unseres Großdeutschlands." Aufgabe der Schule sei es gewesen, die Mädchen und Jungen fürs Leben auszustatten. „Jetzt müsse nun jeder sich seinen Weg ins Leben selbst bahnen." Dieses Ziel einer selbstverantwortlichen Lebensgestaltung wurde von Traupe jedoch sogleich nationalsozialistisch eingegrenzt. Er fuhr nämlich dem Pressebericht zufolge fort: „Die Staatsjugend und die Partei, die ein ausschließliches Recht an der Jugend habe, werde sie nun übernehmen und in ihr würden sie hineinwachsen in die Gemeinschaft des schaffenden Volkes. […] wohin man auch gestellt werde, man müsse immer seine Pflicht erfüllen. Pflicht und Ehre seien unlöslich mit Freiheit, Blut und Boden, Rasse und Heimat verbunden."[219] – Bei seiner Rede zur Schulentlassung 1941 wies Traupe wieder auf die nationalsozialistische Erziehung der Schulabgänger hin, der sie nun in den Reihen des schaffenden Volkes zu entsprechen hätten. Er hob den die Würde des Menschen leugnenden Grundsatz „Ich bin nichts, mein Volk ist alles!" hervor. Der Wert des Einzelnen wurde dadurch reduziert auf seinen Nutzen für das Volk. Als Losung gab Traupe ein „Wort des Führers" aus: „Das Jahr 1941 wird die Vollendung des größten Sieges unserer Geschichte bringen." Er wies darauf hin, die weitere Erziehung der aus der Schule Entlassenen werde in der Hitler-Jugend nun von der Partei übernommen. Die Partei habe „das ausschließliche Recht auf die deutsche Menschenführung".[220]

Nach der Auflösung der konfessionellen Volksschulen und Einrichtung von je einer Schule für Jungen und Mädchen in Duderstadt wurde Traupe Leiter der Mädchenvolksschule. Offenbar im Zusammenhang damit gab er auf Drängen der NSDAP sein Organistenamt ab. Seit Jahren schon versuchte die NSDAP, Partei- und Kirchenämter zu trennen. Dabei ging es ihr nicht nur darum, die Kirchen zu schwächen, sondern wichtig war ihr umgekehrt, die Partei vor kirchlichen Einflüssen zu bewahren. Seit 1939 mehrten sich die Fälle, dass Kreisleitungen der NSDAP von Politischen Leitern, die ehrenamtlich als Organisten tätig waren, aufforderten, diese Aufgabe in den Kirchengemeinden nicht mehr wahrzunehmen.[221] Die Aufgabe des Organistendienstes bedeutete für Traupe einen Einkommensverlust von mehr als

---

[219] „Wir stehen im Gesetz der Pflicht und Ehre", Südhannoversche Volkszeitung am 24.3.1939.
[220] „Nur der Freiheit gehört unser Leben!", Südhannoversche Zeitung/Eichsfelder Post am 31.3.1941.
[221] Siehe dazu Gailus/Nolzen (2011): S. 162 ff.

700 Reichsmark im Jahr, wie er nach 1945 betonte. Insofern stellte also auch er sich als kleines Opfer der NS-Zeit dar.

1943 besichtigte Schulrat Völker, der ein überzeugter Nationalsozialist war, die Mädchenvolksschule. An Schulleiter Traupe hatte er nichts auszusetzen. „In den Systemkonferenzen ist er bemüht um die fachliche Förderung und weltanschauliche Ausrichtung seiner Lehrkräfte. Die Durchführung der Schulfeiern und der nationalsozialistischen Morgenfeiern hat er geschickt und bisher mit gutem Erfolg angefaßt. Traupe ist Leiter der Arbeitsgemeinschaft für die Lehrkräfte der Duderstädter Volksschulen. Er ist in der SA als Oberscharführer und Schulungsredner tätig. Auf dem Gebiete des Schrifttums ist er besonders fachkundig. Er ist Kreisbüchereipfleger, verwaltet die Kreislehrerbücherei, und erledigt in der Partei die Aufgabe des Kreisschrifttumsbeauftragten."[222]

Der Schulleiter Karl Traupe gehörte zu denen, die, wie der eingangs zitierte Wolfgang Keim schrieb, das NS-Regime nicht nur erduldeten, sondern als Pädagogen unterstützten und Mitverantwortung auf sich luden. Seine Behauptung, nahezu keine Berührungspunkte mit dem „Nazitum" gehabt zu haben, war eine Unwahrheit. Möglicherweise Belastendes wurde rechtzeitig beseitigt. Aus dem Protokollbuch der Evangelischen Volksschule waren nach Ende des Krieges die Seiten aus der NS-Zeit entfernt. 1946 wurde Traupe durch die Militärregierung wegen seiner früheren Parteifunktionen aus dem Schuldienst entlassen, aber bereits am 20.1.1947 wieder in sein Amt als Schulleiter eingesetzt. Der Entnazifizierungshauptausschuss Duderstadt machte sich 1948 bei einer Überprüfung seiner Einstufung alle entlastenden Angaben Traupes zu eigen und stellte fest, dieser sei „innerlich ein Gegner des Nationalsozialismus" gewesen, habe bei der Erziehung der Kinder stets den christlichen Gedanken gefördert und selbst als gläubiger Christ gelebt und gehandelt. „Dadurch hat er seinen Gegensatz gegenüber dem Nationalsozialismus wirksam betätigt und ist deshalb begründeter Weise … in die Kategorie V (Entlastete) eingereiht."[223] Wie bei anderen verhielt sich der Entnazifizierungsausschuss auch in diesem Fall als Rehabilitierungsinstitution für frühere Nationalsozialisten. Indem angenommen wurde, Traupe habe seinen Gegensatz gegenüber dem Nationalsozialismus „betätigt", wurde ihm sogar zugesprochen, Widerstand geleistet zu haben. Sein in der NS-Zeit öffentliches Reden von nationalsozialistischer Erziehung in seiner Schule und die Betonung nationalsozialistischer Wertvorstellungen vor den Schülerinnen und Schülern bestätigt allerdings

---

[222] HStA Hannover: Hann. 180 Hildesheim Nr. 14022.
[223] A.a.O.

nicht, dass er bei der Erziehung stets den unverfälschten christlichen Glauben und christliche Ethik gefördert habe. Sie belegen vielmehr, wie er Kinder im Sinne des NS-Staates indoktrinierte.

Lehrer als Parteigenossen – eine Statistik des Schulrats

Die genannten Beispiele über das Mittun von Lehrern aus dem Untereichsfeld im NS-Staat sind keine Ausnahmefälle. Im Februar 1946 listete der für den Landkreis Duderstadt nunmehr zuständige Schulrat Wollens seine Lehrkräfte und ihre politische Vergangenheit zwischen 1933 und 1945 auf. Diesem „Verzeichnis der Lehrpersonen des Kreises Duderstadt, die z. Zt. im Volksschuldienst tätig sind"[224], ist zu entnehmen, dass 40 der damals 74 diensttuenden Lehrkräfte Mitglied der NSDAP gewesen waren. In die Partei eingetreten waren sie fast alle in den Jahren 1933 bis 1937. Einer von ihnen wurde allerdings 1942 aus der Partei ausgeschlossen – ohne dass dies weitere Folgen für ihn nach sich gezogen hätte. Über das Verhältnis von 17 der 74 Lehrerinnen und Lehrer zur Nazi-Partei hatte der Schulrat allerdings keine Unterlagen und konnte deshalb keine Angaben zu ihrem Verhalten im „Dritten Reich" machen, weil sie nach Duderstadt versetzt oder als Flüchtlingslehrer aus dem Osten hier eingestellt worden waren. Unter den 1946 im Dienst befindlichen Lehrkräften dürften sich daher über die genannten 40 hinaus noch weitere frühere NSDAP-Mitglieder befunden haben. – Außerdem nennt die Aufstellung des Schulrats 25 Lehrkräfte aus dem Landkreis Duderstadt, die wegen ihrer NSDAP-Tätigkeit aus dem Dienst entlassen worden waren. Zu den für längere Zeit vom Dienst Suspendierten gehörte zum Beispiel nicht zu Unrecht der Lehrer Koch aus Hilkerode. Über ihn ist bekannt, dass er in seinem Dorf Ortsgruppenschulungsleiter der NSDAP war. Als Nationalsozialist wirkte er auch im NS-Lehrerbund mit. Bei einer Tagung dieser Parteiorganisation im Kreisabschnitt Gieboldehausen zum Thema „Schule und Formung der deutschen Zukunft" im Oktober 1940 breitete er die Vision eines den „Großraum Europa-Afrika" umfassenden deutschen Imperiums aus. „Hierfür schon die Voraussetzungen in der Menschenformung durch die Schule zu schaffen", so Koch damals, „ist das Ziel des natsoz. Volkslehrers, der sich dieser Aufgabe bereits jetzt bewußt unterzieht."[225] Später, nachdem Koch in der Bundesre-

---

[224] KreisA Göttingen: LK Dud. Nr. 72.
[225] „Schule und Formung der deutschen Zukunft". Tagung des NS-Lehrerbundes, Süd-

publik Deutschland nach seiner Wiedereinstellung erneut Kinder hatte unterrichten dürfen, und als viele Eichsfelder sich als Opfer des Nationalsozialismus verstanden, war wenig vorstellbar geworden, dass ein katholischer Lehrer aktiver Parteigenosse gewesen sein konnte. Diesem Vorurteil entsprach es, dass eine Lokalzeitung in ihrer rückblickenden Berichterstattung die Suspendierung Kochs aus der Nachkriegszeit in die Jahre des „Dritten Reiches" verlegte. Der verdiente Parteigenosse wurde so in der öffentlichen Darstellung zum Opfer des Nationalsozialismus erklärt.

In der oben genannten Aufstellung des Schulrats wurden ferner drei Lehrer genannt, die sich in Haft befanden, und schließlich vier weitere, die noch „beim Heer" geführt wurden. Unter den letzteren befanden sich ebenfalls drei ehemalige Parteigenossen. Von den 106 in dieser Aufstellung insgesamt aufgeführten Lehrerinnen und Lehrern, also einschließlich der vom Dienst suspendierten, waren demnach mindestens 71 eingeschriebene NSDAP-Mitglieder gewesen, wahrscheinlich jedoch noch mehr. – Der hohe Organisationsgrad der überwiegend katholischen Lehrerschaft im Landkreis Duderstadt in der NSDAP bestätigt die Behauptung, das Untereichsfeld habe dem Nationalsozialismus widerstanden, nicht.

Karl Maring oder die Disziplinierung der Aufarbeitung der NS-Zeit

Der Lehrer Karl Maring aus dem Duderstädter Ortsteil Werxhausen verhielt sich anders als diejenigen, die ihre nationalsozialistische Vergangenheit leugneten und denen dann, wie Jung und Traupe, im Entnazifizierungsverfahren geglaubt wurde. In der Weimarer Republik war Karl Maring Mitglied der liberalen Deutschen Demokratischen Partei (DDP) gewesen. 1937 war er der NSDAP beigetreten – nach eigenen Angaben unter der „Drohung der Brotlosmachung" und nicht aus Überzeugung, sondern weiterhin als Gegner des Regimes und in einer kleinen örtlichen Zelle ehemaligen Jugendkraftlern[226] und Kolpingsbrüdern verbunden und dabei „immun gegen die Goebbels-Propaganda". Parteiämter hatte er nicht inne. In dem ihm freilich nicht wohl gesonnenen Kreis der Lehrerschaft wurde nach 1945 verbreitet, „dass M. in der Nazizeit sehr nazistisch geredet und auch geworben habe". Maring trat nach Kriegsende als erklärter Pazifist auf und forderte eine gründliche Auseinandersetzung mit der militaristisch-nationalsozialistischen Vergangenheit. „Vom ersten Tage nach dem Zusammenbruch

---

hannoversche Zeitung am 31.10.1940.
[226] Deutsche Jugendkraft: katholischer Sportverband

des 3. Reiches", so schrieb er 1947, „habe ich mich rückhaltlos und offen für die junge Demokratie eingesetzt, ohne jede Nebenabsicht. Ich glaubte, durch diesen Einsatz wenigstens einen Teil meiner Schuld, die ich durch den Eintritt in die NSDAP auf mich geladen habe, abtragen zu können." Deswegen jedoch geriet er in Konflikt mit Kollegen, mit seinem Vorgesetzten, dem Schulrat Wollens, und am Ende in ernsthafte Bedrängnis.[227]

Wollens war Mitglied des Zentrums gewesen und nicht der NSDAP beigetreten. Seine pädagogischen Vorstellungen gründete er auf Erfahrungen als Soldat im Ersten Weltkrieg bei Langemarck. In der dortigen Schlacht hatten auf der deutschen Seite junge Menschen, von verantwortungslosen Heerführern befehligt, schlecht ausgerüstet, von patriotischem Geist erfüllt, von Tapferkeit beseelt und in blindem Gehorsam, zu Tausenden den Tod gefunden.[228] Wollens hob den soldatischen Geist der Kämpfer von Langemarck hervor und stellte die Werte eines wahren Soldatentums heraus, nämlich die „guten soldatischen Mannestugenden: Treue, Mut, Ehrlichkeit, Ritterlichkeit, Pflichterfüllung, Gehorsam, Gottvertrauen".[229] Diese Tugenden dürften aber nie wieder zu schlechten, militaristischen Zwecken missbraucht werden. 1950 führte Wollens seine bereits 1947 in einer Kreislehrertagung kurzgefasst vorgetragenen Ansichten in einem Aufsatz in der Zeitschrift „Die Sammlung" unter der Überschrift „Soldatisch – nicht militaristisch!"[230] aus. Die Zeitschrift wurde von namhaften Pädagogen herausgegeben, deren Denken vor 1945 Schnittpunkte mit der nationalsozialistischen Ideologie aufwies und denen eine allerdings unterschiedliche Nähe zum NS-Staat nachzusagen ist. In seinem Aufsatz sucht Wollens „echtes" Soldatentum abzugrenzen gegen Militarismus, welchen die in den Nürnberger Prozessen Verurteilten zu verantworten hätten, abseits von Moral und Menschlichkeit. Ihm schwebte die Bewahrung positiven Soldatentums und ein Wiederaufbau in solchem Geiste einschließlich einer Erziehung der Kinder „in all den Tugenden aufrechter soldatischer Haltung" vor – um ihrer selbst und um der „Gemeinschaft des Volkes" willen. Das war die Vorstellung einer disziplinierten, formierten sowie sehr männlich geprägten Gesellschaft und einer Pädagogik, in der neben der Betonung des

---

[227] Quelle für die Darstellung des gesamten Vorgangs und der Zitate ist die Personalakte von Karl Maring, HStA Hannover: Hann. 180 Hildesheim Nr. 13162.

[228] Siehe dazu: Unruh, Karl (1997).

[229] HStA Hannover: Hann 180 Hildesheim Nr. 13162.

[230] Wollens, Adolf (1950): Soldatisch – nicht militaristisch! In: Die Sammlung, 5. Jg., Heft 1, Januar 1950, S. 32 – 36. Herausgeber der Zeitschrift waren Hermann Nohl, Otto Friedrich Bollnow, Wilhelm Flitner und Erich Weniger.

treuen und pflichterfüllten Handelns in der Gemeinschaft Werte des Individuums wie Selbstverwirklichung, Kreativität, freiheitliche Lebensgestaltung und Glück nicht genannt wurden. Es ging Wollens um den „soldatisch mannhaften Menschen" oder auch den „friedlich-soldatisch-deutschen Menschen".[231] Dessen auch in diesem Aufsatz aufgezählte Tugenden führte Wollens auf germanische Ursprünge zurück. In die nationalsozialistisch keineswegs unbelastete Lehrerschaft Lehrerschaft setzte er das Vertrauen, dass sie sich wahre soldatische Wertvorstellungen über die „militaristischen Fährnisse" hinweg hinreichend erhalten hätten. Damit drängt sich insgesamt der Eindruck auf, dass Überzeugungen, die es schon vor der NS-Zeit gab und die von den Nationalsozialisten aufgegriffen wurden, in Teilen im Denken des Duderstädter Schulrats weiterwirkten. Das Soldatische, das Militärische war derart betont, dass von einer militaristisch geprägten Pädagogik zu sprechen ist, auch wenn Wollens selbst diese Charakterisierung zurückwies.

Die Auseinandersetzung zwischen Maring und dem Schulrat begann während der ersten Kreislehrertagung nach dem Krieg im Frühjahr 1946. Maring zufolge äußerte Schulrat Wollens während der Versammlung wörtlich: „Ich möchte Langemarck nicht aus meiner Erinnerung streichen." Der Lehrer gewann den Eindruck, der Schulrat habe sich „zu Langemarck und damit zum sinnlosen Einsatz der Jugend in der Schlacht"[232] bekannt – und widersprach. Der Konflikt eskalierte an einem deutsch-englischen Diskussionsabend im März 1947 und führte schließlich zu einem Disziplinarverfahren gegen den Lehrer Maring.

An dem deutsch-englischen Diskussionsabend sprach der Schulrat über das Thema: „Befriedigt der Zustand des deutschen Schulwesens, und wenn nicht, wie ist es zu verbessern?" Dazu betonte er nach eigenen Angaben, „dass unsere deutschen Schulen vor Jahrzehnten im allgemeinen gut waren und Gutes leisteten, ist wohl allgemein bekannt, nicht nur in Deutschland, sondern auch in der Welt. Wie hätte sonst Deutschland einen so hohen Anteil zu der Förderung des kulturellen Fortschritts beitragen können, wenn nicht seine Wissenschaftler, seine Erfinder, seine Ingenieure und Techniker und auch seine hochqualifizierten Arbeiter ihre Kraft und ihr Können eingesetzt und die Grundlage in der deutschen Schule empfangen hätten […]."[233] Der Lehrer Maring widersprach in der Diskussion seinem Schulrat. Er nahm nicht als Lehrer, sondern als Gewerkschaftsvertreter an der

---

[231] A.a.O.
[232] A.a.O.
[233] HStA Hannover: Hann 180 Hildesheim Nr. 13162

Veranstaltung teil. Über seine Entgegnung notierte Wollens: Lehrer Maring erklärte das Gegenteil. „Die Schule sei nur eine Veranstaltung der preußischen Könige gewesen, um gefügige Untertanen und blind gehorchende Soldaten zu bekommen usw."[234] Wie Maring selbst formulierte, ist nicht bekannt. In der Tendenz unberechtigt war sein Einwand keinesfalls, denn tatsächlich hatten deutsche Schulen zu Autoritätsgläubigkeit und Untertanengeist erzogen und die Schülerinnen und Schüler im Sinne der Staatsräson indoktriniert. Zu vielem wurden sie befähigt, da hatte Wollens Recht, aber ihre humanitäre Haltung und Selbstverantwortlichkeit wurde nicht hinreichend gefördert, so dass, wie Hartmut von Hentig schrieb, „die solchermaßen Gebildeten weder dem Nationalismus, der zum Ersten Weltkrieg führte, noch dem Irrsinn des Nationalsozialismus standhielten"[235].

Der Erklärung des Schulrats, dass, abgesehen von einer kleinen Zahl extremer Aktivisten, der größte Teils der Lehrerschaft im NS-Staat durch „maßvolles Verhalten Schlimmeres verhütet hat"[236], widersprach Maring ebenfalls. Er sagte dazu, wiederum laut Darstellung des Schulrats, die Lehrer hätten völlig versagt, sie hätten in innerer und äußerer Bindung zur NSDAP gestanden und sollten diese Schuld auch zugeben; es sei eine Umschulung der Lehrerschaft notwendig, aber dafür sei nichts geschehen.

Wollens wertete diesen Widerspruch als „disziplinlosen Angriff eines Lehrers gegen seinen Schulrat". Er beschwerte sich zunächst bei der Geschäftsstelle der Allgemeinen Gewerkschaft in Duderstadt. Die Zusammenarbeit zwischen Lehrerschaft und Gewerkschaft werde nicht gefördert, wenn ein Sprecher der Gewerkschaft „die Lehrerschaft so behandelt, wie es bei dem englisch-deutschen Diskussionsabende im Beisein der Vertreter der Besatzungsmacht bedauerlicherweise geschehen ist". Der Gewerkschaftssekretär Westphal beeilte sich mitzuteilen: „Dass die auch von uns gewünschte gute Zusammenarbeit bei dem englisch-deutschen Diskussionsabend einen Stoß erlitten hat, bedauert niemand mehr wie der Unterzeichnete." Daraus schloss Wollens, „dass auch die Gewerkschaft nicht mit dem Verhalten des Lehrers Maring einverstanden war".[237] Aber darin irrte er sich. Nach wenigen Tagen musste Westphal peinlicherweise seine Sekretärin zum Schulrat schicken, um den Ergebenheitsbrief zurück zu erbitten und einen neuen mit anderer Tendenz anzukündigen. Der Gewerkschaftsvorstand hatte sich einstimmig hinter Maring gestellt.

---

[234] A.a.O.
[235] v. Hentig, Hartmut 1997: S. 49.
[236] HStA Hannover: Hann 180 Hildesheim Nr. 13162.
[237] A.a.O.

Zwei Wochen später wandte sich Schulrat Wollens an die Regierung Hildesheim „betr. Lehrer Karl Maring". Durch dessen Tätigkeit „in letzter Zeit sind hier in der Öffentlichkeit, in der Lehrerschaft und in einem Teile der Gewerkschaft Beunruhigungen entstanden […] Ich fühle mich daher nach längerem Zögern verpflichtet, die Angelegenheit zur Kenntnis zu bringen, und zwar im Einvernehmen mit dem Herrn Landrat."[238] Landrat Diedrich steuerte ein Schreiben des Inhalts bei, dass sich der Lehrer Maring aus Werxhausen durch sein Verhalten unmöglich gemacht habe und deshalb eine Versetzung notwendig wäre.

Zugleich führte Schulrat Wollens eine Besichtigung des Unterrichts von Lehrer Maring durch. 1946 hatte er ihn bereits zweimal überprüft und seinen Unterricht „im großen und ganzen in Ordnung befunden". Es liegt nahe, dass die neuerliche Beurteilung schlechter ausfiel: „Heute war der Eindruck merklich geringer."[239]

Damit befand sich der Lehrer Maring in ernsthaften Schwierigkeiten. Zum 2. Juni 1947 wurde er zur Bezirksregierung nach Hildesheim vorgeladen. Einen Personalrat, der ihn hätte unterstützen können, gab es nicht. So suchte er Hilfe beim Kreisvorstand der SPD. Der schrieb an den Regierungspräsidenten: „Dem Lehrer Maring ist von Gewerkschaftlern und Genossen einstimmig das Vertrauen ausgesprochen, weil er für die Demokratie gegen die Reaktion entschieden aufgetreten ist."[240]

Von einer Versetzung nahm die Regierung Hildesheim Abstand, sprach aber eine Missbilligung aus: Maring habe es im Anschluss an einen Vortrag seines Dienstvorgesetzten an der für einen Beamten erforderlichen Zurückhaltung fehlen lassen. Mit dieser Rüge verbunden wurde die Erwartung, er werde unbeschadet seines Rechts auf freie Meinungsäußerung „künftig die Grenzen innehalten, die sich aus dem Verhältnis eines Beamten gegenüber seinem Dienstvorgesetzten ergeben".[241]

Dabei hätte doch in den ersten Jahren nach dem Ende des „Dritten Reiches" neben der Anstrengung des Überlebens und des Wiederaufbaus gerade für das Schulwesen, für die Lehrer und Erzieher junger Menschen die unbehinderte geistige Auseinandersetzung mit der jüngsten Vergangenheit von wesentlicher Bedeutung sein müssen, also das nichts ausblendende Erinnern, die kritische Prüfung des Geschehenen und der zu ziehenden Konsequenzen. Statt dessen wurde den Lehrerinnen und Lehrern, welche das

---

[238] A.a.O.
[239] A.a.O.
[240] A.a.O.
[241] A.a.O.

Entnazifizierungsverfahren wie auch immer überstanden hatten, in Niedersachsen vor ihrer Wiedereinstellung lediglich die Unterschrift unter einer Erklärung abverlangt, mit der sie bestätigen mussten, auf eine Anweisung der Militärregierung hingewiesen worden zu sein. In dieser Anweisung hieß es unter anderem, kein Lehrer dürfe in seinem Unterricht den Militarismus verherrlichen, ferner, im Unterricht dürfe der Nationalsozialismus weder propagiert noch verherrlicht und kein Stoff behandelt werden, der das Kriegshandwerk fördere. [Die Propagierung einer Erziehung im Geiste „echten Soldatentums" war damit eigentlich untersagt.] Leibesübungen sollten nicht einer militärähnlichen Erziehung gleichen.[242] Eine solche Erklärung war von denen, die wieder eingestellt werden wollten, leicht zu unterschreiben. Das genügte Maring nicht.

Die Bezirksregierung Hildesheim schonte den Lehrer in dem gegen ihn eröffneten Disziplinarverfahren und ließ es bei einer Ermahnung bewenden, aber sie unterstützte ihn nicht. Die ihm gegenüber ausgesprochene Missbilligung und Mahnung zu künftig devoterem Verhalten bedeutete letztlich eine Disziplinierung des Verlangens nach umfassender und gründlicher Prüfung des Schulwesens daraufhin, was es zur jüngsten, verbrecherischen Vergangenheit beigetragen hatte durch Versagen und Mittun, sowie eine Disziplinierung der Forderung nach entsprechenden Konsequenzen.

Das den Vorgang abschließende Schreiben der Bezirksregierung Hildesheim an Maring vom 13.6.1947 lautete: „ Sie haben auf einem deutsch-englischen Diskussionsabend, an dem auch Vertreter der Militärregierung teilnahmen, im Anschluss an einen Vortrag Ihres dienstvorgesetzten Schulrats es an der für einen Beamten erforderlichen Zurückhaltung fehlen lassen. Auch haben Sie eine aus dem Zusammenhang gerissene Äußerung des Schulrats über den Weltkrieg benutzt, um ihn bei einer politischen Partei zu verdächtigen.

Ich spreche Ihnen wegen Ihres Verhaltens meine Mißbilligung aus.

Von einer dienststrafrechtlichen Maßnahme sowie von einer Versetzung nehme ich Abstand, weil Sie bei Ihrer Vernehmung am 2.6.1947 Ihr Bedauern über Ihr Verhalten ausgedrückt haben.

Ich erwarte, daß Sie unbeschadet Ihres Rechts auf freie Meinungsäußerung künftig die Grenzen innehalten, die sich aus dem Verhältnis eines Beamten gegenüber seinem Dienstvorgesetzten ergeben."[243]

---

[242] KreisA Göttingen: LK Dud. Nr. 72.
[243] Hauptstaatsarchiv Hannover: Hann. 180 Hildesheim Nr. 13162.

05.2 Der Garten der Ursulinen – die nie mehr aufzufüllende Leere

Das frühere Synagogengrundstück, heute Garten der Ursulinen in Duderstadt

Mit der Brandstiftung in der jüdischen Synagoge am 9./10. November 1938 und mit der Vertreibung und Vernichtung der jüdischen Einwohner entstand in Duderstadt unwiederbringlich ein Verlust, der aber im alltäglichen Leben nicht als solcher empfunden wurde. Eine städtische Gedenkveranstaltung aus Anlass des vierzigsten Jahrestages des Pogroms von 1938 wurde 1978 verweigert. Die Duderstädter Sozialdemokraten und die Gesellschaft für christlich-jüdische Zusammenarbeit in Göttingen sprangen ein.

Die sechs leeren vertikalen Hohlräume, „von denen die Zickzackfigur des Gebäudes [...] durchschossen ist, vergegenwärtigen durch alle Etagen des Museums die nie mehr aufzufüllende Leere, die die Vernichtung jüdischen Lebens in der Kultur und Geschichte Deutschlands und Europas hinterlassen hat",[244] schrieb Bernhard Schneider zur Architektur des Jüdischen Museums in Berlin. Eine solche Leere schufen die Nationalsozialisten brutal auch in Duderstadt. Der Unterdrückung und Vertreibung, der Deportation und Ermordung der jüdischen Einwohner Duderstadts folgte nach 1945 das Beschweigen und Vergessen. Nur der jüdische Friedhof, abseits gelegen, geschändet und verwüstet und dann als Gedenkstätte gestaltet, blieb. Das Leben in Duderstadt ging weiter. Der Verlust wurde wenig bemerkt. Das Erinnern war kein wichtig genommenes Anliegen in der Stadt. Das trat 1978 anlässlich des 40. Jahrestages des Judenpogroms am 9./10. November 1938 offen zutage. Eine Gedenkfeier deswegen werde nicht stattfinden, erklärte der Duderstädter Stadtdirektor Krukenberg im Oktober 1978.

Nicht, dass es an den Tagen des Pogroms in Duderstadt keine Ereignisse gegeben hätte, die das Erinnern erforderten. Der Vorsitzende des SPD-Ortsvereins Duderstadt, Hans-Eberhard Werner, schrieb in einem Leserbrief: „Auch Duderstadt hat Anlass, des 9. November 1938 zu gedenken. Denn auch in unserer Stadt wurde an diesem Tag in der Synagoge, dem Gotteshaus der jüdischen Gemeinde, Feuer gelegt – so gründlich, dass heute nicht mehr erkennbar ist, wo dieses Gebäude einst stand. Es gibt auch kein Schild, kein Mahnmal in der Stadt, das auf diesen Ort und dieses Ereignis hinweist. [...] Da die Stadt Duderstadt vom 23. Oktober bis 5. November als Veranstalter der Duderstädter Kulturtage auftritt, erscheint es angemessen, wenn die Stadt auch aus Anlass des 40. Jahrestages der Zerstörung der Synagoge

[244] Schneider, Bernhard (o. J.): S. 53.

durch Brandstiftung eine Gedenkfeier veranstaltet, in welcher der Intoleranz und dem Hass auf den Mitmenschen die Idee des Friedens, des friedlichen Miteinanders entgegengesetzt wird.

Wir bitten daher, unverzüglich alles Notwendige und Mögliche zu veranlassen [...], damit die Brandstiftung im Gotteshaus der jüdischen Gemeinde Duderstadt vor 40 Jahren nicht vergessen und schweigend übergangen wird." [245] Der SPD-Ortsverein Duderstadt hatte sich übrigens bereits zuvor und bis dahin vergeblich für eine Gedenktafel zur Erinnerung an die Synagoge eingesetzt.

40 Jahre zuvor, am Abend des 9. November 1938, hatte die NSDAP im Duderstädter Rathaus eine aufwändige Gedenkfeier zur Erinnerung an den 1923 in München gescheiterten Marsch zur Feldherrnhalle und an die dabei ums Leben gekommenen „Märtyrer" der Partei veranstaltet. In Duderstadt deutete an diesem Abend nichts auf Ausschreitungen gegen die jüdischen Einwohner hin. In München aber gedachte die Parteiführung ebenfalls des Ereignisses von 1923 und löste von dort auf die Nachricht vom Tode eines deutschen Diplomaten hin, der in Paris von einem jüdischen Attentäter niedergeschossen worden war, einen deutschlandweiten Pogrom aus, der am nächsten Tag auch die Duderstädter Juden traf. In den Vormittagsstunden des 10. November 1938 wurde das Synagogengebäude in der Duderstädter Gartenstraße (heute: Christian-Blank-Straße) angezündet, ungeachtet der dort in einer Wohnung lebenden Familie Cohn. Die Brandstifter, so wurde mit der Wahrheitsqualität eines Gerüchts erzählt, seien SA-Leute aus Göttingen gewesen. Alsbald fanden sich damals Schaulustige beim – wie er in Duderstadt genannt wurde – brennenden „Judentempel" ein. Als Mitglied der Freiwilligen Feuerwehr eilte ebenfalls Karl Vollmer im Dienstanzug zur Brandstelle. Er erinnerte sich 1978 als Zeitzeuge: „Leider war von der Feuerwehr an der Brandstelle nichts zu sehen, aber dafür stand der damalige Nazibürgermeister an der Brandstelle und schrie mich an, ‚Was wollen Sie hier? Machen Sie, daß Sie fortkommen, Sie haben hier nichts zu suchen, sonst lasse ich Sie einsperren.'" [246] Das durfte Vollmer nicht als leere Drohung verstehen, denn Bürgermeister Dornieden war oberster Polizeichef der Stadt. Später wurde die Feuerwehr doch noch eingesetzt, aber nur, um das von den Flammen bedrohte Nachbarhaus zu schützen.

---

[245] Hans-Eberhard Werner: „Damit die Brandstiftung nicht vergessen wird", Leserbrief in der Südhannoverschen Volkszeitung am 14.10.1978.

[246] Karl Vollmer: „Erinnerung an den Brand der Synagoge", Leserbrief in der Südhannoverschen Volkszeitung am 8.1..1978. (Vollmer wurde von der Zeitung nicht als Verfasser benannt, hat aber später in einem Interview mitgeteilt, diesen Leserbrief geschrieben zu haben.)

Wie in anderen Städten auch wurden an diesem Tag in Duderstadt die noch bestehenden Geschäfte jüdischer Inhaber, die Textilwarenhandlungen Rosenbaum und Löwenthal, verwüstet und geplündert. Vor beiden Kaufläden fanden „spontane Kundgebungen"[247] statt. Steine flogen, eine Schaufensterscheibe wurde durch einen LKW eingedrückt, man reichte Stoffballen heraus. „Bei der Plünderung", so der Zeitzeuge Vollmer, „haben sich einige Duderstädter Bürger sehr eifrig beteiligt, aber davon will man heute nichts mehr wissen."[248] Später am Tag beschlagnahmte ein SS-Kommando aus Göttingen das gesamte verbliebene Geschäftsvermögen. Die männlichen jüdischen Einwohner der Stadt wurden in „Schutzhaft" genommen[249], zunächst im Duderstädter Gerichtsgefängnis eingesperrt und dann sicherlich, wie Tausende jüdischer Männer, in einem Konzentrationslager inhaftiert. Von Ernst Rosenbaum ist bekannt, dass er nach einigen Wochen wieder freikam.[250] Die beiden Geschäfte konnten und durften nicht weitergeführt werden. Die Geschäftshäuser wurden bereits im November 1938 „arisiert". Der Uhrmacher Ernst Werner hatte die „Gunst" der Stunde genutzt und das Hausgrundstück Rosenbaum erworben, der Bäckermeister August Fredershausen kaufte das Geschäftshaus Löwenthal.[251] Die beiden jüdischen Familien Rosenbaum und Löwenthal verließen Duderstadt. Die Rosenbaums emigrierten nach Holland, die Löwenthals zogen nach Hamburg. Sie wurden fast alle während des Zweiten Weltkrieges in den Vernichtungslagern im Osten ermordet.

„Wie in nahezu allen Städten empörte sich auch die Bevölkerung der Eichsfelder Kleinstadt nicht über diese Vorgänge", stellte Uta Schäfer-Richter zum Ablauf des antisemitischen Pogroms am 10. November 1938 in Duderstadt fest.[252] Vielmehr überlegten manche Duderstädter, auch wenn sie den Nazi-Terror verabscheuten, als gläubige Katholiken vom Standpunkt eines kirchlichen Antisemitismus her, ob die Juden durch Hitler nicht ein Schicksal erlitten, welches Moses ihnen angesichts ihrer zeitweiligen Gottesferne vorausgesagt habe, und ob Gottesferne nicht auch und vor allem darin zu erblicken sei, dass die Juden Christus getötet hätten. So jedenfalls berichtete Franz Waldhelm über Gespräche in seiner Familie.[253]

---

[247] Südhannoversche Volkszeitung am 11.11.1938.
[248] Karl Vollmer: „Erinnerung an den Brand der Synagoge", Leserbrief in der Südhannoverschen Volkszeitung am 8.1.1978.
[249] Südhannoversche Volkszeitung am 11.11.1938.
[250] Siehe Uta Schäfer-Richter, in: Ebeling/Fricke (1992): S. 253.
[251] Siehe Südhannoversche Volkszeitung am 15. und 22. November 1938.
[252] Uta Schäfer-Richter, in: Ebeling/Fricke (1992): S. 254.
[253] Waldhelm, Franz 1988 in: Eichsfelder Heimatstimmen, Heft 9.

Anstelle einer Gedenkfeier am 9. November 1978 plante die CDU-regierte Stadt nunmehr einen Vortragsabend am 16. November mit einem Professor aus Göttingen, der zum Thema „Reichskristallnacht" sprechen sollte. Statt einer Feier, die persönliche Anteilnahme voraussetzt und erzeugt, sollte also zeitlich vom Jahrestag distanziert ein Vortrag an das historische Ereignis erinnern. Zur Begründung der Ablehnung feierlichen Gedenkens am 40. Jahrestag des Pogroms erklärte Bürgermeister Willi Thiele, er lasse sich nicht „vor den Wagen einer Partei" spannen.[254] Damit wurde das Erinnern an die gewaltsame Verfolgung der Juden auf die Stufe parteipolitischen Taktierens geschoben, nämlich eine Gedenkfeier nur deshalb nicht durchzuführen, weil der Vorschlag dazu von der Opposition kam. Dabei wurde in diesem Jahr an vielen Orten Deutschlands ein feierliches Erinnern an den 9. November geplant. Es gab zahlreiche Schulveranstaltungen, angestoßen durch den Zentralrat der Juden, die Gewerkschaft Erziehung und Wissenschaft und die Kultusministerkonferenz. Alle Landesregierungen führten Gedenkveranstaltungen durch. Aktionswochen und Schweigemärsche gegen neonazistisches Denken fanden viel Beachtung.

In Duderstadt unternahm der SPD-Ortsverein, was gegenüber den Opfern des nationalsozialistischen Judenhasses notwendig und zur Rettung des Ansehens der Stadt in dieser Angelegenheit noch möglich war: Er organisierte eine Gedenkveranstaltung vor dem ehemaligen Standort der Synagoge in der Christian-Blank-Straße, gemeinsam mit der Gesellschaft für christlich-jüdische Zusammenarbeit in Göttingen. Deren Vorsitzende, Hannah Vogt, hielt die Gedenkrede. Dieser Veranstaltung konnte sich die politische Prominenz der Stadt Duderstadt nun nicht mehr entziehen. Unter der überwiegend sozialdemokratisch gesinnte Zuhörerschaft mehr im Hintergrund stehend, hörte sie mit an, wie Hanna Vogt davon sprach, das begangene Unrecht der Judenverfolgung könne nicht wieder gut gemacht werden, aber alle sollten in Trauer und Gedenken den Toten ihre Liebe und Achtung erweisen, die den Lebenden nicht gegeben worden sei. Die Rednerin rief auf, sich zum gemeinsamen jüdisch-christlichen Erbe zu bekennen, zum Glauben an den einen Gott und zur aktiven Nächstenliebe.[255]

1988, am 50. Jahrestag der Pogromnacht von 1938 führte dann die Stadt Duderstadt selbst eine Gedenkfeier im Rathaus durch, mit anschließendem Schweigemarsch zum Synagogendenkmal. Die Stadt ließ ausgerechnet die-

---

[254] „'Großraumparkplatz' geht in die letzte Runde", Südhannoversche Volkszeitung am 28.10.1978.

[255] „Sippenhaft steigerte sich zur Völkerhaft", Südhannoversche Volkszeitung am 10.11.1978.

sen Schweigemarsch ganz unsensibel durch jugendliche Fackelträger be-
gleiten[256], was vielleicht der Beleuchtung des letzten Stück Weges auf dem
dunklen Stadtwall bis zum Denkmal dienen sollte, aber ausgerechnet bei
dieser Veranstaltung Assoziationen zu den Bildern von Fackelzügen der
Nationalsozialisten weckte.

Die in der NS-Zeit im November 1938 in das Stadtbild hineingebrannte
Baulücke in der Christian-Blank-Straße ist kein bewusst gestaltetes Symbol
wie die Hohlräume im Jüdischen Museum Berlin, künstlich geschaffen
durch die Gestaltungskraft eines Architekten, sondern sie ist das nach dem
Wegräumen der Trümmer Übriggebliebene, ein Garten, der heute den Ursulinen gehört. Diese Baulücke, diese Leere an einem früheren Ort des
Glaubens und der Bildung, geschaffen durch vollständige Vernichtung, ist
in der Tat niemals wieder aufzufüllen. Mit der Vernichtung jüdischen Lebens in Duderstadt ging auch hier ein Teil kulturellen Reichtums unwiederbringlich verloren.

Der jüdische Lehrer mit seiner Klasse vor der Synagoge (nach 1900)

---

[256] „Bekenntnis zu Scham und Verantwortung", Göttinger Tageblatt/Eichsfelder Tageblatt am 11.11.1988.

06 Die Kirchen im Zwielicht

Auf dem Weg zum Friedensgebet am 1. September 2016 in der evangelischen
St.-Servatius-Kirche

06.1 Die evangelische St.-Servatius-Gemeinde – kein Bollwerk gegen den Nationalsozialismus

Die evangelische St.-Servatius-Kirchengemeinde, welche der Lutherischen Landeskirche Hannovers angehört, schloss sich nicht den Deutschen Christen an, widerstand also der Anpassung des christlichen Bekenntnisses an völkische Glaubenssätze und stellte sich damit, wenn auch nicht unangefochten, hinter ihren Bischof Marahrens. Zugleich befürwortete die Gemeinde, ebenfalls wie der Bischof, den nationalsozialistischen Staat ausdrücklich. Dieses Verhalten wurde nach 1945 verdrängt und geleugnet, statt es aufzuarbeiten.

Am 4. September 1958 beging die evangelische Kirchengemeinde in Duderstadt ein großes Jubiläum. 150 Jahre zuvor war hier zum ersten Male ein evangelischer Gottesdienst in einer gemeindeeigenen Kirche, der St.-Servatius-Kirche, abgehalten worden, nachdem die Gemeinde seit dem Ende des Dreißigjährigen Krieges aufgrund der Bedingungen des Friedensschlusses von Münster über kein eigenes Gotteshaus verfügen konnte. Die Jubiläumsfeier bot dem Landessuperintendenten Starck Anlass zu einer Festpredigt mit einem theologisch geprägten Rückblick auf die Kirchengeschichte: „Sichtbar hat Gott die Duderstädter Gemeinde seitdem gesegnet und ihr bis auf den heutigen Tag treue und fleißige Seelenhirten verordnet, die in guten wie in bösen Tagen ihr rechte Führer waren. Staatsformen sind zerbrochen und alte Ordnungen seitdem zerstört, geblieben als festes Bollwerk ist unsere heilige Kirche, um die wir uns scharen sollen. Sie richtet uns auf, sie gibt uns Kraft in unserem irdischen Dasein. Wir wollen ihr die Treue halten, wie der Allmächtige uns die Treue hält." Mit diesen Worten referierte das Göttinger Tageblatt die selbstgewisse Ansprache.[257]

13 Jahre nach dem Ende des „Dritten Reiches" war also der Glaube an eine in der NS-Zeit unversehrt gebliebene Kirche ungebrochen. Risse im „festen Bollwerk", aus den Erschütterungen jener Zeit herrührend, wurden nicht ausgemacht. Der Landessuperintendent breitete vielmehr die Vorstellung einer gleichsam von Gott geleiteten Kirchengemeinde aus. Von daher erscheint dann auch die Mahnung richtig, sich eng um diese Kirche zu scharen, in der zweifelsfreien Erwartung, von ihr aufgerichtet, gestärkt und in rechter Weise geführt zu werden. Unbeachtet blieb, dass die evangelische Kirche – in unterschiedlicher Weise nicht nur die Deutschen Christen, sondern selbst auch die sogenannt intakt gebliebenen Landeskirchen und die

---

[257] „Staatsformen zerbrachen, die Kirche blieb", Göttinger Tageblatt v. 5.9.1958.

Bekennende Kirche – ihre Gemeinden und Mitglieder während der NS-Zeit in die Irre geleitet hatte, so auch in Duderstadt. Keineswegs hatte der damalige Duderstädter Pastor Stünkel seine Gemeinde vor der „geistigen Verirrung" der NS-Zeit bewahrt, wie ein Nachfolger, Pastor Haase, später behaupten sollte.[258]

Jubiläumsfeier der St-Servatius-Kirchengemeinde 1958

Es ist hier nicht die Geschichte der Duderstädter evangelischen Kirchengemeinde in der Zeit des Nationalsozialismus umfassend zu schreiben. Vielmehr soll die Selbstgewissheit in Frage gestellt und erschüttert werden, diese Gemeinde sei in den Jahren des „Dritten Reiches" unangefochten und, unversehrt im Sinne ihres Glaubens und ohne Schuld geblieben. Es sollen Hinweise gegeben werden, die beleuchten, wie die St.-Servatius-Kirchengemeinde sich im „Dritten Reich" öffentlich verhielt. Ihre Bekenntnisse zum NS-Staat aus gänzlich freien Stücken verraten innere Überzeugungen. Das reicht hin, um ungezwungene Nähe der Kirchengemeinde zum NS-Staat erkennen zu können. Weiterhin ist darzustellen, wie die Gemeinde in den Nachkriegsjahrzehnten ihr Verhalten in den Jahren von 1933-1945 verdrängte.

---

[258] Haase, Enno (1984): S. 168 f.

Um den Rahmen kirchlich-politischer Willfährigkeit anzudeuten, in dem die Duderstädter evangelische Gemeinde während des „Dritten Reiches" handelte, ist zunächst ist ein Blick auf die Lutherische Landeskirche Hannovers und ihren Bischof Marahrens zu werfen. Während es in der Zeit der Weimarer Republik in den evangelischen Landeskirchen in Deutschland teilweise Bedenken gegen die nationalsozialistische Rassenideologie gab, bestand in der Ablehnung des Versailler Vertrages und der Forderung nach einem starken Staat zwischen ihnen und den Nationalsozialisten ein weitgehender nationalistischer Konsens. Dadurch gerieten die Kirchen in den Sog des „nationalen Aufbruchs", in dem die Weimarer Republik unterging. Im Hinblick auf die Lutherische Landeskirche Hannovers stellte Gerhard Lindemann fest: „Bereits gegen Ende der Weimarer Republik begegneten im Bereich der hannoverschen Landeskirche die kirchliche Publizistik – zum Beispiel der spätere Landesbischof Hanns Lilje – und auch kirchenleitende Funktionsträger wie Landesbischof August Marahrens der NSDAP mit deutlicher Sympathie, ja bisweilen sogar Hochachtung. Dies dürfte im niedersächsischen Raum mit dazu beigetragen haben, dass diese völkischantisemitisch ausgerichtete Partei salon- und mehrheitsfähig wurde. Zumindest brauchten jene Teile des Kirchenvolkes, die der braunen Partei ihre Wählerstimme gaben, dabei kein schlechtes Gewissen haben. Männer wie Hanns Lilje leisteten ihnen bei der Verdrängung der antisemitischen Kernpunkte der nationalsozialistischen Ideologie wirkungsvollen Beistand. Landesbischof Marahrens übte gar öffentliche Kritik an der demokratischen Staatsform."[259]

Zwar widersetzte sich Marahrens in der hannoverschen Landeskirche erfolgreich den Bemühungen der Deutschen Christen, deren Ziel ein völkisch orientiertes Christentum und eine dem NS-Staat gleichgeschaltete Reichskirche war. Dieser Machtkampf war aber ein innerkirchlicher Streit und keineswegs gegen den NS-Staat gerichtet. Bereits im April 1933 hatte Landesbischof Marahrens folgende Kundgebung der deutschen evangelischen Kirchen mit unterschrieben: „Eine mächtige nationale Bewegung hat unser deutsches Volk ergriffen und emporgehoben. Eine umfassende Neugestaltung des Reiches in der erwachten deutschen Nation schafft sich Raum. Zu dieser Wende der Geschichte sprechen wir ein dankbares Ja. Gott hat sie uns geschenkt. Ihm sei die Ehre."[260] Das bedeutete den Segen der evangelischen Kirche für das „Dritte Reich".

---

[259] Lindemann, Gerhard (2002), in: Grosse, Heinrich / Otte, Hans / Perels, Joachim (2002): S. 61.
[260] Abgedruckt in: Niemöller, Wilhelm (1956): S. 79.

Die NS-Regierung wurde von der Leitung der hannoverschen Landeskirche als gottgewollte Obrigkeit betrachtet. Das beruhte auf dem doppelten Missverständnis der Hitler-Diktatur wie auch eines Bibeltextes. Zwar heißt es in Römer 13, Vers 1: „Jedermann sei untertan der Obrigkeit, die Gewalt über ihn hat. Denn es ist keine Obrigkeit ohne von Gott; wo aber Obrigkeit ist, die ist von Gott verordnet." Wer hier nicht zu lesen aufhört, erfährt Näheres über das neutestamentliche Verständnis von Obrigkeit: Vers 4 erklärt Obrigkeit als „Gottes Dienerin dir zugute", als eine „Rächerin zur Strafe über den, der Böses tut". Obrigkeit wurde im Neuen Testament demnach gesehen als eine Macht, welche die göttliche Ordnung durchsetzt und nicht im Gegenteil als eine solche, die gegen Gebote Gottes verstößt. Die Auffassung, die nationalsozialistischen Herrscher über Deutschland gemäß Römer 13 als gottgewollte Obrigkeit zu achten, verkannte die bereits unmittelbar nach der „Machtergreifung" zu Tage tretende Gewalttätigkeit des NS-Regimes. Der Landesbischof korrigierte seine grundsätzliche Haltung gegenüber der Obrigkeit im „Dritten Reich" nicht und berief sich selbst nach dessen Ende zur Verteidigung seines Verhaltens auf die Bibelstelle in Römer 13.[261] Im Juni 1939 fand sich Marahrens bereit, in einem Schreiben der Kirchenführerkonferenz fünf Grundsätze des Reichskirchenministers zu unterzeichnen. Im ersten wird die Haltung der evangelischen Kirche zum NS-Staat ausgedrückt: Sie „ehrt im Staate eine von Gott gesetzte Ordnung. Sie fordert von ihren Gliedern treuen Dienst in dieser Ordnung und weist sie an, sich in das völkisch-politische Aufbauwerk des Führers mit voller Hingabe einzufügen." Und im dritten Grundsatz steht: „Im Bereich des völkischen Lebens ist eine ernste

Treuegelöbnis evangelischer Jugend. Auf der Marienburg bei Nordstemmen fand zum neunten Male die Tagung der evangelischen Jugend der Provinz Hannover statt. Von weither, sogar von der Wasserkante, waren die Jugendbünde mit ihren Bannern und Wimpeln erschienen. Schätzungsweise waren etwa 8000 Jungens und Mädels auf dem Marienberge versammelt. Vormittags fanden im Walde Gottesdienste statt. Die Krönung der Tagung war die Schlußfeier im Schloßhof, bei der Landesbischof D. Marahrens die Ansprache hielt. Er wies darauf hin, daß es nie vorher eine Zeit gegeben habe, die so groß an Möglichkeiten war, in evangelisch-christlichem Sinne zu wirken. Das deutsche Volk und seine Führer riefen die Jugend auf, alles hinzugeben für Volk und Vaterland, Arbeit und Brot zu schaffen, und Freiheit und Lebensraum unseres Volkes zu behaupten. In dieser Stunde dürfe die ev. Kirche und ihren Führern nicht versagen, darum frage er die evangelische Jugend des Hannoverlandes, ob sie bereit sei, zur Tat für das deutsche Volk. Freudig gelobten achttausend junge Menschen „Ja, mit Gottes Hilfe!" Mit dem gemeinsam gesprochenen Vaterunser und dem Gesang des Liedes „Ein feste Burg ist unser Gott" fand die packende Feierstunde ihr Ende.

Eichsfelder Morgenpost am 1.9.1933

---

261 Siehe Klügel, Eberhard (1965), S. 221.

und verantwortungsbewußte Rassenpolitik zur Reinhaltung unseres Volkes erforderlich.“ [262] Das war die „Inkorporation“[263] des rassistischen Antisemitismus in die Kirche. Dazu ist zu vergegenwärtigen, dass die Nazis bis zum Zeitpunkt dieser Unterschrift des Bischofs bereits drastisch vor Augen geführt hatten, was sie unter verantwortungsbewusster Rassenpolitik verstanden – vom Boykott jüdischer Geschäfte und dem Gesetz zur Wiederherstellung des Berufsbeamtentums 1933 über die Nürnberger Gesetze 1935 bis zum Pogrom am 9. November 1938. Der lag zum Zeitpunkt der Unterschriftsleistung kaum mehr als ein halbes Jahr zurück.

Am 1.10.1939 wurde in allen evangelischen Kirchen des Deutschen Reiches eine Kanzelabkündigung des geistlichen Vertrauensrates der Deutschen Evangelischen Kirchen zum Erntedankfest verlesen. Darin wurde Gott nicht nur für die Früchte des Feldes gedankt, sondern auch für den Sieg über Polen: „Aber der Gott, der die Geschicke der Völker lenkt, hat unser deutsches Volk in diesem Jahr noch mit einer anderen, nicht weniger reichen Ernte gesegnet. Der Kampf auf den polnischen Schlachtfeldern ist, wie unsere Heeresberichte in diesen Tagen mit Stolz feststellen konnten, beendet […] Wir danken ihm [Gott], daß er unseren Waffen einen schnellen Sieg gegeben hat. […] Und mit dem Dank gegen Gott verbinden wir den Dank gegen alle, die in wenigen Wochen eine solche gewaltige Wende heraufgeführt haben: gegen den Führer und seine Generale, gegen unsere tapferen Soldaten auf dem Lande, zu Wasser und in der Luft, die freudig ihr Leben für das Vaterland eingesetzt haben. Wir loben Dich droben, Du Lenker der Schlachten, und flehen, mögst stehen uns fernerhin bei. Amen!“[264] So wurde Gott vom Geistlichen Vertrauensrat der Deutschen Evangelischen Kirche als „Lenker der Schlachten“ für den Sieg über Polen vereinnahmt. Diesem Rat stand Bischof Marahrens vor. Auf diese Kanzelabkündigung wies auch die Duderstädter Südhannoversche Volkszeitung vorab hin.[265] – In das Dankgeläut aller Kirchenglocken anlässlich des Sieges über Polen stimmten auch die der St.-Servatius-Kirche in Duderstadt mit ein.

In einem Brief vom 20. Mai 1942 trat Marahrens für die Aussonderung der zum Christentum konvertierten Juden aus dem Gemeindeleben ein: „Das Judentum ist für uns Deutsche ohne Frage ein Feindvolk. Auch von den in Deutschland lebenden Juden ist mit Sicherheit anzunehmen, dass sie einen Sieg der deutschen Waffen mit Leidenschaft nicht wollen. Wie sollen

---

[262] Zitiert nach Klügel, Eberhard (1965), Bd. 2: S. 154/155.
[263] Perels, Joachim, in: Grosse/Otte/Perels (1996), S. 164.
[264] Zitiert nach Beckmann, Johannes (Hg., 1976): S. 454 f.
[265] „Kanzelabkündigung zum Erntedankfest“, Südhannoversche Volkszeitung am 30.9.1939.

wir uns aber im Gebet für Führer, Heer und Volk mit denen vereinigen können, die statt eines Sieges, den wir erbitten, die Niederlage herbeisehnen?"[266] – Die Reihe dieser Zitate ließe sich leicht um viele weitere vermehren.

Im Rückblick und mit dem Wissen von heute haben wir es leichter mit unserem Urteil. Aber das entlastet den Bischof Marahrens nicht. Das Verbrecherische des „Dritten Reiches" ist nicht erst in der Rückschau zu erkennen, sondern war bereits zeitgenössisch wahrnehmbar. Das zeigt etwa das Beispiel der in der „Weißen Rose" zusammengeschlossenen Gruppe junger Menschen. Sie verfügten gewiss nicht über die Informationsmöglichkeiten, die einem Bischof zur Verfügung standen, und nicht über die Erfahrung eines langen Lebens, aber sie wiesen in ihrem zweiten Flugblatt schon darauf hin, dass die NS-Regierung – und nicht nur einzelne Täter – Juden in Polen zu Hunderttausenden ermorden ließ.[267] Sie kamen im nächsten Flugblatt mit Klarheit zu dem Schluss: „Unser heutiger >Staat< aber ist die Diktatur des Bösen."[268] Das sind Einsichten, die dem Bischof Marahrens verborgen blieben, und so hielt er weiterhin fest an der Vorstellung eines gottgewollten NS-Regimes, während die widerständigen Menschen der „Weißen Rose" 1942 von christlichen und humanistischen Werten her zum Umsturz aufriefen.

Freilich trug Marahrens im Amte des Bischofs Verantwortung für viele Menschen, für eine ganze Landeskirche. So war ihm, um das nur anzudeuten, zum Beispiel wichtig, der Kirche in der Diktatur einen Freiraum für die Verkündigung von Gottes Wort zu bewahren. „Das für mich entscheidende wurde folgendes: Mein Ziel, die Kirche durch die Bedrohung des Staates hindurchzuführen, den Gemeinden die Predigt des Evangeliums, den Pfarrhäusern den Frieden und die Ruhe der Arbeit zu erhalten, war erreicht."[269] Die Institution Kirche in der Diktatur zu bewahren hatte seinen Preis: sich einzulassen mit dem NS-Regime auf Kosten der an der christlichen Lehre zu messenden Glaubwürdigkeit. Für die Kirche gab es daher nach 1945 Grund genug, Schuld zu bekennen und aufzuarbeiten, anstatt, wie der Landessuperintendent 1958 in Duderstadt, von der Kirche als einem in zusammenbrechenden Staatsformen unbeschädigt gebliebenen Bollwerk zu sprechen.

---

[266] Zitiert nach Grosse/Otte/Perels (1996): S. 172.
[267] Scholl, Inge (2006): S. 81.
[268] A.a.O.: S. 84.
[269] Abgedruckt in Klügel, Eberhard (1965): S. 213.

Die evangelische St.-Servatius-Kirchengemeinde in Duderstadt stand nicht in Opposition zur regimetreuen Haltung ihres Bischofs. Schon das Ergebnis der Reichstagswahl am 5. März 1933 im Untereichsfeld deutet auf die Nähe evangelischer Duderstädter zum NS-Staat hin. Während die NSDAP in den Landgemeinden des Landkreises Duderstadt 22,5 Prozent der Stimmen erhielt, wählten in Duderstadt selbst 33,9 Prozent der Wählerinnen und Wähler die Nationalsozialisten. Das deutlich bessere Abschneiden der NSDAP in der Stadt als in den Dörfern lässt sich auf die unterschiedliche Einwohnerstruktur zurückführen. Die Einwohnerschaft der Dörfer war nahezu rein katholisch, während in Duderstadt selbst immerhin etwa ein Sechstel der Wahlberechtigten der evangelischen Kirche angehörte. Wie Waldemar Röhrbein dargelegt hat, bekannte sich bei der Reichstagswahl im März 1933 im Bereich der hannoverschen Landeskirche „weit mehr als die Hälfte des evangelischen Kirchenvolkes ... zur ‚Bewegung' und zur neuen Staatsführung".[270] Die Stimmabgabe der evangelischen Wählerinnen und Wähler in Duderstadt war nicht der einzige Grund für das im Vergleich mit den Dörfern hier deutlich bessere Abschneiden der NSDAP, trug aber gewiss dazu bei.

Zum 1. Mai 1933 erließ der Reichsminister für Volksaufklärung und Propaganda, Goebbels, einen Aufruf, in dem es unter anderem hieß: „Der 1. Mai soll das deutsche Volk einig und geschlossen sehen und ein Zeichen sein für die ganze Welt, dass Deutschland erwacht ist und den Weg zu Freiheit und Brot sucht und findet. ... Geschlossen marschieren wir in die neue Zeit hinein."[271] Das Programm des neuen Feiertages organisierte in Duderstadt die NSDAP. Mit dabei war die evangelische Kirchengemeinde; sie beteiligte sich mit einem Gottesdienst.

Den Hauptgottesdienst zum Erntedankfest 1933 musste die Gemeinde um eine Woche verschieben. Allzu viele Gemeindemitglieder wollten an

---

[270] Röhrbein, Waldemar R. (1996) in: Grosse/Otte/Perels 1996: S. 14.
[271] „Aufruf zum 1. Mai", Eichsfelder Morgenpost am 28.4.1933.

dieser Erntedankfeier der NSDAP mit Hitler auf dem Bückeberg bei Hameln teilnehmen.[272]

1934, so berichtete Pastor Martin Stünkel in seinem Jahresrückblick, wurde die evangelische St.-Servatius-Kirche zu Fest- und Feiertagen nicht nur mit der Kirchenfahne, sondern auch „mit den Fahnen des Reiches"[273] geschmückt. Er verwendete den Plural und das heißt, die evangelische Gemeinde hisste an ihrer Kirche die Hakenkreuzfahne zusammen mit der schwarz-weiß-roten Flagge des kaiserlichen Deutschland. Denn das waren jetzt die Fahnen des Reiches an Stelle der einen schwarz-rot-goldenen der Weimarer Republik.[274] Dem weiteren Inhalt des Jahresrückblicks von Pastor Stünkel ist zu entnehmen: Gottesdienste wurden nicht nur an kirchlichen Feiertagen gehalten, sondern auch anlässlich nationaler Feste. Selbst der erste Jahrestag der „Machtergreifung" der Nationalsozialisten war der evangelischen Gemeinde am 30. Januar 1934 eine Feier in ihrer Kirche wert.[275] Das war ein Akt von besonderer Bedeutung. Der 30. Januar markierte die Preisgabe der Republik und den Beginn der Herrschaft der Nationalsozialisten. Mit ihrer Feier dieses Jahrestages bekannte sich die Kirchengemeinde ungezwungen auf besondere Weise zur Hitler-Diktatur in Deutschland und auch sie sah sich durch Ereignisse des vergangenen Jahres wie die Zerschlagung der Demokratie, die Abschaffung der bürgerlichen Freiheitsrechte und das gewaltsame Vorgehen gegen Andersdenkende und Juden daran nicht gehindert.

Am 18. Juni 1934 predigte, wie Pastor Stünkel weiter berichtete, Landesbischof Marahrens in der St.-Servatius-Kirche

Als die Posaunen in der Sylvesternacht ihr „Ehre sei Gott in der Höhe" bliesen, wurden wir erinnert an das Wort, das 1928 in dem Kirchturmknopf eingelegt ist: „Zur Ehre Gottes und zur Freude dieser Gemeinde." Zur Ehre Gottes und zur Freude der Gemeinde steht die Servatiuskirche da — im letzten Jahre geschmückt durch einen grünen Kranz junger Bäume. Zur Ehre Gottes und zur Freude der Gemeinde stand sie da in den schönen Gottesdiensten des Jahres, im Schmuck der Maien und der Tannen und im hellen Lichterglanz, oft geschmückt mit den Fahnen des Reiches und mit der Kirchenfahne, geschmückt mit dem besten Schmuck jeder Kirche, mit einer großen anbetenden Gemeinde. Neben den sonntäglichen Gottesdiensten wurden besondere Feiern gehalten an den nationalen Feiertagen und am Gedenktage der Machtübernahme. Auf Halbmast wehten die Fahnen während des Trauergottesdienstes für den verewigten Reichspräsidenten von Hindenburg. Auch die Abendandachten in der Adventszeit

Auszug aus dem von Pastor Martin Stünkel verfassten Rückblick auf das Jahr 1934

---

[272] „Tag des Bauern", Eichsfelder Morgenpost am 26.9.1933.

[273] Martin Stünkel: „Die evangelische Servatiusgemeinde im Jahre 1934", im Wortlaut in der Eichsfelder Morgenpost am 6.1.1935.

[274] Laut Erlass des Reichspräsidenten von Hindenburg vom 12.3.1933.

[275] Siehe den Jahresrückblick von Pastor Stünkel.

über „evangelische Glaubensfreudigkeit und echte Treue zu Volk und Führer". Der Wortlaut dessen, was der Bischof in Duderstadt sagte, liegt nicht vor. Was aber Marahrens unter Treue zu Volk und Führer verstand, lässt sich einer Predigt entnehmen, die er zwei Tage später in Göttingen hielt: „Es ist eine große Stunde, wenn ein Volk sich aufmacht, wenn ein Volk Fesseln zu zerreißen sucht, nicht nur äußere, sondern auch innere, wenn ein Volk danach ringt, aus allem Selbstischen, allem Eigennutz herauszukommen und die Losung des Gemeinnutzes zur Losung des Gemeinschaftslebens […] zu machen. Und es ist etwas Großes, wenn ein Volk zu dieser Losung aufgerufen wird von einem Mann, auf den deutsche Männer und Frauen in dankbarer Gefolgschaft aus freudigem Herzen hören. Wir wollen Gott dafür danken, dass ein Mann da ist, der unser Volk führt, als Schöpfer, Wegbereiter neuen, echten nationalen Lebens."[276] In Duderstadt dürfte Marahrens dieselbe Auffassung gepredigt haben.

Im Dezember 1934 beschäftigte sich das Männerwerk der evangelischen Kirchengemeinde mit „Germanenglauben und Christentum". Pastor Nolte, Hilfsgeistlicher in Duderstadt, hielt einen Vortrag zu diesem Thema und führte zu der Erkenntnis der Deutschen Christen, dass „die Verbindung von Christentum und Germanentum unser Schicksal ist".[277] Auf Grund seiner inneren Überlegenheit hätte das Christentum über die germanische Religion gesiegt. Dem Christentum verdankten wir es, dass germanisches Wesen gereinigt und geläutert wurde. Umgekehrt hätten die Germanen ihrerseits das Christentum gerettet: „Sie haben dem Christentum ein deutsches Gewand gegeben und es mit deutscher Seele erfasst."[278] Es ging dem Pastor um die Abwehr eines neuheidnisch-germanischen Glaubens, wie er von Alfred Rosenberg vorgetragen wurde. Den nationalsozialistischen Sozialdarwinismus übertrug er in den Bereich des Religiös-Weltanschaulichen: Das Starke siegt, das Schwache geht unter. Das Christentum war die starke Religion. Christliche Universalität, die alle Menschen gleichermaßen einschließt, wich der Betonung eines germanisch-deutschen Christentums.

In der Duderstädter Gemeinde wurden die Deutschen Christen allerdings nicht zur bestimmenden Kraft. Pastor Martin Stünkel wirkte in der „Landeskirchlichen Sammlung" mit, die sich im innerkirchlichen Kampf gegen völkisch bestimmtes Christentum und für Bekenntnistreue der Kirche einsetzte.[279] Die Bekenntnisgemeinschaft „Landeskirchliche Sammlung" gehörte aber nicht zu der kleinen Minderheit oppositioneller Geistlichen in

---

[276] Zitiert nach Otte, Hans, in: Grosse/Otte/Perels (1996): S. 193.
[277] „Vom Evangelischen Männerwerk", Eichsfelder Morgenpost am 30.12.1934.
[278] A.a.O.
[279] Klügel, Eberhard (1965): Bd. 2, Dokumente, S. 21.

der hannoverschen Landeskirche, die das Verhältnis der Kirchenführung zur staatlichen Obrigkeit während der NS-Zeit beanstandete. Nach der Niederlage 1945 verlangte diese Minderheit eine gründliche Aufarbeitung der Verstrickung der Landeskirche in den nationalsozialistischen Staat als Voraussetzung einer wahrhaften Erneuerung. Dem widersprach der inzwischen zum Superintendenten aufgestiegene Martin Stünkel auf der Landessynode 1945: „Gewiss, es mögen Fehler gemacht worden sein. Aber nun stehen wir vor einem neuen Anfang. Darum sollten wir nicht nur von den Dingen der Vergangenheit reden. […] Wir sollten den Ruf deutlich hören: Nicht zu sehr rückwärts sehen, sondern den Weg in die Zukunft gehen."[280] Stünkel hatte offensichtlich nicht zu denen gehört, die in Opposition zum „Dritten Reich" standen. Dafür spricht nicht nur die Feier am ersten Jahrestag der Machtergreifung in der Kirche der St.-Servatius-Gemeinde. Die Südhannoversche Volkszeitung druckte 1935 eine Ansprache Stünkels zum „Heldengedenktag" in Duderstadt im Wortlaut ab. Demnach predigte er über irdische und himmlische Treue. Er sprach von der „Treue des grauen Soldaten", der im Ersten Weltkrieg „die lebendige Mauer gebaut [habe] um Volk und Reich, um Heim und Herd, um Weib und Kind". Über seiner Treue stehe die ewige Treue Gottes. Stünkel redete von einem „Mahnruf des toten Feldherrn" Hindenburg und vom „Weckruf unseres Führers Adolf Hitler: Seid getreu!" und erklärte, was unter diesem Weckruf zu verstehen sei: „Getreu im Kampf um das Reich, getreu dem Volk, um das so viel teures Blut geflossen, dem Volk, dem ihr verhaftet seid mit eurem ganzen Leben. – Treu sein heißt: Vorangehen im Kampf durch dick und dünn. Treu sein heißt noch mehr, es heißt aushalten im wetterharten Kampf des Volkes um Recht und Ehre, um Geltung und Aufstieg. Treu sein heißt seinen Mann stehen im Opfersinn und Pflichttreue, im Verantwortungsgefühl und Einsatzbereitschaft, in Kameradschaft und Tapferkeit […]."[281] Das war am „Heldengedenktag" weniger die Botschaft des Evangeliums als vielmehr ein Appell des Pastors zum Verhalten in der militaristischen Gegenwart und Zukunft des „Dritten Reiches". Jahrzehnte danach erklärte Pastor Haase als späterer Nachfolger: „ Es muss mit an dem Wirken von Pastor Stünkel und dem katholischen Propst Algermissen gelegen haben, dass die neue Ideologie nur begrenzt und nur durch staatlichen Druck in der Bürgerschaft Eingang finden konnte." [282]

---

[280] Zitiert nach Lindemann, Gerhard (2002): S. 76.
[281] Heldengedenktag in Duderstadt, Südhannoversche Volkszeitung am 18.3.1935.
[282] Haase, Enno (1984): S. 169.

Der von der St.-Servatius-Gemeinde veröffentlichte Jahresrückblick auf 1935 berichtete über die Teilnahme einiger ihrer Männer an einer Freizeit der hannoverschen Landeskirche. Dort wurde dem Bericht zufolge über das Thema „Christenglaube – Mannesglaube und Kampfglaube" gesprochen.[283]

Ein Pressebericht über die Verabschiedung von Pastor Martin Stünkel im April 1936 lässt erkennen, wer damals die Wortführer der evangelischen Gemeinde in Duderstadt waren.[284] Das wirft zugleich ein Licht auf das Verhältnis der Gemeinde zum Nationalsozialismus. Beim Abschiedsabend sprach der Zeitung zufolge zuerst Hans Hertwig als Vertreter des Kirchenvorstandes. Er wies auf den Zusammenhalt der evangelischen Gemeinde hin, zu der Stünkel in Zeiten politischer Zerrissenheit und des wirtschaftlichen Niedergangs, also während der Weltwirtschaftskrise am Ende der Weimarer Republik, beigetragen habe. Hertwig war ein engagierter Duderstädter, mit den Nazis paktierender Senator der Stadt, Hauptmann der Schützengesellschaft und eben Vorsitzender des Kirchenvorstandes der evangelischen Gemeinde. Er hatte sich dem nationalsozialistischen Zeitgeist angepasst und wurde 1936 auch Mitglied der NSDAP.

Nach Hertwig ergriff am Abend der Verabschiedung von Pastor Stünkel Hauptlehrer Traupe für den evangelischen Kirchenchor als dessen Dirigent das Wort. Er hob hervor, dass Pastor Stünkel im Kirchenchor „mit dem Ziel gedient hat, aus dem Lied heraus Lebensfreude, Mut und Kraft zu holen und mitzubauen an unserem schönen deutschen Vaterland". Das war inzwischen das nationalsozialistische Deutschland. Traupes Laudatio weist also nicht gerade auf eine Oppositionshaltung Stünkels zum NS-Staat hin. Traupe selbst war ein nationalsozialistischer Schulleiter, der seinen Schülerinnen und Schülern Hitler-Worte mit auf den Heimweg gab, nationalsozialistische Schulfeiern zur Zufriedenheit des Schulrats gestaltete und eine nationalsozialistische Erziehung befürwortete, welche junge Menschen in geistiger Unfreiheit im nationalsozialistischen Sinne formieren wollte.[285] Der NSDAP trat Traupe 1937 bei.[286]

Danach trug Frau Guttermann in Versform einen Bericht über die Tätigkeit der Pastorenfamilie vor. Frau Guttermann war Lehrerin an der Luisenschule, einer Schule für Mädchen in der Trägerschaft der evangelischen Kirchengemeinde. Sie wurde 1940 NSDAP-Mitglied und war Leiterin der

---

[283] Die Servatiusgemeinde 1935, Eichsfelder Morgenpost am 6.1.1936.
[284] „Gottvertrauen, Freiheit, Vaterlandsliebe", Eichsfelder Morgenpost am 16.4.1936.
[285] Siehe dazu die Kapitel „Die letzte halbwegs freie Reichstagswahl" und „Der Schulrat und der Lehrer"!
[286] Bundesarchiv.

nationalsozialistischen Frauenschaft in Duderstadt. Im Entnazifizierunsverfahren gab sie an, dieses Amt caritativ und nicht politisch ausgeübt zu haben. Das war eine Verharmlosung. Die Südhannoversche Zeitung berichtete 1940 über einen Gemeinschaftsabend der NS-Frauenschaft in Duderstadt: „Die Ortsfrauenschaftsleiterin, Frau G u t t e r m a n n, entbot allen einen herzlichen Willkommensgruß und gab nach einem Gedenken an die Toten dieses Krieges einen Überblick über die Sommerarbeit, wobei sie auf die selbstgearbeiteten Kleidungsstücke und die vom Mütterdienst in den Säuglingskursen angefertigte Kleinkinderwäsche hinweisen konnte. Weiter haben die Frauen sich erfolgreich bei der Reichsspinnstoffsammlung eingesetzt, haben wieder 300 Gemüsebüchsen eingekocht und der NS-Volkswohlfahrt zur Verfügung gestellt und sind gern bereit, bei der Betreuung der Verwundeten mitzuhelfen, eine Büchersammlung für die Soldaten durchzuführen …“[287] Solches caritative Wirken der NS-Frauenschaft war damit nicht unpolitisch, sondern ein aktives Mitwirken im NS-Staat. Es zeugt nicht davon, dass Frau Guttermann „den Ideen des Nationalsozialismus stets ablehnend gegenübergestanden" habe – wie aber der Entnazifizierungsausschuss 1946 feststellte. [288]

Ferner sprach bei der Verabschiedung Stünkels das Kirchenvorstandsmitglied Meinberg. Er bezeichnete den scheidenden Geistlichen als verantwortungsbewussten Seelsorger mit „treudeutschem" Herzen. Meinberg war Nationalsozialist bereits seit 1925 und wurde mit dem goldenen Parteiabzeichen geehrt. 1939 bekleidete er das Parteiamt eines Zellenleiters in der NSDAP-Ortsgruppe Duderstadt. Sein Parteibezirk, die Zelle 1, umfasste acht Straßen der Duderstädter Innenstadt und war in acht Blöcke aufgeteilt mit je einem Blockleiter.[289] Meinberg war also keineswegs nur Mitläufer, sondern aktiver Parteigenosse und „politischer Leiter", wie es damals hieß. – Um es hier schon vorwegzunehmen: Das engagierte Mitwirken Meinbergs in der NSDAP beeinträchtigte sein Ansehen in der evangelischen Kirchengemeinde auch später nicht. Bei der ersten Wahl des Kirchenvorstandes nach 1945 wurde er wiedergewählt. 1959, als er mit 80 Jahren altershalber aus diesem Gremium ausschied, erhielt er eine weitere Auszeichnung: Die Gemeinde ernannte ihn zum „Ehrenkirchenvorsteher".[290]

Die vier Sprecher der Kirchengemeinde an diesem Abend der Verabschiedung waren also allesamt Mitglieder der NSDAP oder standen ihr

---

[287] „Unsere Frauen bewähren sich!", Südhannoversche Zeitung am 8.10.1941.
[288] HStA Hannover: Hann.180 Hildesheim ACC Nr. 12469.
[289] Bundesarchiv / HStA. Hannover: HStA. Hannover: 310 I O Nr. 189.
[290] Haase, Enno (1984): S. 2001.

nahe. Pastor Martin Stünkel betonte zum Schluss dem angeführten Pressebericht zufolge, „daß es das Ziel seiner Arbeit gewesen sei, Kirche und Gemeinde hineinzubauen in das deutsche Volk, dass er immer den Wunsch
gehabt habe, dass das Volk brüderlich zusammenstehen möge und dass die
Glieder der evangelischen Gemeinde den katholischen Brüdern die Hand
zu reichen hätten, denn sie dürften niemals vergessen, dass sie alle Brüder
eines Volkes seien." Er sagte nicht, dass sie Brüder eines Glaubens seien.
Das war also völkische Gesinnung, nicht ökumenisches Denken von den
Gemeinsamkeiten der christlichen Konfessionen her. Stünkels Wunsch
nach brüderlichem Zusammenstehen entsprach der nationalsozialistischen
Vorstellung von der „Volksgemeinschaft". Daher ist nicht verwunderlich,
dass der um Brüderlichkeit des Volkes bemühte Pastor dem Zeitungsbericht
nach die kleine jüdische Gemeinde in Duderstadt nicht einbezog. Zum
Schluss dankte er dem als Gast anwesenden Bürgermeister Dornieden und
dem Landrat Heinemann für „vertrauensvolle Zusammenarbeit".[291] – Stünkel wurde also als national gesinnter evangelischer Geistlicher verabschie-
det, dem nicht nachgesagt wurde, Nationalsozialist zu sein. Aber von großer
Distanz der Kirchengemeinde zum NS-Staat und zu seinen örtlichen Vertretern kann dem Bericht der Eichsfelder Morgenpost und der Vita der
Wortführer der Kirchengemeinde zufolge nicht gesprochen werden. Der
Hilfsgeistliche Heinz Wortmann übrigens, der Ende 1936 nach Duderstadt
kam und bis 1938 hier wirkte, war alter Parteigenosse seit 1931 und Mitglied der SA von 1934 – 1936. Dass er, wie später Pastor Haase schrieb,
während seiner hiesigen Zeit aus der NSDAP habe austreten müssen[292],
trifft nicht zu; er blieb Parteimitglied bis 1945.[293]

Im Jahr 1938 wurde die aggressive Expansionspolitik Hitlers von der
evangelischen Kirchengemeinde in Duderstadt unterstützt. Das Pfarramt
lud zu einem Vortragsabend ein: „Morgen Sonnabend, den 5. November,
haben wir die seltene Gelegenheit, den Bericht eines Augenzeugen zu hören
über das hochbedeutsame Geschehen der letzten Monate im deutschen Su-
detenlande. Pfarrer Drechsler aus Weipert im Sudetengau, der als alter
Kämpfer der SDP. das Ringen um Freiheit in vorderster Front mitentschie-
den hat und selbst mit seiner Familie vor den Tschechen fliehen mußte, wird
uns erzählen, was dort mit seiner Gemeinde erlebt hat."[294] Die SDP (Su-
detendeutsche Partei) hatte sich unter der Führung von Konrad Henlein in

---

[291] „Gottvertrauen, Freiheit, Vaterlandsliebe", Eichsfelder Morgenpost am 16.4.1936.
[292] Haase, Enno 1984: S. 174
[293] Mitteilung des Landeskirchlichen Archivs an den Verfasser.
[294] „Vortragsabend in der Servatiuskirche", Südhannoversche Volkszeitung am
    4.11.1938.

den letzten Jahren der tschechoslowakischen Republik mit Unterstützung der NSDAP zur Fünften Kolonne des nationalsozialisischen Deutschen Reiches entwickelt. Auf Weisung Hitlers verfolgte sie 1938 eine Politik, die den Konflikt zwischen Tschechen und Sudetendeutschen durch weitgehende Autonomieforderungen schürte. Das lieferte den Vorwand für die Besetzung des Sudetenlandes durch deutsche Truppen im Oktober 1938. Die Ankündigung der Veranstaltung der evangelischen Kirchengemeinde im November 1938 schloss mit den Sätzen: „Alle deutschen Volksgenossen sind herzlich eingeladen, am Sonnabend 8 Uhr abends in die St. Servatiuskirche zu kommen. Wer seine Dankbarkeit für die Heimkehr der deutschen Brüder im Sudetengau mit der Tat beweisen möchte, wird dazu Gelegenheit haben."[295]

Andererseits sind Fragen berechtigt, wie weit die evangelische Gemeinde den Antisemitismus des Landesbischofs geteilt hat. Es gibt nämlich den glaubhaften mündlichen Hinweis[296] einer ehemaligen Schülerin der Luisenschule, einer Mädchenschule in der Trägerschaft der evangelischen Kirchengemeinde in Duderstadt, in ihre Klasse sei ein Sohn der jüdischen Familie Israel aufgenommen worden. Seit 1938 war Juden der Besuch der öffentlichen Schulen nicht mehr erlaubt.

Im Mai 1939 kam Pastor Harms als Hilfsgeistlicher nach Duderstadt. Seine Ordination kündigte die Servatius-Gemeinde in einem von ihr veranlassten Zeitungsartikel an. Dabei wies sie auch auf einen Amerika-Aufenthalt von Harms hin. Die Zeitung schrieb: „Oft bot sich Pastor Harms auch Gelegenheit, sehr energisch der dortigen deutschfeindlichen Propaganda von Seiten der Emigranten entgegenzutreten …"[297] Harms hatte demnach in Amerika das „Dritte Reich" gegen diejenigen in Schutz genommen, die als politische Gegner des Nationalsozialismus oder als Juden aus Deutschland hatten fliehen müssen und gewiss berechtigte Kritik an den Zuständen im NS-Staat übten. Wenn die Duderstädter evangelische Gemeinde die Presse über die Verteidigung des „Dritten Reiches" durch Harms informierte, erweist dies, dass sie selbst solche Verteidigung des nationalsozialistischen Deutschland für richtig befand. Sie wollte gewiss keine kritischen Anmerkungen zu Harms veröffentlichen, sondern es ging darum, Sympathien für den neuen Geistlichen zu wecken. Das schließt ein, die Gemeinde setzte eine gleiche Einstellung der Duderstädter Gesellschaft voraus.

---

[295] A.a.O.
[296] An den Verfasser.
[297] „Aus der Servatiusgemeinde", Südhannversche Volkszeitung am 11.5.1939.

Die evangelische Kirche und auch ihre Gemeinde in Duderstadt erwiesen sich insgesamt nicht als ein Hort des Sittlichen und des Christlichen in der NS-Zeit. Nach der militärischen Überwindung des NS-Systems von außen, nach dem Einmarsch der Amerikaner am 9.4.1945 in Duderstadt wäre also auch für die St.-Servatius-Gemeinde Anlass genug vorhanden gewesen, sich im Rückblick einer kritischen Selbstprüfung zu unterziehen. Doch nun ließ sich die kirchliche Arbeit vor allem von den durch die Not der unmittelbaren Nachkriegszeit gestellten Aufgaben bestimmen.[298] Es war ein Weitermachen unter veränderten Lebensbedingungen und mit neuen Herausforderungen und Zielsetzungen ohne gründliche Aufarbeitung der Jahre des Nationalsozialismus. Daran änderte sich auch in den 1950er Jahren nichts, als die Nachkriegsnot überwunden war. Zwar las Pastor Rehkopf im Religionsunterricht mit Schülerinnen und Schülern das Tagebuch der Anne Frank und organisierte auch eine Fahrt nach Bergen-Belsen. Dass aber die evangelische Kirchengemeinde sich mit ihrem eigenen Handeln in der NS-Zeit beschäftigt hätte, ist nicht bezeugt. Im Gegenteil, 1958, beim 150-jährigen Kirchweihjubiläum hielt Oberstudienrat Dr. Boegehold einen Vortrag über die Entstehung und Entwicklung der evangelischen Gemeinde in Duderstadt. Die Jahre des „Dritten Reiches" blieben dabei aber ausgeklammert. „Für eine Vergegenwärtigung der jüngsten Geschichte der Evangelischen von 1933 an war die Zeit damals noch zu jung", schrieb Pastor Haase dazu.[299]

1984, in seinem Buch über „Die Evangelischen in Duderstadt", wich Haase der NS-Epoche zwar nicht mehr aus, aber für eine ungeschminkte Analyse der Geschichte der Kirchengemeinde im Nationalsozialismus schien die Zeit offenbar immer noch nicht reif. In seiner Darstellung erweckt der Duderstädter Pastor, wie schon erwähnt, den Eindruck, als habe sich seine Gemeinde im „Dritten Reich" standhaft vor der „geistigen Verirrung"[300] des Nationalsozialismus bewahrt. Auf diese Weise wurde, Wunschvorstellungen gemäß, Geschichte durch die Geschichtsschreibung verfälscht. Alles, was dieser Grundtendenz, die evangelische Gemeinde in Duderstadt hätte dem Nationalsozialismus widerstanden, nicht entsprach, wurde nicht erwähnt – so z. B. der Bischofsbesuch 1934, das Beflaggen der Kirche mit den Fahnen der NS-Zeit, die kirchlichen Feiern am 1. Mai 1933 und zum Jahrestag der „Machtergreifung" am 30. Januar 1934, oder es wurde beschönigt wie z. B. die Unterstützung des Nationalsozialismus

---

[298] Siehe Haase, Enno 1984: S. 181 ff.
[299] Haase, Enno 1984: S. 199.
[300] Haase, Enno 1984: S 168 ff.

durch Menschen, in der Kirchengemeinde eine wichtige Rolle spielten. Freilich erhielt die Gemeinde für eine wahrhaftige Auseinandersetzung mit ihrer Geschichte während der NS-Zeit auch wenig Anregung, Wegweisung und Unterstützung durch die hannoversche Landeskirche.

Zwar gab es das Stuttgarter Schuldbekenntnis[301] von 1945, das viel zitiert wird als ein Akt beispielhafter Reue und Selbstreinigung. In der Tat ist das Eingeständnis von Schuld deutscher Kirchenführer anlässlich der Begegnung mit Vertretern des Weltkirchenrates in Stuttgart schon an sich ein bedeutsamer Vorgang. Nicht weniger bemerkenswert ist jedoch, dass dabei nur ein geringer Teil dessen, was die Kirche insgesamt an Schuld hätte offenbaren müssen, auch eingeräumt wurde. Dem von Martin Niemöller in die Erklärung hineingeschriebenen Satz „Durch uns ist unendliches Leid über viele Völker und Länder gebracht worden" folgte sogleich die Relativierung. Die Wegbereitung der evangelischen Kirchen zur Machtergreifung der Nationalsozialisten und die Unterstützung des NS-Staats wurde mit der Behauptung, jahrelang gegen den nationalsozialistischen Geist gekämpft zu haben, schlichtweg geleugnet. Dass die evangelischen Landeskirchen, unter ihnen die hannoversche, der Mittäterschaft schuldig geworden waren – durch Loyalitätsbekundungen, durch Aufrufe zur Unterstützung des NS-Staates als der gottgewollten Obrigkeit, durch rassistisch begründeten Antisemitismus, durch die geistliche Unterstützung des Krieges – dies alles gehörte nicht zu der in Stuttgart bekannten Schuld. Die danach noch verbleibende Selbstanklage, nicht mutiger bekannt, nicht treuer gebetet, nicht fröhlicher geglaubt und nicht brennender geliebt zu haben, bedeutete zugleich: Wir haben mutig bekannt, auch treu gebetet, fröhlich geglaubt und brennend geliebt – eben nur von allem zu wenig; wir waren auf dem richtigen Weg, nur nicht weit genug. Die Schuld der Kirche wurde also fälschlich begrenzt auf einen nicht hinreichenden Einsatz bei an sich richtigem Verhalten.

Auch war das Stuttgarter Schuldbekenntnis nicht gedacht als Denkanstoß für die evangelischen Christen in Deutschland zu einer ernsthaften Prüfung des eigenen Handelns während der NS-Zeit. Das Bekenntnis der in Stuttgart versammelten Kirchenführer sollte vielmehr sozusagen dem Beichtgeheimnis unterliegen und nicht einmal den Pastoren und schon gar nicht der Öffentlichkeit mitgeteilt werden. Als es dennoch publik wurde, erwies sich dann auch noch die Behauptung, man wisse sich mit dem Volk einig in einer Solidarität der Schuld, als falsch. Sehr vielen Deutschen ging

---

[301] Abgedruckt in Denzler, Georg / Fabricius, Volker 1984, Band 2: S. 254.

dieses Bekenntnis nämlich zu weit; innerhalb der evangelischen Kirche erhob sich Protest. Nur 4 von 27 Landeskirchen stellten sich hinter die Erklärung von Stuttgart; die hannoversche war nicht darunter.

Mit Hans Lilje folgte in Hannover auf Marahrens ein Bischof, welcher, den Krieg 1941 als „geistige Leistung"[302] verherrlicht hatte und sich nach Ende des Krieges für zahlreiche Kriegsverbrecher einsetzte. Lilje trat schon 1949 dafür ein, „mit der Liquidation unserer Vergangenheit zu einem wirklichen Abschluss zu kommen. […] Wir haben von Gott eine Frist bekommen für die Klärung unserer eigenen Vergangenheit. Nach menschlichem Urteil ist diese Frist vorbei. Wir sollten mit der Klärung der Vergangenheit in der Weise Schluss machen, dass wir allen, die redlichen Willens sind, eine Chance geben. […] Es kann ein tiefes Verständnis des Glaubens der Christen an die Vergebung der Sünden sein, wenn sich unsere Blicke von der Vergangenheit abwenden und entschlossen in die Zukunft richten."[303] Lilje befürwortete also eine theologisch eigentümlich begründete Schlussstrichmentalität. Die Sünden sollten vergeben werden ohne vorheriges Schuldbekenntnis und Reue. Bevor die Aufarbeitung der NS-Vergangenheit überhaupt richtig begonnen hatte, sollte sie bereits wieder beendet werden, um ohne den erforderlichen Blick zurück und die daraus zu gewinnenden Erkenntnisse nur nach vorn zu schauen.

In diesem landeskirchlichen Rahmen des Umgangs mit der NS-Vergangenheit agierte die evangelische Kirchengemeinde in Duderstadt nach dem Zweiten Weltkrieg. Dass sie sich ähnlich verhielt, also verharmlosend, verdrängend und verleugnend statt aufarbeitend, liegt nahe. – Dennoch, die Gemeinde hat sich verändert auch ohne Aufarbeitung ihres Handelns im „Dritten Reich". Als im Januar 2016 zum wiederholten Male Rechtspopulisten und Neonazis in Duderstadt demonstrierten, um Angst vor Flüchtlingen zu schüren und das Deutschtum gegen die Zuwanderung der Fremden zu verteidigen, gestaltete die evangelische Kirchengemeinde zusammen mit der katholischen St.-Cyriakus-Gemeinde ein ökumenisches Friedensgebet. Pastorin Abel sagte: „Bei allen unterschiedlichen Lebenseinstellungen und Konfessionen sind wir doch geeint, weil wir uns der Menschlichkeit verpflichtet fühlen und der Toleranz, weil wir nicht schweigen können und wollen, wenn in unserer Stadt und Region eine Ideologie der Ungleichheit verbreitet wird."[304]

---

[302] Lilje, Hanns (1941): Der Krieg als geistige Leistung.
[303] Zitiert in: Grosse, Heinrich / Otte, Hans / Perels, Joachim 2002, S. 199.
[304] „Landrat warnt vor geistigen Brandstifter"", Eichsfelder Tageblatt am 18.1.2016.

06.2 Die katholische Kirche: Schweigen über die Unterstützung des NS-Staates

Die St.-Cyriakus-Basilika

Dieses Kapitel wirft einen Blick auf die katholische Kirche in Duderstadt während der Zeit des Nationalsozialismus und danach. Die Gemeinde erhielt Wegweisungen von den deutschen Bischöfen, deren Autorität damals noch bedeutend größer war als heute. Ihnen ist ein großer Einfluss auf die kirchentreuen Eichsfelder zuzurechnen. Daher wird der gesamtkirchliche Rahmen, in dem die Katholiken in Duderstadt handelten, einbezogen. Im Sinne ihrer Bischöfe riefen in Duderstadt katholische Priester zum staatsbürgerlichen Mitwirken im neuen „Dritten Reich" auf. Ein Duderstädter Geistlicher und zugleich Nationalsozialist gründete den Bund „Kreuz und Adler" mit, der den Anschluss des deutschen Katholizismus an das „Werk des Führers" anstrebte. Die Verhaftung und die Inhaftierung des Kaplans Heinrich Kötter im KZ Dachau, ebenso wie des Rhumspringer Pfarrers Hartmann, war ein schwerer Übergriff der NS-Diktatur. Ansonsten aber konnten die Katholiken im Untereichsfeld ihr Gemeindeleben in den durch das Konkordat gesetzten engen Grenzen unbehindert gestalten.

1966, während der – so nahm man damals irrtümlich an – 700-Jahrfeier des Dorfes Tiftlingerode, heute Ortsteil von Duderstadt, predigte der Duderstädter Propst Ernst im dazugehörigen Festgottesdienst, „dass die Kirche den Menschen auf allen Stationen des Lebensweges begleite und rief auf, in Treue und Liebe zu ihr zu stehen, dann könne man nicht nur vor der Geschichte bestehen, sondern auch vor dem ewigen Gericht Gottes".[305]

Die Mahnung zu Treue und Liebe gegenüber der Kirche und die Versicherung eines dadurch zu erlangenden Vorteils vor dem jüngsten Gericht ist ein Glaubenssatz, welcher sich dem Wissen entzieht und der Glaubensentscheidung des Einzelnen überlassen bleibt. Aber die Behauptung des Propstes, in enger Gemeinschaft mit der katholischen Kirche und ihrer Wegweisung könne man auch vor der Geschichte bestehen, ist nachprüfbar. 20 Jahre nach dem Ende des „Dritten Reiches" aufgestellt, gibt es für diese Selbstgewissheit zwei mögliche Voraussetzungen: Sie beruht entweder auf gründlicher Selbsterforschung mit dem Ergebnis, die Kirche habe sich in der NS-Zeit im Sinne ihrer Glaubensgrundsätze bewährt, oder aber auf der Ausblendung und Verdrängung der Haltung der Kirche im NS-Staat.

Auf das Verhältnis der katholischen Kirche im Untereichsfeld zur nationalsozialistischen Ideologie und zum „Dritten Reich" weisen nur wenige Dokumente hin. Propst Algermissen gab im April 1933 in einer kirchlichen

---

[305] „Ein Beispiel großer Heimatliebe und Treue", Südhannoversche Volkszeitung am 20. Juni 1966.

Entlassungsfeier für die Schulabgänger der katholischen Volksschule die Losung aus: „Bleibt katholisch!" Er warb dafür, der Kirche treu zu bleiben und stellte – ähnlich wie später Propst Ernst – den Lohn dafür heraus: „[…] dann werdet ihr hindurchkommen durch die Gefahren der Jugend und durch jeden Kampf eures Lebens. Dann wird euch auch der Ewige einmal das ewige Glück zuteilwerden lassen." Der Propst verband sein „Bleibt katholisch!" aber auch mit einer Drohung: „Sonst seid ihr verloren!" Und er riet, sich den kirchlichen Jugendorganisationen anzuschließen und nie „auf die Lockungen der falschen Propheten" zu hören.[306]

Die katholische Kirche wollte, das wird in der Predigt des Propstes deutlich, Menschen ungeteilt für sich vereinnahmen – in einer Parallelität des Autoritären zum NS-Staat, der den nationalsozialistischen Menschen für sich formen wollte. Beide Positionen konnten nicht aneinander angenähert werden; sie waren grundsätzlich unvereinbar. Diese unauflösbare Konkurrenzsituation mit einem von seinem Wesen her bereits erkennbar verbrecherischen Regime wurde aber durch Illusionen auf der Seite der Kirche verkannt, denn zur gleichen Zeit wurden viele Menschen aus dem katholischen Milieu durch katholische Geistliche schnell in die neuen staatlichen Verhältnisse hineingeführt. Am 28. März 1933, also noch vor dem Abschluss des Konkordats zwischen dem Vatikan und dem „Dritten Reich", gab die Fuldaer Bischofskonferenz die bisher scharfe Ablehnung der NSDAP durch die katholische Kirche auf und ermahnte die Gläubigen unter Berufung auf die bischöfliche Autorität zur Treue gegenüber der neuen, als rechtmäßige verstandenen nationalsozialistischen Obrigkeit. Die Bischöfe, die gerade noch vor dem Nationalsozialisten massiv gewarnt hatten, riefen in Fulda zur gewissenhaften Erfüllung der staatsbürgerlichen Pflichten im NS-Staat auf und untersagten ausdrücklich umstürzlerisches Verhalten.[307] Katholiken, die im NS-Staat Widerstand zu leisten versuchten, mussten damit zugleich ihrer kirchlichen Obrigkeit ungehorsam werden. Es war inkonsequent, zwar die Verurteilung „religiös-sittlicher Irrtümer"[308] der nationalsozialistischen Ideologie beizubehalten, aber zugleich Affinität mit dem nationalsozialistischen Regime zu betonen und sich sehr weitgehend mit ihm zu arrangieren. Darauf soll hier etwas ausführlicher hingewiesen werden als dem kirchlichen Umfeld, in welches die kirchentreuen Eichsfel-

---

[306] Die Predigt des Propstes wurde im Wortlaut abgedruckt in der Südhannoverschen Volkszeitung am 6.4.1933.

[307] „Kundgebung der Fuldaer Bischofskonferenz", Südhannoversche Volkszeitung am 30.3.1933.

[308] Zitiert nach Denzler/Fabricius, Bd. 2 (1982): S. 43.

der eingebunden waren, zumal damals die Autorität der Bischöfe als Repräsentanten der Kirche eine viel höhere war als heute. Ein weiterer Grund ist, dass die teilweise Nähe der Kirche zum NS-Staat in Duderstadt nach 1945 nicht erinnert wurde. In einem gemeinsamen „Hirtenbrief der Oberhirten der Diözesen Deutschlands über die Kirche im neuen Reich"[309], den auch die Südhannoversche Volkszeitung in Duderstadt im Wortlaut veröffentlichte, hoben die Bischöfe am 3. Juni 1933 das Verbindende der katholischen Kirche mit dem NS-Regime hervor. Zum Beispiel erklärten sie: „In unserer heiligen katholischen Kirche kommen Wert und Sinn der Autorität besonders zur Geltung [...] Es fällt deshalb auch uns Katholiken keineswegs schwer, diese neue starke Betonung der Autorität im deutschen Staatswesen zu würdigen und uns mit jener Bereitschaft ihr zu unterwerfen, die sie nicht nur als eine natürliche Tugend, sondern wiederum als eine übernatürliche kennzeichnet, weil wir in jeder menschlichen Obrigkeit einen Abglanz der göttlichen Herrschaft und eine Teilnahme an der ewigen Autorität Gottes erblicken. (Röm. 13, 1 ff.)." Zwar äußerten die Bischöfe auch Wünsche und Forderungen an den NS-Staat. Sie forderten zum Beispiel, Autorität nicht zu missbrauchen. Sie forderte Freiheit für die Kirche. Und dazu zählten sie die Wahrung öffentlicher kirchlicher Wirkungsmöglichkeit in die Gesellschaft hinein (die dann wenige Wochen später durch den Vatikan im Konkordat mit dem „Dritten Reich" weitgehend preisgegeben wurde). Die Bischöfe betonten aber dabei, in ihren Forderungen liege „nicht etwa ein versteckter Vorbehalt dem neuen Staat gegenüber. Wir wollen dem Staat um keinen Preis die Kräfte der Kirche entziehen [...]." Sie schrieben: „Auch die Ziele, die die neue Staatsautorität für die Freiheit unseres Volkes erstrebt, müssen wir Katholiken begrüßen. Nach Jahren der Unfreiheit unserer Nation und der Missachtung und schmachvollen Verkürzung unserer völkischen Rechte muss unser deutsches Volk jene Freiheit und jenen Ehrenplatz in der Völkerfamilie wieder erhalten, die ihm gebühren." In diesem Sinne sprach der Hildesheimer Bischof Godehard Machens 1934 in Berlin vor Reichsminister Rust bei der Eidesleistung zu seinem Amtsantritt von den „erhabenen Intentionen des Führers, das deutsche Volk und Vaterland zur Höhe des Glückes und Wohlergehens emporzuheben".[310]

Anfang April 1933 leitete in Duderstadt der Stadtkaplan Thienel eine Versammlung des Volksvereins für das katholische Deutschland. Er wies

---

[309] Siehe Stasiewski (1964): S. 241.
[310] Zitiert nach Engfer, Hermann (1971): Das Bistum Hildesheim 1933-1945. Eine Dokumentation.

darauf hin, dass der Volksverein seit jeher staatsbejahend eingestellt gewesen sei. Dann begrüßte er als Redner den Landessekretär des Vereins aus Heiligenstadt. Zu dem Thema „Wir Katholiken in der heutigen Zeit" führte dieser laut Eichsfelder Morgenpost unter anderem aus: „In der Stellung zum heutigen Staat stellen sich die Katholiken hinter den Reichspräsidenten und den jetzigen Reichskanzler und darum werden alle Katholiken zur Mitarbeit an der Neuordnung unseres Volkes aufgerufen."[311]

Nun war der Redakteur der Eichsfelder Morgenpost, der Duderstädter Alfons Schmalstieg, in der Auswahl seiner Themen und in seinen Kommentaren unverkennbar ein Propagandist der „nationalen Erhebung". Von daher könnte man seinem Bericht misstrauen. Aber in der überschaubaren Duderstädter Welt konnten sich die beiden hier erscheinenden Zeitungen keine Falschmeldungen erlauben. Das wäre sogleich aufgefallen. So findet denn auch die Berichterstattung der Morgenpost in diesem Fall eine ausführliche Bestätigung in der Südhannoverschen Volkszeitung, dem kirchennahen Zentrumsblatt. Diese Zeitung berichtete in gleicher Tendenz über die Ausführungen des Redners: „Wir Katholiken stellen uns hinter unseren großen Führer, unseren Reichspräsidenten. Ebenso sind wir auch bereit, unseren [sic!] jetzigen Reichskanzler alles nötige Vertrauen entgegenzubringen. Wir wollen alles fördern, was in unserem Volke versöhnen und verbinden kann. Große Umbildungsprozesse soll man nicht hemmen sondern fördern. Wir Katholiken geben daher dem Staate und seiner Führung, was dem [sic!] Staate ist. Mitzuarbeiten an der Neuordnung unseres Volkes rufen wir jeden auf. Mitschaffen wollen wir eine neue Kultur zum Wohle des Deutschen Volkes. Mitkämpfen wollen wir beim Aufbruch der Zeit."[312]

Auch die Katholischen Gesellenvereine suchten ihren Platz im NS-Staat. Bei einer Fahnenweihe in Immingerode sprach der Diözäsanpräses. Dem Pressebericht zufolge wies er darauf hin, „daß für den kath. Gesellenverein die Achtung der staatlichen Autorität stets eine Selbstverständlichkeit gewesen sei, und dass die Söhne des Gründers sich stets und froh in den Staat hineingestellt hätten."[313] – Mit ähnlichen Worten trug beim 25jährigen Stiftungsfest des Katholischen Gesellenvereins in Breitenberg der Duderstädter Stadtkaplan Thienel dieselbe Sichtweise vor. Die Presse referierte seine Ansprache: „Der katholische Geselle stehe aus seiner Grundanschauung heraus zum Staat. Er brauche es daher nicht besonders zu betonen,

---

[311] „Der Volksverein für das katholische Deutschland", Eichsfelder Morgenpost am 12.4.1933.

[312] „Versammlung des Volksvereins für das katholische Deutschland im Landbundhaus, Südhannoversche Volkszeitung am 11.4.1933.

[313] „Immingerode", Eichsfelder Morgenpost am 16.5.1933.

daß für ihn die Achtung der staatlichen Autorität stets eine Selbstverständlichkeit war. Solange Adolf Kolping sein großes Werk ersann, haben seine Söhne, so wie er es gewollt, sich stets und froh in den Staat hineingestellt. So war es, so ist es und so soll es auch bleiben. Treu Kolping."[314]

Der Katholischen Lehrerverein im Untereichsfeld unterstellte sich der NSDAP. Anfang Mai 1933 fassten die Mitglieder in einer Versammlung einstimmig diesen Beschluss: „Der Katholische Lehrerverein Untereichsfeld einschließlich des Junglehrerbundes wünscht einen engen Zusammenschluss mit dem Nationalsozialistischen Lehrerbund, der durch die Gleichschaltung des Vereins und die Unterordnung unter die NSDAP erfolgt."[315] In den Vorstand wurden dann Lehrer gewählt, die sich, teils die ihnen anvertrauten Schulkinder missbräuchlich einbeziehend, bereits als Nationalisten beziehungsweise als Anhänger des Nationalsozialismus hervorgetan hatten.[316] Das war eine Selbstgleichschaltung der organisierten katholischen Lehrer des Untereichsfeldes mit den Nationalsozialisten.

In Gieboldehausen nahm am 19.4.1933 Pfarrer Muth an einer von der NSDAP organisierten Vorfeier von Hitlers Geburtstag am folgenden Tage teil. Er ergriff das Wort und wies darauf hin, die Führer des politischen Katholizismus und die deutschen katholischen Bischöfe hätten die Mitarbeit am Werk Adolf Hitlers zur Einigung des deutschen Volkes zugesagt. Und er sprach den Wunsch aus, unter der Führung des Reichspräsidenten von Hindenburg und des Reichskanzlers Adolf Hitler möge das deutsche Volk wieder zu Ansehen und Macht in der Welt gelangen.[317]

Am 5. Mai 1935, das war knapp drei Wochen vor der Wiedereinführung der allgemeinen Wehrpflicht in Deutschland – ein Bruch des Versailler Vertrages –, hielt der Duderstädter Stadtkaplan eine Ansprache anlässlich eines Frontsoldatentages. Die Rede liegt im Wortlaut vor.[318] Sie war gleichsam eine Predigt im Geiste des Militarismus und Nationalismus. Thienel pries den nationalistischen Kriegstaumel zu Beginn des Ersten Weltkrieges und das Kämpfen und opfervolle Sterben deutscher Soldaten als Ausdruck tiefer Vaterlandsliebe. Die Kriegsverherrlichung überhöhte er noch religiös. Er sagte in seiner Ansprache Sätze wie „Die Vaterlandsliebe erhielt ihre Krönung durch ein echtes Christentum" oder gar „Wie nah kommt des Soldaten

---

[314] „25jähriges Stiftungsfest und Bannerweihe der katholischen Gesellenvereins Breitenberg, Südhannoversche Volkszeitung am 20.6.1933.
[315] „Gleichschaltung des Katholischen Lehrervereins, Untereichsfeld", Eichsfelder Morgenpost am 6.5.1933.
[316] „Kath. Lehrerverein", Südhannoversche Volkszeitung am 20.5.1933.
[317] „Hitler-Feier in Gieboldehausen", Eichsfelder Morgenpost am 20.4.1933.
[318] „Vaterlandsliebe und Christentum", Südhannoversche Volkszeitung am 8.5.1935.

Opfertod dem Opfertod Christi". In diesem Sinne deutete er die Kreuze auf den Soldatengräbern und auch dasjenige auf dem Grab Albert Leo Schlageters, den insbesondere die nationalsozialistische Propaganda zur Symbolfigur deutschen Soldatentums erhoben hatte – Schlageter, so Thienel, „der Christo, dem Gekreuzigten, getreu war bis zum Tode".

Auch 1935 noch erwartete Thienel in seiner Ansprache vom „Dritten Reich", von dem „Führer und Reichskanzler des deutschen Volkes" und den „Bauleuten des nationalen Aufbauwerks" den Einbau von „Quadern einer echt christlichen, religiösen Welt- und Lebensanschauung" in den deutschen Staat, um die Stabilität dieses Werkes zu sichern. Thienel schloss mit den Worten: „Unerschütterlich ist wahre Liebe zum Vaterland, aber auch unerschütterlich unser lebendiger Glaube an Christus. Alles für Deutschland, Deutschland für Christus!"[319]

Dieser nationalistische und zugleich christliche Ausruf galt einem Deutschland, das nationalsozialistisch geworden war. So wie Thienel überdies befand, „Germanentum und Christentum bilden eine herrliche Harmonie"[320], konnte er als katholischer Geistlicher in Duderstadt den NS-Staat und das Christentum miteinander vereinbaren.

Albert Leo Schlageter war deutscher Offizier. Geboren wurde er am 12.8.1894 in Schönau (Baden) und standrechtlich erschossen am 26.5.1923. Im Ruhrkampf hatte er Anschläge auf Verkehrswege verübt, war von der französischen Besatzungsmacht des Ruhrgebiets gefasst und von einem Kriegsgericht zum Tode verurteilt worden. In einer gläubigen Bauernfamilie aufgewachsen, war er 1914 als Freiwilliger in den Krieg gezogen. Zugleich idealistisch, nationalistisch und gewaltbereit eingestellt, beteiligte er sich nach dem Ende des Ersten Weltkrieges an vielen Kämpfen von Freikorps gegen Kommunisten und Demokraten. Schon der Weimarer Republik wurde er, obwohl historisch eher unbedeutend, von der politischen Rechten als Widerstandskämpfer zum Nationalhelden erhoben und dann kulthaft zu einer Symbolfigur der nationalsozialistischen Propaganda als erstem Märtyrer der „Bewegung".

---

[319] A.a.O.
[320] A.a.O.

Im Jahr 1936 beendete die katholische Volksschule ein Fest auf dem Lindenberg mit einer Abschlussfeier vor dem Duderstädter Rathaus. Der Schulleiter betonte dort die Freude „über die heutige Jugend", die „geschlossen in der Gefolgschaft des Führers marschiert".[321] Danach zog die Schulgemeinde weiter zur Propstei, wo sie der Stadtkaplan Neisen empfing. Dieser erklärte laut Eichsfelder Morgenpost, der Lindenbergausflug drücke das Zusammenstehen von Kirche und Staat im Kleinen aus. „Am Rathaus habe man [...] als Deutscher die Treue zu Volk, Vaterland und Führer betont, ihn als Retter unseres deutschen Volkes geehrt. Vor der Propstei wolle man nun das Glaubensbekenntnis zu Gott ablegen."[322]

In Mingerode wurde am 20. April 1939 Hitler gefeiert. Die Südhannoversche Volkszeitung berichtete: „**Mingerode.** An dem Geburtstag des Führers nahmen auch wir alle regen Anteil. Unser Dorf prangte im Flaggenschmuck. Die Häuser waren mit Kränzen und frischem Grün geschmückt. Man erblickte die Führerbilder mit der goldenen Zahl 50. Den Auftakt des Festes bildete ein feierliches Hochamt, an dem sich alt und jung beteiligten. Galt es doch, dem Herrgott zu danken, für die große Gnade, die er uns beschert hat, und ihn zu bitten, uns unsern geliebten Führer noch recht lange zu erhalten."[323] Dass ein solcher Gottesdienst stattfand, ist nicht zu bezweifeln. In das „Vormeldebuch", in dem alle Gottesdienste einer Woche eingetragen und dann am Sonntag vorher „vermeldet" wurden, ist nämlich für den 20.4.1939 ein „Hochamt zum hl. Michael für d. d. Volk und seinen Führer" aufgenommen.[324] Das war eine Messe in lateinischer Sprache. Sicherlich wurde der Gottesdienst durch den damaligen Geistlichen des Dorfes, Pfarrvikar Padberg, zelebriert.

Eine solche Messe erscheint durchaus nicht völlig außergewöhnlich. Zum einen war im Konkordat zwischen dem Vatikan und dem „Dritten Reich" vereinbart, dass an Sonn- und Feiertagen in allen katholischen Kirchen Deutschlands im Anschluss an den Hauptgottesdienst „ein Gebet für das Wohlergehen des Deutschen Reiches und Volkes eingelegt"[325] wird. Das Gebet für Staat und Volk in der Kirche war also den getroffenen Regelungen zufolge normal. Zum andern wies Kardinal Bertram, der Vorsitzende der Fuldaer Bischofskonferenz, ein Jahr später, als er dem „Hochgebietenden Herrn Reichskanzler und Führer" zum Geburtstag „die herzlichs-

---

[321] Ein erlebnisreicher Tag, Eichsfelder Morgenpost am 18.9.1936.
[322] A.a.O.
[323] „Mingerode", Südhannoversche Volkszeitung am 24.4.1939.
[324] Mitteilung des katholischen Propstei-Pfarramts in Duderstadt an den Verfasser.
[325] Siehe Konkordat zwischen dem Heiligen Stuhl und dem Deutschen Reich, § 30.

ten Glückwünsche" übermittelte, auf die „heißen Gebete" hin, „die die Katholiken Deutschlands am 20. April an den Altären für Volk, Heer und Vaterland, für Staat und Führer zum Himmel senden"[326]. Und schließlich ordnete Bertram nach der Meldung von Hitlers Tod gegenüber allen Pfarrämtern seiner Diözese an, ein Requiem, also eine Totenmesse zu halten „zum Gedenken an den Führer und alle im Kampf für das deutsche Vaterland gefallenen Angehörigen der Wehrmacht"[327]. Ungeachtet dessen, dass wegen der Kriegslage diese Anweisung kaum mehr befolgt werden konnte, stellt Klaus Scholder dazu fest, dass Kardinal Bertram, „allen Kränkungen, Drohungen und Verfolgungen der Kirche zum Trotz, in Hitler unverändert das Staatsoberhaupt des Reiches sah und respektierte"[328].

Bemühten sich die bisher erwähnten katholischen Theologen im Untereichsfeld, die Gläubigen zur staatsbürgerlicher Mitwirkung im „Dritten Reich" aufzurufen und sie zu Gehorsam gegenüber der nationalsozialistischen Obrigkeit aufzurufen, ohne selbst Nationalsozialisten zu sein, war der Priester Richard Kleine, geistlicher Studienrat, der am Duderstädter Gymnasium katholischen Religionsunterricht erteilte, genau dies – ohne allerdings der NSDAP beizutreten. Seinen Unterricht im Duderstädter Gymnasium ebenso wie Predigten im Gottesdienst nutzte er eigenen Angaben zufolge zu nationalsozialistischer Indoktrination. Kleine war außerdem Mitbegründer des im gesamten Deutschen Reich und bis nach Österreich hin auftretenden Bundes katholischer Deutscher „Kreuz und Adler". Sein Ziel war die Schaffung eines nationalsozialistisch-christlichen Reiches. Das Wirken Kleines für die Akzeptanz des Nationalsozialismus im katholischen Milieu reichte damit weit über Duderstadt hinaus. Nach 1945 bestritt Kleine jede Mitschuld im „Dritten Reich".

Die Auffassungen Kleines, sein Ziel eines christlichen deutschen Reiches, waren dennoch 1933 keineswegs allesamt so abwegig, wie sie heute erscheinen. Ein Vierteljahr nach der März-Kehrtwende 1933, im Hirtenwort der Fuldaer Bischofskonferenz vom 3. Juni 1933, wurde nämlich im Hinblick auf die neue Staatsautorität nicht nur erklärt, dass in jeder Obrigkeit ein „Abglanz der göttlichen Herrschaft und eine Teilnahme an der ewigen Autorität Gottes"[329] zu erblicken sei, sondern auch zum Ausdruck gebracht, in Erinnerung an die großen Jahrhunderte deutscher Geschichte sollten die neue deutsche Würde und Größe aus der christlichen Wurzel erblühen."[330]

---

[326] Zitiert nach Scholder, Klaus (1988): S. 232.
[327] A.a.O.: S. 236.
[328] A.a.O.
[329] Akten deutscher Bischöfe, Bd. I: 1933 – 1934: S. 241.
[330] Akten deutscher Bischöfe, Bd. I: 1933 – 1934: S. 243.

Das alles war aber voller Missverständnisse und Illusionen, denn das christliche Bild eines barmherzigen Gottes und die Lehre der Bergpredigt von Nächstenliebe und Friedfertigkeit waren unvereinbar mit der nationalsozialistischen Weltanschauung samt ihrem Sozialdarwinismus, also der Vorstellung vom Überleben nur des Stärkeren und dem von daher für geboten gehaltenen Kampf des Volkes um sein Überleben. Hitlers Bild Gottes, von ihm auch „Vorsehung", „Schicksal" oder „Allmächtiger" genannt, entsprach nicht dem Bild des christlichen Gottes. Hitlers Gottesbild war das eines „Kriegsgottes"[331], welcher den Starken hilft und gerade nicht den Schwachen.

Auch in Duderstadt verlief für die katholische Kirche die NS-Zeit nicht konfliktfrei. Am 3. 10 1941 wurde Kaplan Heinrich Kötter verhaftet. Ihm wurde ein politisches Vergehen vorgeworfen. Er habe bei einem Hausbesuch in Tiftlingerode eine Äußerung getan, die geeignet war, „das Vertrauen zwischen innerer und äußerer Front" zu gefährden. Kötter blieb bis zum 4.4.1945 im Konzentrationslager Dachau inhaftiert und kehrte danach zunächst nach Duderstadt zurück.[332] Ein politisches Vergehen wurde auch dem Pfarrer Hartmann in Rhumspringe unterstellt, der am 17. 3.1942 zu einem Verhör durch die Gestapo in das Gemeindebüro bestellt wurde. Bürgermeister Koch hatte dem Gendarmeriebeamten angezeigt, Hartmann hätte in einer Zusammenkunft der Caritas-Helferinnen in seiner Gemeinde einen (gefälschten) Möldersbrief erwähnt, der in katholischen Kreisen kursierte. Dazu ermittelte nun die Gestapo. Als die Nachricht von der Vernehmung des Pfarrers im Dorf bekannt wurde, versammelten sich 200 bis 300 Einwohner des Ortes vor dem Gemeindebüro und forderten lautstark das Ende des Verhörs: „Unsere Männer und Söhne müssen für Hitler kämpfen, und wir kämpfen hier für unseren Pfarrer […] Wir bleiben hier, bis der Pfarrer frei ist. Das schreiben wir aber unseren Männern ins Feld, die sollen die Gewehre wegwerfen."[333] Sie hatten zunächst Erfolg, doch am nächsten Tag kehrte die Gestapo mit Verstärkung zurück. Pfarrer Hartmann und 13 der Demonstanten des Vortages wurden verhaftet, drei Männer und 10 Frauen. Während der Geistliche in das KZ Dachau eingeliefert wurde, verurteilte das Amtsgericht Hannover die weiteren Rhumspringer Einwohner als Rädelsführer einer „öffentlichen Zusammenrottung"[334] zu mehrmonatigen

---

[331] Schirrmacher, Thomas (2014): S. 13.
[332] Siehe dazu das nächste Kapitel.
[333] Zitiert aus einem Schreiben des Oberstaatsanwalts beim Sondergericht Hannover an das Reichsjustizministerium vom 28.3.1942, abgedruckt in Drobisch, Klaus/Fischer Gerhard (1985): S. 260.
[334] Siehe Schwedhelm, Hans-Georg (1989) und Engfer, Hermann (1971): S. 555.

Haftstrafen, von denen sie je sechs Wochen verbüßen mussten. Ihr öffentlicher Protest war eine mutige, allerdings vergebliche Tat eines in diesem Fall nicht grundsätzlichen, aber doch partiellen Widerstandes gegen das „Dritte Reich", nämlich gegen eine Maßnahme der Gestapo. – So wie viele kirchliche Einrichtungen ab 1940 vom NS-Staat konfisziert wurden, übernahm die „Volksdeutsche Mittelstelle" das Gebäude des Konvikts in Duderstadt und brachte dort sogenannte volksdeutsche Umsiedler aus Ost- und Südeuropa unter. Die städtischen konfessionellen Schulen wurden 1942 in Gemeinschaftsschulen umgewandelt, die private Mädchenschule der Ursulinen nach und nach abgebaut.

Weniger bedeutende Vorfälle, von einer freiheitlich-rechtsstaatlichen Perspektive her jedoch unerhört, waren das einmalige Fotografieren von Gottesdienstbesuchern vor der Kirche durch SS-Leute sowie die laufende Überwachung von Gottesdiensten durch Spitzel der Gestapo. Der Propstei in Duderstadt wurde 1939 ein Gestapo-Bericht über eine Predigt von Pfarrer Bodmann in Obernfeld zugespielt. Demnach hatte der Pfarrer am 3.9.1939, also kurz nach dem Beginn des militärischen Überfalls auf Polen, unter anderem über die vielfältige Gefährdung von Soldaten im Krieg und ihre Führung durch einen Schutzengel gesprochen. Der Spitzel bemängelte an der Predigt, dass „nichts von der Notwendigkeit des heutigen Kampfes" und „nichts von einem Heldensinn eines Soldaten" gesagt worden wäre. Der Schluss, den er zog, lautete: „Jedenfalls gehört der Pfarrer Bodmann zu den schlimmsten Kanzelhetzern des Eichsfeldes" und „Er gehört mit zu den Pfarrern, die das Staatsgebäude zu unterminieren versuchen."[335] Diese Wertungen hatten für den Geistlichen offensichtlich keine Folgen.

Entgegen den Bestimmungen des Konkordats von 1933 wurde durch das NS-Regime das kirchliche Leben zunehmend eingeschränkt und auf Gottesdienst und religiöse Unterweisung beschränkt, zum Beispiel durch das Verbot auch von unpolitischen katholischen Verbänden und die Schließung von Klöstern und katholischen Schulen. Aber in Duderstadt scheint das nicht ganz so rigoros erfolgt zu sein wie anderswo. Während die katholischen Schulen allgemein bis 1939 aufgelöst wurden, geschah dies in Duderstadt erst 1942. Am 9.6.1939 schrieb die Südhannoversche Volkszeitung unter der Überschrift „Fronleichnamsfest": „In althergebrachter Weise feierte die kath. Kirchengemeinde unserer Stadt gestern das Fronleichnamsfest. Die Beteiligung an der Prozession durch die Straßen der Stadt war eine

---

[335] Bistumsarchiv Hildesheim, Außenstelle Duderstadt: Pfarrarchiv St. Cyriakus, Geistliche des Dekanats: Nr. 1332.

sehr zahlreiche." Einmal während des Krieges wurden polnische Zwangsarbeitende, denen der Kirchgang gemeinsam mit Deutschen untersagt war, zu einem gesonderten Gottesdienst eingeladen. Es musste dazu eine staatliche Genehmigung eingeholt werden.

Wenn die erwähnte Predigt des Pfarrers Bodmann dem Gestapo-Beauftragten zu wenig militaristisch erschienen war, entsprach sie, sofern der Bericht dieses Spitzels zutrifft, auch nicht der Haltung, welche die deutschen Bischöfe kurz darauf zu dem entfesselten Krieg einnehmen sollten. Die Äußerungen der Bischöfe wurden durch Loyalität gegenüber dem Staat bestimmt. Der für Duderstadt zuständige Hildesheimer Bischof Joseph Godehard Machens schrieb am 6.9.1939 in einem Hirtenbrief: „Geliebte Diözesanen! Ein Krieg ist ausgebrochen, der uns alle, Heimat und Front, Wehrmacht und Zivilbevölkerung vor die gewaltigsten Aufgaben stellt. Darum rufe ich euch auf: Erfüllt eure Pflicht gegen Führer, Volk und Vaterland. Erfüllt sie, wenn es sein muß, unter Einsatz der ganzen Persönlichkeit!"[336] Weiter heißt es dann: „Kriegszeiten sollen Zeiten der Einkehr und Selbstheiligung sein. Da sollen alle Gläubigen, voran die Soldaten, die unter die Fahnen einberufen werden, aber auch die daheim gebliebenen, die Beichtstühle geradezu belagern und die Kommunionbänke im heiligen Eifer besetzt halten. […] Dann tragen sie [die Soldaten] Gott selbst in ihrer Seele, und Gottes ganz besonderer Gnadenschutz waltet über ihnen. Dann wandelt sich für sie sogar ein Unglück in Glück. Dann würde sie der Verlust des irdischen Lebens zum ewigen Leben, der Tod für das Vaterland in das ewige Vaterhaus Gottes führen."[337] Das war keine Kriegsbegeisterung, die aus diesem Hirtenwort sprach. Der Krieg wurde als gegeben hingenommen und nicht weiter von christlichen Grundsätzen her hinterfragt. Soldatendienst unter der nationalsozialistischen Obrigkeit wurde zur selbstverständlich zu erfüllenden Aufgabe. Diese Legitimierung des entfesselten Krieges, die bischöfliche Förderung der Kriegsbereitschaft, das Hoffnung gebende Versprechen von Gottes ganz besonderem Gnadenschutz für fromme Soldaten bis hin zur Aufnahme der Gefallenen ins Paradies waren ein Beitrag der Kirche zur patriotischen Kriegsmobilisierung im NS-Staat. Angesichts der Friedenssehnsucht und der geringen Kriegsbegeisterung der Deutschen des Jahres 1939 war solche Unterstützung durch die Kirche eine für die nationalsozialistischen Machthaber wichtige Hilfe. Das war Beihilfe zum Krieg, den das „Dritte Reich" entfesselt hatte. Die Kirche übernahm Mitverantwortung für das, was wir heute als verbrecherisch erkennen.

---

[336] Zitiert nach Denzler, Georg/Fabricius, Volker, Bd. 2 (1986): S.236.
[337] A.a.O., S. 227, sowie Engfer, Hermann (Hg., 1971): S.22.

Nach dem Überfall der Wehrmacht auf Russland im Juni 1941 verkündeten die deutschen katholischen Bischöfe: „Geliebte Diözesanen! In schwerster Zeit des Vaterlandes, das auf weiten Fronten einen Krieg von nie gekanntem Ausmaße zu führen hat, mahnen wir euch zu treuer Pflichterfüllung, tapferem Ausharren, opferwilligem Arbeiten und Kämpfen im Dienste unseres Volkes. […] Bei der Erfüllung der schweren Pflichten dieser Zeit, bei den harten Heimsuchungen, die im Gefolge des Krieges über euch kommen, möge die trostvolle Gewissheit euch stärken, dass ihr damit nicht bloß dem Vaterlande dient, sondern zugleich dem heiligen Willen Gottes folgt, der alles Geschehen, auch das Schicksal der Völker und der einzelnen Menschen in seiner weisen Vorsehung lenkt."[338]

Im November 1941 hatte es durch einige Bischöfe den Entwurf eines Hirtenwortes gegeben, das die Verletzung vieler Grundrechte von Menschen durch staatliche Gewalt mit deutlicher Sprache beanstandete. Doch die Veröffentlichung wurde verhindert.[339] Erst der Hirtenbrief der Fuldaer Bischofskonferenz vom 12. September 1943 wies gegenüber dem Handeln des NS-Staates auf die zehn Gebote hin und verurteilte auch die Tötung von Menschen fremder Rassen und Abstammung. Aber die Juden wurden nicht namentlich benannt.[340] Das bedeutete, so Bernd Nellessen: „Die verbale Absage an Rassenwahn und Rassenhochmut […] war eben nicht identisch mit demonstrierter Solidarität und praktizierter Hilfe für jene, die das Regime verstieß."[341]

Die Bischöfe wirkten nicht nur durch das, was sie in ihren Hirtenworten ausdrückten, darunter ihre Unterstützung des NS-Staates und seines Krieges, aber auch durch Kritik am „Dritten Reich", sondern gleichfalls durch das, was sie nicht sagten, eben insbesondere zur Verfolgung der Juden nicht sagten. Sie ließen Verbrechen wortlos geschehen. Dabei war zuvor der öffentliche Protest des Bischofs von Galen gegen die Ermordung Behinderter mit der Tarnbezeichnung „Euthanasie" in einer Predigt vom 3.8.1941 keineswegs ohne einen gewissen Erfolg geblieben, wenn er auch nicht zum völligen Ende des Tötens von Behinderten führte. Wie aber die Bischöfe zum Schicksal der Juden schwiegen, so wurde auch in Duderstadt geschwiegen – zum Boykott am 1. April 1933, zum Pogrom am 9./10. November 1938, zur Deportation der letzten jüdischen Einwohner. Die „verweigerte öffentliche Anteilnahme der Kirche am Schicksal der Juden"[342]

---

[338] Akten deutscher Bischöfe, Bd. IV: 1936 – 1939: S. 463.
[339] Scholder, Klaus (1988): S. 233.
[340] Volk, Ludwig (1983): S. 197-205.
[341] Nellessen, Bernd (1992): S. 260.
[342] A.a.O., S. 260.

war auch für Duderstadt nicht unbedeutend, weil hier viele Katholiken in ihrem Alltag mit Juden zu tun hatten, nicht nur als Zuschauer, sondern als Käufer in den beiden letzten jüdischen Geschäften, als Kaufleute, die zum Boykott der unerwünschten Konkurrenz aufriefen, als Lehrer, die ihre Schülerinnen und Schüler im nationalsozialistische Sinne über die „Rassenfrage" instruierten und jüdischen Kindern den Zugang zur öffentlichen Schule verwehrten, als Mitarbeiter in Ämtern, die an Juden Lebensmittelkarten mit verringerter Ration auszugeben oder ihnen Arbeit außerhalb des Berufes zuzuweisen hatten, die bei der Sparkasse ein Sperrkonto mit Geld der jüdischen Gemeinde verwalteten, bei der Vorbereitung der Deportation der letzten jüdischen Einwohner der Stadt und ihrer Übergabe an die Gestapo mitwirkten und deren Eintragung ins Einwohnermelderegister löschten, die als Beschäftigte in der Munitionsfabrik Polte auf jüdische Zwangsarbeiterinnen aus einem Außenlager des KZ Buchenwald trafen oder sich in der Stadtverwaltung Gedanken machen mussten über den Beerdigungsort für die Toten dieses Lagers, die ferner als SS-Aufseherinnen die jüdischen Häftlinge bewachten. Sie alle wurden nicht begleitet durch ihre Kirche, blieben ohne ein aufklärendes oder ratendes Wort von ihren Bischöfen.

Mit ihrem weitgehenden öffentlichen Schweigen zu Unrecht und Verbrechen schützten die Bischöfe die Institution Kirche sicherlich vor verstärkter Repression. Es gab also Gründe für ihr Verhalten. Aber dadurch beschädigten sie zugleich die christliche Identität der Kirche, weil sie die christliche Lehre zwar predigten, aber nicht lebten und den Bedrängten nicht zu Hilfe kamen. Das hatte auch Auswirkungen, die sich nach dem Krieg zeigten, als es möglich und geboten gewesen wäre, sich mit dem jüngst Geschehenen auseinanderzusetzen. Es trug nun zu Uneinsichtigkeit, Gleichgültigkeit und fehlender Empathie mit den Opfern des Nationalsozialismus und zu weiterem Wegsehen und zum Vergessen bei. Deshalb ist wenig bekannt geworden und gibt es wenig zu berichten über eine Aufarbeitung der nationalsozialistischen Vergangenheit im katholischen Milieu der Duderstädter Nachkriegszeit. Der Verfasser hat nur einen Hinweis auf eine Veranstaltung des Katholischen Lehrervereins gefunden, in der ein Referent über christliche Sittlichkeit sprach. Diese sei gegründet auf Gottes ewigem Gesetz, schließe jedoch die freie Entscheidung nicht aus. Dagegen werde mit dem Wort „Ich habe nur meine Pflicht getan" Willenlosigkeit gegenüber dem Bösen gezeigt, wie die jüngste Vergangenheit in erschreckender Weise dargetan habe.[343] Aber das war auch nur allgemein gehalten und keine Aufarbeitung Duderstädter NS-Vergangenheit. Dagegen hatten

---

[343] „Ich habe nur meine Pflicht getan", Südhannoversche Volkszeitung, 1951.

katholische Geistliche früheren Duderstädter Nazis entlastende „Persil-scheine" ausgestellt. Auch gab es in Duderstadt keine Hemmungen, sich unter Berufung auf christliche Prägung selbst zu Gegnern und Opfern des Nationalsozialismus zu erklären.

Selbst 1988 noch wich ein Geistlicher, Rektor Fritz Scheen, der kritischen Betrachtung des Versagens der katholischen Kirche in ihrer Haltung gegenüber den Juden im NS-Staat aus. Als Referent bei einem Besinnungstag von Männern aus der Pfarrgemeinde St. Cyriakus in Duderstadt sprach er über die „besondere Situation der Juden aus religiöser und geschichtlicher Sicht". Er sagte, die Haltung der katholischen Kirche zu den Ereignissen im Dritten Reich lasse „vielfältige Beurteilung und Analyse" zu. Der Geistliche „vermied es daher in seinen Ausführungen, die Position der Kirche zu rechtfertigen oder zu kritisieren". So berichtete jedenfalls das Göttinger Tageblatt auf der Grundlage einer Pressemitteilung aus der St.-Cyriakus-Gemeinde.[344] Die Zeitung zitierte den Schlusssatz der Ausführungen Scheens wörtlich: „Wer bereit ist, Schuld anzuerkennen und nicht wegzudiskutieren, dem wird vergeben werden."[345] Der Referent hatte dies selbst nicht beherzigt.

Bei solchem Verdrängen der Vergangenheit und Ausweichen vor der Geschichte musste auch die Einsicht versagt bleiben, dass die zu Beginn dieses Kapitels zitierten Worte des Duderstädter Propstes, man werde durch Treue und Liebe zur wegweisenden Kirche unbeschadet durchs Leben geführt, nicht uneingeschränkt gelten können. Die katholische Kirche hatte im „Dritten Reich" die gläubigen Kirchenmitglieder in die Irre gewiesen und durch Schweigen und Mittun war sie selbst mitschuldig geworden. Christliche Glaubwürdigkeit dagegen hatten gerade diejenigen Katholiken bewiesen, die als Einzelne entgegen den Weisungen der Amtskirche Widerstand geleistet hatten. Ihr Vorbild, urteilsfähig, verantwortlich und mutig den eigenen Einsichten in einer selbständig gefassten Gewissensentscheidung zu folgen, konnte eine wichtige Lehre aus der NS-Zeit sein. Doch dafür gab es in Duderstadt kein Beispiel. Und der Propst hatte in Tiftlingerode die Folgerung solcher Individualisierung auch nicht gezogen. Diese individuelle Eigenständigkeit von Gläubigen meinte er nicht, als er dazu aufrief, in Treue und Liebe zur Kirche als Begleiterin im Leben zu stehen.

Der für Duderstadt zuständige Hildesheimer Bischof Norbert Trelle legte 2015 in einem Aschermittwochsgottesdienst ein Schuldbekenntnis

---

[344] Ausweislich des Namenskürzels ge/h zu dem Artikel „Scheen: Schuld anerkennen", Göttinger Tageblatt am 17.11.1988.
[345] Artikel „Scheen: Schuld anerkennen", Göttinger Tageblatt am 17.11.1988.

wegen des Verhaltens der katholischen Kirche im „Dritten Reich" ab: Nicht entschieden genug habe man an der Seite der jüdischen Schwestern und Brüder gestanden.[346] Nicht entschieden genug? Nein, die katholische Kirche hat die verfolgten Juden überhaupt nicht als Brüder und Schwestern betrachtet und behandelt. Sie hat überhaupt nicht an der Seite der Juden gestanden. Dies war ein die Schuld beschönigendes Schuldbekenntnis.

---

[346] „Trelle nennt die Sünden des Bistums", Eichsfelder Tageblatt am 20.2.2015.

06.3 Zwei katholische Geistliche – ein Mittäter und ein Opfer des Nationalsozialismus

Stolperstein zur Erinnerung an den Geistlichen Heinrich Kötter vor der Propstei in Duderstadt

Richard Kleine war katholischer Geistlicher, Religionslehrer am Duder-
städter Gymnasium und überzeugter Nationalsozialist. Sein Wirken
reichte weit über Duderstadt hinaus. Zu seinen wichtigsten Anliegen ge-
hörte, den Anschluss der Katholiken an das „Werk des Führers" zu er-
reichen und alles Jüdische aus Kirche und christlicher Theologie zu ent-
fernen. Im Entnazifizierungsverfahren nach 1945 wurde er dennoch als
Entlasteter eingestuft. – Kaplan Heinrich Kötter hatte als katholischer
Geistlicher den Duderstädter Filialbezirk Tiftlingerode zu betreuen. 1941
wurde er denunziert. Ihm wurde vorgeworfen, er habe das Vertrauen zwi-
schen innerer und äußerer Front gefährdet. Die Gestapo lieferte ihn in
das KZ Dachau ein, wo er im April 1945, wenige Wochen vor der Befrei-
ung des Lagers, entlassen wurde. In der Nachkriegszeit wurde Kleines
Nähe zum Nationalsozialismus in Duderstadt weitgehend geleugnet,
Heinrich Kötters Schicksal dagegen verschwiegen und vergessen.

Richard Kleine

Der katholische Geistliche und Religionslehrer am Duderstädter Gymnasium, Richard Kleine, war zu seiner Zeit gewiss einer der bedeutendsten
Einwohner der Stadt, auf den sie aber doch nicht mit Stolz zurückblicken
kann: Er war überzeugter Nationalsozialist, dessen Wirken in der NS-Zeit
inzwischen Gegenstand überregionaler Forschung geworden ist. Kevin P.
Spicer hat in seiner Untersuchung über „Hitler's Priests" dem Duderstädter
Geistlichen 50 Seiten gewidmet.[347] Die Universität Saarbrücken beschäftigt
sich mit ihm in einem Forschungsprojekt, dessen Ziel es ist, eine wissenschaftliche Biografie Kleines zu verfassen, der führender Kopf einer kon-
spirativen Gruppe nationalsozialistischer Priester gewesen sei.[348]
Kleine selbst stellte sich im Herbst 1933 in Briefen an den Oberpräsidenten
des Regierungsbezirks Hannover und an das Reichsministerium für Wissenschaft, Kunst und Volksbildung in Berlin als Nationalist vor, der „zum
Werke Adolf Hitlers innerste Beziehungen fand"[349] und daher seit 1931 für
die nationalsozialistische Bewegung öffentlich eingestanden sei. Es waren
seine völkisch-nationale Gesinnung und seine religiösen Überzeugungen,
die den katholischen Geistlichen dahin führten, für den Nationalsozialismus
einzutreten. So veröffentlichte er 1932 einen Aufsatz mit dem Titel „Ja und

---

[347] Spicer, Kevin P. (2008).
[348] Homepage der Universität Saarbrücken (www.uni-saarland.de) 2016.
[349] Zitiert nach Bormann, Irene (2001): S. 300.

Nein zum Nationalsozialismus".[350] Es ist dabei jedoch fraglich, ob diese Überschrift von Kleine selbst stammt oder nicht vielmehr von einem Redakteur, denn der Artikel selbst enthält ein klares prinzipielles Ja, jedoch kein Nein, dies übrigens zu einer Zeit, als die deutschen katholischen Bischöfe noch auf der Unvereinbarkeit von Nationalsozialismus und katholischer Glaubenslehre beharrten.

Das Volk war für Kleine seinem Aufsatz zufolge „der Ausfluss göttlichen Schöpferwillens und das ständige Objekt der Führung göttlicher Vorsehung". Kleine nannte es eine „sittliche Pflicht, die Glieder e i n e s Volkes zu einer möglichst innigen Gemeinschaft zusammenzuschließen". Er bezeichnete diese Pflicht als „sozialen Imperativ" und hob sie durch diese Formulierung in Anlehnung an Kants kategorischen Imperativ auf eine hohe Ebene. Die Nationalsozialisten waren für Kleine diejenigen, die sich dieser Pflicht annahmen. Und zwar so weitgehend, dass der Geistliche den sozialen Imperativ als den „tiefere[n] Sinn des Wortes „National=Sozialismus" bezeichnete.

„A d o l f   H i t l e r", so beginnt sein Aufsatz mit einer Hervorhebung des Namens durch gesperrte Schrift, „will die deutsche Nation zu einer festen Volksgemeinschaft zusammenschweißen. In der Überwindung der vielfältigen und tiefreichenden Gegensätze innerhalb des Volksganzen [...] sieht er die vornehmste und dringlichste nationale Aufgabe".

Dabei störte Kleine die von der NSDAP ausgehende Gewalt nicht. Zwangsläufig war für ihn die „Bewegung" von einem „militanten Wesen schärfster Ausprägung, das auch nach außen in militärischen Formen zum Ausdruck drängt". Seine Sorge galt einem anderen Umstand: der fehlenden Einheit der deutschen Christen, ihrer konfessionellen Trennung also, und der von daher bestehenden, allerdings nicht hoch eingeschätzten Gefahr, „daß das deutsche Volk zu beachtlichen Teilen an dem Christentum der Konfessionen irre geworden ist, und versuchen will, über die Köpfe der Konfessionen hinweg e i n Volk zu werden [...]". Das war also in diesem Artikel tatsächlich kein Nein zum Nationalsozialismus, sondern die Befürchtung, es könnte der Einflussbereich der Kirchen beim zwingend für geboten gehaltenen Prozess der Einigung des deutschen Volkes durch die Nationalsozialisten zu sehr begrenzt werden.

Kleines Eintreten für den Nationalsozialismus beschränkte sich nicht auf rein theoretische Überlegungen. In den oben erwähnten Briefen an den Oberpräsidenten und an das Reichsministerium führte er aus, er habe sich

---

[350] In der Wochenschrift „Der Deutsche Weg" vom 5.8.1932, Nr. 45, als Ausschnitt enthalten in: Bistumsarchiv Hildesheim: PA Kleine Richard Nr. 786.

in dutzenden Religionsstunden in den oberen Klassen, „die ausschließlich diesem Ziele dienten, bemüht, der studierenden Jugend die Weltanschauung unseres Führers gerade aus christlicher Gläubigkeit möglichst nahe zu bringen, habe die männliche Kraft und Größe seiner Persönlichkeit und seine untadelige, ritterliche Lauterkeit ihr als Vorbild hingestellt, habe in [...] Predigten den Segen des Himmels auf ihn und seine schwere Aufgabe herabgefleht, habe die Judenfrage in ihrer ganzen Größe und Dringlichkeit vor dieser Jugend aufgerollt und darüber hinaus in vielen Artikeln und Aufsätzen nicht auf das unzweideutigste[351] in führenden katholischen Blättern und Zeitschriften für den Nationalsozialismus eingesetzt [...].“[352]. Bereits in der Weimarer Republik habe er durch viele Publikationen „gegen die Revolution der Novemberverbrecher und die furchtbaren Verirrungen der deutschen Volksseele" gekämpft, „gerade vom Standpunkt eines Geistlichen"[353].

Emblem des Bundes
„Kreuz und Adler"

Die angesprochene „Judenfrage" war aber nur für Antisemiten existent. Kleine offenbarte sich also in diesem Brief als ein solcher. Der katholische Geistliche war dabei sogar besonders eifrig. Kevin P. Spicer legte dar: „Als die Juden im Holocaust umkamen, reiste Kleine durch das Deutsche Reich und hielt Vorträge, in denen er den Ausschluss der Christen jüdischer Abstammung aus der Kirche und die Reinigung der heiligen Schrift und der katholischen Theologie von allen Judaismen befürwortete."[354] Von daher ist zu verstehen, dass Kleine auch Kontakte zu Walter Grundmann in Thüringen knüpfte. Grundmann war evangelischer Theologie-Professor in Jena und wissenschaftlicher Leiter des Instituts zur Erforschung und Beseitigung des jüdischen Einflusses auf das kirchliche Leben. Dieses Institut war 1939 auf Betreiben der Deutschen Christen von 13 evangelischen Landeskirchen in Eisenach gegründet worden, um Theologie und Kirche zu „entjuden".

Kleine gehörte zur Leitung des Bundes katholischer Deutscher „Kreuz und Adler", dessen Gründung von Vizekanzler Franz von Papen im April

---

[351] Aus dem Zusammenhang ergibt sich, dass hier gemeint ist, er habe sich unzweideutig für den Nationalsozialismus eingesetzt.
[352] Zitiert nach Bormann, Irene (2001): S. 295.
[353] Zitiert nach Bormann, Irene (2001): S. 299.
[354] Spicer, Kevin P. (2008): S. 155.

1933 initiiert wurde und der später in der „Vereinigung katholischer Deutscher" aufging. In beiden Bünden hat Kleine engagiert mitgewirkt. So

Der **Bund katholischer Deutscher „Kreuz und Adler"**, ein reiner Männerbund, wurde gegründet am 3. April 1933 unter der Schirmherrschaft des Vizekanzlers des Deutschen Reiches, Franz von Papen.

Der Gründungsaufruf „An die katholischen Deutschen!" erblickt „im stürmischen Aufbruch des Nationalbewusstseins" die Vision eines künftigen Reiches, das „die gottgegebene Sendung des Deutschtums verkörpert" und beschreibt die Aufgabe für katholische Deutsche, am kommenden Reiche mitzubauen und „die Volks- und Staatsordnung in christlich-deutschem Geiste zu erneuern". Der Zweck des Bundes wird dabei so beschrieben: „... den christlich-konservativen Gedanken im deutschen Volke zu vertiefen, das Nationalbewußtsein der katholischen Deutschen zu stärken und den Aufbau des kommenden Reiches geistig zu fördern" – es zu gründen auf dem „christlichen Erbgut" und der „Idee des Reiches"[1] durch katholische Christen und Nationalsozialisten.

Der geschäftsführende Vorsitzende Emil Ritter schrieb in den ab Mai 1933 herausgegebenen „Führerbriefen": „Die schon in der beiderseitigen Grundhaltung angelegte Gesinnungsgemeinschaft zwischen dem Nationalsozialismus und dem konservativen Katholizismus soll durch die Tätigkeit des Bundes zu einer Willens- und Zielgemeinschaft entwickelt werden."[2]

Die Wirkung des Bundes „Kreuz und Adler" blieb im Wesentlichen auf Akademiker- und Adelskreise beschränkt. In der Abtei Maria Laach, deren Abt mit den Nationalsozialisten sympathisierte, fand im April 1933 ein Treffen von Mitgliedern des Bundes statt. Im Oktober 1933 ging er auf in der Arbeitsgemeinschaft Katholischer Deutscher. Diese war praktisch eine Untergliederung der NSDAP. Ihren Gründungsaufruf unterzeichnete Rudolf Heß, der „Stellvertreter des Führers". Nun ging es darum „in dem katholischen Volksteil das deutsche Nationalbewusstsein zu stärken, eine ehrliche, rückhaltlose Mitarbeit am Nationalsozialismus zu vertiefen und zu vermehren, die Reihen aktiver Kämpfer zu vergrößern ..."[3]

[1] Zitiert nach Breuning, Klaus (1969): S. 326 f.
[2] A.a.O., S. 233.
[3] A.a.O., S. 236.

wies er darauf hin, dass der Aufruf zur Bildung des Bundes „Kreuz und Adler" bei ihm in Duderstadt zusammengestellt worden sei. Ziel sei gewesen, „den innerkirchlichen Anschluss des g e s a m t e n deutschen Katholizismus an das Werk unseres Führers"[355] zu erreichen. Absicht des Bundes war es dabei, die alte „Idee des Reiches der Deutschen zu politischem Gestaltungswillen zu entwickeln helfen".[356]

Offensichtlich durch seine außerschulische Betätigung im Bund „Kreuz und Adler" hatte der Duderstädter Gymnasiallehrer Kontakt mit dem Vizekanzler von Papen. Der jedenfalls schrieb am 17. November 1933 an den Minister des Reichsministeriums für Wissenschaft, Kunst und Volksbildung, Rust: „Mein Gewährsmann in dieser Sache ist [...] Herr Studienrat Kleine, der sich seit Jahren nicht nur für den nationalen Gedanken, sondern auch für das Verständnis der katholischen Kreise für die nationalsozialistische Bewegung eingesetzt hat."[357]

Die Beschränkung der katholischen Kirche auf ihren religiösen Kernbereich, wie er 1933 im Konkordat vereinbart wurde, ferner die Verstöße des „Dritten Reiches" gegen diesen Vertrag, welche die Enzyklika „In brennender Sorge" anprangerte, weiter die Abschaffung demokratischer Bürgerrechte, die Unrechts-Handlungen des NS-Staates gegenüber politisch Andersdenkenden und gegenüber den Juden, all dies war für Kleine kein Anlass, seine Unterstützung der Nationalsozialisten aufzugeben. Im Jahr 1938 schrieb er wegen eines Schulbuches für den Religionsunterricht, das zu verfassen er im Begriffe war, an das Erzbischöfliche Generalvikariat Paderborn: „Ich darf Sie ergebenst darauf hinweisen, dass ich ein überzeugter und auch einsatzbereiter Gefolgsmann unseres Führers bin."[358]

Nach dem Ende des NS-Staates sah Kleine von sich aus keinen Grund, wegen seines früheren Wirkens als Christ mit nationalsozialistischer, antisemitischer Einstellung davon abzusehen, auch künftig junge Menschen im Gymnasium zu unterrichten. Als ihm geraten wurde, die von ihm vertretenen Ansichten zu „revozieren", also zurückzunehmen, rang er sich knapp zu der inhaltsarmen Äußerung durch, er sei „bedauerlichen Irrtümern erlegen"[359]. Aber genau betrachtet gab er nicht zu erkennen, dass er seine Einstellungen grundsätzlich geändert hätte. Er widerrief sie nicht, sondern gab ihnen den Anschein des Harmlosen und wich auf diese Weise von der Wahrheit ab. So hob er nun hervor, niemals NSDAP-Mitglied gewesen zu

---

[355] Zitiert nach Bormann, Irene (2001): S. 294.
[356] Zitiert aus der Dokumentation in Breuning, Klaus (1969): S. 328.
[357] Zitiert nach Bormann, Irene (2001): S. 297.
[358] Bistumsarchiv Hildesheim: PA Kleine Richard Nr. 786.
359 A.a.O.

sein. Das entlastete ihn aber nur auf den ersten Blick. Eine solche Mitgliedschaft wäre für ihn als katholischem Geistlichen aufgrund der Konkordatsbestimmungen nicht zulässig gewesen. So war er überzeugter und bekennender Nationalsozialist ohne Parteizugehörigkeit. Seine Unterstützung des Nationalsozialismus und seine Hitler-Gefolgschaft betonte er jetzt natürlich nicht mehr, sondern stellte dar, er habe sich um einen Ausgleich zwischen Kirche und NS-Staat bemüht. Einen Ausgleich der Interessen mit den Nationalsozialisten zu suchen war aber etwas anderes, als den Nationalsozialismus unterstützt zu haben. Um einen Ausgleich konnte sich auch derjenige bemühen, der die Ideologie des NS-Staates nicht teilte – so wie der Vatikan, der ein Konkordat abschloss, oder wie England und Frankreich, die mit dem „Dritten Reich" verhandelten. Genau hier versuchte Kleine sich einzureihen, wenn er dem Bischof in Hildesheim schrieb: „Wohl habe ich auf Grund meiner irenischen[360] Einstellung zu den vielen gehört, die bis in die höchsten kirchlichen Kreise an die Möglichkeit eines echten Austrages des nationalen und sozialen Ethos [...] auf der einen Seite und des Christentums auf der anderen Seite geglaubt haben. Wäre dieser Austrag tatsächlich möglich geworden, so hätte sich die Partei völlig anders entwickelt, und die geschichtlichen Auswirkungen hätten wohl sicherlich einen anderen Verlauf genommen."[361] Damit verwischte er die Unterschiede, die zwischen ihm und der katholischen Kirche in ihrem Verhältnis zum Nationalsozialismus bestanden hatten. Die Kirche hatte mit dem Konkordat ihre Institution im NS-Staat abzusichern versucht und das Recht auf freie Religionsausübung, sie hatte zu Gehorsam gegenüber der NS-Obrigkeit aufgerufen und zur Pflichterfüllung im Krieg. Sie hatte damit aber niemals die Absicht verbunden, den Gläubigen die nationalsozialistische Ideologie nahezubringen, wie es das Bestreben Kleines gewesen war.

Die Militärregierung rechnete Kleine nach dem Ende des Krieges anscheinend einen Priesterbonus zu. Zwar wurde er in ihrem Auftrag im April 1945, wenige Tage nach der Besetzung Duderstadts durch amerikanische Truppen, seines Amtes als Lehrer enthoben. Aber dagegen legte er Widerspruch ein. Nach einem Gespräch mit dem zuständigen Captain durfte Kleine dann bereits im Mai 1946 seinen Dienst wieder antreten, obwohl sein Entnazifizierungsverfahren noch nicht einmal begonnen hatte. Der Entnazifizierungsausschuss entschied erst 1948 über ihn. Er erkannte in Kleine „einen Mann mit aufrechtem Charakter und anständiger Gesinnung" und mit einer „hervorstechend schönen" Vaterlandsliebe. „Diese war für ihn

---

[360] Irenisch = friedlich, friedliebend, auf Aussöhnung bedacht.
[361] Bistumsarchiv Hildesheim: PA Kleine Richard Nr. 786.

Veranlassung, zeitweise die Ideen des Nationalsozialismus für gut zu halten, da er in ihm den wirklichen Förderer Deutschlands und den besten Bekämpfer des Bolschewismus erblickte und einen Ausgleich zwischen Kirche und Staat erhoffte."[362] Damit, dass Kleine, wie oben zitiert, den Anschluss des gesamten deutschen Katholizismus an das Werk „unseres Führers" angestrebt hatte, beschäftigte sich der Entnazifizierungsausschuss nicht. Er stellte aber fest, Kleine habe zweimal kirchenfeindlichen Äußerungen von Nationalsozialisten widersprochen und sei in Konflikt mit der NSDAP-Kreisleitung geraten. Der Ausschuss billigte ihm daher verallgemeinernd zu, dass er „seine gegensätzliche Einstellung gegen verderbliche Ideen des Nationalsozialismus durch die Tat bekräftigt"[363] habe. So lässt sich nicht sagen, der Entnazifizierungsausschuss in Duderstadt habe das Mitwirken Kleines im „Dritten Reich" gründlich untersucht und angemessen bewertet. Dabei war in der Stadt sein Einsatz für den Nationalsozialismus bekannt. Kleine wurde in Kategorie V (Entlasteter) eingestuft.

Anders verhielt sich der Bischof in Hildesheim. Er untersagte Kleine die weitere Erteilung von Religionsunterricht. Dem Priester schrieb er 1947: „Die Frage Ihrer Zulassung zur Erteilung katholischen Religionsunterrichtes ist hier gründlich und allseitig geprüft worden. Das Ergebnis ist leider negativ. Ihre Einstellung und Ihr Verhalten in der Zeit der Bedrängnis der Kirche und auch nachher waren bedauerlicherweise derart, daß Sie mich zwingen, Ihr Gesuch um Zulassung zur Erteilung katholischen Religionsunterrichts abschlägig zu beantworten."[364] Kleine hatte dem Bischof zuvor geschrieben, es dränge ihn, „der studierenden Jugend aus der Hoffnung von Kirche und Vaterland den priesterlichen Dienst zu leisten".[365] Allerdings wurde Kleine durch das Bistum angeboten, Duderstadt zu verlassen und eine Stelle im Bereich der Erzdiözese Paderborn anzunehmen. Der dortige Erzbischof wäre bereit, Kleine die missio canonica zu erteilen, wenn er innerhalb seiner Diözese an einer Schule unterrichten würde. Das war ausgerechnet jener Erzbischof, dem Kleine 1938 mitgeteilt hatte, er sei ein überzeugter Gefolgsmann des „Führers". Doch Kleine weigerte sich, seinen Wohnort Duderstadt zu verlassen.

Weil ihm der „priesterliche Dienst" hier untersagt war, musste der Geistliche die Fächer Latein, Deutsch und Sport unterrichten. Fürsprecher Kleines in Duderstadt meinten, dadurch leide das Ansehen des Priesterstandes. Der Schulrat a. D. Völker (ebenfalls ein alter Nazi), Amtsgerichtsrat Riesen,

---

[362] NLA HA, Nds. 120 Hannover, Acc 164/92 Nr. 74.
[363] A.a.O.
[364] Bistumsarchiv Hildesheim: PA Kleine Richard Nr. 786.
[365] A.a.O.

Oberstudiendirektor Hartung und der Zahnarzt Brautlecht verfassten eine Petition, in der sie den Bischof darum baten, Kleine die Erteilung des Religionsunterrichts wieder zu erlauben. Sie schrieben von seinem guten Glauben, in dem er gehandelt habe, von seiner Vaterlandsliebe und seiner „idealen Gesinnung". Er habe zwar die „schädlichen Auswirkungen der Partei" nicht übersehen, aber „er unterschätzte sie und glaubte, daß die nach seiner Ansicht guten Ideen sich durchsetzen würden, daß eine baldige Wandlung der Partei und eine Aussöhnung mit der Kirche zu erwarten seien". [366] In religiöser Hinsicht habe er niemals gewankt.

Die Bittschrift verrät damit zugleich viel über die Einstellung der Petenten selbst. Die Verbrechen des NS-Regimes minimierten sie zu „schädlichen Auswirkungen". Die nationalsozialistische Überzeugungen Kleines wurde zu idealistischer Gesinnung. Derart falsche Ideale zu haben, ein Idealist auf den Abwegen des radikal Bösen zu sein, kann aber niemals als eine irgendwie noch positiv zu wertende Eigenschaft verstanden werden. Die Fürsprecher sahen auch nicht ein, dass, wer als Christ nationalsozialistische Überzeugungen übernahm, die wesentlichen Grundsätze christlicher Ethik preisgab, also in religiöser Hinsicht durchaus wankte. Wenn ihnen aber das Mitwirken in der nationalsozialistischen „Bewegung" nicht als Abweichung vom christlichen Wege erschien, verkannten und verharmlosten sie den Nationalsozialismus außerordentlich. Ihnen fehlte demnach selbst das Bewusstsein der ungeheuren Dimension des Verbrecherischen im „Dritten Reich". Daher konnten sie auch das nationalsozialistisch indoktrinierende und hitlertreue Handeln Kleines als etwas hinstellen, das einem Religionslehrer nach Verbüßung einer geringen Sperrfrist nachsehbar war.

Auch der Duderstädter Propst Ernst verwandte sich für Kleine. Dem Bischof schrieb er 1948: „Die Gemeinde würde die verflossene Zeit als genügende Strafe ansehen und für eine Wiedereinstellung als Religionslehrer jetzt Verständnis haben"[367]. Er regte den Kompromiss an, Kleine die missio canonica zunächst für ein Jahr zu erteilen. Das Bischöfliche Generalvikariat willigte mit der Bedingung ein, dass Kleine eine Ergebenheitserklärung abgebe. Es verlangte von ihm, „daß Sie uns die ausdrückliche Zusicherung senden, in Zukunft eine kirchentreue Gesinnung sowohl im Religionsunterricht wie auch außerhalb desselben zu bekunden. Was eine treukirchliche Gesinnung ist, unterstellen Sie dabei dem Urteil der bischöflichen Behörde […].[368]

---

[366] A.a.O.
[367] A.a.O.
[368] A.a.O.

1955 sollte am Duderstädter Gymnasium die Stelle eines Oberstudienrats besetzt werden. Es gab mehrere Bewerber. Die „Vereinigung ehemaliger Schüler des Gymnasiums mit Oberschule" setzte sich mit einem Unterstützungsschreiben nachdrücklich für die Beförderung Kleines ein: „Wir Unterzeichneten sind fast alle jahrelang Schüler des Studienrats Kleine gewesen. Wir können, und zwar von unserem heutigen Standpunkt als gereifte Männer Zeugnis dafür ablegen, daß Studienrat Kleine seinen Dienst mit einer bespielhaften Gewissenhaftigkeit, weit überdurchschnittlichen fachlichen sowie pädagogischen Kenntnissen und Fähigkeiten versehen hat. Er war uns nicht nur ein guter Lehrer, sondern verstand es, darüber hinaus einen feinen menschlichen und persönlichen Kontakt zu gewinnen, so daß wir in ihm auch einen väterlichen Führer fanden."[369] Nicht einen Freund oder Mentor, sondern einen Führer. Die Verfänglichkeit dieses Wortes in Bezug auf einen Lehrer, der seine Schüler als Anhänger des „Führers" nationalsozialistisch indoktriniert hatte, fiel den Unterzeichneten wohl nicht auf. Die NS-Vergangenheit war verdrängt und vergessen. Sie wurde nicht erwähnt, als spiele sie für die Beurteilung der Qualifikation Kleines keine Rolle, ja, als habe es einen Nationalsozialisten Kleine nicht gegeben. Auch die Stadt Duderstadt als Schulträgerin stimmte der Beförderung Kleines ohne Bedenken zu. Am 13. Juni 1955 wurde die Ernennungsurkunde ausgestellt. Am 1.4.1957 wurde Richard Kleine pensioniert, erteilte aber weiterhin noch Religionsunterricht am Gymnasium.

Als Richard Kleine 1974 starb, widmete ihm die Südhannoversche Volkszeitung einen umfangreichen Nachruf. „Richard Kleine war ein guter und überall angesehener Mensch und Seelsorger", hieß es darin. Und: „Der wachsende Terror antichristlicher und antikirchlicher Kräfte im NS-Regime, der ihn aus seinem Amte entfernen wollte, hat ihn nur noch fester darin verankert." Überdies habe er als ein Verfechter von Ökumene „persönliche und schriftliche Kontakte mit führenden Männern der benachbarten Thüringischen Evangelischen Landeskirche gepflegt. – De mortuis nil nisi bene, über Tote (rede man) nur in guter Weise. Das heißt aber nicht, Tatsachen in ihr Gegenteil zu verkehren. Den überzeugten Nationalsozialisten und Hitler-Anhänger Kleine im Nachruf als Verfolgten des NS-Regimes darzustellen und seine Kontakte zu den evangelischen Deutschen Christen in Thüringen als Bemühen um Ökumene zu verharmlosen, wo es ihm doch um völkische Gemeinsamkeit und die „Entjudung" von Kirche und Theologie gegangen war, war eine grobe Verfälschung des Gewesenen.

---

[369] NLA HA, Nds. 120 Hannover, Acc 164/92 Nr. 74

Heinrich Kötter – Priester im KZ Dachau

War Richard Kleine gläubiger Geistlicher und überzeugter Nationalsozialist, wurde sein Amtsbruder Heinrich Kötter Opfer der nationalsozialistischen Gewaltherrschaft. Er hatte nach eigener Angabe eine in Tiftlingerode wohnende Frau, „die seit längerer Zeit nicht mehr zur Kirche geht und deren Mann im Felde steht, besucht und wieder zurückzugewinnen versucht". Er habe dabei „von der allgemeinen Haltlosigkeit und Schwierigkeiten eines unreligiösen Menschen und auch allgemein von ehelicher Untreue auch der Soldaten gesprochen".[370] Nicht die Begründung der Vorteilhaftigkeit eines religiösen Lebens, sondern die Äußerung des Geistlichen über die Sexualmoral der Soldaten an die Front war für die Gestapo Anlass genug, den Kaplan ins KZ Dachau einzuliefern, während der Hildesheimer Bischof sie als zwar zutreffend, jedoch unangebracht betrachtete.[371]

Heinrich Kötter war 1910 in Laggenbeck in Westfalen geboren worden. Im Juli 1938 wurde er in Münster zum Priester geweiht. Die Diözese Münster ordnete ihn zur Aushilfe in das Bistum Hildesheim ab. 1939 kam er nach Duderstadt, wohnte in der Propstei und war von dort aus als Seelsorger im benachbarten Tiftlingerode tätig. Von einem Treffen katholischer Geistlicher weg wurde er von der Duderstädter Polizei telefonisch ins Rathaus beordert, wo sich die Polizeistation befand. Dort nahm ihn die Gestapo in Empfang und verhaftete ihn.

Die von Kötter in missionarischem Bemühen besuchte Frau in Tiftlingerode hatte ihrem Mann an der Front brieflich von dem Gespräch mit dem Geistlichen berichtet. Der Soldat antwortete, er werden den „Lumpen"[372] schon dahin bringen, wohin er gehöre. Die allgemeine Bemerkung Kötters über die Moral der Wehrmachtsangehörigen war von dem Ehepaar offenbar persönlich genommen worden. Die Gestapo sah in den Äußerungen des Geistlichen einen Vorgang, „der das Vertrauen zwischen innerer und äußerer Front gefährdet"[373] hätte, also ein politisches Vergehen, aber nicht den Straftatbestand der Wehrkraftzersetzung.

Nach der Durchsuchung seines Zimmers in der Propstei wurde der Verhaftete in ein Gefängnis in Hannover gebracht und in eine Einzelzelle gesperrt. Der Duderstädter Propst fuhr nach Laggenbeck, um den Eltern die Nachricht über die Verhaftung ihres Sohnes persönlich zu überbringen. Einmal, am 8. Oktober, wurde Kötter über mehrere Stunden hinweg verhört,

---

[370] Bistumsarchiv Hildesheim: PA I Heinrich Kötter Nr. 845.
[371] A.a.O.
[372] A.a.O.
[373] A.a.O.

danach nicht mehr. Aus der Haft schrieb der Kaplan an seinen Bischof in Hildesheim und bat um Hilfe und Beistand, erklärte aber auch, wenn es zum Wohl des Staates notwendig sei, werde er die Kraft aufbringen und „den Weg gehen".[374]

Bischof Machens erteilte Kötters Ersuchen um Unterstützung eine weitgehende Absage. Er antwortete: „Um Ihren Fall allseitig beurteilen zu können, bedürfte ich einer eingehenden Besprechung mit Ihnen, die zur Zeit unmöglich ist. Ich müsste die Frau in Tiftlingerode sprechen, ihren Brief lesen und die Auffassung der Wehrmacht kennen. Alles dies ist mir zur Zeit nicht möglich. Und doch kommt es zur Beurteilung auf jeden Umstand an, mag er auch zunächst als Nebenumstand erscheinen. Ich halte darum im Urteil zurück, bis ich klarer sehe. Sie bitten um Hilfe. Sobald Sie dem Untersuchungsgericht zugeführt werden, wird es leicht sein, Ihnen einen Rechtsbeistand zu sichern. Im Augenblick ist es wohl nur möglich, um den Besuch des Gefängnispfarrers zu bitten. [...] Ist Ihre Seele mit Leid gefüllt, suchen Sie Trost und Kraft am Herzen Jesu. Opfern Sie alles auf für Vaterland und Kirche, für den Sieg über den Bolschewismus, für die kämpfenden, verwundeten, gefallenen Soldaten. Ja, näher zu Gott. In diesem Sinne sende ich Ihnen den bischöflichen Segen."[375] – Trotz der unrechtmäßigen Verhaftung hielten also beide, der Bischof und der Kaplan, staatstreu zum „Dritten Reich" als dem Vaterland.

Der Bischof antwortete auf Briefe von Kötters Vater und fragte bei der Gestapo an, „welche Anschuldigungen gegen den in Haft genommenen Kaplan Heinrich Kötter in Duderstadt im einzelnen erhoben werden, wo er sich befindet, ob und wann er dem ordentlichen Gerichtsverfahren zugeführt wird, und ob es möglich ist, ihm einen Rechtsbeistand zu bestellen".[376] Dieses Schreiben blieb der Personalakte Kötter zufolge unbeantwortet. Einen Rechtsanwalt hatte bereits Kötters Vater eingeschaltet. Der machte Hoffnung, die Sache könne bald niedergeschlagen werden, sah aber keine Möglichkeit, ein Gerichtsverfahren zu erzwingen und riet seinerseits davon ab, sich mit der Gestapo in Verbindung zu setzen. Das wäre aussichtslos. Später wandte sich das Bischöfliche Generalvikariat mehrfach an das Reichssicherheitshauptamt in Berlin und beantragte die Freilassung der in Dachau inhaftierten Geistlichen des Bistums.

---

[374] A.a.O.
[375] A.a.O.
[376] A.a.O.

Anfang November 1941 wurde Heinrich Kötter, ohne durch ein Gericht dazu verurteilt worden zu sein, für einige Wochen in das Arbeitserziehungslager Liebenau eingeliefert und dann in das Konzentrationslager Dachau gebracht, wo er am 5. Dezember 1941 eintraf. Bischof Machens bot den Eltern eine monatliche Zahlung von 50 Reichsmark zur Weiterleitung an den Sohn an. Zugleich schrieb er ihnen auf ihre Bitte um Auskunft hin: „In Dachau ist es, wie uns von solchen, die es wissen müssen, wiederholt erklärt worden, recht erträglich. Die Arbeit besteht darin, daß das Lager in Ordnung gehalten wird. Freiwillig kann man sich gegen Nahrungszulage am Anbau von Tee beteiligen. Täglich war auch Gelegenheit zum Besuch der hl. Messe und Empfang der hl. Kommunion."[377]

Die Informationen des Bischofs über die Lage Kötters im Konzentrationslager Dachau waren also 1941 entweder sehr ungenau oder er wollte die Eltern vor der Wahrheit schützen. 1992 schrieb Christian Frieling über Kötters Leiden als KZ-Häftling: Bereits im Zugangsblock findet er „Kontakt zu seinem früheren Mitschüler Hermann Scheipers, der ihm die Hilfen gibt, die er benötigt, um sich in das Lagerleben zu integrieren.

Die Dachauer Jahre verbringt der Kaplan im Wesentlichen im Arbeitskommando Plantage. Aufgrund seiner starken physischen Konstitution wird er dort zu den schwersten körperlichen Arbeiten herangezogen. So gehört er lange Zeit zu dem Häftlingskommando, das den Pflug bzw. die Egge zu ziehen hat […]. Heinrich Kötter kann dieser Einsatz nicht zermürben. Probleme bereitet ihm jedoch das Leben innerhalb des Lagers. Die zunehmende Enge durch Überbelegung der Stuben und sein Auftreten gegen die Willkür des Stubenältesten führen zu zahlreichen Schikanen. So zieht er sich kurz nach einem Besuch seines Bruders im Februar 1944 ein nervlich bedingtes Blasenleiden zu, das ihm Schwierigkeiten mit den Mithäftlingen und dem Stubenältesten einbringt.

Als es ihm schließlich gelingt, die Stelle eines Revierpflegers zu bekommen und damit den Drangsalierungen des Stubenältesten zu entgehen, legt sich die Krankheit von selbst. In der Aufgabe des Pflegers, die er als Teil seiner Pflicht auffaßt, kann er in der Zeit der Fleckfieberepidemie zahlreichen Mitgefangenen helfen. Er selbst bleibt von der Seuche verschont […]."[378]

Im KZ Dachau durfte Heinrich Kötter monatlich je zwei Briefe mit begrenztem Umfang schreiben und erhalten. Auf das den „Schutzhaftgefangenen" vorgegebene Briefformular waren mehrere Hinweise aufgedruckt:

---

[377] A.a.O.
[378] Frieling, Christian (1992): S. 113 f.

Geldsendungen seien zugelassen, Paketsendungen jedoch nicht, da es im Lager alles zu kaufen gebe. Gefangene zu besuchen und zu sprechen sei grundsätzlich nicht gestattet.

Alle Briefe unterlagen der Zensur. Negatives über die Verhältnisse in Dachau durfte nicht geschrieben werden. Um dennoch auf den Hunger, den er erleiden musste, hinzuweisen, fand Kötter deshalb die Formulierung: „Mein Magen ist nicht krank, sondern viel zu gut." Die Gedanken in seinen Briefen galten vor allem seiner Familie. Breiten Raum nahm der Ausdruck seines Gottvertrauens ein, das er seinen Eltern und Geschwistern immer wieder nahezulegen suchte. Gott war für ihn der „Felsengrund, auf den wir bauen können".[379] Dem Propst in Duderstadt schrieb er nach seiner Verhaftung: „Denn wir stehen ja alle jeden Augenblick unter Gottes weiser Führung. Deshalb kann ja nie etwas gegen seinen Willen geschehen und deshalb sinnlos sein."[380] Nie äußerte Kaplan Kötter Glaubenszweifel. Auch angesichts des Umstandes, dass seine Brüder sich als Soldaten in Gefahr befanden, schrieb er im Januar 1945: „Beten wir gemeinsam, daß der Herrgott uns alle gesund durch alle Gefahren hindurchführt oder ein gnädiges Gericht finden läßt. Dann wird das ewige Wiedersehen alle Entbehrungen und Verzichte überreichlich ersetzen."[381]

Im Herbst 1942 wies Heinrich Kötter seine Eltern darauf hin, dass nunmehr auch Pakete geschickt werden dürften, und führte auf, was er benötigte: Brot (Pumpernickel), Fett (Speck und Schmalz), Honig, vielleicht auch Käse. Er schrieb, dass er mit dem Inhalt der Pakete zugleich auch Mitgefangenen unterstützte: „Auch den Dank meiner Freunde will ich Euch sagen, mit denen ich alle Sachen teile. So helfen wir uns gegenseitig am besten weiter."[382] Von anderen erhielt Kötter ebenfalls Briefe und Pakete, so zu Weihnachten eines vom Hildesheimer Bischof. Auch aus Duderstadt wurden Pakete nach Dachau geschickt. Aber Heinrich Kötter merkte mehrfach an, dass sich von dort niemand melde. Duderstädter Sendungen scheinen den Gefangenen also nicht erreicht zu haben. Auf diesen Umstand wies auch der Duderstädter Stadtkaplan die Eltern in einem Brief hin, in dem er sie zugleich zu trösten und zu stärken suchte: „Diese Zeit ist für ihn und für uns eine Zeit des Segens, wenn wir es nur recht auffassen."[383]

---

[379] Brief an die Eltern vom 2.5.1942, Kopie im Archiv des Verfassers.
[380] Brief vom 20.10.1941, Kopie im Archiv des Verfassers.
[381] Brief an die Eltern vom 28.1.1945, Kopie im Archiv des Verfassers.
[382] A.a.O.
[383] Schreiben vom 1.7.1944, Kopie im Archiv des Verfassers.

Im Februar 1944 erwirkte der Vater Gerhard Kötter trotz des im KZ Dachau bestehenden Besuchsverbots die Genehmigung des Chefs der Sicherheitspolizei und des SD, Prinz-Albrecht-Straße in Berlin, dass einer seiner Söhne ihren gefangenen Bruder sprechen dürfe: „Er kann sich im Konzentrationslager Dachau direkt einfinden, das unterrichtet worden ist."[384]

Am 6. April 1945, wenige Wochen vor der Befreiung des Konzentrationslagers Dachau, wurde Heinrich Kötter aus der Haft entlassen. Für kurze Zeit nahm er eine Aushilfsstelle als Geistlicher in Oberbayern an. Am 30. Mai 1945 traf er auf einem Fahrrad in Duderstadt ein. Nach einer Zeit der Erholung auf dem elterlichen Hof kehrte er als Kaplan nach Duderstadt zurück. Hier wurde er Vorsitzender des Sonderhilfsausschusses zur Unterstützung früherer KZ-Häftlinge. Im Januar 1946 berief ihn der Bischof von Münster nach Bocholt.

„Aus den Augen, aus dem Sinn!" Über das Schicksal Heinrich Kötters wurde in Tiftlingerode und Duderstadt jahrzehntelang geschwiegen. Das enthob davon, darüber zu reden, wie er denunziert worden war. Erst die Geschichtswerkstatt Duderstadt erinnerte zu Beginn der 1990er Jahre mit einer Veranstaltung in Tiftlingerode an ihn. Aber auch zu dieser Zeit noch wurde von einem der Teilnehmer der Rat ausgesprochen, um des dörflichen Friedens willen die Sache doch besser auf sich beruhen zu lassen. In der Ortschronik aus dem Jahre 2004[385] wird dann ausführlicher an den Kaplan Heinrich Kötter erinnert, freilich mit der Aussage von Zeitzeugen, er habe Kritik an nationalsozialistischen Schriften geübt. Das bedeutet, er sei verhaftet worden, weil er Widerstand gegen den NS-Staat geleistet habe. Diese irrige Annahme hatte wohl ihren Ursprung in dem verbreiteten Vorurteil, die katholische Kirche sei im „Dritten Reich" widerständig gewesen. – Die Geschichtswerkstatt Duderstadt ließ 2008 durch Gunter Demnig vor der Propstei in Duderstadt einen „Stolperstein" zur Erinnerung an Heinrich Kötter verlegen, der Opfer des nationalsozialistischen Unrechtstaates geworden war.

---

[384] Kopie im Archiv des Verfassers.
[385] Diederich, Mario (2004): S. 280.

07 Die falsche Orientierung

Die stillgelegte Ziegelei Bernhard 2016

07.1 Spätheimkehrer mit alten Feindbildern

Der Dünkel Deutscher gegenüber den Menschen im Osten, der alte Rassismus, drückte sich 1950 und in den Folgejahren in den in Duderstadt beifällig aufgenommenen Reden und Äußerungen von Spätheimkehrern aus. Die Forderung nach Freilassung der Kriegsgefangenen aus den Lagern in der Sowjetunion wurde verbunden mit einem hohen moralischen Anspruch gegenüber der UdSSR und war zugleich gekennzeichnet durch das Fehlen jeglicher Einsicht in deutsche Schuld gegenüber den sowjetischen Kriegsgefangenen der Wehrmacht. Auch die in Duderstadt im Frühjahr 1945 an Gefangenen aus westlichen Ländern öffentlich begangenen Kriegsverbrechen wurden mit Schweigen übergangen.

„In der deutschen Bevölkerung und somit auch in ihrem soldatischen Teil waren alte Vorstellungen von einer ‚asiatischen‘, das heißt fremden und barbarischen Bedrohung, von Primitivität, Rückständigkeit und Minderwertigkeit slawischer Völker, insbesondere der Russen und der Fremdheit und der Gegnerschaft ‚des‘ Juden zu finden. […] Als spezifisch nationalsozialistische Komponente des deutschen Russland-Bildes der dreißiger und vierziger Jahre ist die rassenideologisch motivierte Dezimierungsabsicht gegenüber der slawischen Bevölkerung und der gleichermaßen begründete Vernichtungswille gegen die jüdische Bevölkerung […] anzusehen, kombiniert mit dem Plan, die neue ‚jüdisch-bolschewistische‘ Führungsschicht des Landes auszurotten." [386] Was Andreas Hilger mit diesen Worten beschreibt, war die geistige Grundlage des Vernichtungskrieges gegen die Sowjetunion, der für viele Soldaten der Wehrmacht in sowjetischen Kriegsgefangenenlagern endete.

Am 26. Oktober 1950 gedachte die Bundesrepublik Deutschland, also auch Duderstadt, derjenigen ehemaligen Wehrmachtssoldaten, die sich zu dieser Zeit immer noch in Kriegsgefangenschaft befanden. Im Bonner Bundestag gab Bundeskanzler Adenauer eine Erklärung ab, in der er mit Blick auf die Sowjetunion und an die Weltöffentlichkeit gewandt von einer „Maßnahme kalter Grausamkeit"[387] sprach und an die UNO appellierte, eine Kommission in die UdSSR zu entsenden, um das Schicksal der verschleppten und kriegsgefangenen Deutschen zu untersuchen. Die Geschichte werde darüber einst zu richten haben. Von der Vorgeschichte, vom Vernichtungskrieg, den die deutschen Soldaten in der Sowjetunion geführt hatten und der

---

[386] Hilger, Andreas (2000): S. 72 f.
[387] Zitiert nach Benz, Wolfgang/Schardt, Angelika 1995: S. 14.

das Land verwüstete und viele Millionen Menschen das Leben kostete, sprach er nicht.

Ausblenden eigener Schuld sowie Reden mit einem hohen moralischen und rechtlichen Anspruch, den allerdings die deutsche Wehrmacht selbst vielen Gegnern gegenüber nicht hatte gelten lassen, prägten auch das Gedenken in Duderstadt. Hier heulten die Sirenen und läuteten die Glocken der Kirchen. Schweigeminuten überall. Die evangelische Kirchengemeinde hatte zu einer Kriegsgefangenen-Gebetswoche aufgerufen mit der „eindringlichen Bitte um Recht und Gerechtigkeit"[388]. Das Duderstädter Gymnasium für Jungen führte eine Schulveranstaltung in der Aula durch. Es sprach ein ehemaliger Schüler dieser Schule, der Russlandheimkehrer Möhle. Zunächst rechtfertigte er den verbrecherisch entfesselten und erst vor wenigen Jahren beendeten Zweiten Weltkrieg als Kampf für das Vaterland. Das Göttinger Tageblatt referierte seine Rede: „Als er vor dreizehn Jahren an dieser Stelle in der Aula im Namen der Abiturienten der Schule gedankt habe, sei eine Verpflichtung von den scheidenden Schülern ausgesprochen worden: in Gemeinschaft mit dem Volke den Schicksalsweg zu gehen. Das Wort sei in Treue erfüllt worden. In Stahlgewittern habe die junge Generation ihre Heimat geschützt – nicht einer Partei zuliebe, sondern für das Vaterland habe die deutsche Jugend gekämpft, gelitten und ihr Leben hingegeben." Das war Selbstbetrug und Abwälzung von Schuld. Das Vaterland zur Zeit des „Dritte Reiches" und die NSDAP lassen sich nämlich nicht voneinander trennen. Die Nationalsozialisten hatten sich des Staates bemächtigt und die deutsche Gesellschaft war weitgehend gleichgeschaltet. Von der Kriegsführung des NS-Staats lassen sich nicht Aggression, Eroberung und Vernichtung abspalten, bis sie zu einem Kampf geläutert ist, der rechtmäßig die Heimat schützte und verteidigte. Das Gegenteil war der Fall. Das aggressive Kämpfen, das Leiden und Sterben der Soldaten der Wehrmacht hatte am Ende bewirkt, Deutschland unter der Führung der lange bejubelten Nationalsozialisten in einen Abgrund zu stürzen. Möhles Sichtweise dagegen befand sich immer noch auf dem Stand der nationalsozialistischen Kriegspropaganda, die den Verteidigungsfall beschwor. Die im „Dritten Reich" geforderte Pflichterfüllung gegenüber der Gemeinschaft des Volkes stellte der Redner auch 1950 noch nicht in Frage. Keines seiner Worte galt einem Versuch, die Treue zum Volk genannte Willfährigkeit gegenüber dem NS-Staat einer kritischen Überprüfung zu unterziehen. Keinen Zweifel hegte er daran, dass der Krieg ein Schicksalsweg gewesen sei – also nicht abwendbar, nicht verbrecherisch losgetreten und nicht Folge der

---

[388] „Ihrer im Gebet gedenken", Aufruf im Göttinger Tageblatt am 21.10.1950.

Machtübergabe an die Nationalsozialisten im Jahre 1933. Und kein Gedanke galt denen, die von der Militär- und Vernichtungsmaschinerie des „Dritten Reiches" überfallen worden waren.

Ohne Reue, ohne Scham und ohne Schuldgefühl blickte Möhle auf die Jahre des Zweiten Weltkriegs zurück, geradezu als einer Zeit, in der seine Generation sich bewährt habe. Diese Sichtweise lieferte den historischen Hintergrund für seine Betrachtung des Gefangenenschicksals deutscher Soldaten und ermöglichte, geradezu in die Rolle eines Anklägers zu schlüpfen. Das Göttinger Tageblatt berichtete nämlich weiter über die Rede: „Seine Worte waren eine einzige Anklage, gerichtet an die Menschheit, die solches geschehen lasse, warnend vor der Bestialität, die ihre Herrschaft über den ganzen Erdball ausdehnen wolle. ‚Zwar haben wir [in der Kriegsgefangenschaft] viel von Deutschen auch erlitten, die um kümmerlichen Judaslohns willen zu unseren Sklavenaufsehern sich machten, aber die unauslöschliche Schuld trägt der Hausherr – vor Gott und vor der Weltgeschichte.'"[389] Angesichts der Vorgeschichte wäre gewiss mehr Zurückhaltung beim Fällen eines moralischen Urteils angebracht gewesen. Wie sehr aber Möhle im Sinne der Denkweisen jener frühen 50er Jahre sprach, ist nicht nur manchen Parallelen in seinen Worten zur Erklärung Adenauers zu entnehmen, sondern ebenfalls aus den zustimmend kommentierenden Bemerkungen im Artikel des Göttinger Tageblatts zu erschließen: „Wohl selten waren die Herzen der Jungen so aufgewühlt wie von diesen Worten des Gefangenen, der erst vor einem Jahr heimkehren durfte und der zu ihnen als Kamerad sprach – beschwörend und verpflichtend."[390]

Die Schüler wurden also nicht nur auf das Schicksal der Kriegsgefangenen hingewiesen, sondern sie wurden zugleich im Geist fehlenden Unrechtsbewusstseins und deutscher Überheblichkeit indoktriniert. Der Auftritt Möhles im Gymnasium muss über die Schule hinaus Anklang gefunden haben, denn in den nächsten Jahren trat er wiederholt bei ähnlichen Veranstaltungen in Duderstadt als Redner auf.

In einem hatte Möhle Recht: Die Sowjetunion war in der Tat für ihre Gefangenen verantwortlich – wie es übrigens auch das Deutsche Reich für die seinen gewesen war. Rechtsmaßstäbe dafür setzte das Genfer Abkommen über die Behandlung von Kriegsgefangenen aus dem Jahre 1929, auch

---

[389] „Im Gedenken an die Kriegsgefangenen", Göttinger Tageblatt vom 27.10.1950. Druckfehler wurden korrigiert.
[390] A.a.O.

wenn die UdSSR, anders als das Deutsche Reich, diesem Vertrag nicht beigetreten war. Danach waren die Gewahrsamsstaaten von Kriegsgefangenen verpflichtet, für deren Unterhalt zu sorgen. Die Verpflegung musste bestimmte Normen erfüllen, persönlicher Besitz (nicht die Waffen) war den Gefangenen zu belassen. Gesunde durften zur Arbeit herangezogen werden, ausgenommen die Offiziere, jedoch nicht zu militärischen oder gefährlichen Tätigkeiten wie zum Beispiel dem Räumen von Minen. Schwerverwundete und Schwerkranke hatten Anspruch auf Entlassung nach Hause.

Das „Dritte Reich" blieb hinter solchen Maßstäben, die das Völkerrecht setzte und die einzuhalten es verpflichtet war, nicht nur zurück, sondern missachtete sie gegenüber gefangenen Angehörigen der Roten Armee planmäßig. In deutscher Gefangenschaft kamen 3,3 Millionen Sowjetsoldaten ums Leben. Wolfgang Benz resümiert: „Die Verbrechen an den sowjetischen Kriegsgefangenen fielen keineswegs nur der SS und der Gestapo zur Last. Sie waren zwar für die Massenerschießungen in den Konzentrationslagern zuständig, aber die Verantwortung für die gewollte Verwahrlosung, den beabsichtigten Hungertod, das Massensterben 1941/42 in den Kriegsgefangenenlagern traf vor allem die Wehrmacht, die sich in den nationalsozialistischen Ausrottungs- und Rassenkrieg hatte hineinziehen lassen."[391]

Eine von Mitleid bestimmte Behandlung der kriegsgefangenen deutschen Soldaten war nirgendwo zu erwarten, eine dem Völkerrecht entsprechende aber durchaus, weil selbstverständlich ein Unrecht das andere nicht rechtfertigt. Allerdings handelte die UdSSR gegenüber ihren deutschen Gefangenen nicht nach dem archaischen Rechtsgrundsatz „Auge um Auge, Zahn um Zahn", vergalt also Gleiches nicht mit Gleichem, auch wenn sie die völkerrechtlichen Standards nicht einhielt – oder nicht einhalten konnte. Beim Vorwurf der unzureichenden Ernährung der Kriegsgefangenen muss zum Beispiel der Umstand einbezogen werden, dass auch die russische Zivilbevölkerung in den ersten Jahren nach 1945 als Folge des Krieges darbte. Die deutschen Gefangenen in Russland wurden somit zum Teil auch Opfer der von ihnen selbst zuvor angerichteten Verwüstungen und Massaker. Dass die Gefangenen zum Wiederaufbau eingesetzt wurden, ist ebenso verständlich wie grundsätzlich das Bemühen, unter den Gefangenen Kriegsverbrecher ausfindig zu machen und zu bestrafen. Solche befanden sich zweifellos unter ihnen. Ohne Unterstützung von Seiten der Deutschen und mit den Methoden stalinistischer Gerichtsbarkeit war letzteres jedoch wenig erfolgreich und nicht rechtsstaatlich zu bewerkstelligen.

---

[391] Benz, Wolfgang/Schardt, Angelika 1955: S. 9.

Alles in allem gab es also, wenn man nicht den historischen Zusammenhang ausblendete, keinen Anlass, sich in Deutschland, also auch in Duderstadt, bei der Kriegsgefangenenfrage gegenüber der Sowjetunion moralisch anklagend auf eine hohe Richterbank zu setzen. Der Vorwurf der kalten Grausamkeit oder gar der Bestialität, ohne die eigenen, die deutschen, alles andere an Inhumanität übertreffenden Verbrechen einzubeziehen und zu bedenken, war überaus selbstgerecht. Davon hob sich 1955 der Sozialdemokrat Carlo Schmid ab, der mit der Adenauer-Delegation nach Moskau gereist war und dessen in einer festgefahrenen Verhandlungssituation an die sowjetische Führungsspitze gerichteten Worte Wolfgang Benz so zusammenfasst: „Er [Carlo Schmid] spreche als Vertreter der Opposition, als Gegner Adenauers in wichtigen Grundfragen, und er wolle vorausschicken, dass im Namen des deutschen Volkes am russischen Volk Verbrechen begangen worden seien, wie vielleicht nie in der Weltgeschichte. Es sei daher für jeden Deutschen beschämend, etwas für Deutschland von Menschen zu erbitten, die Opfer deutscher Verbrechen geworden sind. ‚Aber es gibt Situationen, in denen man aus Gründen der Menschlichkeit auch dann um etwas bitten muss, wenn diese Bitte für einen beschämend ist.' Er rufe darum nicht die Gerechtigkeit an, sondern appelliere an die Großherzigkeit des russischen Volkes: ‚Lassen Sie Gnade walten, und lassen Sie diese Menschen zurückkehren zu denen, die auf sie warten, die seit mehr als zehn Jahren auf sie warten. Hinter dieser Bitte steht das ganze deutsche Volk.'"[392]

Auch in Duderstadt ersehnte man selbstverständlich die Heimkehr der Kriegsgefangenen; darüber hinaus jedoch dachte, sprach und schrieb man zu Beginn der fünfziger Jahre wesentlich anders als Schmid. Am 24. April 1950 traf Wilhelm Lüder als Heimkehrer aus sowjetischer Kriegsgefangenschaft, zuletzt in einem Zwangsarbeitslager bei Karaganda in Mittelasien[393], in Duderstadt ein. Zwei Tage darauf berichteten die Lokalzeitungen in großer Aufmachung über sein Schicksal. „Das war die Hölle – Als deutscher Kriegsgefangener unter russischen Berufsverbrechern", titelte das Göttinger Tageblatt in seinem Duderstädter Lokalteil.[394] Die Südhannoversche Volkszeitung schrieb: „Sie waren 450 russische Verbrecher und 50 deutsche Gefangene in einem Lager. Unter den 450 war ein Mann mit 48 Morden, waren Diebe, Politische und Bandenmitglieder. 450 Figuren, Abschaum aus unzähligen sowjetischen Völkerschaften; und unter diesen die 50 Deutschen, die zu Zwangsarbeit verurteilt waren. Wegen nichts."[395]

---

[392] Benz, Wolfgang/Schardt, Angelika 1995: S. 23.
[393] In Kasachstan.
[394] Göttinger Tageblatt, 26.4.1950.
[395] „Weit war der Weg zurück …", Südhannoversche Volkszeitung am 26.4.1950.

Das war reine Schwarz-Weiß-Malerei, die Einteilung von Menschen in zwei Gruppen, in Gute und Böse, in unschuldige Deutsche und in sowjetische Verbrecher. Diese allgemeinen Schuld- und Unschuldszuweisungen sind hier natürlich im Einzelfall nicht nachzuvollziehen, aber in dem Artikel finden sich doch zwei Hinweise darauf, dass manches auch anders gewesen sein könnte. Wilhelm Lüder selbst war nämlich keineswegs wegen nichts, sondern wegen Medikamentendiebstahls zu fünfzehnjähriger Arbeitslagerhaft verurteilt worden. Das war eine solcher Tat völlig unangemessene Strafe, auch wenn sie dann nur bis 1950 dauerte. Außerdem: Unter den im Arbeitslager inhaftierten „Russen" waren Lüder zufolge auch „Politische", also nach unserem Verständnis keine Kriminellen. Man darf daher annehmen, dass viele der als „Abschaum" bezeichneten angeblichen „Verbrecher" tatsächlich Opfer des Stalinismus waren.

Das Bemerkenswerte an den Zeitungsberichten über die Heimkehr des Rudolf Lüder ist für uns heute, neben seinem Schicksal, vor allem der Umstand, dass in dem, was er sagte, das alte, kollektive und vorurteilsvolle Russlandbild der Deutschen immer noch bewahrt war und dass diese Sichtweise von den Zeitungen völlig distanzlos übernommen und der Leserschaft vorgetragen wurde. Sowjetische Völkerschaften – schon das war für die Leser damals als besonders negativ zu verstehen, denn schließlich war es ihrem Verständnis nach und viel beschworen, die antichristliche und kollektivistische Sowjetunion, welche die Werte des Abendlandes bedrohte.

Nicht verschwiegen wird, dass Deutsche sich untereinander zum Teil auch unkameradschaftlich verhielten. Aber das änderte an der Verteilung der Rollen von Gut und Böse und an der berichteten Gefährdung der einen durch die anderen nichts, jedenfalls dann nicht, wenn man dem Spätheimkehrer la Roche folgt. Im August 1950 sprach er in der evangelischen St.-Servatius-Kirche in Duderstadt „vor einer großen Schar interessierter Zuhörer" über seine Gefangenschaft in Russland. „Eindringlichst" schilderte er dabei unter anderem, „russisch-asiatische Gefühlsrohheit sei zu einer Gefahr auch für das Denken der deutschen Kriegsgefangenen geworden".[396]

„Bestialität" (Möhle), „Abschaum aus unzähligen sowjetischen Völkerschaften" (Lüder) und „russisch-asiatische Gefühlsrohheit" (la Roche) – aus solchen Worten, aus solchen von den Zeitungsredaktionen mitgetragenen Einstellungen springen den Leser Teile der nationalsozialistischen Rassenlehre geradezu an – der Dünkel Deutscher gegenüber den vermeintlich primitiven Untermenschen der Völker im Osten. Solche rassistisch ausgeprägte Überheblichkeit, ungeachtet aller deutschen Barbarei, war also nach

---

[396] „Heimkehrer erzählte", Göttinger Tageblatt am 4.8.1950.

dem Ende der Nazi-Zeit in Duderstadt immer noch feststellbare und öffentlich verbreitete Denkweise. Diese steigerte sich bis zu religiöser Verklärung der deutschen Kriegsgefangenen in einer Christusanalogie. In einer Gedenkfeier des Verbandes der Heimkehrer in Duderstadt sprach 1953 der schon erwähnte Spätheimkehrer Möhle vor Vertretern der Kirchen, der Stadt- und Kreisverwaltung, der Polizei und vor Heimkehrern über das Schicksal der deutschen Kriegsgefangenen in der Wiedergabe der Südhannoverschen Volkszeitung so: „In ihrem Leid hat sich das geschichtliche Unglück unseres Volkes zur Erhabenheit ewiger Größe verklärt; als der große Schmerzensmann, dem sich die Dornenkrone eines namenlosen Opferganges tief in die Stirn eingedrückt hat, wird das Bild des deutschen Kriegsgefangenen in die Geschichte unseres Volkes eingehen."[397]

Die drei genannten Spätheimkehrer und ihre beifälligen Zuhörer in Duderstadt waren damals somit ihrerseits Gefangene – in einem geistigen Sinn: Sie waren gefangen im Netz der eigenen alten Vorurteile und Feindbilder, orientiert an Unwirklichem[398] und dadurch ohne die Freiheit, offen zu sein für kreative Lösungen eines friedlichen Miteinanders mit den Menschen der östlichen Nachbarvölker, die im Kalten Krieg ihrerseits eingebunden waren in Machtinteressen und Machtstrukturen eines anderen gesellschaftlichen Systems.

Als die Sowjetunion 1955 die letzten deutschen Kriegsgefangenen freiließ, kamen mehrere von ihnen in den Landkreis Duderstadt und wurden offiziell begrüßt und mit einem „Ehrengeschenk"[399] bedacht. Zwar wurden auch die äußerst harten Bedingungen ihrer Gefangenschaft erwähnt, aber nunmehr ohne hinzugefügte antibolschewistische und rassistische Propaganda. Freude über die Heimkehr war das bestimmende Gefühl.

So intensiv sich Duderstadt mit dem Schicksal der deutschen Kriegsgefangenen beschäftigt und es beklagt hatte, so sehr umhüllte es Kriegsverbrechen der deutschen Wehrmacht, in den letzten Kriegswochen in Duderstadt an ausländischen Kriegsgefangenen begangen, mit Schweigen. Zu Tausenden wurden von Schlesien her gefangene Soldaten mehrerer Nationen vor der heranrückenden Roten Armee im Winter 1945 zu Fuß als Elendszüge nach Westen getrieben. Eines der Durchgangslager war in der Duderstädter Ziegelei Bernhard eingerichtet, wo viele an Erschöpfung oder

---

[397] „Den gemeinsamen Lebensweg mitgehen", Südhannoversche Volkszeitung am 23.10.1953.

[398] Vgl. Mitscherlich (1968): S. 16.

[399] „Mit Heinrich Aschoff auf der Heimfahrt", Göttinger Tageblatt am 11.10.1955.

Krankheit starben oder erschossen wurden. Mehr als 40 Gräber von Kriegsgefangenen wurden auf dem Stadtfriedhof angelegt, aber nur eines davon wurde von Kindern würdig gepflegt. Ein englischer Offizier bemängelte nach dem Krieg den Zustand der Grabstätten und dass sie nicht mit Kreuzen versehen waren.

Die Gefangenenzüge zu Beginn des Jahres 1945 waren in Duderstadt unübersehbar gewesen. Der Stadtarchivar nahm sie mit einem Satz in seine Notizen für ein dann nie verfasstes Duderstädter Kriegstagebuch auf.[400] Aber dennoch blieben sie außerhalb des allgemeinen Wahrnehmungs- und Erinnerungshorizonts in Duderstadt. Die Aufmerksamkeit war auf das Schicksal von Deutschen fokussiert, aber nicht auf Opfer der Deutschen ausgerichtet. In der 1979 von der Stadt Duderstadt herausgegebenen Stadtchronik werden die Kriegsgefangenen im Lager Bernhard nicht erwähnt, ebenso nicht in dem 1992 erschienenen umfangreichen Buch über die Geschichte der Stadt Duderstadt von 1929-1949. Erst in den letzten Jahren hat der Verein Geschichtswerkstatt Duderstadt, nach einem Hinweis hinter vorgehaltener Hand aufmerksam geworden, Recherchen in englischen und amerikanischen Archiven durchgeführt und dabei zahlreiche Dokumente zum Kriegsgefangenen-Durchgangslager in der Ziegelei Bernhard gefunden. Doch bei diesen Recherchen handelt es sich bislang nur um die Anfänge einer Erforschung der Geschichte dieses Lagers.

---

400 Stadtarchiv Duderstadt: DUD2 Nr. 25075

07.2 Das Denkmal des Gymnasiums und der Friedensglobus

Der Friedensglobus vor dem militaristischen Ehrenmal für die gefallenen Lehrer und
Schüler des Duderstädter Gymnasiums 2012

Das Gedenken der Gefallenen der beiden Weltkriege ist nicht nur bloßes Erinnern an die Toten, sondern zugleich Ausdruck politischer Einstellungen. Im Geiste von Nationalismus und Revanchismus errichtete der Verein ehemaliger Lehrer und Schüler des Duderstädter Gymnasiums 1923 ein Gefallenen-Ehrenmal vor dieser Schule. Nach dem Zweiten Weltkrieg wurden dem martialischen Ort die Namen der zwischen 1939 und 1945 gefallenen Schüler und Lehrer hinzugefügt. Die Geschichtswerkstatt setzte 2012 ein Zeichen für den Frieden vor das alte Denkmal.

Nach dem Sieg des „Dritten Reiches" im Krieg gegen das überfallene Polen veröffentlichte der katholische Feldbischof in der Deutschen Wehrmacht, Rarkowski, am 18.10.1939 ein Hirtenschreiben, in dem er der auf der deutschen Seite ums Leben gekommenen Soldaten gedachte;

„Höchstes irdisches Heldentum haben diese Gefallenen errungen. Sie sind würdig geworden des unverwelklichen Lorbeers. Nichts menschlich Großes und Schönes fehlt ihrer Hingabe für Deutschlands Ehre und Zukunft. Und dieses Sterben war nicht nur menschlich schön und erhaben. Es bleibt nicht im Raume des Irdischen, sondern ragt hinein in eine höhere Region. Es ist ein heiliges Sterben, denn diese Gefallenen hatten ja alle ihren Kriegsdienst geweiht und geheiligt durch den Fahneneid und so ihren Lebenseinsatz eingeschrieben in die Bücher Gottes, welche aufbewahrt werden in den Archiven der Ewigkeit." [401]

Damit entfernte Bischof Rarkowski sich weit von der christlichen Lehre, etwa in der Bergpredigt. Er überhöhte die nationalsozialistische Kriegspropaganda und Heldenverehrung schwärmerisch um die Dimension des Transzendenten. Das erscheint heute schwer erträglich, kann doch bei der Erinnerung an diese Kriegstoten menschliches Mitgefühl und Trauer, auch Verzweiflung und Wut angemessen sein, aber nicht die Glorifizierung ihres Sterbens, nicht die Lüge von einem schönen und erhabenen Tod und der guten, gerechten Sache, für die sie kämpften.

Ein Ort des Gedenkens der Kriegstoten in Duderstadt ist das Ehrenmal zur Erinnerung an die in zwei Weltkriegen um ihr Leben gekommenen Lehrer und Schüler des Gymnasiums in der Christian-Blank-Straße. Es wurde 1923 vom Verein seiner ehemaliger Lehrer und Schüler gestiftet. Der Hauptstein trägt einen Vers des römischen Dichters Horaz als Inschrift: Dulce et decorum est pro patria mori – also: Es ist süß und ehrenvoll, für das Vaterland zu sterben. Dazu, das Christliche und das Nationale eng ver-

---

[401] Abgedruckt in Prolingheuer, Hans / Breuer, Thomas 2005: S. 204.

bindend, ein Kreuz mit Trauerflor und darüber ein Adler, der einen Lorbeerkranz im Schnabel trägt. Der lateinische Text wird auf einem Stein daneben in deutscher Sprache ergänzt durch den Zusatz „Den Lebenden zum Vorbild" und durch Bronzetafeln mit den Namen der Toten. In solcher Gestalt bewahrt das Ehrenmal nicht allein die Erinnerung, sondern es drückt politische Instrumentalisierung der Gefallenenehrung aus, wie sie in Preußen seit 1813 zur Tradition wurde[402] – die beispielhafte Heraushebung eines vorbildlich heldenhaften Opfertodes für das Vaterland, welches repräsentiert wurde durch Staat und Kirche.

Die Feierlichkeiten zur Einweihung dieses Ehrenmals 1923 waren umfangreich.[403] Bewusst und symbolträchtig hatte man dafür die beiden ersten Tage im September gewählt. Der 2. September war nämlich im Kaiserreich der Sedantag gewesen. In der Weimarer Republik als Feiertag abgeschafft, war er zuvor jährlich militaristisch-pompös als Tag des Sieges über den „Erzfeind" Frankreich im Krieg von 1870/71 begangen worden. Schon diese Terminwahl für die Einweihung des Denkmals lässt annehmen, dass viele der damals maßgeblich Beteiligten kaum zu denjenigen zu rechnen sind, die bereit waren, die militärische Niederlage Deutschlands im Ersten Weltkrieg und den Versailler Vertrag anzuerkennen, dem säbelrasselnden Groß- und Weltmachtwahn des Kaiserreiches abzuschwören und die junge deutsche Republik nach Kräften zu stützen.

Der das Denkmal stiftende Gymnasialverein hatte als Hauptredner des Begrüßungsabends am 1. September den General a. D. von Oven aus Göttingen geladen. Der sprach sich gegen das „Scheinideal" Freiheit, Gleichheit und Brüderlichkeit aus. Er nannte diese demokratischen Grundsätze „Truglehren" der französischen Revolution und westlicher Demokratien und trat stattdessen ein für „Bindung und Hingabe an das Ganze", für „Führerschaft und Gefolgschaft, Autorität und Unterordnung", gegen Internationalismus und Pazifismus als Folge der unseligen „Irrlehre der Völkerverbrüderung, die unserem Volk das nationale Blut aussaugt". Denn ein Volk, „dem angetan wird, was wir jetzt wehrlos hinnehmen müssen an Schmach und Schmutz, an Bosheit und Verleumdung, Schändung, Raub und Mord, ein solches Volk soll nicht, wie in unserer Verfassung zu lesen steht, zur Völkerversöhnung erzogen werden, sondern zum heiligen nationalen Hass und zur Wehrhaftigkeit für den Kampf der Freiheit und der Rache." Seine Hoffnung setzte von Oven dabei vor allem auf die junge Generation, dies in dem Glauben, „dass unser deutsches Volk, das von Gott geschlagene und

---

[402] Vgl. Kruse, Kai und Kruse, Wolfgang (1994): S. 91 ff.
[403] Siehe dazu Bormann, Irene (2001): S. 183 ff.

geschmiedete, dazu ausersehen ist, dermaleinst im Gewühl und Gewirr der Völker ein Führer der Menschheit zu werden in ihrem Streben nach höheren, helleren Zielen und Zeiten."[404] – Der Duderstädter Gymnasialverein hatte also einen Nichtdemokraten, einen Verfassungsfeind, Hassprediger und Wegbereiter des Nationalsozialismus zu seiner Festversammlung eingeladen. Dabei dürfte der Redner, wie Irene Bormann in ihrer Darstellung der Geschichte des Duderstädter Gymnasiums feststellt, die damalige Befindlichkeit vieler seiner Zuhörer getroffen haben: Hinweise auf Kritik an seiner Rede gebe es nicht.[405]

Am nächsten Tag, bei der Enthüllung des Denkmals, sprach der ehemalige Schüler des Gymnasiums und General a. D. von Schütz. Er erklärte in seiner Rede: Wir dürfen der Gefallenen „nicht unwert werden und müssen kämpfen um Erhaltung und Wiederherstellung ihres Erbes. Deutschland muss leben, und wenn wir sterben müssen."[406]

Der Schulleiter Dr. Atzert setzte wesentlich andere Akzente, ausdrücklich „als vom Staat bestellter Hüter dieser Anstalt". Zwar betonte auch er aus nationaler Gesinnung den Einsatz für Volk und Vaterland, aber des Horaz-Verses ungeachtet glorifizierte er den Krieg und den Soldatentod nicht, sondern wies im Gegenteil nachdrücklich auf das Grauen und das Leid hin, welches der Weltkrieg über die Kämpfer gebracht habe. Er redete auch nicht von Hass und Vergeltung, vielmehr sprach er im Gebet: „Herr, blicke gnädig herab auf ein flehendes, betendes Volk – mache es groß und stark, Deine Wege zu wandeln, die Wege der Ehrbarkeit, der Zucht und des Rechts, die Wege der alles überwindenden, lebenbeglückenden Liebe."[407]

Die Sedan-Tradition war auch 1953 noch lebendig, als am ersten Septemberwochenende der 30. Jahrestag der Denkmalseinweihung begangen wurde, und zwar vom Verein ehemaliger Schüler und dem Kriegerverein gemeinsam mit den damaligen Schülern und Lehrern. Die Erinnerungsfeier begann am Vorabend mit einer „Patriotischen Veranstaltung"[408]. Redner auch dieses Abends war der bereits erwähnte frühere General von Oven. Mit militärischem Zeremoniell ging es am nächsten Morgen weiter. Der Kriegerverein sammelte sich in der Jüdenstraße und zog mit Kriegsveteranen und mit Militärmusik zum Denkmal. Dort eröffnete der Schülerchor die

---

[404] Zitiert nach Bormann (2001): S.188 ff.
[405] A.a.O., S. 191.
[406] A.a.O. S. 193.
[407] Zitiert nach Bormann (2001): S.192 f.
[408] „Deutschland muss sich besinnen", Südhannoversche Volkszeitung" am 5.9.1953.

Versammlung mit dem Lied „Wir treten zum Beten".[409] Aussage dieses Liedes ist: Gott ist mit uns gegen unsere Feinde. Nach der Feier vor dem Denkmal des Gymnasiums zogen die Versammelten weiter zum entfernten Sedan-Denkmal, um auch dort Kränze niederzulegen. – Zwei Wochen später, bei einem Treffen der Ehemaligen des Duderstädter Gymnasiums, wurde eine Erweiterung des Denkmals eingeweiht. In der Schulaula fand ein Festakt statt. Willkommensgrüße von Oberkreisdirektor Dr. Gleitze galten den Vertretern der verschiedenen Organisationen, „darunter der mit der alten Reichskriegsflagge angetretenen Marine-Kameradschaft".[410] Eine Distanzierung von dieser Gruppe, die also mit einem im Kaiserreich entstandenen Symbol des deutschen Militarismus auftrat, blieb aus. Eine allgemeine Empörung gab es nicht. Das alte, unheilvolle Denken war keineswegs überwunden.[411]

Im Jahr 1958 wurde dann das einen militaristisch-revanchistischen Geist ausstrahlende Denkmal vor dem Gymnasium um 250 Namen der Kriegstoten der Schule im Zweiten Weltkrieg erweitert, ohne die sonstige martialische Inschrift zu ändern. Es ist aber nicht davon auszugehen, dass der Horaz-Spruch vom süßen und ehrenvollen Tod der Soldaten für das Vaterland dabei einfach übersehen worden war. In den 1950er Jahren wurde er in Duderstadt durchaus noch für angemessen gehalten bei der Erinnerung an das Sterben deutscher Soldaten in zwei Weltkriegen. Das belegt die Rede des Vertriebenenfunktionärs Weinrich bei einer vom Volksbund Deutsche Kriegsgräberfürsorge veranstalteten Feier zum Volkstrauertag 1951. Weinrich zitierte den Horaz-Spruch und verband damit die Bemerkung, die deutschen Soldaten seien ehrenvoll für ihr Vaterland in den Tod gegangen. Ihnen sei in tiefer Ehrfurcht eine Dankesschuld abzustatten.[412]

Unter der Zwischenüberschrift „Sie gaben ihr Leben für uns" berichtete 1958 die Presse über die Feierstunde am Ehrenmal. Oberstudienrat Kleine habe davon gesprochen, „dass das deutsche Volk zu einem gesunden Nationalbewusstsein zurückfinden und dass es insbesondere seine Gefallenen ehren müsse, wenn es sich nicht selbst aufgeben wolle. Gerade deshalb habe die Vereinigung das Ehrenmal nach 1945 aus dem Aschenbrödeldasein her-

---

[409] A.a.O.

[410] „Ewig bleibt der Toten Totenruhm", Göttinger Tageblatt am 15. September 1953.

[411] Heute noch ist die Reichskriegsfahne mit den Farben Schwarz-Weiß-Rot in der Neo-Naziscene als Symbol und Erkennungszeichen beliebt.

[412] Bildunterschrift im Göttinger Tageblatt am 20. Februar 1951 statt eines Berichts über die Gedenkfeier zum Volkstrauertag, der damals zu dieser Zeit begangen wurde.

ausgeholt und bewusst in den Blick der Öffentlichkeit gestellt. Man verneige sich in Ehrfurcht vor der seelischen Größe der Toten, die ihr Letztes, ihr Leben für Volk und Vaterland gegeben haben. Das Lied vom guten Kameraden erklang. Kränze wurden niedergelegt.“[413] Der Redner, Oberstudienrat Kleine, das war jener Religionslehrer, der 1933 als katholischer Geistlicher und Nationalsozialist den Bund „Kreuz und Adler“ mitbegründet hatte – unter anderem zur Förderung des deutschen Nationalbewusstseins und zur Verbindung der Katholischen Kirche mit dem Nationalsozialismus. Um das Nationalbewusstsein, fußend auf soldatischem Denken und auf der Vorstellung von soldatischer Ehre, ging es ihm also weiterhin. Diese Feststellung lässt keinen Rückschluss auf die Schule insgesamt zu, sondern besagt nur etwas darüber, wie der alte Nationalsozialist Kleine dort nach 1945 als Lehrer wirkte und wie man ihn wirken ließ. Allerdings ist davon auszugehen, dass Kleine vor dem Denkmal weithin im Sinne der Versammelten sprach, gebrauchte er doch die in Duderstadt während der 1950er Jahre in der Regel üblichen und dabei nicht weiter begründeten Redewendungen – für das damalige Verständnis also Selbstverständlichkeiten: Sie gaben ihr Leben für uns; sie opferten ihr Leben für unser Volk; sie waren im guten Glauben für das Wohl der Ihrigen sich zu opfern bereit; sie waren Zeugen deutscher Treue und Vaterlandsliebe; wir dürfen nie ermüden, den gefallenen Helden für das Opfer ihres Lebens dankbar zu sein. Das sind, neben der Betonung der Aufgabe, den Frieden zu bewahren, die sich wiederholenden Formulierungen in den Berichten der Presse über Ansprachen bei öffentliche Gedenkfeiern nach 1945. Wenn allerdings das Sterben dieser Soldaten im Krieg für ehrenvoll gehalten wurde, dann kann auch der Krieg selbst nicht als Unrecht verstanden worden sein. Denn es kann nicht als ehrenvoll gefeiert werden, für die unrechte Sache gekämpft zu haben. Karl Jaspers schrieb: „Selbst das reine Gewissen beim unrechten Tun stellt nicht frei von Schuld.“[414]

Ein Wort aber fehlte in den Artikeln über Gefallenenehrungen zu dieser Zeit ausnahmslos: des Wort „Trauer“. Ausdruck der Trauer um die Toten wurde nicht erwähnt. Das kann allerdings nur auf den ersten Blick überraschen. Die erkennbare Absicht der Veranstaltungen zum öffentlichen Erinnern an die Kriegstoten war eben nicht, sich den Gefallenen voll mitfühlender Gedanken und mit dem Schmerz des erlittenen Verlusts zuzuwenden. Trauer über tote Soldaten hatte weder im militaristischen Preußen noch im

---

[413] Weiter zum Segen für Volk und Kirche, Göttinger Tageblatt am 8.9.1958; ähnlich berichtete die Südhannoversche Volkszeitung am 9.9.1958.
[414] Jaspers, Karl (1987): S. 44.

„Dritten Reich" zu den gewünschten und in der Erziehung zur Härte geförderten Empfindungen gehört. Auch diese Tradition wurde in Duderstadt nach 1945 beim Totengedenken fortgesetzt. Die Gefallenen wurden zu Heroen aufgerichtet und für die politische Absicht einer neuen deutschen Identitätsfindung im Sinne alter Werte instrumentalisiert. Das erforderte aber nicht Trauer, sondern das Erinnern an Helden. Es verlangte eine das historisch Geschehene gewaltsam verbiegende positive Sinngebung für ihren Tod. Der durfte deshalb nicht als das erscheinen, was er gewesen war: Sterben im Gemetzel, Einsatz des Lebens für den kriminellen Staat, Opfer der eigenen Existenz für die falsche, für eine verbrecherische Sache. Denn auf solcher Sichtweise ließ sich kein „gesundes Nationalbewusstsein" gründen.

Die Idealisierung der ums Leben gekommenen Soldaten zu Helden, das Erinnern an sie in der Form des Heldengedenkens verstellte den Blick auf ihre Person und wurde ihnen damit als Menschen nicht gerecht. Das legt jedenfalls das Schicksal des Studienrats Laermann nahe. Bis zu seiner Einberufung zur Wehrmacht unterrichtete er am Duderstädter Gymnasium Mathematik und Physik. Seine Abberufung bereitete der Schule Schwierigkeiten, den Unterricht in diesen Fächern aufrecht zu erhalten. Am 14.6.1944 schrieb Laermann von der „Mittelostfront" an den Schulleiter und berichtete über seinen Kriegseinsatz. Er teilte mit, für die meisten in seiner Einheit gingen die gestellten Anforderungen bis an die Grenze des Möglichen. Sein eigentliches Anliegen aber war, vom Kriegsdienst freigestellt zu werden – als für den Unterricht am Duderstädter Gymnasium unabkömmlich. Er schrieb daher weiter: „Mein Standpunkt in der bewussten Frage ist folgender: Wenn Sie glauben, im Interesse der Anstalt etwas in dieser Richtung unternehmen zu können, werde ich natürlich nicht dagegen sein."[415] Die Form, das Interesse der Schule voranzustellen, ist in diesem Brief vornehm gewahrt und verbirgt doch nicht die Not des Schreibenden und seine Suche nach einem Weg der Rettung aus dem Kriegsdienst. Die Bemühungen blieben jedoch ohne Erfolg. Laermanns Name steht auf einer der Bronzetafeln des Denkmals.

Das Gedenken an die Gefallenen der Kriege dazu zu missbrauchen, die alten Ideale, die verhängnisvollen Denkweisen weiterwirken zu lassen, und sei es unterschwellig, ist zugleich als ein schwerwiegendes Versagen gegenüber der nachfolgenden Generationen zu verstehen. Junge Menschen haben ein Recht darauf, dass die Älteren sie in einem Vorgang, den wir als Erziehung und Bildung bezeichnen, in die Schätze der Kultur, das erreichte Können und Wissen, in die Erfahrungen der Zivilisation einführen. Durch

---

[415] Zitiert nach Bormann 1994, S. 178.

das Denkmal vor dem Gymnasium und die dort abgehaltenen Feiern wurde jungen Menschen in Duderstadt eine falsche Orientierung vermittelt: Es war eine falsche, die Verbrechen verdrängende Deutung der Geschichte des Zweiten Weltkrieges und damit des „Dritten Reiches" überhaupt. Es wurden moralische Werte weitergegeben, die mit denen des Christentums und des europäischen Humanismus nicht vereinbar waren. Eine derartige Erziehung musste – soweit die Jungen nicht durchschauten, wie ihnen geschah – der nachwachsenden Generation erschweren, politische Gegebenheiten der Nachkriegszeit richtig einzuordnen und zu verstehen und sich entsprechend angemessen zu verhalten. Das Verdrängen, Verschweigen und Leugnen musste aber auch zu Konflikten mit denjenigen unter den jungen Menschen führen, die sich zu Recht um etwas betrogen fühlten, das ihnen zustand, und die sich auflehnten gegen das Leugnen und Beschweigen der deutschen Schuld in den Jahren des „Dritten Reiches".

Beispiel für einen solchen Konflikt ist die „Schändung" des Denkmals vor dem Gymnasium im Jahr 1968. Auch Duderstadt wurde von der 68er-Bewegung nicht ausgelassen. Das Göttinger Tageblatt berichtete: „In der Nacht zum zweiten Weihnachtstag wurde in Duderstadt eine scheußliche Tat begangen. Bisher unbekannte Personen besudelten das Gefallenen-Ehrenmal am Gymnasium mit roter (!) Farbe und schrieben auf den mittleren Sockel: ‚Nicht töten – denken'. Oberkreisdirektor a. D. Dr. Gleitze, Vorsitzender des Vereins ehem. Schüler des Gymnasiums, und Oberstudiendirektor Licher haben gegen ‚Unbekannt' Strafantrag gestellt. Dr. Gleitze sagte, er empfinde tiefsten Abscheu über eine solch verruchte Tat. Sie sei eine Verunglimpfung der toten Soldaten und der schon zum Teil verstorbenen Erbauer des Denkmals. Ähnlich und mit bisweilen noch schärferen Worten äußerten alle Duderstädter ihre Empörung über die Denkmalsschändung. Die rote Farbsudelei ist mit chemischen Mitteln nicht zu beseitigen, so dass die Wiederherstellung des Ehrenmals mit hohen Kosten verbunden sein wird. Göttinger Kriminalbeamte haben gestern die Ermittlung der Täter aufgenommen."[416]

Die allgemeine öffentliche Empörung unterschied demnach nicht zwischen Form und Inhalt des auf den Stein des Denkmals geschriebenen Protests. Beides gemeinsam machte die „scheußliche Tat" aus. In die Beurteilung der Form, also der Sachbeschädigung, muss einbezogen werden, dass die polizeilich gesuchten Täter in Duderstadt kaum eine andere Chance hatten, ihrem Widerspruch gegen die Aussage des Denkmals, das die vorherr-

---

[416] „Ehrenmal am Gymnasium geschändet", Göttinger Tageblatt vom 27.12.1968.

schenden Denkweisen repräsentierte, öffentliche Aufmerksamkeit zu verschaffen. Aufsehen hatten sie nun zwar erreicht, aber Gehör war ihnen deshalb doch nicht vergönnt. Dem zugleich kommentierenden Bericht des Tageblatt-Redakteurs zufolge wurde der Inhalt ihres Widerspruchs nämlich nicht im Geringsten als berechtigt oder zumindest als überdenkenswert und diskussionswürdig verstanden. Es wurde somit keine kritische Aufarbeitung des deutschen Nationalismus und Militarismus sowie der NS-Zeit in Duderstadt angestoßen, sondern nur Empörung ausgelöst. Die Worte „Nicht töten – denken" am Ehrenmal waren gleichsam ein Aufschrei, der unverstanden verhallte.

Der Vorfall hatte noch ein Nachspiel. Ein Redakteur der Schülerzeitung wagte die Besudelung des Denkmals in einem Artikel zu würdigen. Eine ehemalige Schülerin erinnerte sich als Zeitzeugin daran: „Am Gymnasium zu Duderstadt ging es nicht um die Täter dieser Farbschmierereien, sie sind meines Wissens gar nicht gefasst worden, vielmehr schoss man sich auf einen Redakteur der Schülerzeitung ein […]. Als Disziplinarmaßnahme wurde dieser Schüler nicht etwa der Schule verwiesen, vielmehr bekam dieser Schüler Schwierigkeiten mit dem Konvikt, in dem er untergebracht war, weil er nicht aus Duderstadt stammte. Wegen dieses und weiterer Schülerzeitungsartikel wurde ihm das Leben so schwer gemacht, dass er einige Zeit in der Familie eines Lehrers, der sich mit ihm solidarisch zeigte, Zuflucht suchte."[417]

Das Konvikt war ein Heim für auswärtige Schüler, die in Duderstadt zur Schule gingen. Es pflegte enge Beziehungen zum Gymnasium. Trägerin war die katholische Kirche. Die Verwicklung dieser Anstalt in die Affäre und der Umstand, dass sich kein öffentlicher Widerspruch gegen die allgemeine Verurteilung dieses Kriminalfalls erhob und ohne dass der inhaltliche Aspekt der sachbeschädigenden Meinungsäußerung Beachtung fand, erweitert das Bild von den damals vorherrschenden Ansichten und unduldsamen Verhaltensweisen. Für die Zeit von 1958, also der erwähnten Ansprache Kleines, bis 1968 wird damit in Duderstadt, was die Wahrnehmung und das Verständnis des Ehrenmals auf dem Grundstück des Gymnasiums betraf, kein Erkenntnisfortschritt sichtbar.

Das Denkmal blieb für seine Kritiker weiterhin ein Stein des Anstoßes. Als Ehrenmal zur Erinnerung an die namentlich genannten Kriegstoten und als Zeugnis des Denkens in den vergangenen Jahrzehnten war es zu erhalten. Aber ausgerechnet vor einer Schule stehend, die doch ihren Schülerinnen und Schülern ganz andere Werte vermitteln soll als Nationalismus und

---

[417] Zitiert nach: Bormann, Irene (2001): S. 422.

das Vorbild des Heldentodes, war das Denkmal keineswegs unkommentiert im Stadtbild hinzunehmen. Während der Friedensdemonstrationen zu Beginn der 1980er Jahre wurde auf das militaristische und den Zweiten Weltkrieg als Kampf für das Vaterland rechtfertigende Denkmal im Stadtbild hingewiesen, danach über die Jahre hinweg immer wieder einmal in Leserbriefen und in Schreiben an die Stadt Duderstadt und an Abgeordnete des Kreistages Göttingen seine Änderung gefordert. Niemand von den politisch Verantwortlichen reagierte darauf. Am 8. Mai 2012 schließlich stellte der Verein Geschichtswerkstatt Duderstadt mit Genehmigung des Landkreises Göttingen bei dem Denkmal einen Friedensglobus auf. Entworfen und aus einem Steinquader herausgehauen hat ihn Udo Lange-Hesse. Dem Eckigen und Kantigen, der Ideologie des nationalistisch Heroischen wurde die runde Form eines zweiten Denkmals hinzugefügt. Die steinerne Erdkugel zeigt reliefartig herausgehoben die Konturen der Ozeane und Kontinente und Tauben, die, je in einer anderen Sprache, ein Band mit dem Wort „Frieden" im Schnabel tragen.

Mit dem Globus war also dem Denkmal des Gymnasiums ein massives Friedenszeichen hinzugefügt. Dem Ausdruck des alten Denkens wurde die Vision eines friedlichen Miteinander entgegengestellt, weit über den Bereich des Militärischen hinaus. Einer der Redner bei der Einweihungsveranstaltung sagte:

„Wir stellen den Friedensglobus mitten in unsere Welt. Er soll auch zu Fragen und zum Nachdenken über unsere Zeit Anlass geben. Ich nenne einige solcher Fragen:

- Nach 1945 hieß es: ‚Nie wieder Krieg!' Wie kam es dazu, dass wir inzwischen wieder ein Krieg führendes Land sind? Wie können wir den Frieden wieder gewinnen?
- Wie ist es möglich, dass es in Deutschland einen so breiten Bodensatz neonazistischen Denkens gibt?
- Warum wird in Deutschland so viel Gewalt gegen Kinder ausgeübt?
- Warum legt unser Land so viel Wert auf den Waffenexport, selbst in Spannungsgebiete? Müssten wir das ändern?
- Schließlich: Leben wir verträglich im Hinblick auf die nachfolgenden Generationen, wenn wir weiterhin radioaktiven Müll produzieren und ihnen hinterlassen?

Jeder von Ihnen, den hier Anwesenden, ist in der Lage, die Reihe der Fragen, zu denen der Friedensglobus anregen kann, fortzuführen."

08 Die Illusionen der Heimatvertriebenen

Heute Wrocław, früher Breslau

Deutsche Überheblichkeit gegenüber den in der Zeit des „Dritten Reiches" als „Untermenschen" angesehenen und behandelten Polen ist nach dem zweiten Weltkrieg im Denken von Heimatvertriebenen in Duderstadt weiterhin auszumachen. Die Vertriebenen betonten das Recht auf Heimat und Rückkehr. Die Schuld der Deutschen gegenüber den Völkern in Osteuropa aber blendeten sie aus und waren deshalb trotz ausdrücklich proklamierten Friedenswillens zur Versöhnung jahrzehntelang nicht fähig.

Wer unterscheidet heute noch zwischen Einheimischen einerseits und Flüchtlingen sowie Vertriebenen aus den früheren deutschen Ostgebieten andererseits, wie es in der Nachkriegszeit geschah? Die aus ihrer Heimat Verstoßenen, in die Fremde Geworfenen, mit gleicher Sprache zwar, aber nicht mit offenen Armen aufgenommen, sondern voller Misstrauen und Ablehnung als unerwünschte Fremdlinge behandelt, hatten dies alles auszuhalten und sich in ihrer neuen Lage zurechtzufinden. Der Verlust von heimatlicher Geborgenheit und Sicherheit, das Unvertraute der neuen Umgebung und die materielle Not verstärkten den Wunsch, das Verlorene wiederzugewinnen, und nährten die Illusion einer möglichen Rückkehr. Daher handelten die Vertriebenen und ihre Verbände, in denen sie sich organisierten, mit dem Blick auf Vergangenes ohne Realitätssinn.

1950 und 1951 begingen die Heimatvertriebenen in Duderstadt jeweils im August einen „Tag der Heimat", um ihr „Recht" auf Rückkehr einzufordern. Der Hauptredner des Jahres 1950 benannte die vier Siegermächte des Zweiten Weltkrieges als die allein Verantwortlichen für die Vertreibung, und zwar durch das 1945 in Potsdam geschlossene Abkommen, welches die deutschen Gebiete jenseits von Oder und Neiße der polnischen bzw. sowjetischen Verwaltung unterstellt hatte. Das „Dritte Reich" als wahren Verursacher der Teilung Deutschlands in Bundesrepublik, DDR und die abgetrennten Ostgebiete erwähnte er nicht. Er schwieg zum kausalen Zusammenhang der Entfesselung des Zweiten Weltkrieges durch das nationalsozialistische Deutsche Reich und den Rechtssetzungen durch die Siegermächte in Potsdam. Wer, wie die Deutschen, einen Krieg begonnen hatte, um „Lebensraum", also fremde Länder zu erobern und die dort ansässige Bevölkerung zu versklaven, zu vertreiben oder umzubringen, der musste selbstverständlich damit rechnen, dass umgekehrt im Fall einer Niederlage die Sieger dem Besiegten ebenfalls harte Bedingungen auferlegen würden. Wer, wie auch die Ostdeutschen, seinen Teil zum Handeln des NS-Staats beigetragen hatte, konnte nicht überzeugend Rechte einklagen, die anderen zu belassen ihm nicht in den Sinn gekommen war, solange noch Siegeszuversicht ihn erfüllt hatte. Vor dem Duderstädter Rathaus ein Naturrecht der Vertriebenen auf ihre ostdeutsche Heimat zu reklamieren, war deshalb und außerdem von den bestehenden Machtverhältnissen her geschichtslos und irreal.

Die deutsche Schuld als Ursache der Vertreibung der Deutschen auszublenden, konnte kein tragfähiger Grund einer zukunftsträchtigen Politik sein. Dennoch bekräftigten die ehemaligen Danziger in Duderstadt 1950 ihren illusionären Glauben, „dass wir gemeinsam mit den anderen ostdeutschen Stämmen wieder in unsere Heimat zurückkehren".[418] Sie verbanden damit die Vorstellung, das Rad der Geschichte könne zurückgedreht und der frühere Zustand wieder hergestellt werden: „Danzig wird erst wieder Danzig werden, wenn der Danziger Mensch dahin kommt."[419]

Aber auch in der Gegenwart der Bundesrepublik Deutschland waren die Heimatvertriebenen zu dieser Zeit noch nicht gänzlich angekommen. Anfang August 1951 wurde der Tag der Heimat in Duderstadt als Großveranstaltung begangen. Mit Bussen und sogar einem Sonderzug reisten die Vertriebenen aus dem ganzen Kreisgebiet an und versammelten sich nach einem Umzug vor dem Rathaus zu einer Kundgebung. Hauptredner vor tausenden von Menschen war Regierungsdirektor Weinrich aus Duderstadt. Er betonte in seiner Ansprache die Bedeutung des deutschen Ostens für die christlich-abendländische Kultur. Dass deutsche Barbarei für den Verlust Ostdeutschlands verantwortlich war, erwähnte auch er nicht. Weinrich mahnte eine sozial gerechte Behandlung der Vertriebenen in der Bundesrepublik an und äußerte in diesem Zusammenhang weiter, „es müsse dafür gesorgt werden, dass die Demokratie nicht von der Gewinnsucht einzelner zu Fall gebracht werde, wie der nationalsozialistische Staat von der Herrschsucht einzelner zerstört worden sei"[420] Was er im Detail auch mit der Herrschsucht einzelner im NS-Staat gemeint haben mochte: Da er die Bundesrepublik Deutschland als Demokratie und den diktatorischen nationalsozialistischen Staat ohne weitere Unterscheidung in einem Atemzuge nannte, erscheint in seiner Rede das „Dritte Reich" als eine der Bundesrepublik vergleichbar akzeptable Form des Staates. Der Vertriebenenfunktionär Weinrich und jene seiner Zuhörer, die ihm zustimmten, lebten zwar in der Bundesrepublik, und dazu gab es für sie keine Alternative, aber in ihrem

---

[418] Das Recht auf die Danziger Heimat, Südhannoversche Volkszeitung am 5.9.1950.
[419] A.a.O.
[420] „Bekenntnis zur ostdeutschen Heimat", Südhannoversche Volkszeitung am 6.8.1951.

Denken hatten sie sich noch nicht klar vom nationalsozialistischen Staat distanziert. Mutmaßlich hatten sie, wie die Deutschen mit dem „Dritten Reich" allgemein, den NS-Staat an sich gar nicht als bedrückend empfunden und eben deshalb nur das von ihnen so verstandene Fehlverhalten Einzelner zu beklagen.

Am 5. August 1950 verkündeten die Vertriebenenverbände in Stuttgart die „Charta der deutschen Heimatvertriebenen"[421], die dann auch in Duderstadt feierlich verlesen wurde. In dieser Erklärung wurde die Vision eines geeinten Europa verkündet. Das klingt auf den ersten Blick sehr weitsichtig, wird dann aber sogleich geschmälert durch diesen in der Charta enthaltenen Aufruf: „Die Völker der Welt sollen ihre Mitverantwortung am Schicksal der Heimatvertriebenen als der vom Leid dieser Zeit am schwersten Betroffenen empfinden." Die Heimatvertriebenen als die am schwersten Betroffenen, das hieß, ohne hier Schicksal gegen Schicksal aufzurechnen, die Verfasser blendeten die Leiden vieler Opfergruppen des Nationalsozialismus in Europa aus; sie sahen hauptsächlich nur sich selbst.

Ferner hieß es in der Charta: „Wir Heimatvertriebenen verzichten auf Rache und Vergeltung". Von eigener Schuld war nicht die Rede. Auf Rache und Vergeltung zu verzichten, ist zunächst einmal, moralisch betrachtet, eine große Leistung. Dennoch ist auch dieser Satz anstößig durch seinen Kontext, in dem Fakten und Maßstäbe verschoben werden. Die Vertreibung der Deutschen aus ihren Ostgebieten war Reaktion auf die kriegerischen Untaten des „Dritten Reiches". Ralph Giordano hat daher diesen feierlich verkündeten Verzicht auf Rache und Vergeltung als Ausdruck „deutscher Anmaßung" verstanden. Er schrieb: Die Charta „rückt die Opfernationen Osteuropas in die Position von Schuldnern, die Täternation aber in die eines Gläubigers von Großmut und Verzeihen."[422]

Eine anmaßende Haltung von Heimatvertriebenen gegenüber den Polen lässt sich auch in Duderstadt feststellen. Zum Tag der Heimat 1958 lud der Kreisverband der Vertriebenen zu einem Lichtbildervortrag ein. Thema waren die Verhältnisse in Schlesien, insbesondere in Breslau. Die Presse berichtete darüber: „600 000 Menschen leben wieder in der schlesischen Hauptstadt, aber das Leben hat einen anderen Rhythmus angenommen, es ist ein Scheinleben geworden, das von den Sitten und Gebräuchen seiner jetzigen Bewohner geprägt wird. Keine Reparaturen werden mehr an Privathäusern unternommen. Sie verfallen und mit ihnen das Charakteristische ihrer früheren Umgebung. Als wartete dieses Land auf die Tatkraft seiner

---

[421] www.bund-der-vertriebenen.de/charta-der-deutschen-heimatvertriebenen.html.
[422] Giordano, Ralph (1987): S. 293.

ehemaligen Bewohner …"[423] Es war jedoch war überheblich, von größerer deutscher Tatkraft zu sprechen und den Zustand von Häusern den Sitten und Gebräuchen der neuen polnischen Bewohnern zuzuschreiben und nicht dem Umstand, dass sie eine Ruinenlandschaft vorgefunden hatten, dass es an Kapital und Baustoffen mangelte und es außerdem Unsicherheit darüber gab, ob sie wirklich würden bleiben dürfen. Nur das deutsche, so aber nicht mehr existierende Breslau wurde akzeptiert. Es ist inzwischen längst ersetzt durch das wieder aufgebaute polnische Wrocław voll pulsierenden Lebens.

Auch die Volkshochschule in Duderstadt stimmte in die Herabsetzung der Polen ein. Das Göttinger Tageblatt fasste die Tendenz eines Vortragsabends in der Überschrift zusammen: „Das sind polnische ‚Leistungen'. Die deutschen Ostgebiete verkommen unter polnischer Verwaltung."[424] Der Vorsitzende der Landsmannschaft der Schlesier in Duderstadt, Kurt Pause, beurteilte 1959 die von der Sowjetunion und Polen erhobene Forderung nach Anerkennung der Oder-Neiße-Linie als brutalen Landraub, ausgeübt von zwei Völkern, die ihre eigenen riesigen Landflächen nicht einmal richtig bewirtschaften können, in ihrer Gier aber kein Maß und Ziel kennen."[425]

Hochmut vieler Deutschen gegenüber den Polen hatte es schon lange gegeben. In der Zeit des „Dritten Reiches" wurde er gesteigert zu der Vorstellung von deutschen „Herrenmenschen" und polnischen „Untermenschen". Nach dem Ende der nationalsozialistischen Zeit wurden Polen weiterhin gering geschätzt. Das trug gewiss dazu bei, dass in Duderstadt in den zahlreichen Versammlungen der Vertriebenen auch im Jahr 1958 keine Überlegungen dazu angestellt wurden, was denn im Falle der geforderten Rückkehr in die alte Heimat mit den nunmehr in den ehemals deutschen Ostgebiete lebenden Menschen geschehen solle und ob nicht inzwischen dieses Land auch vielen Polen und Menschen aus der Sowjetunion zu ihrer Heimat geworden war, insbesondere denen, die dort geboren worden waren. Außer Acht gelassen wurde ferner der Umstand, dass viele Polen ebenfalls Heimatvertriebene waren, nämlich die polnischen Gebiete verlassen mussten, die der Hitler-Stalin-Pakt 1939 dem Machtbereich der UdSSR zugeschlagen hatte. Anstatt das gemeinsame Vertreibungsschicksal von Deutschen und Polen zu erkennen und als Basis für eine Verständigung zu nutzen, blendeten die Duderstädter Vertriebenen die Schicksale, Lebensbedingungen und Lebensrechte der Polen in den ehemals deutschen Ostgebieten

---

[423] Breslaus Anruf an die Deutschen, Südhannoversche Volkszeitung am 18.9.1958.
[424] Göttinger Tageblatt am 13.11.1958.
[425] „Auf dieses Land sollen wir verzichten?", Göttinger Tageblatt am 17./18. 1.1959.

aus. Sie wären auf diese Weise trotz des in ihrer Charta betonten Friedenswillens damals kaum fähig gewesen, ein friedliches Miteinander mit den neuen Bewohnern ihrer Heimat zu gestalten.

Mit ihrem Eintreten für ein Recht auf Heimat, ihrem Beharren auf Wiederherstellung der deutschen Grenzen von 1937 und ihrem Hochmut gegenüber den Polen standen die Heimatvertriebenen nicht nur in Duderstadt der von ihnen deklamierten Versöhnung und der Schaffung eines geeinten Europas selbst im Weg. Ihr Widerstand gegen die Ostverträge, welche die Regierung von Willy Brandt ausgehandelt hatte und welche Grundlage einer Verständigung unter anderem zwischen der Bundesrepublik und Polen wurden, erscheint daher als noch langes Fortschreiten auf einem einmal eingeschlagenen falschen Weg.

09 Anreischke: Gleichgültigkeit gegenüber dem Schicksal der Juden

Nachbildung des Anreischken 2016

Welche Verantwortung legt uns unsere Geschichte auf? War es gerecht-
fertigt, 1959 eine eigens angefertigte Nachbildung des Anreischken als
Attraktion für den Fremdenverkehr im Rathausturm zu installieren, ob-
wohl diese Gestalt nicht nur als Symbolfigur der Duderstädter galt, son-
dern zugleich allgemein als antijüdische Spottfigur verstanden wurde?
Über diese Frage entbrannte 1989 in Duderstadt heftiger Streit.

Wohl wenige Städte besitzen ein Wahrzeichen, welches dasjenige von
Duderstadt an Hässlichkeit übertrifft. Große, stark gebogene Nase mit vier
Nasenlöchern, breit gezogener Mund mit gefletschtem Oberkiefer und
wulstiger Unterlippe, verdrehte, schielende Augen, dazu allerdings ein
schön gelockter Kinnbart und auf dem Kopf ein markanter, sich nach oben
verjüngender Hut mit breiter, verzierter Krempe, ferner ein angedeutetes
Gewand in den Stadtfarben Blau und Gelb: Das ist der Duderstädter Anreischke. Die geschnitzte Holzfigur war bis 1837 in einem dann abgebro-
chen Stadttor als Teil eines Uhrwerks aufgestellt und wurde danach im Rathaus aufbewahrt.

Es gab verschiedene Deutungen der Anreischke-Figur. 1910 veröffentlichte Julius Jäger, der von 1906 bis 1922 Leiter des Duderstädter Gymnasiums und ein anerkannter Heimatforscher war, in einem Aufsatz die These,
das Bild stelle „die Karrikatur [sic!] eines Judenkopfes dar, welche die Züge
des jüdischen Typus in stärkster Uebertreibung wiedergibt. Der Spitzhut,
den die Figur trägt […], war die den Juden gesetzlich vorgeschriebene
Kopfbedeckung. Daß die Figur beim Schlagen der Uhr den Kopf hin und
her drehte, entsprach der humorvollen Würdigung jüdischer Beweglichkeit.
In der ganzen Einrichtung erkennt man die Neigung der Zeit, die Juden zu
bedrücken und zu verspotten."[426] Diese Auffassung überzeugte und fand
weite Verbreitung. „Sie ging in die wissenschaftliche und heimatkundliche
Literatur ein und wurde zum allgemein akzeptierten Wissen in der Stadt",
resümierte der Duderstädter Stadtarchivar Hans-Heinrich Ebeling im Jahr
1989.[427] Die Deutung als Judenkopf tat der Figur als traditionelles Wahrzeichen der Stadt keinen Abbruch. Sie war beides zugleich: Judenkopf und
Wahrzeichen, ohne dass dies eine Identifizierung mit dem Judentum bedeutet hätte.

Anlass zu der Beschäftigung des Stadtarchivars mit der Symbolfigur
war ein heftiger politischer Streit in Duderstadt um eine vergrößerte Nach-

---

[426] Jaeger, Julius (1910): S. 60.
[427] Ebeling, Hans-Heinrich (1989): S. 19.

bildung, die samt Glockenspiel in einem der Rathaustürme eingerichtet worden war, zu bestimmten Zeiten hinter einem sich öffnenden Türchen erschien und sich zur Marktstraße hin verneigte, begleitet von der Melodie des Heimatliedes „Mein Duderstadt am Brehmestrand". Am 31. März 1959 wurde sie volksfestartig eingeweiht mit Spielmannszug, Kinderumzug und mehreren tausend Zuschauern. Dazu wurde in der Marktstraße ein Hinweisschild angebracht: „Die nickende Figur verkörpert den legendären Festungsbaumeister Andreas, der vor 500 Jahren den Wall gebaut hat." Diesen vergessenen polnischen Wallbaumeister Andreas hatte ebenfalls Jaeger in alten Rechnungsbüchern der Stadt entdeckt und er hatte dargelegt, die Figur Anreischke habe mit dem Wallbaumeister Andreas nichts zu tun. Durch die dem Anreischken im Rathausturm nunmehr dennoch zugeschriebene Identität des Wallbaumeisters, eine Umetikettierung sozusagen, wurde ihm das anstößig Antisemitische genommen.

Die Fortsetzung der Duderstädter Tradition mit der alten Figur durch eine vergrößerte Nachbildung bedeutete nicht die Absicht, die Verspottung und Verhöhnung der Juden in alter Tradition der fortzusetzen, auch wenn in jener Zeit in Duderstadt der traditionelle und ausgrenzende Antisemitismus immer noch fortwirkte. Eine Zeitzeugin weist auf diese antijüdische Einstellung hin, die sie in der Nachkriegszeit als Kind in Duderstadt erlebte, zum Beispiel durch die häufig gebrauchte Redewendung „Hier sieht es ja aus wie in der Judenschule."[428] Ein anderer Zeitzeuge hörte noch in den 1980er Jahren, wie beim Schützenfest die mitgetragene weitere Anreischke-Figur von einigen Schützen „Jude" genannt wurde: „Der Jude steht da noch!"[429] So gab es auf dem Schützenfest Identifizierung mit dem An-

---

[428] Bericht im Archiv des Verfassers.
[429] Notiz im Archiv des Verfassers.

reischken als Wahrzeichen der Stadt und zugleich Abgrenzung ihm gegenüber als Jude.

„Wir halten fest und treu zusammen", lautet es im Refrain des Liedes, das die „Auftritte" des Anreischken im Rathausturm per Glockenspiel begleitet. Doch hatten die Duderstädter in der NS-Zeit keineswegs treu und fest zu den Juden in der Stadt gehalten. Diese waren nicht einbezogen gewesen in das „Wir". Vielmehr waren Hetze gegen Juden und die zahlreich und fortgesetzt gegen sie gerichteten Maßnahmen während der Jahre des „Dritten Reiches" ebenfalls in Duderstadt vorgekommen und unübersehbar gewesen, am spektakulärsten der Pogrom am 9./10. November 1938 mit der Plünderung der jüdischen Geschäfte und dem Brand der Synagoge. Unbemerkt kann in der Kleinstadt auch die Deportation der letzten jüdischen Einwohner am 26. März 1942 aus dem Judenhaus Obertorstraße 59 nicht geblieben sein. Dass solche Verschleppung für die jüdischen Betroffenen nichts Gutes bedeuten konnte, war nicht detailliert, aber doch ziemlich offen vier Wochen zuvor in der Duderstädter Lokalzeitung zu lesen gewesen. Am 25.2.1942 hatte die lokale Südhannoversche Zeitung – Eichsfeldische Post eine öffentliche Drohung Hitlers zitiert, übrigens nicht die erste dieser Art: „… und meine Prophezeiung wird ihre Erfüllung finden, dass durch diesen Krieg nicht die arische Menschheit vernichtet, sondern d e r J u d e a u s g e r o t t e t w e r d e n w i r d. Was immer auch der Kampf mit sich bringen oder wie lange er dauern mag, dies wird sein endgültiges Ergebnis sein. Und dann erst, nach der Beseitigung dieser Parasiten, wird über die leidende Welt eine lange Zeit der Völkerverständigung und des Friedens kommen."[430] „Der Jude" – das waren ebenfalls die in Duderstadt zu dieser Zeit noch lebenden jüdischen Einwohner. Auch in Duderstadt wurde gegen sie gehetzt. So hatte der Duderstädter Journalist Alfons Schmalstieg 1940 den auf annektiertem polnischen Gebiet errichteten neuen Reichsgau Wartheland besucht und über seine Reise eine Artikelserie in der Lokalzeitung veröffentlicht. Darin schrieb er über die Einrichtung jüdischer Ghettos und stellte als Aufgabe heraus, aus diesem Gebiet die Polen gänzlich zu entfernen und „die Judenpest auszurotten"[431].

Die Erinnerung daran, dass auch Duderstädter sich, auf welche Weise auch immer, an der Verfolgung der Juden im „Dritten Reich" beteiligt hat-

---

[430] „Botschaft des Führers zum Partei-Gründungstag", Südhannoversche Zeitung – Eichsfelder Post am 25.2.1942. Die Hervorhebung durch gesperrte Schrift entspricht dem Original.

[431] „Litzmannstadt vor neuen Aufgaben", Südniedersächsische Zeitung – Eichsfeldische Post am 9.11.1940.

ten oder Zuschauer gewesen waren, wurde nach 1945 weitgehend ausgeblendet. Wer sich im „Dritten Reich" als Antisemit hervorgetan hatte, büßte deswegen seinen guten Ruf nicht ein. Das galt für den früheren Bürgermeister Andreas Dornieden wie für den Stellvertreter des Oberkreisdirektors, Paulmann. Und dass sich der Journalist Schmalstieg mehrfach als Judenhasser und überhaupt als nationalsozialistischer Scharfmacher hervorgetan hatte, schadete nach 1945 seinem Ansehen und der guten Erinnerung an ihn in Duderstadt ebenfalls nicht. So veröffentlichte die Mitgliederzeitung des DRK-Landesverbandes Niedersachsen im September 2007 einen in Duderstadt verfassten Artikel, in dem es ohne Einschränkung hieß, Schmalstieg habe der Menschlichkeit gedient.[432] Das Deutsche Rote Kreuz berief sich dabei auf das Göttinger Tageblatt von 1952, das ihn als einen im ganzen Eichsfeld „volkstümlichen und stets hilfsbereiten, freundlichen Mann" darstellte. Dabei lag die Zeit, in der Schmalstieg sich als fanatischer Nationalsozialist und Judenhasser in herausgehobener Stellung öffentlich hervorgetan hatte, 1952 erst wenige Jahre zurück.

Auch den Duderstädter Verantwortlichen für die Aufstellung der Anreischke-Figur im Rathausturm ebenso wie vielen der Teilnehmer an der Einweihungsfeier waren 1959 die aus der Stadt verschwundenen Juden offensichtlich noch nicht ernstlich und wirksam in den Blickwinkel ihrer Erinnerung geraten. Es war eben zu dieser Zeit nicht ungewöhnlich, an das Schicksal der Juden nicht zu denken. Der Auschwitz-Prozess zu Beginn der 1960er Jahre in Frankfurt, der vielen Deutschen das Verbrechen an den Juden erst bewusst werden ließ, stand noch bevor. Außerdem wurde im christlichen Milieu Empathie mit Juden immer noch nicht gefördert. Antisemitismus lebte in den Kirchen weiter. Juden, das waren die nicht dazugehörig Anderen. Das Zweite Vatikanische Konzil lag noch in der Zukunft. Dass die katholische Kirche ihr Verhältnis zu den Juden überdachte und neu regelte, stand noch bevor. Erst in der Konzilserklärung Nostra aetate (1965) betonte die katholische Kirche das gemeinsame geistige Erbe von Christen und Juden im Alten Testament, sagte jeglichem Antisemitismus ab und widersprach auch der Auffassung von der Gottesmörderschaft des jüdischen Volkes und von dem auf ihm lastenden Fluch.

Zu der Zeit also, als der Anreischke im Rathausturm aufgestellt wurde, gab es im katholischen Milieu ganz unsensibel die heute vorhandene Achtung der Juden und ihrer Religion noch nicht. Ein anderes Geschichtsbewusstsein als heute und mehr Empathie hätten 1959 die Aufstellung der Kopie des Anreischken im Rathausturm unmöglich gemacht. Dass jedoch

---

[432] „Eine Verpflichtung fürs Leben", Rotkreuz-Spiegel, 61.Jg., September 2007, S. 28.

die monströs-verbrecherische nationalsozialistische Vergangenheit in den 1950er Jahren weithin unbeachtet blieb, war keine Duderstädter Besonderheit. Es war ein allgemeines Phänomen, trat doch „das Faktum der systematischen Ermordung der europäischen Juden erst im Laufe der sechziger Jahre stärker ins öffentliche Bewusstsein der bundesrepublikanischen Gesellschaft […].“[433]

Die Installation im Rathausturm stieß dennoch bereits 1958 bei ihrer Planung auch auf Widerspruch. Einer der Duderstädter Ratsherren erhob Einwände. Im Protokoll der beschlussfassenden Ratsversammlung vom 30.10.1958 heißt es: „Rh. Dr. Boegehold äußerte Bedenken sowohl über die Figur des Andreischken (sic!) als auch über das Lied ‚Mein Duderstadt am Brehmestrand…‘.“[434] Laut Pressebericht hielt er das Lied „u. a.“ für „nicht würdig“ genug.[435] Welche Ansichten über die Figur er vortrug, ist nicht überliefert. 1974 griff Boegehold jedoch das Thema „Anreischke“ nochmals in der Zeitschrift des Heimatvereins „Die goldene Mark“ auf. Ihm war ausdrücklich wichtig, wegen der Bedeutung des Anreischken in der Duderstädter Fremdenverkehrswerbung „einmal zusammenzustellen, was sich darüber sagen lässt“.[436] Und das war im Wesentlichen eine Wiederholung der Thesen Jägers: die Deutung der Holzfigur als Judenkopf, mit dem das Bürgertum zum Ausdruck bringen wollte: „Juden sind hier nicht erwünscht!“ Im gleichen Heft dieser Zeitschrift von 1974 wies ebenfalls Stadtarchivar Dr. Lerch darauf hin, die „hölzerne Judenkarikatur“ sollte wohl bedeuten: „Für Juden ist hier kein Platz.“[437] Die öffentlichen Hinweise beider Verfasser blieben in Duderstadt jedoch ohne jegliche Resonanz. Auch 1974 dachte niemand daran zu erwägen, ob die Nachbildung einer Figur, die übereinstimmend als Karikatur eines Judenkopfes verstanden wurde, aber mit dem Etikett eines polnischen Wallbaumeisters versehen war, als spektakuläre Attraktion für den Fremdenverkehr verwendbar sei oder nicht.

Durch die Aufsätze von Lerch und Boegehold wurden 1989 die Grünen auf den Anreischke aufmerksam. Auf eine Anfrage hin teilte ihnen der Ortsheimatpfleger, Erich Steffen, durch Verweis auf die entsprechende Literatur ebenfalls mit, der Anreischke stelle die Karikatur eines Judenkopfes dar. Nicht, dass die Grünen nun die Ausstellung der Originalfigur im Rathaus

---

[433] Frei, Norbert (2009): S. 95.
[434] StadtA Duderstadt: DUD 3 Nr. 75.
[435] „'Mein Duderstadt …' klingt aus dem Rathausturm“, Südhannoversche Volkszeitung am 31.10.1958.
[436] Boegehold, Franz (1974): S. 21 – 26.
[437] Lerch (1974): S. 15.

beanstandet hätten. Diese war unantastbarer Teil der städtischen Geschichte und bewahrenswerte Erinnerung. Die Grünen stellten aber die Installation der Nachbildung im Rathausturm in Frage. Und sie ließen keinen Zweifel daran, dass es ihrer Ansicht nach dort die Kopie einer Figur mit antisemitischer Bedeutung nicht geben dürfe.

In der Duderstädter Öffentlichkeit kamen die Bedenken der Grünen nur sehr verkürzt an. Allgemein wurde 1989 in der öffentlichen Diskussion nur wahrgenommen, es solle den Duderstädtern der Anreischke weggenommen werden. Im Stadtrat stießen die Grünen kaum auf mehr Verständnis. Dort stellten sie den Antrag, die Stadt möge eine wissenschaftliche Untersuchung von Ursprung und Bedeutung der Anreischke-Figur in Auftrag geben. Nun zeigte sich, dass dem sonst so geschichts- und traditionsbewussten Stadtrat an solcher Klärung mehrheitlich überhaupt nicht lag. Die Diskussion in den Ratsgremien war geprägt durch die Befürchtung der CDU-Fraktion, eine wissenschaftliche Untersuchung könnte tatsächlich Auffassung bestätigen, der Anreischke sei ein Judenkopf. „Da beschmutzen wir unser eigenes Nest", wandte ein Ratsherr ein. „Was soll denn dann geschehen, wenn es ein Judenkopf ist?" fragte ein anderer und fuhr fort: „Wenn die Figur ausgebaut werden muss, ist das ein Schlag vor den Kopf jeden Duderstädters."[438] Einsicht der Duderstädter in die gegebenenfalls tatsächlich bestehende Notwendigkeit, sich zwar nicht von der historischen Figur, wohl aber von deren Nachbildung im Rathausturm zu trennen, erwartete er also offensichtlich nicht. Die CDU-Mehrheit lehnte folglich eine wissenschaftliche Untersuchung der historischen Figur ab – und die SPD schloss sich ihr an.

Damit hatte eine große Ratsmehrheit sehr kurzsichtig gegen die Interessen der Stadt Duderstadt gehandelt. Die Frage, ob der Anreischke eine antijüdische Spottfigur sei, war nämlich inzwischen von den Medien überregional aufgegriffen worden. Mit dem öffentlichen Ansehen der Stadt wurde unvereinbar, den Anreischke sich weiterhin vom Rathausturm aus verneigen zu lassen, ohne die bestehenden Zweifel an seiner historischen Identität wirklich ausgeräumt zu haben. Die Gegner einer wissenschaftlichen Untersuchung hatten also übersehen, dass nur in dem von ihnen abgelehnten Forschungsauftrag eine Chance dafür lag, die Anreischke-Nachbildung von 1959 im Rathausturm belassen zu können – wenn sich nämlich gesichert

---

[438] Alle Zitate in diesem Absatz sind entnommen Notizen des Verfassers in der Sitzung des Kulturausschusses am 25.4.1989 und dem Artikel „Rat: Keine Untersuchung", Göttinger Tageblatt vom 25.5.1989.

ergeben sollte, dass die lokale Duderstädter Geschichtsschreibung sich geirrt hatte und der Anreischke keinen Judenkopf darstellte.

Stadtdirektor Nolte allerdings hatte erfasst, dass der ablehnende Ratsbeschluss die Diskussion über den Anreischke nicht beenden konnte. Es gelang ihm, sich vom Stadtrat nunmehr wenigstens den Auftrag erteilen zu lassen, eine Dokumentation über den Anreischke zu erstellen, also genau genommen eine Sammlung und Zusammenstellung des über diese Figur Vorhandenen und Bekannten. Der Auftrag des Stadtrats wurde dazu benutzt, um unter dem Etikett „Dokumentation" verborgen genau das zu tun, was der Stadtrat abgelehnt und damit auch untersagt hatte: eine wissenschaftlich abgesicherte Interpretation des Anreischken vorzunehmen. Dies wurde die erste große Aufgabe des neu eingestellten Stadtarchivars Dr. Ebeling. Der bezog etwa 20 renommierte Wissenschaftler verschiedener Fachbereiche in die Untersuchung ein. Das Ergebnis war: Anreischke stellt keinen Judenkopf dar. Die These von Julius Jäger war widerlegt.

Die Untersuchung hatte selbstverständlich auch der Frage gegolten: Wenn kein Judenkopf, was dann? Aber hierbei kamen die beteiligten Wissenschaftler über ein Raten und Rätseln nicht hinaus. Ebeling fasste zusammen: „Die positive Zuweisung eines Bedeutungsinhalts wird kaum möglich sein, es gibt nicht eine richtige Deutung des Anreischken."[439] Wen oder was die Holzplastik ursprünglich darstellen sollte, ist nicht mehr feststellbar. Der Anreischke ist also nicht nur ein hässliches, sondern auch ein schwieriges Wahrzeichen.

An dem Befund, dass die Duderstädter 1959 die Nachbildung einer nach ihrem damaligen Wissen antijüdische Spottfigur zu Zwecken des Fremdenverkehrs in einem Turm ihres Rathauses installiert und als Darstellung des polnischen Wallbaumeisters ausgegeben hatten, änderte das Forschungsergebnis nichts. Doch konnte von nun an die Nachbildung des Anreischken weiterhin und nunmehr unbestritten als „positive Symbolfigur städtischer und bürgerlicher Identität"[440] in seinem Rathausturm bleiben. Heute wird der Anreischke in Duderstadt noch intensiver als Attraktion und Werbeträger genutzt. Als lebensgroße menschliche Gestalt steht bzw. stand er, mit geschöntem Gesicht und auch in andere Farben gekleidet, an mehreren Orten in der Stadt.

---

[439] Ebeling, Hans-Heinrich (1989): S. 41.
[440] A.a.O.

10 Beschweigen und Vergessen

Die letzte der KZ-Baracken in Duderstadt, abgerissen 2008

10.1 Das vergessene Konzentrationslager

Durch ein Außenlager des KZ Buchenwald wurde Duderstadt eingebunden in den Holocaust – und verdrängte und vergaß dieses düstere Kapitel der städtischen Geschichte. 755 Jüdinnen waren aus Ungarn nach Duderstadt verschleppt worden, fast alle über Auschwitz und Bergen-Belsen. In der Munitionsfabrik Polte mussten sie Zwangsarbeit leisten. Die meisten von ihnen wurden schließlich in Theresienstadt von der Roten Armee befreit.

„Vor kurzem wurde eine meiner Nachbarwohnungen in Wien, wie es heutzutage so häßlich heißt, entsorgt. Meine Frau wurde darauf aufmerksam gemacht, dass sich in den Abfallbehältern für Altpapier auch Bücher befänden, und ihr Mann sei ja doch, bitte, so einer, der sich mit Büchern beschäftige, […]. Sie schaute […] fand […] einen Duden aus dem Jahr 1942 und brachte ihn zu uns herauf. Längst besaß ich einen ebensolchen, aber verlegt im Jahre 1956. Also begann ich zu vergleichen. Als erstes suchte ich das Wort Konzentrationslager. Im Duden aus der Nazi-Zeit fand ich es sofort. Obwohl der Duden ja ein Handbuch für Rechtschreibung ist und Erklärungen der Wörter selten für notwendig hält, stand hier in Klammern unmißverständlich: ‚Sammellager für Zivilgefangene, Volksschädlinge'. Im Duden aus den fünfziger Jahren gab es den Begriff Konzentrationslager nicht. Überhaupt nicht! Als hätten Deutsche so ein Wort nie benützt. Als hätte es Konzentrationslager in Deutschland nie gegeben." [441]

Auf dieses Beispiel des Beschweigens wies Ivan Ivanji, ehemaliger Häftling von Auschwitz und Buchenwald, hin. Auch in Duderstadt schien es nach dem Ende des Zweiten Weltkrieges jahrzehntelang so, als hätte es ein Außenlager des KZ Buchenwald hier nicht gegeben. [442] Zwar war die Stadtverwaltung – wie zweifelsfrei auch viele Einwohner – in den ersten Nachkriegsjahren über die Existenz dieses Lagers während des „Dritten Reiches" in Duderstadt informiert. 1947 berichtete der Standesbeamte an die Kreisverwaltung: „Im Monat April 1945 vor der Besatzung wurde das K.Z.Lager Polte – Euzenberg Duderstadt Unterabteilung des K.Z.Buchenwald bestehend aus 750 weiblichen, jüdischen ausländischen Häftlingen durch das SS Bewachungspersonal in Richtung Harz abtransportiert. An-

---

[441] Ivanji, Ivan (2002): S. 8.
[442] Zum Außenlager des KZ Buchenwald sie auch: Götz Hütt (2005).

geblich soll dieser Transport bis Seesen am Harz gekommen und dann aufgelöst worden sein. Nachrichten über den Verbleib dieser Häftlinge sind hier nicht bekannt geworden."[443]

1949 gab der Internationale Suchdienst (International Tracing Service ITS) in Arolsen einen Katalog heraus, in dem die Gefängnisse und Lager in Deutschland und in den von Deutschen besetzten Gebieten in den Jahren von 1939-1945 aufgeführt wurden. Aus Duderstadt wurden in diesen Katalog aufgenommen: das Gerichtsgefängnis, das Zwangsarbeiterlager Westerborn und das KZ-Lager. Dieses wird mit annähernd richtigen Daten beschrieben: „CCKdo. of Buchenwald, Polte-Werke, women Kdo, established 12.11.44 with 730 women pris., last mentioned 16.3.45 with 750 women immates (invoices: daily strength reports)." Also Concentration Camp Kommando von Buchenwald, mit – wie heute genauer bekannt und hier angegeben ist – insgesamt 755 weiblichen Gefangenen, eingerichtet am 4. November 1944 und bestehend bis zum 7. April 1945 beim Polte-Werk.[444]

1979 erschien eine von der Stadt herausgegebene „Duderstädter Chronik von der Vorzeit bis zum Jahre 1973"[445]. Das Außenlager des KZ Buchenwald bei der Munitionsfabrik Polte wird darin mit keinem Wort erwähnt, eben als hätte es nie existiert. Dabei war das KZ-Außenlager 1944/45 in der Kleinstadt Duderstadt unübersehbar gewesen. Es lag an der Straße zum Polte-Werk, in dem insgesamt 2500 Menschen, Einheimische, Zwangsarbeitende und eben KZ-Häftlinge, gemeinsam Granaten für die Luftwaffe produzierten. Keineswegs arbeiteten die Häftlinge in der Fabrik völlig abgeschieden für sich. Viele Deutsche hatten mit ihnen zu tun. Die Betriebsleitung musste ihren Einsatz organisieren. Deutsche Meister leiteten sie an. Es gab Hallen und sogar Werktische, an denen Frauen ihrer Herkunft und ihrem Status nach bunt gemischt arbeiteten, also Deutsche, Zwangsarbeiter und KZ-Häftlinge gemeinsam. Auch in der Stadt konnten Gefangene des KZ beobachtet werden, wenn sie unter Bewachung Lebensmittel holen mussten. Durch ihre gestreifte Häftlingskluft bzw. durch ein mit Ölfarbe auf die Kleidung aufgemaltes großes Kreuz waren sie deutlich von allen anderen Menschen abgehoben. Die Bahngleise führten direkt am Lager vorbei; vom Zug aus konnte man hineinsehen. Mitarbeiter der Stadtverwaltung waren daran beteiligt, den Begräbnisort für die Toten des Lagers zu bestimmen. Die Evakuierung der Häftlinge, kurz bevor amerikanische Truppen in

---

[443] StadtA. Duderstadt: Dud 3/32 Nr. 25.

[444] Zum Frauen-Außenlager Duderstadt des KZ Buchenwald siehe: Hütt, Götz (2005); Siedbürger, Günther (2006).

[445] Herausgegeben von der Stadt und dem Ortsrat Duderstadt. Verfasser: Christoph Lerch.

Duderstadt einrückten, organisierte die Werksleitung gemeinsam mit den SS-Bewachern. Omnibusse Duderstädter Firmen transportierten die Gefangene in Richtung Harz ab. Der Weg dahin führte durch die Stadt; Einwohner beobachteten die Abfahrt. Die meisten der SS-Aufseherinnen des KZ-Lagers stammten aus Duderstadt und seiner näheren Umgebung.

Also hatten viele Menschen in Duderstadt in den letzten Monaten des Zweiten Weltkrieges mit dem KZ-Außenlager zu tun und haben damals davon gewusst – wenn auch vielleicht nicht immer alle Details wie z. B. die verwaltungsmäßige Zuordnung des Lagers zum Konzentrationslager Buchenwald, ferner vielleicht nicht, dass die Häftlinge Jüdinnen waren, aus Ungarn stammten und dass ihnen letztlich „Vernichtung durch Arbeit" zugedacht war. Aber dass hier jungen Frauen schlimmstes Unrecht zugefügt wurde, konnte, wer nicht wegsah und sich humane Wertvorstellungen bewahrt hatte, deutlich erkennen. 1960, nach seiner Pensionierung, zeigte der frühere Standesbeamte einen Ratsherrn, Bernhard Leisner, den ehemaligen NS-Betriebsobmann des Poltewerks, an und beschuldigte ihn, nach der Räumung des Lagers, an der er mitgewirkt hatte, bei der Erschießung der Häftlinge im Harz beteiligt gewesen zu sein. Das erwies sich bei einer polizeilichen Untersuchung als Irrtum. Zu einer Anklage kam es deshalb nicht. Öffentlich wurde über das KZ-Außenlager in Duderstadt in den Jahrzehnten nach dem Krieg nicht gesprochen. Es sollte auch darüber nicht gesprochen werden, um den Namen der Stadt nicht mit einem KZ in Verbindung zu bringen.

Auch viele der früheren Häftlinge schwiegen lange. – Als Vierzehnjährige musste die Ungarin Mária Schwartz im Duderstädter KZ-Lager Zwangsarbeit leisten. Im Frühjahr 2005 erst fasste sie ihre Erinnerungen an ihre Gefangenschaft in einem Brief zusammen:

Von Auschwitz, „wo sie 22 meiner Familienmitglieder in die Gaskammer brachten und danach verbrannten, zusammen mit meinen jüdischen Klassenkameradinnen, [...] kam ich nach Bergen-Belsen, dann nach Duderstadt. In der Halle 17 arbeitete ich abwechselnd die eine Woche von 6 Uhr morgens bis 6 Uhr abends, die andere Woche von 6 Uhr abends bis 6 Uhr morgens. In Schnee und Eis gingen wir den weiten Weg zur Fabrik, barfuß in Holzschuhen und ohne Unterwäsche in einer gesteiften Häftlingsuniform. Die Aufseherinnen begleiteten uns mit Schäferhunden, die darauf abgerichtet waren, jeden, der in der Fünferreihe nicht gerade ging, anzufallen. Es kam vor, dass uns im Schnee die Schuhe von den Füßen fielen, da unsere gefrorenen Füße sie nicht spürten; die nach uns kommenden Gefangenen fragten, wem die ‚Schuhe' fehlten und gaben sie dann zurück.

In der Fabrik musste ich alleine an einer großen Maschine im Kriegsdienst Patronenhülsen formen. Die kleineren Patronen waren in Lauge eingelegt und ich musste sie ohne Handschuhe aus der Lauge in die Maschine
legen. Beim Hineinlegen der Hülsen in die Maschine wurden meine Finger-
nägel völlig abgewetzt. Das kleine Bisschen ranzige Margarine (ca. 20 g)
konnte ich nicht essen, da ich sie auf meine von der Lauge zerfressenen
Hände schmieren musste, so weh tat es. Sonntags gruben wir Rüben aus,
und wenn wir es, vom Hunger gequält, wagten, von den dreckigen, mat-
schigen Rüben zu essen und die Aufsicht das bemerkte, so schoren sie uns
unser bereits geschorenes, aber auf 1-2 cm gewachsenes Haar erneut ab o-
der ließen uns mit Ziegelsteinen in der Hand stundenlang auf dem Appell-
platz knien. Es tat uns nicht um unsere Haare leid, sondern kahl geschoren
froren unsere Köpfe im Winter sehr.

Da es eine Rüstungsfabrik war und die Russen näher kamen[446], setzten
sie uns erneut in Waggons und brachten uns weg […] Wir waren verlaust
und hatten Krätze, als wir nach Theresienstadt gelangten, dort dezimierte
uns der Flecktyphus. Die, die am Leben blieben, wurden von den Russen
befreit. Ich wog 29 kg, als wir nach Hause kamen.

Ich bin 75 Jahre alt und ein Menschenfreund, aber was sie mit uns gemacht haben, das KANN MAN NICHT VERGESSEN."[447]

Der Brief spiegelt wider, wie die Erlebnisse der KZ-Haft als Erinnerungen ein Leben lang fortwirkten und wie schmerzlich es noch nach Jahrzehnten sein kann, sich diese Vergangenheit zu vergegenwärtigen.

In Duderstadt führte das Beschweigen zum Vergessen des Lagers. Erst
1981 setzte das Erinnern daran ein. Durch einen Zufallsfund waren die Grünen darauf gestoßen, dass es hier ein Außenlager des KZ Buchenwald gegeben haben könnte. Sie fragten zu Beginn des Jahres 1982 beim Stadtdirektor an, ob dies zutreffe. Aber in der Stadtverwaltung wusste niemand
mehr etwas davon. Die Grünen gingen der Frage weiter nach. In einem Brief
an den Rat der Stadt teilten sie bald das Ergebnis ihrer Nachforschungen
mit: Das KZ-Außenlager habe es gegeben. Jüdische Ungarinnen hätten in
der Munitionsfabrik Polte zwangsweise arbeiten müssen und seien schließlich durch Soldaten der Roten Armee in Theresienstadt befreit worden. Bürgermeister Thiele verlas diesen Brief in einer Ratssitzung. Anschließend
beanstandete er die Verwendung des Wortes „befreit" in Verbindung mit
der Roten Armee.[448] Befreiung durch sowjetische Soldaten, das erschien

---

[446] Tatsächlich waren es amerikanische Truppen.
[447] Brief von Mária R., geb. Schwartz, an den Verfasser, übersetzt durch
Zsuzsanna Pavelka, Göttingen.
[448] Erinnerung des Verfassers.

ihm undenkbar. Er hatte sich also bis 1982 keine Vorstellung davon gebildet, was jüdische KZ-Häftlinge zu erleiden hatten und wie sehr und wovon sich diejenigen, die im KZ in Duderstadt gewesen waren, befreit fühlten, als ihre Retter in Theresienstadt auftauchten.

Die Entdeckung, dass es beim Polte-Werk während des 2. Weltkrieges ein KZ mit jüdischen Häftlingen gegeben hatte, bildete in Duderstadt den eigentlichen Wendepunkt im Umgang mit der NS-Zeit. Bis dahin hatte man hier vor allem sich selbst als Opfer des nationalsozialistischen „Dritten Reiches" gesehen – als Opfer des Krieges, von Flucht und Vertreibung oder als Katholiken. Den abgelegenen jüdischen Friedhof kannte kaum jemand. Die nahezu einzigen Zeichen der öffentlichen Erinnerung an die nationalsozialistische Zeit stellten die Kriegerdenkmäler zur Erinnerung an die Gefallenen der Wehrmacht dar. Doch nun traten unerwartet andere Opfer ins Blickfeld. Es erwiesen sich Verbrechen, die bis dahin fernen Regionen und fremden Tätern zugeschrieben worden waren, als Teil der Heimatgeschichte.

Die Änderung des Bewusstseins vollzog sich allerdings langsam. Es war ein lange währender und strittiger, also mühsamer Prozess des Erinnerns an den Nationalsozialismus in Duderstadt und des Aufarbeitens dieser jüngsten Stadtgeschichte – gegen viele Widerstände, gegen Abstreiten und Verharmlosen und gegen fortgesetzte Gleichgültigkeit. Das lässt sich besonders deutlich am Beispiel der Auseinandersetzung mit der Geschichte des KZ-Außenlagers erkennen.

Überraschung, Erstaunen, Betroffenheit, aber auch Abwehr und Widerspruch waren 1982 in Duderstadt Reaktionen auf die Entdeckung des KZ-Lagers in der Duderstädter Vergangenheit. In einem Leserbrief betonte eine Schreiberin die „Greueltaten der Nationalsozialisten", bestritt aber die Existenz eines KZ-Lagers während der NS-Zeit in Duderstadt unter Hinweis auf die christliche Prägung der Region und ihre Kenntnisse als frühere Mitarbeiterin des Entnazifizierungsausschusses in Duderstadt. Niemand hatte also in den Entnazifizierungsverfahren dieses KZ erwähnt oder gar angegeben, etwas damit zu tun gehabt zu haben.[449]

Unter dem Eindruck der Entdeckung des KZ-Außenlagers in der jüngsten Geschichte der Stadt fasste der Stadtrat auf Anregung des Sozialdemokraten Johann Krüger hin 1983 einmütig einen Beschluss, um das Erinnern und Aufarbeiten der NS-Zeit in Duderstadt in Gang zu setzen: „Dem Stadtdirektor – Stadtarchiv – wird als eine Schwerpunktaufgabe für die nächste

---

[449] Siehe den Leserbrief von Ursula Brüning in der Südhannoverschen Volkszeitung am 31.12.1982.

206

Zeit übertragen, die Ereignisse in Duderstadt während der nationalsozialistischen Zeit zu erforschen und die Ergebnisse der Öffentlichkeit in geeigneter Form vorzutragen. In Ausführung dieser Aufgabe wird das Stadtarchiv Bemühungen unterstützen, die Geschichte der Stadt in dieser Zeit zu erhellen, im Rahmen seiner Möglichkeiten und Pflichten."[450]

Ebenfalls 1983 bot der Bildhauer Bernd Frerix der Stadt Duderstadt an, zur Erinnerung an die KZ-Häftlinge beim Polte-Werk eine Plastik – „Die geknechtete Frau" – als Denkmals-Leihgabe zur Verfügung zu stellen. Das war ein der Stadt zunächst unwillkommenes Angebot, welches aber schlecht auszuschlagen war. Das Denkmal wurde beim städtischen Ehrenmal aufgestellt, sollte jedoch nach Absicht der CDU-Stadtratsmehrheit nicht zur Erinnerung an die Häftlinge des KZ-Außenlagers, sondern als allgemeines Mahnmal zum Nationalsozialismus dienen und nicht ausdrücklich auf das, was in Duderstadt geschehen war, hinweisen.[451] Der Bildhauer erhielt wegen seiner Leihgabe Schmähbriefe. Einige Jahre später wurde nach wiederholtem Verlangen der Grünen dem Stein dann doch eine Erläuterung hinzugefügt, die auf die jüdischen Ungarinnen im KZ-Außenlager hinweist.

Weil die 1983 beschlossene Untersuchung und Aufarbeitung der NS-Zeit durch die Stadt Duderstadt auf sich warten ließ, wurde 1988 der Verein Geschichtswerkstatt gegründet. Die Vereinsmitglieder wollten nunmehr die Erforschung der NS-Vergangenheit in Duderstadt selbst vorantreiben. Der Verein führte am 4. November desselben Jahres eine Veranstaltung im Rathaussaal durch, in der zum ersten Male ausführlich über das KZ-Außenkommando in Duderstadt informiert wurde. Die Kreisvolkshochschule hatte sich zwar grundsätzlich zur Zusammenarbeit mit der Geschichtswerkstatt bereit erklärt, wie mit anderen Organisationen auch, war aber im Fall dieser Veranstaltung dazu nicht bereit. Ihr Direktor Friedhelm Schäfer stellte sich vor aller Klärung der Details von vornherein auf den Standpunkt, die Kreisvolkshochschule könne die „notwendige pädagogische und organisatorische Verantwortung" nicht übernehmen.[452] Die Bildungseinrichtung wollte sich also nach dem Willen ihres Direktors nicht an der Darstellung dieser Vergangenheit beteiligen.

Zu dem Pressebericht über diese Veranstaltung schrieb ein Geschichtslehrer des Duderstädter Gymnasiums, Rudolf Diedrich, sich ausdrücklich

---

[450] Protokoll der Sitzung des Rats der Stadt Duderstadt am 16.3.1983.

[451] Protokoll der Sitzung des Verwaltungsausschusses am 11.10.1988.

[452] Briefwechsel der Geschichtswerkstatt mit der Kreisvolkshochschule im Besitz des Verfassers.

auf seine berufliche Qualifikation berufend, einen Leserbrief an das Göttinger Tageblatt. Die Polte-Werke, so führte er aus, hätten „verhältnismäßig weit abseits vom bewohnten Gebiet" gelegen. „Die Ankunft der Jüdinnen auf dem Güterbahnhof am 4. November 1944 dürfte also von den Duderstädtern kaum bemerkt worden sein." Der Leserbriefschreiber wies weiter auf das „so schrecklich(e) und unmenschlich(e) [...] Los der Juden in den Vernichtungslagern" hin, dessen Verniedlichung er ablehne, um dann darzulegen, „dass die Verlegung der jungen Jüdinnen nach Duderstadt in ein ‚kleines Lager' bei einigermaßen ‚positiven' Lebensbedingungen schließlich doch die Rettung ihres Lebens bedeutete, worüber wir uns natürlich freuen dürfen. Ich will nicht vergessen, dass vier junge Menschen ihr Leben lassen mussten, die unter anderen Bedingungen sicher nicht gestorben wären."[453] – Das KZ-Außenlager Duderstadt war in der Tat kein Vernichtungslager, in dem Menschen mit fabrikmäßigen Methoden umgebracht und verbrannt wurden. Es gab andere Außenkommandos, zum Beispiel Baukommandos, in denen die Todesrate um ein Vielfaches höher lag als allgemein in Rüstungsbetrieben wie in Duderstadt. Aber es gab dennoch in dem KZ-Außenlager beim Polte-Werk immer noch nichts, das als einigermaßen positive Lebensbedingungen – und sei es in Anführungszeichen – zu benennen wäre. Was, an Auschwitz gemessen, besser erscheint, war immer noch ein ungeheuerliches, nicht zu beschönigendes Verbrechen. Auch die als „Verlegung" bezeichnete Verschleppung nach Duderstadt bedeutete für sich allein nicht die Rettung des Lebens dieser Ungarinnen, sondern nur Aufschub ihrer Ermordung. Duderstadt, Duderstädter haben mit dem Überleben dieser Frauen letztlich nichts zu tun. Es waren eben doch die alliierten Truppen allein die Retter, weil sie schneller waren als der diesen Jüdinnen zugedachte Tod, nämlich die „Vernichtung durch Arbeit". – Es ist also ein recht mildes Licht, in dem ein heimatverbundener und seine Heimat in Schutz nehmender Duderstädter Geschichtslehrer das KZ-Außenlager in Duderstadt erscheinen lassen wollte. Dabei muss die hässliche Vergangenheit doch ohne Beschönigung wahrgenommen und ausgehalten werden.

1989 versetzten die Stadt Duderstadt und der Landkreis Göttingen die Geschichtswerkstatt finanziell in die Lage, eine Gruppe ehemaliger Häftlinge aus Ungarn und Israel nach Duderstadt einzuladen. Im Juli 1989 besuchten neun Frauen aus Ungarn und Israel den Ort ihrer früheren Gefangenschaft. Diesen Besuch zu ermöglichen war eine Leistung, die viele an-

---

[453] „Abseits gelegen", Leserbrief von Rudolf Diedrich im Göttinger Tageblatt am 30.11.1988.

dere Städte in gleicher Situation nicht erbracht haben. Eine immer noch vorhandene zwiespältige Haltung wurde dabei dennoch deutlich. Der Beschluss über den Zuschuss erfolgte nach sehr kontroverser Diskussion in den Ratsgremien und wurde mit dem Zusatz versehen, dass es sich um eine einmalige und nicht zu wiederholende Leistung handle.[454] Ein weitergehendes Bemühen um die früheren KZ-Häftlinge in Duderstadt sollte es also nicht geben. Es galt, Rücksicht auf einflussreiche Kreise der Duderstädter Gesellschaft zu nehmen. Dies belegt auch das Beispiel des Duderstädter Buchhändlers Seseke, der es ablehnte, ein Heft der Geschichtswerkstatt, welches zum ersten Mal die Geschichte des KZ-Außenlagers darstellte, in seinem Geschäft zum Verkauf anzubieten. Seine abschlägige Antwort lautete: Er habe Kundschaft sehr verschiedener Couleur. Dies sei für ihn sehr kritisch, unabhängig von seiner persönlichen Meinung. Man möchte ihn doch verstehen.[455]

Solche das Erinnern und Vergegenwärtigen abwehrende Einstellungen wurden nach und nach überwunden; die Entwicklung des Aufarbeitens der NS-Vergangenheit schritt langsam voran. 1993 unterstützten die Stadt Duderstadt und die örtliche Sparkasse eine von Frank Baranowski erarbeitet Ausstellung über „Fremdarbeiter, Kriegsgefangene und KZ-Häftlinge im Duderstädter Rüstungsbetrieb Polte". Allerdings stieß diese Ausstellung nicht bei allen auf Zustimmung. Die vom Heimat- und Verkehrsverbandverband Eichsfeld herausgegebene Zeitschrift „Eichsfeld" schrieb dazu: „Regierungspräsident Lange lobte das Projekt mit den Worten: ‚Duderstadt würde etwas fehlen, wenn solche Dinge nicht dokumentiert wären.' Andererseits muß diese Ausstellung auch kritisch gesehen werden, da es den Deutschen, die dort dienstverpflichtet waren, nicht viel besser erging als den Fremdarbeitern und KZ-Häftlingen, was Arbeitsleistung und Verpflegung anbetraf."[456] Eine Aufforderung, diese verharmlosende Betrachtungsweise der KZ-Haft jüdischer Frauen in der nächsten Ausgabe zu korrigieren, folgte der Verfasser Erich Steffen, zugleich Redaktionsleiter der Heimatzeitschrift und Ortsheimatpfleger von Duderstadt, nicht. Vielmehr berief er sich auf „Aussagen von seinerzeit dort arbeitenden Menschen". Steffen plädierte dafür, doch „lieber nach vorn" zu blicken.[457]

Im Herbst 1993 beantragten die Grünen im Stadtrat, den 50. Jahrestag der Errichtung des KZ-Außenlagers am 4.11.1994 zum Anlass für eine Gedenkfeier zu nehmen und an dem Ort, wo das Lager sich befunden hatte,

[454] Brief der Stadt Duderstadt vom 12.7.1989 an die Geschichtswerkstatt.
[455] Notiz über das Gespräch mit dem Buchhändler Seseke am 28.4.1989.
[456] „Eichsfeld", Heft 10, Oktober 1993.
[457] Briefwechsel des Verfassers mit der Redaktion der Zeitschrift „Eichsfeld" 1993.

ebenfalls ein Denkmal aufzustellen. Am 4. November 1994, dem 50. Jahrestag der Errichtung des KZ-Außenlagers Duderstadt, wurde dann das weitere Denkmal vor dem ehemaligen Lagergelände eingeweiht, im Beisein einer Gruppe ehemaliger Häftlinge aus Ungarn,[458] welche diesmal durch die Stadt Duderstadt eingeladen worden war.

Gegen eine Einladung der Ungarinnen zu dieser Denkmalseinweihung hatte sich die CDU-Fraktion im Stadtrat allerdings lange gesträubt. Ihr Vorsitzender, Franz Konrad Ewers, ließ den Grund erkennen. Es dürfe nicht der Eindruck entstehen, „als wenn die Stadt eine Mitschuld trage".[459] Auch die SPD stimmte im Stadtrat zunächst gegen die Einladung ehemaliger Häftlinge. Es ging jedoch nicht darum, der Stadt eine Mitschuld zuzuweisen. Sie hatte das KZ-Lager nicht eingerichtet, aber es war Teil ihrer Geschichte geworden. Es ging um die Verantwortung, die der Stadt aus dieser Geschichte in der NS-Zeit erwuchs. In dem bereits erwähnten Buch mit dem Titel „Duderstadt 1929 – 1949"[460] kam Gudrun Pischke zu dem Ergebnis, durch das KZ-Außenlager sei die Stadt Duderstadt „eingebunden in das schlimmste Kapitel der deutschen Geschichte: die systematische Vernichtung der Menschen jüdischen Glaubens in Europa".[461] Diese Einbindung in die NS-Geschichte schloss die Verantwortung ein, die betroffenen Menschen nicht zu vergessen.

Wie menschlich wichtig das war, zeigten Fragen, welche ehemalige Häftlinge des Buchenwalder Außenlagers bei Interviews im Jahre 2008 ihrerseits stellten: „Was denken die Duderstädter heute über unser Lager? Wie ist man in Duderstadt damit umgegangen?" Das brachte den, der darauf antworten sollte, ihnen gegenüber in Erklärungsnot. Wie sagt man ehemaligen jüdischen KZ-Häftlingen, ohne sie zu verletzen, dass in Duderstadt, dem zeitweiligen Ort ihrer Gefangenschaft, nach dem Ende des Zweiten Weltkrieges lange über ihr Lager geschwiegen wurde und dass dieses Schweigen schließlich ins Vergessen mündete? Wie spricht man mit ihnen über das Freilegen der Erinnerung in Duderstadt? Gebietet die Wahrhaftigkeit, die Widerstände dagegen nicht zu verschweigen?

2008 wurde die letzte noch erhaltene Baracke des KZ-Außenlagers abgerissen. Die Geschichtswerkstatt hatte niemanden dazu bewegen können,

---

[458] „Geschichtsaufarbeitung als lebendiger Bestandteil der Zukunft, Eichsfelder Tageblatt am 7.11.1994.

[459] Siehe: „Ein gutes Stück Weges wurde zurückgelegt", in: „Regenbogen", Nr. 24, Oktober 94.

[460] Ebeling, Hans-Heinrich/Fricke, Hans-Reinhard (1992).

[461] A.a.O: S. 282.

sich für ihre Erhaltung als historisches Denkmal und ihre Nutzung als Dokumentationszentrum einzusetzen. Dabei war sie ein authentisches Bauwerk aus dem Zweiten Weltkrieg. Sie hatte nicht nur KZ-Häftlinge beherbergt, sondern zuvor Arbeiter, welche die Munitionsfabrik Polte bauten, danach Zwangsarbeiterinnen und schließlich deutsche Flüchtlinge und Heimatvertriebene. Der Baracke war diese Verwendung nicht anzusehen. Sie hob nicht das unterschiedliche Schicksal von Menschen in unsere Gegenwart, aber sie konnte das Erinnern anstoßen, das Wissen über die Vergangenheit durch Anschauung bekräftigen: Das geschah hier, an diesem Ort, in unserer Stadt.

Zu gleicher Zeit, als die Baracke abgerissen wurde, wurde beim ehemaligen Grenzübergang zwischen der Bundesrepublik und der DDR nahe Duderstadt mit Millionenaufwand ein Grenzlandmuseum neu gestaltet. Dafür hatte auch die Stadt Duderstadt sich eingesetzt. Das Erinnern an die NS-Zeit und das an die deutsche Teilung wurde sehr unterschiedlich gewichtet.

10.2 Zwangsarbeit: Opfer bleiben als Täter im Gedächtnis

Inzwischen abgerissene Fabrikhallen der Reißwollfabrik Hollenbach

Zwangsarbeitende aus vielen Ländern waren während des Zweiten Welt-
krieges in Duderstadt nahezu überall eingesetzt. Das ihnen zugefügte Un-
recht wurde aber wenig wahrgenommen und blieb daher nach dem Ende
des Zweiten Weltkrieges kaum in der Erinnerung der Eichsfelder – an-
ders als die von den Zwangsarbeitenden unmittelbar nach ihrer Befrei-
ung begangenen Plünderungen.

„Allerdings war unsere Mitmenschlichkeit blind gegen alles, was nicht
von deutscher Art war", beklagte Renate Finckh.[462] Das galt auch für den
Duderstädter Stadtarchivar Kretzschmar, dem von 1939 bis 1945 die Aufgabe zugefallen war, ein Kriegstagebuch für Duderstadt zu führen. Das Tagebuch offenbart ein zeitgenössisches „Bild der Stimmungslage eines
pflichtgetreuen städtischen Bediensteten".[463] Bemerkenswert, was dem
Chronisten nicht bedeutsam genug erschienen war, um notiert zu werden:
die Anwesenheit von annähernd zweitausend Ausländern, Männer und
Frauen, die sich während des Krieges bis 1945 als Arbeitskräfte allein in
Duderstadt, also ohne diejenigen in den umliegenden Dörfern hinzuzurech-
nen, aufhielten oder aufhalten mussten. Erst als die Zwangsarbeiterinnen
und Zwangsarbeiter nach ihrer Befreiung bei Kriegsende als Bedrohung
empfunden wurden, gerieten sie in das Blickfeld des Berichterstatters. Einen Tag nach dem 9. April 1945, an dem amerikanische Truppen die Herrschaft der Nationalsozialisten in Duderstadt beendet hatten, hielt er auf seinen Karteikarten fest: Ausländer plündern in der Stadt. Am 12.4.1945 notierte er, dass „deutsche Gefangene … um Lebensmittel" bettelten, am
13.4.1945 schrieb er, „Scharen von Russen und Polen" erhielten im Rathaus
Lebensmittelkarten. Anfang Juni, am 6.6.1945, stellt er deutliche Anzei-
chen einer Besserung fest. Er notierte: Die Bevölkerung hat gegenüber
plündernden Polen zur Selbsthilfe gegriffen, die Engländer schreiten als Besatzungsmacht „erfreulicherweise" gleichfalls gegen Plünderer ein und die
früheren deutschen Polizeibeamten dürfen ihren Dienst wieder aufnehmen.[464]
Die ausländischen Arbeitskräfte in Deutschland waren während des
Krieges in verschiedene Kategorien mit unterschiedlichen Arbeits- und Lebensbedingungen eingeteilt. In seiner Arbeit über „Zwangsarbeit im Landkreis Göttingen 1939 – 1945" schreibt Günther Siedbürger: „Rechtlich am
besten gestellt waren die Arbeiter aus verbündeten und neutralen Staaten,

---

[462] Finckh, Renate (2002): S. 193.
[463] Ebeling, Hans-Heinrich/Fricke, Hans-Reinhard 1992: S. 297 f.
[464] StadtA Dud.: Dud 2 Nr. 25074, 25075.

also Italiener (bis 1943), Bulgaren, Kroaten, Rumänen, Slowaken, Spanier und Ungarn. Geringfügig schlechter standen die Arbeiter aus den besetzten nördlichen, westlichen und südöstlichen Regionen Europas da: Norweger, Dänen, Niederländer, Belgier, Franzosen, Tschechen, Serben und Griechen. Die Angehörigen beider Gruppen erhielten formal dieselben Lebensmittel- rationen und es galten für sie in etwa dieselben arbeitsrechtlichen Richtli- nien wie für Deutsche, sie hatten also auch Anspruch auf denselben Lohn wie deutsche Arbeiter (der allerdings durch erzwungene Gemeinschaftsver- pflegung und Unterbringung in Lagern, für die mitunter hohe Beiträge vom Lohn abgezogen und einbehalten wurden, vielfach verringert wurde)."[465] In der Hierarchie tief unter diesen beiden Gruppen befanden sich die Polen, noch darunter die Menschen aus der UdSSR, die in großer Zahl als Zwangs- arbeitende in Duderstadt beschäftig waren. Auf der untersten Stufe standen völlig rechtlos die KZ-Häftlinge. In Duderstadt waren das die zur „Vernich- tung durch Arbeit" bestimmten jüdischen Ungarinnen des Außenlagers von Buchenwald bei der Munitionsfabrik Polte.

Polen und die Menschen in der UdSSR waren nach der Besetzung ihrer Länder zum Teil mit falschen Versprechungen und unter dem Zwang der Notlage, in die sie gebracht worden waren, angeworben, überwiegend aber zwangsweise als Arbeitskräfte rekrutiert, teilweise in Razzien eingefangen und nach Deutschland deportiert worden.[466] Die Brutalität, mit der dabei durch die deutsche Besatzungsmacht vorgegangen wurde, schildern Be- richte von Betroffenen, die Günther Siedbürger[467] zu Wort kommen lässt. In Deutschland waren sie nicht nur als Angehörige von „Feindvölkern", sondern überdies als „rassisch Minderwertige" entwürdigenden Bestim- mungen unterworfen und an ihrem Arbeitsplatz im Guten wie im Bösen wei- terer Willkür ihrer Arbeitgeber ausgesetzt.

Die Polen waren einer Kennzeichnungspflicht unterworfen. Sie hatten ein Abzeichen mit einem „P" sichtbar an ihrer Kleidung zu tragen. Sie durf- ten den ihnen zugewiesenen Aufenthaltsort nur mit Genehmigung verlas- sen. In den Nachtstunden galt für sie ein Ausgehverbot. Untersagt war ihnen unter anderem die Benutzung von öffentlichen Verkehrsmitteln und von Fahrrädern ohne polizeiliche Erlaubnis. Sie durften nicht telefonieren und nicht fotografieren. Näherer Umgang mit Deutschen war ihnen untersagt. So durften sie öffentliche Einrichtungen und Veranstaltungen (z.B. Gast-

---

[465] Siedbürger, Günther (2005): S. 22.
[466] Siehe Herbert, Ulrich (1986): S. 186.
[467] Siedbürger, Günther (2005).

stätten und Kinos) nicht besuchen und nur an „Sondergottesdienste" ausschließlich für Polen teilnehmen, die der Landrat jeweils zu genehmigen hatte. Mahlzeiten mussten den Bestimmungen nach getrennt von Deutschen eingenommen werden. Geschlechtsverkehr mit Deutschen wurde mit dem Tode bestraft. Verboten war, sie bei der Arbeit so einzusetzen, dass sie einem Deutschen Anweisungen hätten erteilen müssen. Ihr Lohn musste niedriger sein als der, den Deutsche für vergleichbare Arbeit erhielten. Von der deutschen Sozialverfassung mit Lohnfortzahlung im Krankheitsfall, Familienzuschlag, Überstundenzuschlag usw. waren sie ausgenommen.

Menschen aus der UdSSR waren als „Ostarbeiter" noch schlechter gestellt. Sie hatten ein Abzeichen mit der Aufschrift „OST" zu tragen, Kirchenbesuch war ihnen grundsätzlich verboten. Eine Genehmigung zum Verlassen des Arbeitsortes erhielten sie nicht. Ihr „Arbeitsentgelt" betrug etwa ein Drittel dessen, was ein Deutscher verdiente. Davon wurden Abzüge für Unterkunft und Verpflegung einbehalten. Die vom Reichsminister für Landwirtschaft und Ernährung festgelegten Verpflegungssätze reichten kaum für das Überleben. Diese Sätze wurden mit sich verschlechternder Kriegslage etwas angehoben, aus der wirtschaftlichen Notwendigkeit heraus, mit den verfügbaren Arbeitskräften pfleglicher umzugehen.

750 ungarischen KZ-Häftlinge beim Polte-Werk in Duderstadt wurden knapp vor der Ankunft der amerikanischen Truppen abtransportiert. Die Rote Armee befreite sie im KZ Theresienstadt. Die in Hilkerode internierten mehrere hundert Italiener zogen nach der Befreiung aus eigener Initiative geschlossen ab.[468] Zahlreiche Ausländer entfernten sich nach Kriegsende in die verschiedensten Richtungen. Viele aber blieben als Displaced Persons noch längere Zeit in den großen Barackenlagern in Duderstadt und Hilkerode.

Auch auf dem Betriebsgelände der Reißwollfabrik Hollenbach lebten im Januar 1946 noch frühere Zwangsarbeitende. Während des Krieges hatte Fabrikant Franz Hollenbach etwa 20 Männer und 110 Frauen aus Polen und der Sowjetunion als verfügbare und billige Arbeitskräfte beschäftigt. Untergebracht waren diese Zwangsarbeitenden zusammen mit insgesamt 16 polnischen Kindern in einem Lager auf dem Fabrikgelände, das wahrscheinlich aus zwei Wohnungen und einer Baracke bestand.[469] Dazu zählten ab Herbst 1944 fünf polnische Frauen mit fünf Kindern, die in einem kleinen Gebäude wohnten, welches als Küche diente und später als Garage genutzt wurde. Unter ihnen befand sich der damals vierjährige Mirosław

---

[468] Siehe Chiampo, Giuseppe 2004.
[469] Siehe Siedbürger, Günther 2005: S. 251.

Kukliński, der, heute in Warschau lebend, der mit weit über 70 Jahren noch häufig an diese Zeit zurückdenkt. Er hatte Kämpfe während des Warschauer Aufstandes erlebt und wurde mit seinen Eltern über das Durchgangslager Pruszków in das KZ Sachsenhausen deportiert, dann mit seiner Mutter weiter in das KZ Buchenwald und schließlich nach Duderstadt zur Firma Hollenbach gebracht. Die Befreiung durch amerikanische Soldaten italienischer Abstammung am 9. April 1945 war für den kleinen Jungen ein unvergessliches Erlebnis, nicht nur wegen der Freude der Erwachsenen, sondern auch, weil er in einen Jeep klettern durfte und etwas für ihn bis dahin Unbekanntes geschenkt bekam: Schokolade.[470]

Firmeninhaber Franz Hollenbach hatte sich an dem profitablen System der Zwangsarbeit beteiligt, welches der Internationale Gerichtshof in Nürnberg als Verbrechen gegen die Menschlichkeit einstufte. Zwar wird in einer Jubiläumsbiografie der Familie Hollenbach behauptet[471], dass die Zwangsarbeitenden in ihrer Firma gut betreut worden seien, nämlich wie Deutsche. Polen wie Deutsche zu behandeln, wäre mit den damaligen Vorschriften gänzlich unvereinbar gewesen. Dagegen, dass dies bei der Firma Hollenbach dennoch so war, spricht schon die lagermäßige Unterbringung auf dem Fabrikgelände und dass die ausländischen Kinder während der langen Arbeitszeit der Mütter gänzlich sich selbst überlassen blieben. Dagegen spricht ferner die Erinnerung von Mirosław Kukliński, dass die fünf Frauen ihre Kinder auch durchzubringen suchten, indem sie ihnen Brennnesseln und gefangene Maulwürfe kochten. Die Art, wie Franz Hollenbach nach Kriegsende die auf seinem Betriebsgelände noch lebenden Ausländer beschrieb und nur noch möglichst rasch loswerden wollte, lässt solche Menschlichkeit während der NS-Zeit ebenfalls wenig glaubwürdig erscheinen.

1945 und 1946 versuchte Hollenbach wiederholt, sich der in dem Lager auf seinem Betriebsgelände noch verbliebenen Polen zu entledigen. Er stellte dar, dass er die belegten Räume benötigte und er und seine Arbeiter unter den Fremden Unbeschreibbares zu erleiden hätten und Diebstähle, Schnapsbrennerei und faules Auf-der-Haut-Liegen mitansehen müssten. Letzteres trug er vor, obwohl er doch wusste, dass es für Displaced Persons in ihren Lagern keine Arbeit gab. Einen Vorfall Anfang Januar 1946 mit einem drei bis vier Jahre alten Polenjungen nahm Hollenbach zum Anlass, an den Landrat zu schreiben. Der dazu angestiftete Knirps hatte ihm auf

---

[470] Kukliński, Mirosław (2011): Als Zwangsarbeiterkind in Südniedersachsen, filmisches Interview auf einer DVD, erhältlich bei der Geschichtswerkstatt Duderstadt.
[471] Sohn, Heinz o. J.: S. 93.

dem Firmengelände ein Papier mit der Aufschrift „Franz Hollenbach, Hitlerschweine" überreicht. Das schien zunächst einmal ungerecht, denn Hollenbach war offenbar nicht Mitglied der NSDAP gewesen und sein Vermögen wurde deshalb auch nicht, wie das vieler anderer Duderstädter, 1945 durch die Militärregierung gesperrt. Aber er hatte eben doch wirtschaftlich mit dem nationalsozialistischen Regime und zu Lasten der Zwangsarbeiter gemeinsame Sache gemacht. In seinem Brief trug Hollenbach neben dem Ereignis mit dem Jungen noch weitere Beschwerden vor: „Mein Fabrikhof ist an allen Stellen derart beschmutzt von den Polenkindern, daß man kaum noch irgendwo hintreten kann, ohne etwas unter den Füssen zu haben und fast nur an den Stellen, die am meisten begangen werden. […] Ich bekümmere mich prinzipiell nicht mehr um die Polen. Aber muss man sich auch in heutiger Zeit derartiges bieten lassen? Ist es nicht möglich, dass diese Leute endlich vom Hof herunterkommen?"[472]

Dass er zahlreichen ausländische Arbeiterinnen und Arbeiter während des Zweiten Weltkrieges zwangsweise beschäftigt hatte, hinderte den Rat der Stadt 1958 nicht, Franz Hollenbach „in freudiger Anerkennung seiner großen Verdienste um unsere Stadt und in dankbarer Würdigung der hochherzigen Beweise seiner Wohltätigkeit das Ehrenbürgerrecht seiner Vaterstadt" zu verleihen. In diesen Wohltätigkeiten steckte allerdings auch ein Anteil der Zwangsarbeitenden, die dazu beigetragen hatten, das Vermögen von Franz Hollenbach zu vermehren.

Firmenchef Hollenbach ist ein Beispiel dafür, wie in Duderstadt nach Kriegsende „diese Leute", die oft verharmlosend als „Fremdarbeiter" bezeichneten Zwangsarbeiter, derer man sich zuvor wie selbstverständlich bedient hatte, nur noch ein Ärgernis bildeten. Im Gedächtnis behielt man sie weithin nur so, wie sie schon der Chronist Kretzschmar zeitgenössisch gesehen hatte: nicht als Opfer des Nationalsozialismus in Duderstadt, sondern als Täter – Diebe und Plünderer, gegen die sich die deutschen Einwohner nach Kriegsende zu wehren hatten. In der Erinnerung wurden auf diese Weise die Rollen der Opfer- und der Tätergruppe getauscht – ein Geschichtsbild, das Jahrzehnte nach dem Ende des Krieges in einigen der im Bereich des heutigen Duderstadt entstandenen Ortschroniken ebenfalls aufzufinden ist.

In der von der Stadt Duderstadt herausgegebenen „Duderstädter Chronik" aus dem Jahr 1979 verhält es sich ebenso wie bei den Notizen des

---

[472] KreisA Göttingen: LK Dud 20.

Stadtarchivars für ein Kriegstagebuch. Für das Jahr 1940/41 ist die Errichtung eines Barackenlagers für „Fremdarbeiter (Polen)"[473] der Munitionsfabrik Polte auf einem Sportplatz festgehalten. Mehr erfährt man über das Dasein von Zwangsarbeitern während des Krieges in Duderstadt in diesem Buche nicht, obwohl es sie doch nicht nur bei Polte gab, sondern sie an sehr vielen Orten in großer Zahl anzutreffen waren. Auch bleiben die jüdischen Ungarinnen im Außenlager des KZ Buchenwald in Duderstadt unerwähnt. Erst unter dem Datum des 10. April 1945 tauchen die Zwangsarbeiter in der Chronik wieder auf: „Die ausländischen Zwangsarbeiter, Polen und Russen, plündern die Geschäfte und erhalten die abgelieferten Waffen von den Amerikanern. Die Geschäfte bleiben mehrere Tage geschlossen."[474] Deutsche, die daran beteiligt gewesen waren, die Menschenrechte der nach Duderstadt deportierten Ausländer zutiefst zu missachten, beklagten jetzt, wo es sie selbst betraf, die verständliche Verletzung ihrer eigenen Rechte durch diese Fremden.

In den seit den 70er Jahren entstandenen Chroniken der Duderstädter Ortsteile Gerblingerode, Fuhrbach, Werxhausen und Esplingerode werden Zwangsarbeiter überhaupt nicht genannt, obwohl es sie in allen Dörfern zahlreich gab. Andere Aufzeichnungen wenden sich ihnen erst bei der Darstellung des Kriegsendes zu. Die Nesselröder Chronik (Bd. I) berichtet von polnischen Zivilarbeitern, die sich über ihre Befreiung freuten.[475] In der Darstellung der Geschichte von Westerode werden die Zwangsarbeiter dagegen vor allem als Bedrohung dargestellt. Dass sie „in der Westeröder Landwirtschaft zwangsverpflichtet waren", wird allein mit diesen Worten knapp erwähnt. Dass sie nach ihrer Befreiung nachts als Banden und auch vor Gewalt nicht zurückschreckend in die Bauernhöfe eingebrochen seien, die Westeröder abends ihre Häuser also gründlich verriegeln mussten, wird dagegen sehr ausführlich dargestellt.[476]

Auch nach der Befreiung befanden sich die vorherigen Zwangsarbeitenden weiterhin in einer materiellen Notlage. Sehr viele hatten eine ungewisse Zukunft vor sich. Vor allem diejenigen, die aus Osteuropa stammten, waren sich oft unsicher darüber, wohin sie sich nun wenden sollten. Die Darstellung in manchen Ortschroniken wirkt nicht wie eine Abkehr von den durch Nationalsozialisten geschürten Vorurteilen gegenüber den Menschen der Völker im Osten, minderwertig und bedrohlich zu sein, sondern geradezu als eine Bestätigung solcher Voreingenommenheit.

---

473 Lerch, Christoph (1972): S. 193.
474 A.a.O., S. 195.
475 Wiesemüller, Hans-Wilhelm (1977): S. 206.
476 Siehe Ebeling/Wagner (1996): S. 40.

Mehr Verständnis für das Schicksal und die Situation der Zwangsarbeiter bringen zwei in jüngerer Zeit entstandene Chroniken auf. Rudolf Diedrich verwendet zwar mehrfach das verharmlosende Wort „Fremdarbeiter", lässt es in seiner Darstellung dennoch an Deutlichkeit nicht fehlen: „In Hilkerode hatte der Nazismus das unerwünschte Erbe, das Arbeitslager der Firma Schickert am Pfingstanger hinterlassen, für dessen Bewohner, Zwangsarbeiter aus Italien, Belgien, Niederlanden u. a. beim Einrücken der schweren Panzer der amerikanischen Armee die Stunde der langersehnten Befreiung schlug. Die verhassten Deutschen hatten die zumeist jungen Burschen aus der Heimat verschleppt, sie mussten unter der Knute der Aufseher schwer arbeiten und bei kärglichen Rationen bis zum Wahnsinn hungern. Wen wundert es, dass sie sich nun zu rächen versuchten?

In dieser Anfangsphase Schutz bei der Besatzungsmacht zu suchen, wäre für die Hilkeröder vergeblich gewesen; die nahmen – verständlicherweise – eher Partei für die Fremdarbeiter. So plünderten sie die Fabrikhallen [in Rhumspringe, ihr eigenes Werk, das sie hatten errichten müssen; G.H.], zerschlugen das Inventar und ließen auch im Dorf in Läden, Wohnhäusern, Scheunen und Stallungen nichts ungeschoren und eigneten sich alles an, was ihnen nützlich erschien."[477]

Diedrich hätte allerdings ergänzend anfügen können, dass es nicht allein um Rache ging, sondern bei den Diebstählen jedenfalls auch um das weitere Überleben. Auch die Befreiten mussten essen und sehen, mit welchen Mitteln sie nach Hause gelangen konnten. Guiseppe Chiampo hat berichtet, dass sich die aus dem Pfingstanger-Lager befreiten Italiener in Hilkerode sogar einen für die Heimreise brauchbaren Lastwagen aneigneten.[478]

Die Identität der Zwangsarbeiter und Zwangsarbeiterinnen in seinem Ort Mingerode herauszufinden und das allgemeine Schicksal dieser Menschen als Opfer des Nationalsozialismus zu erklären, hat sich Andreas Müller bemüht. Die in seiner Ortschronik abgedruckte Liste enthält 66 Namen. Der Autor berichtet auch über den Tod eines Ukrainers, der auf einem Hof in Mingerode arbeiten sollte, dazu aber zu schwach war. Außerdem stellt er Herrenmenschen-Dünkel fest: „Die Nazi-Propaganda hatte das russische Volk als Untermenschen bezeichnet. Entsprechend wurden sie auch hier im Dorf eingeschätzt."[479] Auf eine gute Behandlung deutet das nicht hin. Nach der Besetzung kam es 1945 ebenfalls in Mingerode zu Diebstählen, aber Müller weist darauf hin, dass von vielen bezweifelt wurde, ob es immer

---

[477] Diedrich, Rudolf (1999): S. 371.
[478] Chiampo, Guiseppe (2004): S. 173.
[479] Müller, Andreas (2003): S. 402.

Zwangsarbeiter waren, weil man vermutete, dass auch Einheimische zumindest beteiligt waren.[480] Insgesamt kommt der Verfasser zu der Einschätzung, die Ausländer – Zwangsarbeiter und Kriegsgefangene – seien in Mingerode nicht schlecht oder unmenschlich behandelt worden.[481]

In den Fällen, in denen in Mingerode, obwohl streng verboten und bei Bekanntwerden mit härtesten Strafen geahndet, zwischenmenschliche Beziehungen zwischen Deutschen und Ausländern eingegangen wurden oder in denen – wie auch in Hilkerode – nach dem Krieg Arbeitgeber und ehemalige Zwangsarbeiter weiterhin in Verbindung blieben, ist ein menschlicher Umgang mit diesen Ausländern allerdings bestätigt. Grundsätzlich aber ist die Darstellung eigenen Verhaltens in der NS-Zeit und die Weitergabe dieser Mitteilungen in den Familien bis hin zu den Enkeln mit Vorsicht zu betrachten, weil sie häufig mehr der Entlastung und Entschuldung dienten, als wahrhaftige Information darzustellen. Das ist in dem Buch „Opa war kein Nazi"[482] aufgezeigt worden. Wenn berichtet wird, die Zwangsarbeiter und -arbeiterinnen eines Dorfes seien „wie Knechte oder Mägde in die Familien integriert"[483] gewesen, ist die Darstellung in solcher Verallgemeinerung mit Sicherheit in Frage zu stellen. Und selbst, wenn man die Richtigkeit des Berichts annehmen wollte, bleibt immer noch ein großes Maß an Verharmlosung. Denn die wesentlichen Merkmale des Schicksals dieser Ausländer mit Familienanschluss waren dann immer noch die Deportation, der unfreiwillige Aufenthalt, die erzwungene Arbeitsleistung und Entwürdigung durch diskriminierende Bestimmungen. Selbst bei guter Behandlung „ihrer" Zwangsarbeiter waren die deutschen Bauernfamilien, die kriegsbedingt selbst in die Zwangslage fehlender Arbeitskräfte gebracht waren, in das System der Zwangsarbeit verstrickt.

Die Darstellung der Geschichte der NS-Zeit in Duderstadt von Ebeling/Fricke enthält ein eigenes Kapitel über Kriegsgefangene und Zwangsarbeiter. Sie weist nach, es lebten, ohne die KZ-Häftlinge, über tausend Ausländer während des zweiten Weltkrieges in Duderstadt. Dass viele von ihnen, mehr als 120 Menschen – also etwa jeder zehnte – hier ihr Leben verloren und auf dem St.-Paulus-Friedhof beerdigt wurden, wird nicht erwähnt.[484]

---

[480] A.a.O. S. 402.
[481] A.a.O. S. 389.
[482] Siehe dazu: Welzer / Moller / Tschugggnall: „Opa war kein Nazi" (2002).
[483] Diederich, Mario (2004): S. 609.
[484] Siehe dazu das Kapitel 12.5: Erinnerung an rechtswidrig eingeebnete Kriegsgräber.

Geringschätzung der Zwangsarbeitenden als Menschen drückte sich auch nach dem Krieg in Duderstadt noch in der Behandlung ihrer Gräber aus, die, obwohl sie als Kriegsgräber zu erhalten waren, größtenteils eingeebnet oder unter einer Rasenfläche unauffindbar verborgen wurden. Deutsche Soldatengräber dagegen wurden mehr geachtet und blieben vollständig erhalten. Wenn Renate Finckh darauf hingewiesen hat, dass Mitmenschlichkeit im „Dritten Reich" blind war gegen alles, was nicht zur deutschen Art gerechnet wurde, ist zu ergänzen: Diese Blindheit reichte in Duderstadt über das Jahr 1945 hinaus.

11 Politisches Handeln in den Nachkriegsjahrzehnten

Internationales Frühstück in Duderstadt 2016

11.1 Die Abwehr der Fremden

Die Zwangsarbeitenden wurden während des Zweiten Weltkrieges als Arbeitskräfte gebraucht, aber als Menschen waren sie in Duderstadt nicht willkommen. Der Abwehr von Kriegsflüchtlingen aus Jugoslawien im Herbst 1993 steht aber eine Willkommenskultur gegenüber Fremden in Not im Herbst 2015 gegenüber.

„Wenn bei dir ein Fremder in eurem Land lebt, sollt ihr ihn nicht unterdrücken. Der Fremde, der sich bei euch aufhält, soll euch wie ein Einheimischer gelten, und du sollst ihn lieben wie dich selbst; denn ihr seid selbst Fremde in Ägypten gewesen. Ich bin der Herr, euer Gott." (3. Mose/Lev 19, 33f.) Dieses Schutzgebot ist, so nachdrücklich und so absolut verkündet, eines der biblischen Gebote, welches Menschen so viel abverlangt, dass sie diesem Anspruch ihrer Religion nicht immer gewachsen sind. Diesem Gebot zum Verhalten gegenüber Fremden ist auch nicht zu genügen, wenn man versucht, Umstände, unter denen es zu gelten hätte, überhaupt nicht eintreten zu lassen, also Fremde und Flüchtlinge vom eigenen Land oder Ort möglichst fern zu halten.

In Duderstadt als Fremder zu leben, war keineswegs immer leicht. In der Zeit des „Dritten Reiches" regelten die nationalsozialistische Rassenlehre und die daraus abgeleiteten Bestimmungen den Umgang mit den aus dem Ausland angeworbenen Zivilarbeitern, den nach Deutschland verschleppten Zwangsarbeitern und den ungarisch-jüdischen KZ-Häftlingen. Dennoch ist damals mitmenschliches Handeln ihnen gegenüber in Duderstadt verbürgt, unerlaubt und nicht als Regelfall, sondern als seltene Ausnahme.

Der Duderstädter Bürgermeister Dornieden, der überzeugt war, Christ zu sein, verhielt sich gegenüber den Zwangsarbeitern als Rassist. 1942 sollten auf einem Fußballplatz neue Unterkünfte für die ausländischen Arbeitskräfte der Munitionsfabrik Polte errichtet werden, ein großes Barackenlager, das nahe an den Stadtkern von Duderstadt herangerückt war. Dieses Vorhaben weckte Besorgnisse von Einwohnern und des Bürgermeisters. Er verlangte in einem Schreiben an die Außenstelle des Reichsministers für die Bewaffnung und Munition in Hannover „besondere Vorkehrungen […], die verhindern, dass die Lagerinsassen mit der Bevölkerung in direkte Berührung kommen können" und forderte deshalb, dass der neue „Wohnbarackenlagerplatz" zur Stadt hin mit einem zwei Meter hohen, dicht schließenden Bretterzaun abgeschirmt werden und der Lagereingang auf der stadtabgewandten Seite liegen müsse: „Die Forderung der neben dem Sportplatz wohnenden Kleinsiedler muss ich nicht allein aus polizeilichen, sondern auch aus rassenpolitischen Gründen voll unterstützen."[485]

Es kamen dann in den 1960er Jahren die „Gastarbeiter", die zwar als Arbeitskräfte willkommen waren, denen aber ansonsten wenig Gastfreundschaft zuteil wurde. Und 1993 hatte die Stadt Duderstadt es wieder in einer herausfordernden Weise mit Ausländern zu tun. Der Zuzug vieler Flüchtlinge, vor allem aus den Kriegsgebieten im ehemaligen Jugoslawien, stellte die Stadt vor große Probleme. Darüber entbrannte eine öffentliche Auseinandersetzung, die schließlich in heftigen Streit mündete. In einer sehr emotionalen Presseerklärung des Beratungszentrums für Flüchtlinge in Stadt und Landkreis Göttingen – St.-Jacobi-Gemeinde Göttingen und Caritasverband für die Stadt und den Landkreis Göttingen – gegen die beabsichtigte Abschiebung von Flüchtlingen in die Wojwodina/Serbien wurden schwere Vorwürfe sowohl gegen den Landkreis als auch gegen die Stadt Duderstadt erhoben: „Diese Menschen kamen im August 1993 nach Niedersachsen. Die Männer sind zum Teil vor der Einberufung geflohen, zum Teil desertiert. Von Anfang an wurden sie und ihre Familien von den zuständigen Behörden schikaniert. Mit allen Mitteln versuchte der Landkreis Göttingen, sie wieder zu verjagen. Da es angeblich keine Unterbringungsmöglichkeiten gab, wurden sie in einem undichten Zelt am Rande von Duderstadt an einer abgelegenen Stelle zusammengepfercht."[486]

Was war genau geschehen? Anfang August 1993 meldeten sich 26 Serben beim Duderstädter Ordnungsamt und baten um Aufnahme. Sie hatten wenige Tage zuvor mit Hilfe von Schleppern die deutsch-tschechische Grenze übertreten. Die Stadt Duderstadt als Obdachlosenbehörde war verpflichtet, die Kriegsflüchtlinge unterzubringen. Sie sah keine andere Möglichkeit, als für sie ein Großzelt auf dem abseits gelegenen Schützenplatz zu errichten. Darauf war man in Duderstadt nicht ganz unvorbereitet. Gegenüber dem Eichsfelder Tageblatt erklärte Stadtdirektor Nolte: „Im Verwaltungsausschuss haben wir eine ähnliche Situation bereits durchgesprochen. […] Menschen, die wirklich Hilfe brauchen, müssen auch aufgenommen werden. Jetzt aber sind wir an der Grenze unserer Leistungsfähigkeit angelangt"[487]

Die Stadt Duderstadt beherbergte zu dieser Zeit rund 400 Asylbewerber und 155 Flüchtlinge in drei großen Heimen und mehreren Einzelwohnungen. Auch für die neu angekommenen Flüchtlinge solle Wohnraum gesucht

---

[485] StADud DUD1/Nr. 324.
[486] Kopie der Presseerklärung im Archiv des Verfassers.
[487] Eichsfelder Tageblatt am 6.8.1993.

werden, teilte die Lokalzeitung mit. Der Leiter des Sozialamts habe umgehende Beratungen angekündigt, um für eine bessere Unterbringung der Flüchtlinge zu sorgen.[488] Diese erklärte Absicht wurde jedoch wenige Tage später wieder aufgegeben. Das Eichsfelder Tageblatt berichtete über eine neue Information des Stadtdirektors: „Alle festen Quartiere seien restlos belegt. Trotzdem gebe es keine Überlegungen, ein öffentlich genutztes Gebäude zur Unterkunft umzurüsten."[489]

Die Flüchtlinge blieben also, wo sie sich befanden – auf dem Schützenplatz, und das Abwarten war für sie durchaus auch mit Schrecken verbunden. In der Sitzung des städtischen Sozialausschusses Mitte September berichtete ein Ratsherr, Jugendliche hätten mit Steinen gegen die Zelte – inzwischen waren es wohl zwei – geworfen, auch sei mit Motorrädern gegen die Zelte gefahren worden. Daraufhin seien die Serben in das Caritas-Gebäude geflohen. Tatsächlich nahm die Caritas fünf der Flüchtlinge, Frauen und Kinder, in ihr Verwaltungsgebäude auf.

Die Sozialausschusssitzung offenbarte deutlich, warum bewusst nicht weiter nach Alternativen zur Unterbringung der Flüchtlinge im Zelt gesucht wurde. Dass Bürgerkriegsflüchtlinge „den Familien und Angehörigen in den Herkunftsregionen ein Signal geben, sobald sie einen sicheren Hafen gefunden haben, ist menschlich sehr verständlich", erklärte Stadtdirektor Nolte in der Sitzung. Zugleich bedauerte er, dass „die Aufnahme von fünf Zeltflüchtlingen durch die Caritas zu einem hohen Erwartungsdruck bei den im Zelt Verbliebenen geführt habe."[490] Die Stadt Duderstadt wünschte folglich keine in ihrem Sinne falschen Signale für die Serben. Dennoch musste angesichts der öffentlichen Diskussion und des nahenden Winters gehandelt werden. Erwogen wurde unter anderem die Aufstellung von Wohncontainern. Dieser Plan konnte jedoch bald wieder aufgegeben werden; durch den Wegzug einer anderen großen Flüchtlingsgruppe fanden sich anderweitige Unterbringungsmöglichkeiten.

In der NS-Zeit hatten viele Deutsche, darunter auch jüdische Einwohner aus Duderstadt, im Ausland Zuflucht gefunden. Die Lehre daraus, mit Fremden, mit Flüchtlingen human umzugehen, hatte die Stadtverwaltung 1993 noch nicht hinreichend gezogen. Die Abwehr von Fremden im Herbst 1993 erscheint jedoch inzwischen als Kontrastbild zur Aufnahme von Flüchtlingen im Herbst 2015 in Duderstadt: statt Ablehnung nunmehr Verständnis und Hilfe. Diese neue Willkommenskultur steht für eine Stadt, die

---

[488] Eichsfelder Tageblatt am 9.8.1993.
[489] Eichsfelder Tageblatt am 14.8.1993.
[490] Eichsfelder Tageblatt am 18.9.1993; vgl. auch Protokoll der Sitzung des Sozialausschusses am 16.9.1993.

Weltoffenheit gewonnen hat und deren Empathie gegenüber fremden Menschen in Not gewachsen ist. – Dennoch hatte sich Duderstadt 2015/2016 der Demonstrationen von Neonazis zu erwehren, die in den Flüchtlingen eine Gefahr für Frauen, für die Zukunft der Kinder und für das Deutschtum überhaupt sahen. „Wehret den Anfängen!" war unter den zahlreichen Gegendemonstranten zu hören, die sich dessen bewusst waren, dass die Demokratie und ihre freiheitlichen Werte verteidigt werden müssen. Sie demonstrierten auch, dass Duderstadt bunter und sympathischer geworden ist.

11.2 „Wir haben versucht, die Ausstellung zu verhindern"

In Duderstadt bemühte 1976 die CDU entgegen aller gebotenen Freiheit der Kunst, eine Ausstellung von Plakaten des der SPD nahestehenden Grafikers Klaus Staeck zu verhindern. Die Partei der Christdemokraten bediente sich dabei in der politischen Auseinandersetzung missbräuchlich der von ihr regierten Stadt Duderstadt als Behörde. Um die von der CDU als Nazi-Propaganda diffamierte Plakatausstellung dennoch zeigen zu können, musste der SPD-Ortsverein einen Gerichtsbeschluss herbeiführen.

Zum Bundestagswahlkampf 1972 trug der Grafiker Klaus Staeck ein Plakat bei, mit dem er satirisch-ironisch-klassenkämpferisch die von den politischen Parteien vertretenen Ansichten und Interessen erhellen wollte: „Deutsche Arbeiter! Die SPD will euch eure Villen im Tessin wegnehmen". – Nachdem 1973 der General und spätere Diktator Pinochet in Chile gegen die demokratisch gewählte Regierung Allende erfolgreich geputscht hatte und das Stadion in Santiago de Chile als Konzentrationslager und Folterzentrum diente, kommentierte der damalige CDU-Generalsekretär Bruno Heck: „Das Leben im Stadion ist bei sonnigem Wetter recht angenehm." Diese schrecklich verharmlosende Auffassung veranlasste Staeck, ein Plakat zu gestalten mit der Aufschrift: „Seit Chile wissen wir genauer, was die CDU von Demokratie hält".

Reale Politik trägt zuweilen Züge des Satirischen in sich – als innere Widersprüche, als Verzerrung dessen, was berechtigt zu erwarten wäre und worüber man mit etwas selbstkritischem Humor durchaus auch lachen kann. Solche Realsatire mit bissiger Ironie durch Montage von Bild und Wort herauszuarbeiten und zu entlarven, sich als Künstler politisch einzumischen und die eigene Sichtweise der bestehenden Verhältnisse pointiert darzustellen – mit dieser Absicht gestaltete Klaus Staeck Postkarten und Plakate. Sie waren inhaltlich oft gegen die politischen Vorstellungen der Christdemokraten gerichtet. Sie lösten wütende Gegenwehr aus, bis dahin, dass Politiker der CDU/CSU in Bonn ausgestellte Plakate herunterrissen und zerfetzten.

Totalitäre Regime pflegen ein eigenes Verständnis von Kunst. Die Freiheit des schöpferischen Menschen erscheint bedrohlich für den diktatorisch formierten Staat. Künstlerisches Arbeiten, das den jeweiligen Ideologien nicht entspricht, wird unterdrückt. So im nationalsozialistischen Deutschland mit seinen Bücherverbrennungen, den Aktionen gegen „entartete" Kunst, den Mal-, Schreib- und Publikationsverboten. In Demokratien muss Freiheit der Kunst ein hohes Gut sein. Das schließt aber auch dort Versuche, sie zu beschneiden, nicht aus. Auch in Duderstadt, beherrscht von einer großen CDU-Mehrheit, ereignete sich ein solcher Fall.

Im April 1976 beantragte der SPD-Ortsverein Duderstadt, eine Staeck-Ausstellung im Saal des alten Rathauses bzw. in anderen Räumlichkeiten der Stadt durchführen zu dürfen. Der Antrag der SPD wurde durch die Stadt Duderstadt abgelehnt, ebenso der Widerspruch gegen diese städtische Entscheidung.[491] In der Ausstellung von Plakaten des Grafikers Klaus Staeck sei eine Diffamierung einer bestimmten demokratischen Partei mit staatstragender Bedeutung zu sehen und somit wäre es ein schwerer Verstoß gegen die Verfassung, einen Raum dafür zur Verfügung zu stellen, hieß es in der Begründung der Stadt. Die Stadt Duderstadt, wohl wissend, dass es eine räumliche Alternative außerhalb von öffentlichen Gebäuden für die geplante Ausstellung in Duderstadt nicht gab, verhehlte also überhaupt nicht, dass sie an dem Inhalt der Plakate von Klaus Staeck Anstoß nahm und deshalb deren Ausstellung in städtischen Räumen nicht zulassen wollte.

In diesem Fall bewährte sich die Rechtsstaatlichkeit der Bundesrepublik Deutschland. Auf Antrag des SPD-Ortsvereins verpflichtete das Verwaltungsgericht Hildesheim Ende September 1976 im Wege einer einstweiligen Anordnung die Stadt, den Sozialdemokraten geeignete Räume in der

---

[491] Siehe dazu und im Folgenden die Dokumentation des Vorgangs in Staeck/Adelmann (1977): S. 32 ff.

Duderstädter Eichsfeldhalle zur Ausstellung von Arbeiten des Grafikers Klaus Staeck zu den allgemeinen Benutzungsbedingungen zur Verfügung zu stellen. Das Gericht sah kein sachlich begründetes öffentliches Interesse daran, das gegen die Nutzung der Eichsfeldhalle durch den SPD-Ortsverein sprechen könnte, sondern betonte vielmehr dessen Recht, die öffentlichen Einrichtungen der Gemeinde zu nutzen. Die beabsichtigte Ausstellung füge sich in die Reihe der in der Eichsfeldhalle durchgeführten Veranstaltungen zwanglos ein. Und es sei überhaupt nicht Aufgabe der Stadt Duderstadt, die CDU vor befürchteten Angriffen seitens der SPD zu schützen. Da müsse diese Partei sich schon selbst wehren.

Hinter den Beschlüssen der städtischen Gremien standen die Duderstädter Christdemokraten, die, mit einer übermächtigen Mehrheit ausgestattet, meinte, auf andere keine Rücksicht nehmen zu müssen und als Partei die Stadt vereinnahmt hatte. Sie hatten in diesem Fall die Stadt als öffentliche Behörde im politischen Wettbewerb der Parteien missbräuchlich für ihre parteilichen Zwecke vereinnahmt, um die Möglichkeiten der SPD zur politischen Meinungsäußerung zu behindern. Die Niederlage vor Gericht führte jedoch nicht zu einem Umdenken der Christdemokraten. Sie wandten sich nunmehr per Zeitungsanzeige an die Öffentlichkeit: „Wir haben versucht, die Ausstellung des Grafikers Staeck zu verhindern [...] wer die Nazi-Propaganda im 3. Reich noch erlebt hat, wird verstehen, warum wir gegen diese Art von Hetzpropaganda sind."[492]

Liebe BürgerInnen und Bürger von Düderstadt!

Wir haben versucht, die Ausstellung des Grafikers Staeck zu verhindern und wir hatten gute Gründe dafür.
Jetzt ist gerichtlich entschieden. Staeck darf ausstellen. Wir können Sie nur alle bitten; gehen Sie in diese Ausstellung. Sehen Sie sich an, was Staeck und seine Gesinnungsfreunde unter Freiheit verstehen.
Und wer die Nazi-Propaganda im 3. Reich noch erlebte, wird verstehen, warum wir gegen diese Art von Hetzpropaganda sind. Und warum wir nicht wollen, daß derartige Hetze eines Tages wieder Regierungspropaganda wird.

Und darum unsere Bitte:
Gehen Sie in diese Ausstellung, es gibt kein besseres Argument, am 3. Oktober

CDU

zu wählen.

Ihre CDU-Stadtratsfraktion

---

492 Anzeige im Göttinger Tageblatt am 1.10.1976.

Die Christdemokraten beharrten also darauf, im Recht gewesen zu sein bei ihrem Versuch, eine Ausstellung politischer Plakatkunst zu verhindern und griffen zum Mittel der Diffamierung einer von ihren politischen Vorstellungen pointiert abweichenden Meinungsäußerung. Indem die CDU die Nazi-Keule gegen Klaus Staeck schwang, indem sie ihm Hetzpropaganda wie in der Nazi-Zeit unterstellte, betrieb sie allerdings die Verharmlosung des Nationalsozialismus – hier der verführerischen nationalsozialistischen Propaganda und der rücksichtslosen Indoktrinierung von Menschen im Sinne der NS-Ideologie bei gleichzeitiger Beschränkung und Steuerung der Informationsmöglichkeiten. Hat diese Fehlleistung der Duderstädter CDU damit zu tun, dass sie sich bis dahin der Aufgabe, die NS-Zeit intensiv aufzuarbeiten, noch nicht wirklich gestellt hatte und deshalb zu differenzierter Unterscheidung nicht fähig war?

12 Wegzeichen des Gesinnungswandels

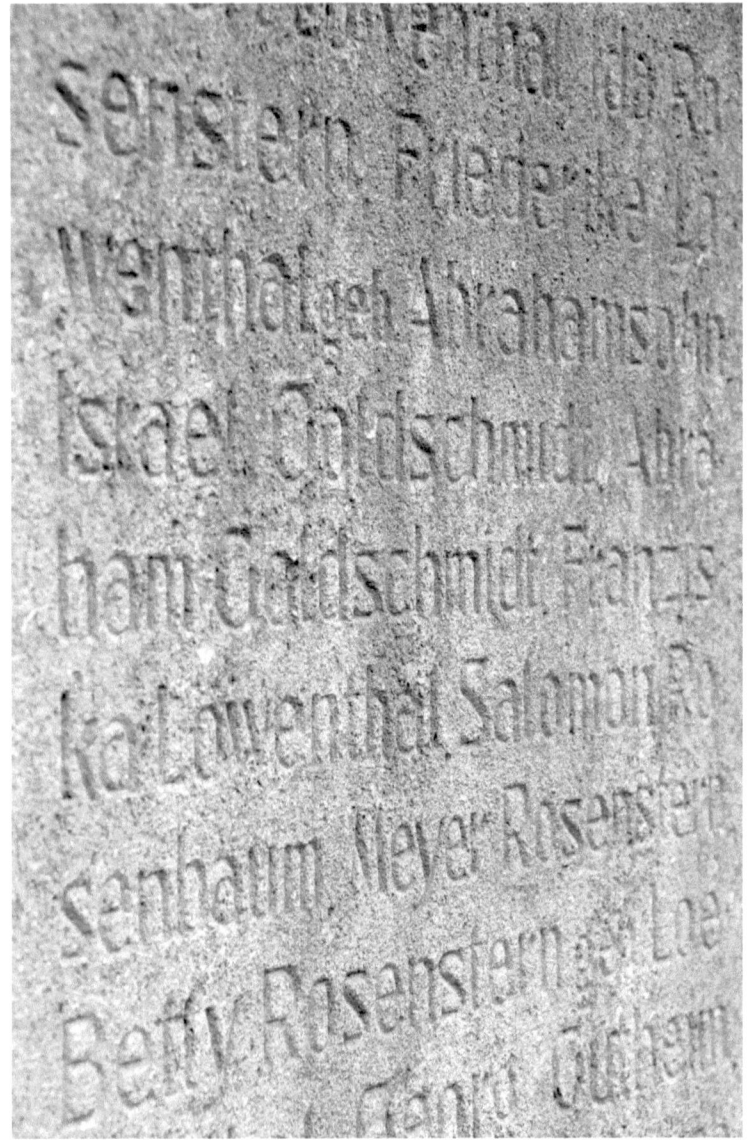

Gedenkstein auf dem jüdischen Friedhof in Duderstadt

Als der Verfasser 1966 nach Duderstadt zog, fand er eine Stadt vor, in deren Erscheinungsbild Hinweise auf die Jahre des Nationalsozialismus nicht zu finden waren – ausgenommen der verschwiegen abgelegene jüdische Friedhof. Seitdem sind nach und nach zahlreiche Denkmäler errichtet worden. Die Darstellung dieses Buches trifft unter ihnen deshalb eine Auswahl. Hier sei zunächst aufgezählt, was ihr eigentlich noch würdigend hinzugefügt werden müsste:

- der Kreuzweg in der 1969 eingeweihten katholischen Kirche im Ortsteil Hilkerode, in dem der Künstler, Helmut Stephan aus Halle/Westfalen, Bezüge zwischen der Passion Christi und dem Leiden von Menschen unter dem Terror der Nazis herstellte,
- das Maximilian-Kolbe-Denkmal in Gerblingerode, dessen Errichtung von den Duderstädter Sozialdemokraten angeregt wurde,
- das Denkmal zur Erinnerung an die Zwangsarbeiter im Lager in Hilkerode, das im Zusammenwirken des Ortsrats Hilkerode mit der Geschichtswerkstatt Duderstadt entstand.

12.1 Der jüdische Friedhof in besserem Zustand als zuvor?

In Duderstadt gibt es seit 1942 keine jüdische Gemeinde mehr. Zurück blieb ihr Friedhof – und eine Verantwortung auch der Stadt Duderstadt für dieses besondere Grundstück. Der wurde die Stadt nicht immer gerecht.

Nach 1945 gehörte der Verbleib des Besitzes der früheren jüdischen Einwohner zu den Themen, über die in Duderstadt selten öffentlich gesprochen wurde, die sich aber in Einzelfällen doch als Problem stellten. Im August 1950 wandte sich der Spediteur Ludwig Waldmann an das Niedersächsische Landesamt für die Beaufsichtigung gesperrten Vermögens und erkundigte sich danach, was er unternehmen müsse, um wieder über sein neben dem jüdischen Friedhof gelegenes Grundstück verfügen zu können. Ihm seien „beim Fortgang der hiesigen israelitischen Familien", deren Möbeltransporte er ausgeführt habe, vom Bevollmächtigten der Synagogengemeinde, Gustav Löwenthal, 3 Ar Land zum Preis von 300 Reichsmark angeboten worden und er habe sie dann notariell erworben. [Aus den noch vorhandenen Akten wird ersichtlich:] Damit zugleich habe er selbstverständlich die moralische Verpflichtung übernommen, den angrenzenden jüdischen Friedhof zu beaufsichtigen. 1942 sei er jedoch von der Duderstädter NSDAP-Kreisleitung aufgefordert worden, „die Entfernung der Einfriedung des eigentlichen Friedhofs und der Grabsteine sowie die Einebnung bzw. Bestellung des Friedhofs mit Früchten vorzunehmen, um diesen als solchen unkenntlich zu machen."[493] Dieses Ansinnen habe er zurückgewiesen. Deshalb sei ihm das erworbene Land entzogen worden.

Die zu diesem Vorgang erhaltenen Dokumente bestätigen die Darstellung von Ludwig Waldmann weitgehend: Es wurde ein notarieller Kaufvertrag abgeschlossen, der Kaufpreis wurde entrichtet, der Besitzwechsel aber nicht in das Grundbuch eingetragen und somit rechtlich nicht wirksam. Die Stadt Duderstadt nahm den jüdischen Friedhof am 10.3.1939 in Verwaltung, die NDSAP-Kreisleitung das Nachbargrundstück, welches Waldmann gekauft hatte, ab 1.9.1942. Zum Eigentümer der Grundstücke erhob sich das Deutsche Reich. Im Juli 1944 kaufte dann die Stadt Duderstadt beide Parzellen vom Finanzamt Northeim zum Preis von insgesamt 533 Reichsmark.[494] Die von Waldmann berichtete Forderung der NSDAP, den jüdischen Friedhof zu zerstören und unkenntlich zu machen, wurde im Wesentlichen umgesetzt. Zu einem nicht genau bekannten Datum wurde der Friedhof von Unbekannten in zeitgemäßer Kulturlosigkeit zerstört: Die Grabsteine verschwanden, die Fläche wurde eingeebnet, nur der Zaun und das Eingangstor blieben. Es gibt den Hinweis eines Zeitzeugen darauf, dass der Friedhof dann auch, wie von der NSDAP-Kreisleitung gefordert, tatsächlich als Garten genutzt wurde.[495]

Die Friedhofsschändung war mehr als nur ein unwürdiger Umgang mit einem Begräbnisort. Die Bezeichnung jüdischer Friedhöfe als „Haus des Lebens" oder auch „Haus der Ewigkeit" weist auf die Auferstehungs- und Lebenserwartung in der jüdischen Religion hin. Jedem Toten gehört daher sein Grab zeitlich unbegrenzt. Die Totenruhe muss gewahrt bleiben. Das Grab, der Grabstein, die Friedhofsanlage insgesamt werden in entsprechender Weise gepflegt, was zu ihrem – im Vergleich mit Friedhöfen in christlicher Tradition – eigentümlichen Erscheinungsbild beiträgt. Durch die Ver-

---

[493] HStA Hann.: Nds. 211 Hildesheim Nr. 262.
[494] HStA Hann.: Hann 210 Acc. 2004/011 Nr. 17.
[495] StadtA Dud.: Dud. 3/32 Nr. 25. Aussage des ehemaligen SS-Manns Scarl 1949.

wüstung des jüdischen Friedhofs wurden also, in der Absicht, jegliche Erinnerung an jüdisches Leben in Duderstadt auszulöschen, zugleich religiös-ethische Gebote der jüdischen Kultur mutwillig verletzt.

1950 berichtete die Stadt Duderstadt in Stichworten über den damaligen Zustand der beiden von ihr 1944 erworbenen Grundstücke: „unbebaut – früher Judenfriedhof – Gräber eingeebnet" – jetziger Zustand: „Grasfläche bzw. Grabeland" – jährliche Pachteinnahmen: „8,- f. d. Grabeland. Der eigentliche Friedhof wird nicht genutzt."[496] Am 21.1.1953 wurden die beiden Parzellen als jüdisches Eigentum zurückübertragen. Neue Eigentümerin wurde die Jewish Trust Corporation in London.

Dieser Friedhof sollte bald Gegenstand eines weiteren bemerkenswerten Vorgangs werden. 1952 wünschte die Stadt Duderstadt ein anderes Grundstück aus ehemals jüdischem Besitz, das Synagogen-Gelände, für einen Grundstückstausch zu erwerben. Sie wandte sich deswegen mit Erfolg an den Vorsitzenden der damals wiedererstandenen jüdischen Gemeinde in Göttingen, Engwicht. Ein Vertrag mit der Jewish Trust Corporation kam zustande. Vorbedingung dafür war die Zusage der Stadt Duderstadt, den jüdischen Friedhof auf ihre Kosten „wieder in Ordnung zu bringen"[497]. Das war durchaus billig, war doch der Friedhof zu einer Zeit zerstört worden, als die Stadt Duderstadt für ihn verantwortlich gewesen war.

Die Verwüstung war jedoch so gründlich vorgenommen worden, dass eine Wiederherstellung des ursprünglichen Zustands nicht mehr möglich war. Es blieb nur, das Grundstück als allgemeine Stätte der Erinnerung an die hier bestatteten Toten zu gestalten. Drei Stelen wurden aufgestellt. Auf ihnen steht: „Den Mund rissen auf wider uns all unsere Feinde. Grauen und Falle ward uns, Zerstörung und Untergang. In Bächen Wassers strömte mein Auge ob des Sturzes der Tochter meines Volkes" (Klagelieder 3, 46-48) und „Zum Gedenken der jüdischen Gemeindemitglieder in Duderstadt, die hier beigesetzt wurden, und der unvergessenen Opfer, welche durch Verfolgung gewaltsam ihr Leben verloren." Es folgen, nach damaligem Kenntnisstand, 77 Namen von hier begrabenen oder in der Ferne ermordeten jüdischen Einwohnern der Stadt. Einer der in der Namensliste der Toten Verzeichneten, Rolf Ballin, hat den Holocaust überlebt.
Eingeweiht wurde das Denkmal am 23.8.1953 in Anwesenheit des Oberrabbiners Dr. Holzer, von Vertretern der katholischen und evangelischen Kirche sowie der Stadt und des Landkreises Duderstadt. Aber die öffentli-

---

[496] HStA Hann.: Nds. 221. Hildesheim Nr. 262.
[497] StadtA Dud.: Dud. 3/60 Nr. 6.

che Aufmerksamkeit für dieses Ereignis war wohl doch insgesamt eher gering. Das lässt sich quantitativ messen. Die Südhannoversche Volkszeitung informierte über die Denkmalseinweihung in einem Einspalter. Die der Zeitungsredaktion wirklich wichtig erscheinenden Geschehnisse des Tages waren andere. In großer Aufmachung, nämlich dreispaltig, unterrichtete die Zeitung auf derselben Seite über eine Wahlkampfveranstaltung der CDU in Duderstadt mit einem Dr. Nowak, Hauptschriftleiter der „Niederdeutschen Stimme", als Redner. Daneben wurde ebenfalls umfangreich auf eine Kundgebung mit Ludwig Erhard in Northeim und die Möglichkeiten der Teilnahme und des Fahrkartenerwerbs hingewiesen. Selbst ein Bericht über die Vorführung des amerikanischen Spielfilms „Boulevard der Dämmerung" im Filmclub der Volkshochschule nahm mehr als doppelt so viel Raum ein wie der Text über die Feier zur Einweihung des

> **Mahnmal feierlich enthüllt**
> DUDERSTADT: Am Sonntag versammelte sich eine große Anzahl Bürger auf dem ehemaligen jüdischen Friedhof in Duderstadt zur feierlichen Enthüllung eines Erinnerungsmales. Oberrabbiner Dr. Holzer weihte im Beisein der Vertreter der katholischen und evangelischen Geistlichkeit so wie der Vertreter des Kreises und der Stadt, die ihrerseits die Grüße überbrachten, das Ehrenmal ein. Auf den drei großen Steinen sind die Namen aller Toten eingemeißelt, die in Duderstadt auf dem jüdischen Friedhof zur letzten Ruhe gebettet liegen und die Namen derer, die in Jahren der Judenverfolgung ihr Leben lassen mussten. Dr. Holzer richtete an alle Anwesenden ernste Worte der Besinnung. Niemand könne den Juden zumuten, das von ihnen ertragene Leid jemals zu vergessen. Das Judentum habe unsagbares an Brutalität und Grausamkeit erdulden müssen. Tiefe Wunden seien geschlagen, die vielleicht niemals wieder vernarben könnten. In stillem Gedenken erhoben sich die Anwesenden. Im Namen der Stadt, des Kreises und der Opfer des Faschismus wurden Kränze am Ehrenmal niedergelegt.
> (Südhannoversche Volkszeitung am 25.8.1953.)

Mahnmals. – Dem Göttinger Tageblatt war die Veranstaltung auf dem jüdischen Friedhof in seinem Duderstädter Lokalteil überhaupt keine Zeile wert. Am umfangreichsten berichtete die in Duderstadt wenig gelesene Göttinger Presse.

Die Stadt hätte gern die für die Neugestaltung des Friedhofs erforderlichen Arbeiten in eigener Regie durch ihren Bauhof durchführen lassen, um Kosten zu sparen. Aber darauf ließ sich die Göttinger jüdische Gemeinde nicht ein, sondern setzte durch, dass einer hannoverschen Firma der Auftrag dazu erteilt wurde. Dem Kostenvoranschlag entsprechend bewilligte der Stadtrat 7550 DM. Dieser Kostenvoranschlag wurde dann jedoch um rund 1600 DM überschritten. Die Mehrkosten waren, wie sich aus dem Vergleich von Voranschlag und Abrechnungen ergibt, zum größten Teil darauf zurückzuführen, dass am Ende mehr als doppelt so viele Namen in den Stein eingemeißelt wurden als zuvor angenommen. Stadtdirektor Schäfer machte zunächst Hoffnung, dass auch der Betrag von 1600 DM durch die Stadt beglichen würde. „In der nächsten Ratsversammlung […] werde ich Ihre Nachforderung zur entscheidenden Beratung stellen und hoffe, deren Zahlung alsdann unverzüglich veranlassen zu können"[498], schrieb er an die jüdische Gemeinde in Göttingen. Die Ratsherren der Stadt sahen das aber anders und lehnten den Antrag mit elf Nein-Stimmen bei sieben Enthaltungen ab. Ja-Stimmen für die Kostenübernahme gab es nicht.

Das Protokoll der entscheidenden Sitzung am 17.9.1953 spiegelt eine von Ressentiments und Unwissenheit geprägte Debatte wider: „Die jüdische Gemeinde hat ihre Nachforderung damit begründet, dass die Zahl der auf dem Friedhof beerdigten Toten erheblich größer wäre als zuerst angenommen wurde. Der Rat steht auf dem Standpunkt, dass die hierbei sich ergebenden Mehrausgaben nur geringfügig sein können. Im übrigen seien in die Tafel Namen aus mehreren Jahrhunderten und von Personen aufgenommen, die zum großen Teil nicht in Duderstadt wohnhaft waren. Weiterhin wurde in der Debatte festgestellt, dass der Zustand des ‚Jüdischen Friedhofs' zu keiner Zeit früher so gut war, wie heute."[499]

Der Eindruck, es sei eine unangemessen große Anzahl von Toten, die auch nicht alle in Duderstadt wohnhaft waren, auf dem Gedenkstein namhaft gemacht worden, geht vielleicht auf die Ankündigung der Einweihungsfeier des Denkmals in der Südhannoverschen Volkszeitung zurück. Darin hieß es ganz falsch, dass auf dem Gedenkstein die Namen von 1600 jüdischen Toten aufgeführt werden sollten.[500] Ein kurzer Blick auf den Gedenkstein, zum Beispiel bei der Einweihungsfeier, hätte für die Ratsmitglieder genügen können, den Irrtum zu korrigieren. – Die Feststellung, der Zu-

---

[498] StadtA Dud.: Dud. 3/60 Nr. 6.
[499] A.a.O.
[500] Meldung der Südhannoverschen Volkszeitung am 22.8.1953.

stand des jüdischen Friedhofs sei besser denn je, zeugt von völliger Unkenntnis jüdischer Bestattungskultur. Zwar gab es jetzt eine neue Rasenfläche und ein Denkmal mit drei akkurat aufgerichteten Stelen, alles gewiss sehr ordentlich anzuschauen, und doch nur eine Ersatzlösung für irreparabel Zerstörtes. Die Schändung des „Hauses der Ewigkeit", die Störung der Totenruhe war nicht wieder gut zu machen. In jüdischen Ohren hätte die Behauptung des besseren Zustands als früher wie Hohn und tief verletzend klingen müssen. Die Diskussion und Beschlussfassung des Rats der Stadt im Zustand weitgehender Ignoranz war insofern kein Beispiel angemessenen Umgangs mit dem Erbe der NS-Zeit und kein Zeichen für ein sachkundig entscheidendes demokratisches Gremium in Duderstadt.

Die SPD-Vertreter im Stadtrat enthielten sich bei dem Beschluss über die finanzielle Nachforderung zum Teil der Stimme, teils stimmten sie mit Nein. Ihre Fraktion gab nach der Abstimmung noch eine Erklärung zu Protokoll, in der sie ihr Verhalten begründete: „Es entspricht nicht den kaufmännischen Gepflogenheiten, gegebene Zusicherungen nachträglich wieder umzustoßen und plötzlich weitere erhebliche Kosten nachzufordern. Diese Gründe sind für die Ablehnung des Antrages bzw. für die Stimmenthaltung maßgebend." Die SPD-Ratsherren grenzten sich auf diese Weise von grundsätzlicher Aversion gegen die Gedenkstätte selbst ab. Doch indem sie als Begründung anführten, ihre Entscheidung sei ausschließlich durch die unkaufmännische Kostenüberschreitung bestimmt, offenbarten sie zugleich einen Krämergeist, von dem sie sich selbst in dieser Angelegenheit leiten ließen.

Es gab im Rat der Stadt kein Gespür für die jüdische Befindlichkeit, die Herstellung der Duderstädter Gedenkstätte lieber einer Firma ihres Vertrauens zu übertragen und nicht den Arbeitern einer Stadt, in der nationalsozialistischer Ungeist den Friedhof wenige Jahre zuvor zerstört hatte. Vor allem aber wurde in der Ratssitzung nicht in Erwägung gezogen, dass nach den nationalsozialistischen Verbrechen an den Juden die Neugestaltung des früheren jüdischen Friedhofs eine Angelegenheit sei, der man nicht mit kleinkarierten fiskalischen Überlegungen gerecht werden konnte. Es wird wahrnehmbar, wie der Stadtrat die Herrichtung der Gedenkstätte nicht als ein eigenes, auch ihm selbst bedeutsames Anliegen verstand. Das Engagement begrenzte sich auf vertragliche Pflichterfüllung im Rahmen des eingegangenen Geschäfts mit dem Synagogengrundstück. Ein Gefühl der Verbundenheit mit den früheren jüdischen Einwohnern der Stadt Duderstadt, welches nach gütlicher Einigung hätte streben lassen, ein Bewusstsein, das Gedenken und Erinnern sei auch Sache der Stadt, kam nicht zum Ausdruck, sondern nach der Ausgrenzung der Juden in der nationalsozialistischen Zeit zeigte sich immer noch eine Haltung innerer Distanz.

Die Restsumme von 1600 DM wurde von der Stadt Duderstadt nicht beglichen. Der Vorsitzende der jüdischen Gemeinde Göttingen schickte ein Protestschreiben: „Schriftlich und mündlich wurde mir zugesagt, seitens ihres Herrn Bürgermeisters, dass die Angelegenheit in Ordnung gebracht würde. Noch am Tage der Einweihung wurde mir dieses versichert. […] Hätten wir Ihre Einstellung gekannt, niemals wäre unsere Zustimmung zum Verkauf an Sie des Synagogengrundstückes, der Jewish Trust Corporation gegeben worden. Wir glauben Ihnen gern, dass die Arbeiten in Ihrer Regie billiger ausgeführt worden wären, aber bestimmt hätte diese billige Ausführung nicht unseren Beifall gefunden." [501] Dieser bittere Brief wurde in der nächsten Ratssitzung am 17. November 1953 verlesen und ohne Aussprache zur Kenntnis genommen.

Wenn somit Duderstadt 1953 ein Denkmal erhielt, das nicht nur an die auf dem jüdischen Friedhof Beerdigten, sondern auch, wie wir heute sagen, an die Duderstädter Opfer des Holocaust erinnert, dann war das für diese Zeit durchaus ungewöhnlich. Damals wurden in Deutschland üblicherweise Denkmäler zur Erinnerung an die im Krieg gefallenen deutschen Soldaten und an die Teilung Deutschlands errichtet. Dennoch sind die drei auf dem jüdischen Friedhof in Duderstadt errichteten Stelen in den Rahmen der allgemeinen Denkweisen dieser Zeit einzuordnen: Auch in Duderstadt gab es nicht ein inneres Bedürfnis nach Erinnern und Gedenken, sondern den maßgebenden Wunsch, eine Immobilie zu erwerben. Nur von dem Vorsitzenden des SPD-Ortsvereins, Karl Schlüter, ist eine grundsätzlich andere Einstellung überliefert. In einem Aufruf schrieb er in holprig-fehlerhaftem Deutsch und mit klarem Durchblick: „Dieses Ehrenmal und diese Feier ist eine ganz besondere Begebenheit und steht mit nur sehr wenigen in dessen Ausführung i. d. Bundesrepublik."[502]

Viele Jahre später, 1978, beantragten zwei Sozialdemokraten, Eva und Johann Krüger, im Ortsrat Duderstadt, die Stadt möge die Kosten für die Pflege dieses Friedhofs übernehmen. Der CDU-Ratsherr Johannes Förster wandte dagegen ein, „für die Jüdischen Gemeinden nicht schon wieder einen Sonderstatus zu schaffen. Die christlichen Bürger der Stadt müssten ihre Gräber auch aus eigener Kraft pflegen."[503] Jüdische Einwohner gab es aber in Duderstadt bekanntermaßen nicht mehr. Aus der ablehnenden Rede,

---

[501] StadtA Dud.: Dud. 3/60 Nr. 6.
[502] Faksimile in Schwedhelm, Hans-Georg 2006: S. 36.
[503] Laut Südhannoverscher Volkszeitung vom 11.2.1978.

die den aus Duderstadt vertriebenen und zum größten Teil ermordeten Juden zynisch zuschieben wollte, was sie nicht mehr leisten konnten, ist fortbestehender Antisemitismus herauszuhören. Öffentlicher Protest gegen diese Äußerungen erhob sich in Duderstadt nicht. Um den Friedhof kümmerten sich dann Duderstädter Schulen. Von Neonazi-Schmierereien blieb auch der abgelegene jüdische Friedhof in Duderstadt nicht verschont. 1995 wurden die drei Stelen mit Hakenkreuzen beschmiert.

Renovierter Friedhofszaun

Ungeklärt ist, warum die Namen der vier jungen jüdischen Ungarinnen, die 1944/45 in Duderstadt als Gefangene eines Außenlagers des KZ Buchenwald durch die Bedingungen der Haft umgebracht wurden und deren Leichen auf dem damals eingeebneten jüdischen Friedhof begraben wurden, nicht auf dem 1953 errichteten Denkmalsstein erwähnt sind. Der Polizeiabteilung der Stadt Duderstadt berichteten 1949 die ehemaligen SS-Aufseherinnen Kaufmann und Jacobs des KZ-Außenlagers (die Polizei bezeichnete sie harmlos als „Wärterinnen"), im Januar 1945 seien zwei jüdische Frauen „im Lager" verstorben. Daraufhin veranlassten die Duderstädter Polizisten die Vernehmung des ehemaligen „Wachführers" Scarl, eines SS-Mannes also, durch die Polizeiabteilung in Bad Lauterberg. Scarl sagte aus, es seien vom Aufbau des Lagers bis zu seiner Evakuierung „nur 2 Jüdinnen gestorben". Er selbst hätte mit Oberscharführer Reissig und zwei Wachleuten die Gräber in gefrorenem Boden ausgehoben und die Särge in die Gräber gestellt. Weiter erklärte er: „Die Beerdigung fand auf dem damals als Judenfriedhof bezeichneten Grundstück hinter dem Krankenhaus statt. Ich bin der Überzeugung, die Stelle wieder aufzufinden, wo die Beerdigung stattfand. Die Gräber wurden gleich eingeebnet, weil die Anordnung von Buchenwald es vorschrieb."[504]

---

[504] StadtA Dud., Dud 3/32 Nr. 25.

Der von der SS hergestellte Zustand, die Einebnung und völlige Unkenntlichmachung der Gräber der Duderstädter KZ-Häftlinge, blieb in den nächsten Jahrzehnten unverändert erhalten. Noch 1991 bestritt die Stadt Duderstadt, die Toten des KZ-Außenlagers könnten auf dem jüdischen Friedhof begraben sein.[505] Doch der Wissensstand erweiterte sich. Durch Nachforschungen des Vereins Geschichtswerkstatt Duderstadt im Stadtarchiv ist inzwischen erwiesen, dass Tote des KZ-Außenlagers Duderstadt auf dem jüdischen Friedhof mehr vergraben als begraben worden sind.[506] 2008 errichtete die Geschichtswerkstatt auf dem Friedhof einen Gedenkstein zur Erinnerung an die dort beigesetzten vier ungarischen Frauen aus dem KZ-Lager und an ein dort geborenes, bald gestorbenes und beim Lagerzaun in einem Margarinekarton beigesetztes namenloses Kind.

Außerdem regte die Geschichtswerkstatt an, im Jahr 2011 das 140jährige Bestehen des Friedhofs als eingefriedeter jüdischer Begräbnisstätte[507] nicht erinnerungslos verstreichen zu lassen. Der Landesverband der Jüdischen Gemeinden von Niedersachsen, unterstützt durch die Stadt Duderstadt, ließ umfangreiche Unterhaltungsmaßnahmen durchführen, und die Stadt selbst veranstaltete 2011 eine Gedenkfeier. Das Wachsen einer öffentlichen Kultur des Erinnerns und Gedenkens hatte in diesem Fall viele Jahrzehnte gebraucht.

---

[505] Schreiben vom 23.1.1991 an den Verfasser.
[506] Vgl. dazu Hütt, Götz (2005): S. 76.
[507] Vgl. dazu Hütt, Götz (2012): S. 65 ff.

12.2 Ein Denkmal für alle Opfer von Gewalt

Eine Friedenstaube verdeckt das Eiserne Kreuz 2016

Das Ehrenmal beim Obertorteich in Duderstadt wurde im Laufe der Jahrzehnte mit unterschiedlichem Verständnis betrachtet. Als reines Kriegerdenkmal war es 1931 errichtet und 1976 widersinnig verändert worden. 2015/2016 leuchtete dort für einige Wochen eine weiße Friedenstaube und verdeckte das Eiserne Kreuz.

Im August 1931 wurde in Duderstadt in den Anlagen beim Obertorteich ein Kriegerdenkmal eingeweiht: eine wuchtige Steinmauer mit der Inschrift „Den Gefallenen zum Gedächtnis 1914-1918". Auf der Mauer, hoch aufragend und von weitem sichtbar, ein Eisernes Kreuz, also eine Abbildung des höchsten deutschen Kriegsordens mit langer Tradition seit 1813, welche bei diesem Denkmal zusätzlich zum christlichen Kreuz erweitert wurde. Damit wurde den Gefallenen, an die das Denkmal erinnert, die Kriegsauszeichnung zugesprochen für tapferes Kämpfen und Sterben. Sie wurden als Helden geehrt, die gottgefällig dem Vaterland dienten und für die die christliche Verheißung eines jenseitigen Lebens gilt. Trauer um sie, wie zum Beispiel bei Ernst Barlach oder Käthe Kollwitz zu finden, drückt das Duderstädter Denkmal nicht aus.

Trauer hätte auch den in Duderstadt geförderten Denkweisen nicht entsprochen. So sprach der Pastor der evangelischen St.-Servatius-Gemeinde, Martin Stünkel, am „Heldengedenktag" im Jahr 1935 vor dem Denkmal von den deutschen Soldaten, die als menschliche Mauer im Ersten Weltkrieg Volk und Reich, Heim und Herd, Weib und Kind geschützt hätten. Er hob ihr Heldentum als beispielhafte Treue gegenüber dem Vaterland hervor und rief dazu auf, ebenso getreu zu sein „im wetterharten Kampf des Volkes um Recht und Ehre, um Geltung und Aufstieg".[508] Also nicht Trauer, sondern Heldentum wurde gebraucht.

Diese Einstellung, die toten Soldaten als Helden anzusehen und zu ehren, wurde über 1945 hinaus gepflegt. Nun wurden die Gefallenen des Zweiten Weltkrieges in das Gedenken einbezogen. Noch 1960 wurde eine Gedenkfeier als militärische Zeremonie gestaltet. Auf einem Foto von dieser Feier sind bewaffnete Posten des Bundesgrenzschutzes abgebildet.

---

[508] Wortlaut der Ansprache, abgedruckt in dem Artikel „Heldengedenktag in Duderstadt", Südhannoversche Volkszeitung am 18.3.1935.

241

Doch die Sichtweisen wandelten sich. Am Volkstrauertag 1958 sagte Pastor Haase, ganz anders als sein Vorgänger Stünkel, „daß man der Gefallenen und Vermißten beider Weltkriege in einem anderen Sinne als dem der Heldenverehrung gedenken solle. [...] Mit dem Hinweis allein, die Toten mahnen uns zum Frieden, sei nichts getan. Erst wenn man wirklich Frieden in der Welt geschaffen habe, sei die Mahnung erfüllt." [509] 1976 wurde das Erinnern erweitert. Der Denkmalsinschrift wurden die Worte „Allen Opfern der Gewalt" hinzugefügt. Der Fortschritt bestand darin, dass damit die im Krieg getöteten Zivilisten einbezogen wurden. Der Betrachter kann sich also nicht nur an die Soldaten erinnert fühlen, sondern auch an die getöteten Zivilisten, an die Opfer von Bombenangriffen und von Flucht und Vertreibung, an die systematisch ermordeten Juden und Sinti und Roma, an die verhungerten sowjetischen Kriegsgefangenen und andere.

Fortan war das Denkmal kein reines Kriegerdenkmal mehr. Der Text „Allen Opfern der Gewalt" wurde zum Oberbegriff, einerseits für diejenigen, die militärische Gewalt ausgeübt und dabei ihr Leben eingebüßt hatten, und andererseits für Menschen, die – nicht weiter benannt – im Krieg Opfer des gewalttätigen Handelns von Soldaten geworden waren. Damit wurden in der Inschrift des Denkmals Akzente verschoben. Die Opferrolle wurde betont als Schicksal der Soldaten wie als Schicksal der Zivilisten, ohne Unterscheidung. An Täterschaft, ohne die es keine Opfer gibt, wurde nicht gedacht. Die militärisch geprägte Form des Denkmals dagegen wurde nicht verändert. Das Eiserne Kreuz blieb, obwohl es nicht den nunmehr einbezogenen zivilen Opfern gelten kann. Ihrer unter dem Zeichen eines militärischen Ordens zu gedenken, ist widersinnig. Das Denkmal in dieser nicht homogenen Gestalt ist Ausdruck von sich widersprechenden Ansichten der Menschen in den 1970er Jahre in Duderstadt, ein Kompromiss, der zusammenfügte, was nicht gut zueinander passt.

Im Dezember 2015 entdeckten rechtsradikale Demokratiefeinde den Denkmalsplatz für sich. Sie begannen, vor dem Ehrenmal wöchentliche „Mahnwachen" zu inszenieren, um ihre Auffassungen zu verkünden und Gesinnungsgenossen und Mitläufer zu werben. Daraufhin befestigten Gegendemonstranten an dem Eisernen Kreuz eine Friedenstaube. Dadurch wurde der Kriegsorden verdeckt. Einige Woche leuchtete dort das Weiß des Friedenssymbols, das von den Kriegen her seine Bedeutung gewinnt, an dem Denkmal, bis es eines Nachts zerstört wurde. Alsbald wieder ersetzt, wurde die Friedenstaube nunmehr durch den städtischen Bauhof entfernt. Ob es auf dem alten Kriegerdenkmal eine Zukunft für sie geben wird?

---

[509] „Friede in der Welt durch Christus", Göttinger Tageblatt am 17.11.1958.

12.3 Die Synagoge und ihre Denkmäler

Die brennende Synagoge am 10. November 1938

Ein Denkmal zur Erinnerung an die während des Pogroms 1938 zerstörte Synagoge in Duderstadt wurde 1980 abseits auf dem Stadtwall errichtet. Es war damit ein Zeichen des Gedenkens und des Verdrängens zugleich. Die Wahl dieses abgelegenen Standorts machte ein zweites Denkmal erforderlich – in der Straße, in der die Synagoge gestanden hatte. 2008 wurde es eingeweiht.

Erinnern und Vergessen lagen in der Christian-Blank-Straße in Duderstadt dicht beieinander. Während seit den 1950er Jahren wohl bis 1996 jährlich zu Beginn des Monats September beim dortigen Ehrenmal eine Gedenkfeier für die in zwei Weltkriegen gefallenen Schüler und Lehrer des Gymnasiums abgehalten wurde, geriet die früher einmal fast benachbarte, 1938 niedergebrannte Synagoge mehr und mehr in Vergessenheit.

In den Morgenstunden des 10. November 1938 war während des von den Nationalsozialisten in Deutschland initiierten Pogroms auch die Duderstädter Synagoge angezündet worden und ungelöscht lichterloh abgebrannt. Ihre Reste wurden 1952 abgetragen. Die Ursulinen erwarben das Grundstück im Tausch von der Stadt Duderstadt und nutzten es als Garten. Nichts wies jetzt mehr auf das an diesem Ort ehemals ansehnliche Gotteshaus der im „Dritten Reich" vernichteten jüdischen Gemeinde hin. Die Erinnerung daran schwand.[510]

Es war die sozialdemokratische Minderheitsfraktion im Ortsrat Duderstadt, die 1977, eine Bitte der jüdischen Gemeinde Göttingen aufgreifend, beantragte, auf dem Grundstück der früheren Synagoge eine Gedenktafel aufzustellen. Sie stieß damit zunächst auf Zustimmung der Ratsmehrheit. Die Oberin Clara Eugenia der Ursulinen erklärte gegenüber dem Stadtdirektor ihr grundsätzliches Einverständnis mit einem Denkmals-Projekt. Später jedoch zog sie diese Zusage zurück, und zwar mit der Begründung, „dass die Aufstellung einer Gedenktafel einer späteren Nutzung des Grundstücks nicht dienlich sein könnte".[511] Der zuvor schon einmal wegen einer antisemitischen Äußerung erwähnte Ratsherr Förster hatte die Ursulinen nach eigener Angabe dahin beraten.[512] Hatten gegen Ende des 19. Jahrhunderts die Ursulinen den Bau der Synagoge gegenüber ihrem Kloster aus einer antisemitischen Einstellung heraus zu verhindern getrachtet, so wurden die Ablehnung einer Gedenktafel also nunmehr mit wirtschaftlichen Erwägungen begründet.

---

[510] Siehe dazu Hütt, Götz (2012): Geschichte der jüdischen Gemeinde Duderstadt.
[511] Protokoll der Sitzung des Ortsrat Duderstadt am 11.4.1978.
[512] Protokoll der Sitzung des Ortsrats Duderstadt am 24.10.1978.

Der Ortsrat beschloss daraufhin einstimmig, nach einem alternativen Standort zu suchen. Als naheliegende Lösung hätte sich angeboten, eine vor dem Synagogengrundstück vorhandene Verbreiterung des Bürgersteiges für eine Tafel oder ein Denkmal zu nutzen, also auf öffentlichem Grund und Boden. Dann wäre an die Synagoge in der Straße erinnert worden, in der sie gestanden hatte. Aber diese Möglichkeit wurde nicht erwogen. Stattdessen entschied sich der Ortsrat für einen Platz auf dem Stadtwall, im Abseits also, dort, wo die rückwärtige Seite des Synagogengrundstücks mit einem Garten an das alte Befestigungsbauwerk grenzte. 1980 wurde dann ein von Bernd Frerix geschaffenes Denkmal dort eingeweiht. In Stein gehauene Flammengebilde weisen seitdem auf die brennende Synagoge hin. Auf dem Stein steht: „Wenn ihr kommt, um mein Angesicht zu schauen – wer hat von euch verlangt, dass ihr meine Vorhöfe zertrampelt?"[513]

Mit dem Platz des Denkmals auf dem Wall war das Erinnern auf einen abseits gelegenen Standort geschoben und symbolisierte neben seinem eigentlichen Zweck damit zugleich die gegen das Erinnern gerichteten Kräfte des Verdrängens in der damaligen Zeit. Die Forderung, in der Christian-Blank-Straße selbst an die niedergebrannte Synagoge zu erinnern, wurde weiterhin erhoben – lange Zeit vergeblich, zum Beispiel im Jahr 2001, als es im Rat der Stadt Duderstadt auf Antrag der Grünen darum ging, dort eine Erinnerungstafel aufzustellen. Dem stimmte die CDU-Ratsmehrheit nicht zu. Ihr Fraktionsvorsitzender Georg Grünewald begründete die Ablehnung damit, eine solche Tafel in dieser Straße habe sich als nicht realisierbar herausgestellt. Dies sei „in Gesprächen mit den Ursulinen als Grundstückseigentümer [sic!] zum Ausdruck gekommen." Es sei von vornherein klar gewesen, dass „von der Stadt in dieser sensiblen Sache kein Druck ausgeübt werden kann".[514] Daher wurde auch die beantragte Informationstafel neben dem Denkmal auf dem Wall aufgestellt.

Im Jahr 2007 erwirkte die Geschichtswerkstatt in einem Gespräch die Zusage der Oberin der Ursulinen, im Zusammenwirken mit der katholischen-privaten St.-Ursula-Schule nunmehr doch eine Gedenktafel bei ihrem Grundstück in der Christian-Blank-Straße anzubringen. Aus der Tafel wurde ein zweites Denkmal, das 2008 feierlich eingeweiht wurde. So hatte Duderstadt nun doppelt, woran es jahrzehntelang gefehlt hatte: ein Denkmal zur Erinnerung an die in der NS-Zeit zerstörte Synagoge. Als sinnvolle Erweiterung des Erinnerns wäre denkbar, den Grundriss der Synagoge auf dem jetzigen Gartengrundstück sichtbar zu machen.

---

[513] Jes. 2,12.
[514] Protokoll der Ratssitzung am 21.6.2001.

12.4 Die Geknechtete – eine zunächst unerwünschte Leihgabe

Die Geknechtete – Skulptur von Bernd Frerix 2016

An die Gefangenen des Frauen-Außenkommandos Duderstadt des KZ Buchenwald zu erinnern, war ein Anliegen, das in Duderstadt Unterstützung fand, aber auch auf nicht geringen Widerstand stieß. Das zeigt die Geschichte zweier Denkmäler – der Skulptur „Die geknechtete Frau" und des Gedenksteins beim Ort des früheren KZ-Lagers.

„Meine sehr verehrten Damen und Herren", so begann der Duderstädter Stadtarchivar Dr. Wojtowytsch seine Ansprache am 20. Juli 1984 bei der Einweihung eines Denkmals zur Erinnerung an die früheren KZ-Häftlinge in Duderstadt, „eine der eindrucksvollsten Erzählungen des Neuen Testaments ist die vom barmherzigen Samariter. Sie beginnt mit den Sätzen: ‚Ein Mann ging von Jerusalem nach Jericho und fiel unter die Räuber. Die plünderten ihn aus, schlugen ihn blutig und ließen ihn halbtot liegen und gingen davon.' (Luk. 10,30.) Es ist dieser erste Teil der Erzählung, der uns heute besonders berührt. Denn wir sind zusammengekommen, weil es vor mehr als vierzig Jahren in Duderstadt Menschen gab, die unter die Räuber gefallen waren, unter die schlimmsten, die es damals gab." [515]

Dr. Wojtowytsch wies damit auf insgesamt 755 ungarische Jüdinnen hin, die nach der Deportation aus ihrer Heimat größtenteils nach Auschwitz und dann über Bergen-Belsen nach Duderstadt verschleppt worden waren, um hier von November 1944 bis April 1945 in der Munitionsfabrik Polte zur Sklavenarbeit gezwungen zu werden. Und der Stadtarchivar fuhr fort: „Der Anlass, gerade dieser Frauen heute zu gedenken ist zunächst ein äußerer: Der unter uns lebende Bildhauer Herr Frerix hat ihnen ein Denkmal gewidmet. Damit sollen die Leiden anderer nicht gering geachtet und von den anderen Verfolgten und Unterdrückten soll keiner vergessen werden. Doch es hat seinen Sinn, das Schicksal dieser Frauen einmal gesondert zu betrachten, ihrer zu gedenken, ohne im gleichen Atemzug all die anderen zahllosen Opfer mit zu nennen und das Meer des Grauens zu beschwören, das die deutsche Diktatur und der Krieg geschaffen haben. Das Ganze ist nicht mehr begreifbar, es ist nur statistisch erfassbar. Ein Zugang, die Dimension des Grauens zu erfahren, ist die Vergegenwärtigung des Einzelschicksals. Und darum geht es hier." [516]

Damit entsprach der Redner, obwohl städtischer Bediensteter, ganz und gar nicht der Intention, welche die konservative Duderstädter Stadtratsmehrheit mit dieser Feier im Sinne hatte. Ihr war nämlich „Die geknechtete Frau" eine unwillkommene Leihgabe des Künstlers. Sie konnte zwar nicht

---

[515] Kopie des Redemanuskripts im Archiv des Verfassers.
[516] A.a.O.

zurückgewiesen werden, sollte jedoch so wenig Aufmerksamkeit wie möglich erhalten.[517] Dr. Wojtowytsch beschrieb die Skulptur so: „Es ist eine menschliche Figur, am Boden zusammengekauert, nackt, im Versuch, sich mit den Händen zu schützen, ein Mensch, dessen Körper sich in elementarer Angst zusammenzieht – eine Gestalt, von der zugleich ein ergreifender Appell ausgeht, zu geben, was des Menschen ist: Schutz, Güte, Barmherzigkeit, Solidarität."[518]. Die Stadtverwaltung hatte zunächst entschieden, die „geknechtete Frau" durch Arbeiter des städtischen Bauhofes ohne jede Feierlichkeit beim städtischen Ehrenmal aufstellen zu lassen. Gegen diese Vorgehensweise erhob sich Protest. Daraufhin wurde dann doch eine feierliche Einweihung des Denkmals vorgesehen. Jedoch eine eigene, allein ihnen geltende Gedenkstunde mochte der Duderstädter Stadtrat den jüdischen Frauen nicht widmen. Vielmehr wurde beschlossen, „den 20. Juli als Tag des Widerstandes aller Bevölkerungsschichten als Termin für die Aufstellung/Enthüllung des Mahnmals des Bildhauers Frerix zum Nationalsozialismus festzulegen."[519]

Dieser Beschluss besagte zunächst einmal, dass der Stadtrat den Attentätern des 20. Juli, die noch sehr lange nach dem Ende des zweiten Weltkrieges als Verräter gegolten hatten, eine Gedenkfeier widmen wollte, ferner, dass er bereit war, ein mahnendes Denkmal zur Erinnerung an den Nationalsozialismus aufzustellen. Er offenbarte aber dabei ein eigenwilliges Geschichtsverständnis. Das Attentat des 20. Juli 1944 wurde zu einem breiten Volksaufstand erweitert. Auch die Skulptur „Die Geknechtete" wurde in dem Beschluss umgedeutet: vom Denkmal, das an die in Duderstadt gefangenen Ungarinnen erinnern sollte, zu einem allgemeinen „Mahnmal zum Nationalsozialismus". Diese Formulierung war wohlüberlegt. Darauf wies vier Jahre später der stellvertretende Bürgermeister Josef Nolte hin. Als dem Denkmal eine Erläuterungstafel hinzugefügt werden sollte, erklärte er sich „mit der textlichen Beschränkung auf die ungarischen Jüdinnen nicht einverstanden, da die Skulptur bei der Aufstellung ausdrücklich allen Opfern der Gewalt gewidmet wurde"[520]. So ging es dem Stadtrat 1984 also darum, die Leihgabe zwar aufzustellen, dabei aber die Intention des Künstlers, konkret an die in Duderstadt geknechteten Jüdinnen zu erinnern, durch eine andere zu ersetzen. Man wollte nicht der 755 Häftlinge in Duderstadt herausgehoben gedenken, sondern sich ihrer allenfalls eingereiht unter alle Opfer der NS-Zeit insgesamt erinnern, sie also sozusagen in der nicht mehr

---

[517] Siehe dazu die Darstellung in Hütt, Götz (2005): S. 115 ff.
[518] A.a.O.
[519] Beschlussprotokoll des Verwaltungsausschusses am 12.4.1984.
[520] Protokoll der Sitzung des Verwaltungsausschusses am 11.10.1988.

vorstellbaren und nicht mehr nur mit Duderstadt zu verbindenden Menge möglichst unsichtbar werden zu lassen.

Dem entspricht die Terminplanung, das Denkmal am 20. Juli 1984 einzuweihen, also am 40. Jahrestag des Attentats auf Hitler und nicht als eigenständige Gedenkfeier für die KZ-Opfer in Duderstadt. Auch das hieß, ihnen keine ungeteilte Aufmerksamkeit zukommen zu lassen. Zugleich wird damit die Absicht erkennbar, die in Duderstadt geschehenen Verbrechen relativieren zu wollen: Es gab doch den Widerstand des 20. Juli! Diese Absicht jedoch vereitelte der zum Redner bestellt Stadtarchivar. Er widmete seine Ansprache ausschließlich dem KZ-Außenlager in Duderstadt und den darin gefangenen Ungarinnen.

Der Bildhauer Bernd Frerix erhielt wegen der Leihgabe Schmähbriefe.[521] Sein Werk wurde beim städtischen Ehrenmal aufgestellt, das ursprünglich an die gefallenen Soldaten der Kriege von 1914-1918 und von 1939-1945 erinnern sollte. Das dazugekommene Denkmal veränderte die gewohnte Sichtweise. Dem heroischen Gesamtbild wurde eine Gestalt hinzugefügt, die menschliches Leiden ausdrückte: erkennbar ein Opfer. Die „Geknechtete" war dennoch aus sich heraus nicht vollständig zu verstehen. Wer nicht wusste, dass die vornübergebeugt, kauernde Frauengestalt nach Absicht des Künstlers dem Gedenken des Schicksals der KZ-Häftlinge in Duderstadt gewidmet war, konnte das nicht erahnen. Nicht einmal ein Bezug zu den Grausamkeiten der NS-Zeit war erkennbar gemacht. Die „Geknechtete" blieb sozusagen anonym. Es bedurfte eines mehrjährigen, ausdauernden Bemühens einiger, bis dem Denkmal die schon erwähnte erläuternde Inschrift hinzugefügt wurde. Der Text hat folgenden Wortlaut: „'Ach, dass ich Wasser genug hätte in meinem Haupte und meine Augen Tränenquellen wären, dass ich Tag und Nacht beweinen möchte die Erschlagenen in meinem Volk.' (Jeremia 8,23). Die Geknechtete wurde zum mahnenden Gedenken an die 750 ungarischen Jüdinnen, die von November 1944 bis April 1945 als Häftlinge im Außenkommando des Konzentrationslagers Buchenwald in Duderstadt am Euzenberg unter menschenunwürdigen Bedingungen leben und arbeiten mussten, aufgestellt."

Das war ein großer Fortschritt, wenn auch mit dem Begriff „menschenunwürdig" immer noch nicht die ganze Dimension des Schicksals der Menschen in dem Duderstädter KZ erfasst wurde. Es waren nicht nur die schweren und erniedrigenden Bedingungen ihres Arbeitens und Lebens in Duderstadt zu erinnern. Für die jüdischen KZ-Häftlinge galt darüber hinaus, dass durch Arbeit, Hunger und Versagung medizinischer Hilfe ihre Lebenskraft

---

[521] Mitteilung seiner Witwe an den Verfasser.

systematisch ausgebeutet und geschwächt werden sollte. „Vernichtung durch Arbeit" war das für sie geplante Ziel. Es war versuchter, längerfristig wirksam werdender Massenmord, der nur wegen des Kriegsverlaufs nicht zu Ende geführt werden konnte. Diese mörderische Dimension des KZ-Außenlagers in Duderstadt wird, von der Bibelstelle abgesehen, durch das Wort „menschenunwürdig" in dem Text nicht ausgedrückt. Menschenunwürdig muss nicht letztlich mörderisch sein. Dem, was war, wurde somit bei der Aufstellung der Erläuterungstafel immer noch teilweise ausgewichen.

Wer heute vor der Figur der „geknechteten Frau", die umgestellt wurde, steht, sieht unmittelbar dahinter das Eiserne Kreuz aufragen – zur Ehrung der Gefallenen beider Weltkriege als Teil des städtischen Kriegerdenkmals. Das Eiserne Kreuz hat als Kriegsauszeichnung eine lange Geschichte seit den Befreiungskriegen gegen Napoleon. Im zweiten Weltkrieg war es neben dem Hakenkreuz ein Zeichen derer, die große Teile Europas überfielen und eroberten und zuletzt auch Ungarn besetzten. Die zu dieser Konstellation von Eisernem Kreuz und „Geknechteter" eingenommenen Haltungen sind unterschiedlich. Die Duderstadt besuchenden Ungarinnen sahen darüber hinweg. Andere nahmen dieses Beieinander als realistischen Ausdruck von Geschichte wahr: Krieg macht Menschen zu Opfern. Wieder anderen erschien diese Zusammenstellung infam.

Anlässlich des 50. Jahrestages der Einrichtung des Buchenwalder Außenlagers in Duderstadt weihte die Stadt, auf eine Anregung der Geschichtswerkstatt hin, ein zweites Denkmal ein, in der Nähe des ehemaligen Poltewerkes, genau dort, wo das KZ-Lager sich befunden hatte und wo damals noch die letzte Häftlingsbaracke stand: an der Ecke Industriestraße/Am Euzenberg. Nach langem Zögern und Bedenken lud der Stadtrat hierzu eine Gruppe ehemaliger Häftlinge ein. Erneut wurden 1994 die Bedingungen ihrer KZ-Haft in Duderstadt nicht in ihrem vollen Ausmaß verstanden, sondern immer noch eingeschränkt als „menschenunwürdig".

12.5 Stolpersteine

Stolpersteine zur Erinnerung an die Familie Löwenthal vor dem Haus Marktstraße 40

Stolpersteine, ein Projekt von Gunter Demnig, erinnern an den letzten freiwillig gewählten Wohnsitz von Opfern des Nationalsozialismus. In Duderstadt hat die Geschichtswerkstatt 26 Stolpersteine verlegen lassen.

„Die habe ich noch gekannt", waren Äußerungen betagter Passanten, als Gunter Demnig in den Jahren 2007 und 2008 Stolpersteine zur Erinnerung an frühere jüdische Einwohner der Stadt verlegte. Ebenso geschah es beim späteren gelegentlichen Putzen dieser Messingtafeln. Zuvor war jahrzehntelang über die aus Duderstadt vertriebenen und ermordeten Juden geschwiegen worden. Allerdings weitere, ausführlichere Auskünfte mochten auch jetzt die im Vorübergehen sich Erinnernden nicht geben. Durchschaubare Ausreden, aber auch der Wunsch, sich im hohen Alter diese Vergangenheit nicht mehr vergegenwärtigen zu wollen, wurden als Gründe vorgebracht. Insgesamt gab es in Duderstadt nur in wenigen Fällen die Chance, über die früheren jüdischen Einwohner der Stadt geringfügig mehr zu erfahren als die bloßen Daten ihrer Geburt, ihrer Deportation und bei einigen auch jene ihres Todeslagers und ihrer Ermordung. Es ist nichts von dem erhalten, was sie hinterlassen haben, es gibt keine Fotos von ihnen, keine Erzählungen über sie, aus denen man sich ein Bild machen könnte. Die Vernichtung war in den meisten Fällen so vollkommen, dass sie über den Tod hinausreichte und selbst die Möglichkeit zur Erinnerung löschte. Nur über den katholischen Kaplan Kötter, der im Konzentrationslager Dachau inhaftiert war und zu dessen Gedenken auch ein Stolperstein verlegt wurde, ist mehr bekannt.

Stolpersteine erinnern an Menschen, die Opfer des Nationalsozialismus wurden – an Juden, Sinti und Roma, Zeugen Jehovas, aus politischen Gründen Verfolgte, Homosexuelle und Euthanasieopfer. Dabei handelt es sich um Messingtafeln, in die mit Hammer und Schlagbuchstaben die Worte HIER WOHNTE und darunter der Name, der Geburtstag und die weiteren Schicksalsdaten eingestanzt sind. Sie werden vor dem letzten selbst gewählten Wohnort der Opfer des Nationalsozialismus plan in den Bürgersteig eingelassen. So sind sie geeignet, zum Nachdenken zu veranlassen und den Blick auf ein vertrautes Umfeld zu verändern: Aus dieser Straße, aus diesem Haus wurde jemand verhaftet und deportiert. Wie konnte es geschehen, dass Menschen verfolgt, in Konzentrationslager verschleppt, in Anstalten und Vernichtungslagern ermordet wurden? Duderstadt war in die NS-Diktatur eingebunden und hat somit zeitweilig Anlass zum Innehalten und zur Erinnerungsarbeit.

Nachdem die Geschichtswerkstatt Duderstadt im Herbst 2004 einen Antrag bei der Stadtverwaltung gestellt hatte, Stolpersteine verlegen zu dürfen, stieß diese Aktion auf viel öffentliche Unterstützung. Schnell waren nach Aufrufen und persönlicher Ansprache Spender als „Paten" der ersten 17 Stolpersteine gefunden. Aber es gab nicht nur Zustimmung. Unter der Überschrift „Stolpersteine finden nicht nur Freunde" berichtete das Eichsfelder Tageblatt am 7. 6. 2006, ein Mitglied des Ortsrats Duderstadt habe dem Erinnerungsprojekt komplett widersprochen mit der Bemerkung, es gebe bereits genug Mahnmale und: „Wir müssen doch nicht ewig in diesem Topf herumrühren und den Deckel nicht zumachen. Wir sollten unsere Stadt durch solche Stolpersteine nicht verschandeln."

Doch das Ratsmitglied stand mit seiner Ansicht öffentlich allein da. Die Meldung der Zeitung löste eine Flut von Leserbriefen aus, selbst aus der Ferne. Ein geborener Duderstädter schrieb aus Berlin: Wer fordere, „man müsse endlich den ‚Deckel zumachen'", der raube „künftigen Generationen die Möglichkeit eines tieferen historischen Verständnisses."[522] Und auch die junge Generation selbst meldete sich zu Wort, Schülerinnen und Schüler des Eichsfeld-Gymnasiums Duderstadt. Sie trugen vor:

„Das alles sollen wir vergessen? Daran sollen wir nicht mehr erinnert werden, weil Mahnmale angeblich unsere Stadt ‚verschandeln'? Schande über die, die solchen Stumpfsinn als politischer Mandatsträger öffentlich äußern. Wir als Jugendliche in der Region Duderstadt wollen die Geschichte nicht vergessen oder verdrängen. Wir wollen die Vergangenheit als Mahnung verstehen und aus ihr lernen, eine menschliche und demokratische Gesellschaft zu schaffen.

Die Zukunft braucht Geschichte. Wir als junge Generation sind die Zukunft. Wir brauchen Wissen über die Vergangenheit, um aus ihren Fehlern zu lernen. Mahnmale können dazu beitragen. Wer sie ablehnt, entlässt die Jugend orientierungslos in eine ungewisse Zukunft."[523]

Das Genehmigungsverfahren für die Verlegung der Stolpersteine dauerte länger als ein Jahr. Das bedeutet, es gab bei der Stadt Duderstadt einen erheblichen internen Diskussions- und Klärungsbedarf. Schließlich aber stimmte der Stadtrat einstimmig zu, und zwar mit zwei Auflagen, welche die Geschichtswerkstatt selbst vorgeschlagen hatte: Stolpersteine sollten nur verlegt werden, wenn eventuell lebende Angehörige einwilligten und wenn auch die Hausbesitzer gegen Stolpersteine auf dem Bürgersteig vor

---

[522] Nils Ballhausen.
[523] Eichsfelder Tageblatt am 12. Juli 2006.

ihrem Grundstück keine Einwände erhoben. Konflikte wegen der Verlegung von Stolpersteinen sollten möglichst vermieden werden.

Stolpersteine sind nicht unumstritten. Mit der Begründung, man dürfe Namen nicht mit Füßen treten, lehnen mehr konservativ ausgerichtete jüdische Gemeinden diese entschieden ab, während die liberalen das Erinnern durch Stolpersteine gutheißen. Diese Differenzen traten auch bei der Verlegung der Stolpersteine in Duderstadt zutage. Das Jüdische Lehrhaus in Göttingen sprach sich klar gegen dieses Projekt aus. Die Geschichtswerkstatt Duderstadt hatte sich aber des Rückhalts bei der Jüdischen Gemeinde Göttingen sowie der Gesellschaft für christlich-jüdische Zusammenarbeit, ebenfalls in Göttingen, versichert. Die befragten Grundstückseigentümer erhoben keine Einwände – abgesehen von den Ursulinen als Besitzerinnen des früheren Synagogengrundstücks. Sie brachten ebenfalls das Argument vor: „Namen darf man nicht mit Füßen treten." Aber sie trugen später die Namen der letzten Mieter der ehemaligen Lehrerwohnung im Synagogengebäude in das Denkmal zur Erinnerung an das während des Pogroms am 9./10. November angezündeten Gotteshaus ein. Das war allerdings in dem von den Ursulinen vorgestellten Denkmalsentwurf noch nicht vorgesehen und musste angestoßen werden. Rolf Ballin, der in Israel lebte, lehnte die Verlegung von Stolpersteinen zur Erinnerung an seine Familie aus dem gleichen Grunde wie die Ursulinen ab und auch deshalb, weil er fürchtete, sie könnten geschändet werden.

In den Jahren 2007 und 2008 wurden mit Beteiligung mehrerer Schulen bei der jeweiligen Einweihungsfeier insgesamt 26 Stolpersteine in Duderstadt verlegt.[524] Sie wurden bis heute weder beschmiert noch beschädigt. Aber es ist immer wieder einmal zu beobachten, wie Vorübergehende auf die kleinen, in den Boden eingelassenen Erinnerungstäfelchen aufmerksam werden.

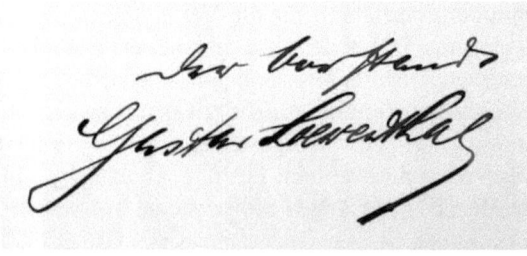

Unterschrift des letzten gewählten Vorstehers der Synagogengemeinde Duderstadt, Gustav Loewenthal

12.6 Erinnerung an eingeebnete Kriegsgräber

Denkmal aus 69 Grauwacke-Bruchsteinen zur Erinnerung an 69 eingeebnete
Kriegsgräber auf dem St.-Paulus-Friedhof, errichtet durch die Geschichtswerkstatt
Duderstadt 2014

Mehr als 170 Ausländer starben als Opfer des Nationalsozialismus während des Zweiten Weltkrieges oder unmittelbar danach in Duderstadt und wurden auf dem St.-Paulus-Friedhof beziehungsweise auf dem jüdischen Friedhof begraben. Nur wenige dieser Gräber blieben auf Dauer sichtbar. Das trug dazu bei, dass die nationalsozialistische Vergangenheit der Stadt harmloser erscheinen konnte, als sie war. Inzwischen wurden auf dem Friedhof zwei Denkmäler errichtet, um das Gedenken der Toten würdiger zu gestalten.

Die Ukrainerin Nadia Chomenko und der Pole Stanislaw Maronski lebten während des Zeiten Weltkrieges als Zwangsarbeitende in Duderstadt und waren auf zwei verschiedenen Bauernhöfen beschäftigt. Ihre Tochter Maria berichtete mehr als fünfzig Jahre später: „Jeden Tag nach der Arbeit haben sich meine Eltern getroffen. Meine Eltern haben sich im Juli 1942 kennengelernt. Sie haben am 12.5.1945 im Standesamt in Duderstadt geheiratet. Ich bin am 16.12.1943 geboren. Mein Bruder Stanisław Maronski ist auch in Duderstadt am 16.12.1943 geboren. Er ist am 30.12.1944 gestorben. Wo er beerdigt worden ist, wissen wir nicht."[525] Ein Dokument des Standesamts im Stadtarchiv in Duderstadt gibt mit etwas anderen Daten Auskunft über die kurze Frist des Lebens von Stanisław und über sein Grab. Er hieß nach seiner damals noch ledigen Mutter, die im „Dritten Reich" nicht heiraten durfte, Stanislaw Chomenko, wurde am 30.12.1944 geboren und starb am 6.2.1945. Beerdigt wurde er auf dem St.-Paulus-Friedhof in Duderstadt: Reihe 58, Grabstelle 23. Stanisław Chomenko war eins von 34 ausländischen Kindern, die nach kurzer Lebenszeit, bemessen nach Tagen, Monaten oder wenigen Jahren während des Zweiten Weltkrieges infolge der für sie schlechten Lebensbedingungen im nationalsozialistischen Duderstadt starben. Das Grab, welches an Stanisław Chomenko erinnern könnte, gibt es wie viele andere schon lange nicht mehr. Das bewirkte eine Lücke im historischen Gedächtnis der Stadt.

Dass in den Jahren von 1939 bis 1945 und in der unmittelbaren Nachkriegszeit mehr als 170 Ausländer auf dem städtischen St.-Paulus-Friedhof begraben wurden, ist erst spät Teil des Geschichtswissens in Duderstadt geworden. In der Duderstädter Geschichtsschreibung seit 1945 blieben diese Opfer des Nationalsozialismus 50 Jahre lang sämtlich unerwähnt. Auf ihr Sterben folgte also das Beschweigen und Vergessen. Mehr als 40 Kriegsgefangene wurden in einem Kriegsgefangenen-Durchgangslager in der Zie-

---

[525] Zitiert nach Siedbürger, Günther (2005): S. 153.

gelei Bernhard 1945 Opfer eines Kriegsverbrechens der deutschen Wehrmacht und auf diesem Friedhof beigesetzt. Soweit sie aus westlichen Ländern stammten, wurden ihre Leichen nach dem Krieg exhumiert und in ihre Heimatländer überführt. Aber auch die anderen Grabstätten wurden mehr und mehr unsichtbar. Im Jahr 2009 suchten Mitglieder der Geschichtswerkstatt Duderstadt auf dem städtischen St.-Paulus-Friedhof nach den Ausländergräbern. Sie hätten alle mit Ausnahme weniger, nämlich derjenigen der nach dem 8. Mai 1945 Verstorbenen, laut Kriegsgräbergesetz als Kriegsgräber erhalten sein müssen. Aber es waren nur 18 der gesuchten Grabsteine zu finden. Die Namen darauf waren zumeist kaum zu entziffern, Angaben zum Herkunftsland und zum Tag der Geburt wie des Todes fehlten weit überwiegend. Einem ernsthaften Bemühen darum, die Erinnerung an diese Toten wach zu halten, entsprach die Gräberreihe sehr unvollkommen.

Weitere Nachforschungen führten zu einer Rasenfläche. Sie verbarg ein Sammelgrab, in dem 37 Menschen beerdigt wurden. Einen Hinweis darauf, dass es sich bei dieser Rasenfläche um eine Grabstätte handelte, gab es nicht. Die danach immer noch fehlenden 69 Gräber wurden, wahrscheinlich in den 1960er Jahren, eingeebnet – ein Verstoß gegen das Kriegsgräbergesetz. Es handelte sich dabei vor allem um Gräber von Zwangsarbeitern und ihren Kindern sowie von einigen Menschen, die als Volksdeutsche „heim ins Reich" geholt worden waren, aber dann nach der obligatorischen rassischen Überprüfung offensichtlich den Status von Deutschen nicht erlangt hatten. Sie blieben in Duderstadt im Lager der „Volksdeutschen Mittelstelle", starben dort und wurden als Ausländer begraben. Die damalige Rassenlehre sollte auch auf dem Friedhof gelten. Es gab die Vorschrift, die als minderwertig erachteten Menschen abseits und getrennt von den Deutschen zu beerdigen. Dass im Gegensatz zu den Ausländergräbern keines von den deutschen und ungarischen[526] Soldatengräbern auf dem St.-Paulus-Friedhof fehlt, zeigt, auch nach 1945 wurden – sei es bewusst oder unbewusst – Unterschiede zwischen den Toten gemacht. Die unterschiedliche Wertschätzung wirkte sich auf die Pflege und den Erhalt der Kriegsgräber aus.

Sieht man von den KZ-Häftlingen ab, starb etwa jede/r Zehnte der nach Duderstadt importierten Zwangsarbeiterinnen und Zwangsarbeiter einschließlich ihrer Kinder. Da man zahlreiche Gräber einebnete und über andere Gras wachsen ließ, wurde mit dem Unsichtbar-Werden so vieler Grab-

---

[526] In Duderstadt gab es ein Lazarett, in dem verbündete ungarische Soldaten gepflegt wurden.

stätten zugleich ein Teil der in Duderstadt geschehenen NS-Verbrechen unsichtbar gemacht. Die nationalsozialistische Vergangenheit konnte harmloser erscheinen, als sie in Duderstadt gewesen war.

Die Geschichtswerkstatt Duderstadt veröffentlichte den die Kriegsgräber betreffenden Befund und forderte, die vorhandenen Grabstätten würdig zu gestalten und auch an die eingeebneten zu erinnern. Zunächst stieß sie auf Unglauben. Doch dann übernahm es eine Gruppe von Bürgern, bei dem Sammelgrab ein Denkmal zu errichten. In ihrem Auftrag schuf der israelische Künstler Reuven Schärf ein begehbares Mahnmal aus zwei parallel aufgerichteten Stahlplatten mit zwei angedeuteten Türöffnungen. Das rostige Metall regt Assoziationen mit dem Krieg an. Der schmale Raum zwischen den Platten symbolisiert die kleine Wegstrecke des menschlichen Lebens. Im Innenraum waren die 37 Namen der Toten eingraviert, aber inzwischen sind sie durch den Rost schon wieder unleserlich geworden. Dadurch wurde Namenlosigkeit wieder hergestellt. Die Idee des Künstlers war, den Betrachter durch das Denkmal zur Grabstätte hinzuführen. Wer allerdings durch die Türöffnungen tritt, schaut dann nicht auf ein Gräberfeld, sondern auf eine kümmerliche Rosenrabatte, die kein Merkmal einer Grabstätte besitzt. Hier hat die Stadt Duderstadt noch einen Beitrag zur Vervollkommnung der Grabanlage zu leisten.

Zur Erinnerung an die in den 69 eingeebneten Gräbern beerdigten Menschen hat Udo Lange-Hesse 2014 im Auftrag der Geschichtswerkstatt Duderstadt ebenfalls ein Denkmal geschaffen. 69 zu einer bizarren Steinlandschaft zusammengesetzte Grauwacke-Bruchsteine, für jedes Grab einer, weisen mit ihren unterschiedlichen Formen und Farben auf die menschlichen Individuen hin, die ihr Leben verloren. Fünf dazugestellte Tafeln nennen Namen und weitere Lebensdaten.

Auch die Stadt Duderstadt sah sich in der Verantwortung für das Erinnern an die auf dem St.-Paulus-Friedhof beerdigten Opfer der nationalsozialistischen Gewaltherrschaft. Sie stellte die Grundstücke für die beiden Denkmäler zur Verfügung und beteiligte sich mit einem großzügigen finanziellen Beitrag. Widerstand gegen das Erinnern gab es nicht mehr, vielmehr bereitwillige Unterstützung.

Dass die Bewahrung der Gräber von zivilen Kriegsopfern nicht nur ein Anliegen der Gesellschaft zur Pflege des allgemeinen Erinnerns sein muss, sondern auch für die Angehörigen der Opfer immer noch wichtig ist, deutete sich schon bei Maria Maronski an, die darauf hinwies, dass ihr nicht bekannt sei, wo ihr Bruder beerdigt wurde. Dieses Nichtwissen bewegte sie offensichtlich. Gleiches gilt für die Familie von Bondar Maksim Korneevitch. Der war als Zwangsarbeiter aus der Ukraine in Duderstadt gestorben.

2014 wandte sich ein Urenkel mit der Bitte an die Geschichtswerkstatt Duderstadt, ihm beim Auffinden des Grabes seines Urgroßvaters zu helfen. Das waren späte Nachforschungen der Verwandten. Aber in der Sowjetunion war es bis zu ihrem Ende ratsam zu verschweigen, dass es Familienmitglieder gab, die für den Feind gearbeitet hatten und deshalb als Kollaborateure angesehen wurden, ungeachtet dessen, dass sie dazu gezwungen worden waren. Glücklicherweise ist das Grab des Ukrainers auf dem Friedhof des Duderstädter Ortsteils Mingerode erhalten. Den rassistischen Bestimmungen des NS-Staats gemäß war er zunächst abseits nahe einer Friedhofsecke beerdigt worden. Später wurde er umgebettet und erhielt, als Maxim Bondar benannt, ein ansehnliches Grab.

Das Denkmal von Reuven Schaerf bei dem Sammelgrab

259

13 Schluss

„Was war, hört nicht einfach auf", schrieb Cordula Tollmien in einem Kinderbuch-Titel.[527] Was sich im „Dritte Reich" ereignet hatte, wirkte über den 8. Mai 1945 hinaus nach, auch in Duderstadt und ohne dass es allgemein eine klare Einsicht in das gab, was geschehen war. „Wir konnten ja gar nicht so denken: besiegt – besetzt – befreit, wir haben das nicht als Befreiung empfunden […]", erinnerte sich später der aus dem Untereichsfeld stammende Landrat Willi Döring.[528]

Besondere Hilfe war in der Not der ersten Nachkriegszeit für diejenigen angemessen, die Opfer der nationalsozialistischen Unrechts- und Gewaltherrschaft geworden waren. Im Oktober 1945 unterrichtete der Duderstädter Bürgermeister Heckmann den Militärkommandanten der Stadt über die Bildung eines Sonderhilfsausschusses für die im Landkreis Duderstadt wohnenden ehemaligen KZ-Häftlinge.[529] Dieser Ausschuss hatte die Aufgabe, die Angaben und Dokumente der früheren KZ-Häftlinge zu überprüfen und ihre Anerkennung als Opfer des Nazi-Regimes vorzubereiten. Die derart Anerkannten konnten dann bei der Zuteilung von Lebensmitteln und Wohnungen sowie bei der Vermittlung von Arbeit eine besondere Fürsorge beanspruchen. Auch finanzielle Hilfe konnten sie erhalten.

Vorsitzender des Sonderhilfsausschusses in Duderstadt war zunächst Kaplan Heinrich Kötter, der von 1941-1945 als Geistlicher in Dachau inhaftiert gewesen war. Der Ausschuss kümmerte sich um einen Kreis von Menschen, die aus sehr unterschiedlichen Gründen zu Opfern des Nationalsozialismus geworden waren. Mehrere Witwen zählten dazu, ohne dass überliefert ist, warum genau der Ausschuss sich ihrer annahm. Einige der früheren Häftlinge waren der „Wehrkraftzersetzung" oder des Aufruhrs beschuldigt worden. Einer, in Rotterdam geboren, hatte die Jahre von 1938 bis 1945 in den Konzentrationslagern Sachsenhausen, Mauthausen, Buchenwald und Dachau überlebt – inhaftiert, weil er „Zigeuner" war. Ein weiterer, ein polnischer Jude, hatte 1942 aus dem Lager Majdanek fliehen können, war unerkannt als Pole zur Zwangsarbeit nach Deutschland gelangt und hatte zunächst in Rhumspringe und dann in der Holzhandlung Hellwig in Duderstadt gearbeitet. Wieder ein anderer war zweimal in ein KZ eingeliefert worden; von 1933-1935 war er wegen angeblich „kommunistischer

---

[527] Tollmien, Cordula: Fundevogel oder was war, hört nicht einfach auf, Weinheim 1990.
[528] Willi Döring im Göttinger Freizeit-Magazin am 17.3.1989.
[529] Archiv des Landkreises Göttingen: LK DUD 20.

Umtriebe" Häftling im KZ Esterwegen und von 1944-1945 wegen „Wehrkraftzersetzung" im KZ Sachsenhausen inhaftiert. Schließlich der Kaplan Kötter selbst, der im KZ Dachau gefangen gewesen war, weil er die eheliche Treue deutscher Soldaten an der Front in Zweifel gezogen hatte. Keine Unterstützung konnte ein Einwohner aus dem Landkreis erhalten, der zwangsweise sterilisiert worden, aber nicht in KZ-Haft gewesen war.

Aber wurden diese Menschen auch als Opfer angesehen? Vieles spricht dagegen. Wurden doch die an den früheren Zwangsarbeitenden und KZ-Häftlingen begangenen Verbrechen auch weiterhin nicht wahrgenommen. Stattdessen erklärten die Duderstädter, die doch wie die meisten Deutschen die Wertvorstellungen und Ziele des Nationalsozialismus im „Dritten Reich" weithin unterstützt hatten, sich selbst zu den Unterdrückten des NS-Regimes. Nach dem Krieg verstellte man sich so den Blick und behinderte durch eine „selbstzentrierte Opferperspektive"[530] die Beachtung und Anerkennung anderer Opfer.

Freilich hatten auch viele derjenigen, die dem NS-Staat auf verschiedene Weise und mit unterschiedlichem Ausmaß gedient hatten, Schäden davongetragen und waren körperlich versehrt oder psychisch verletzt, sei es durch das, was sie dabei erlitten hatten, oder sei es durch das, was sie anderen zugefügt hatten. Das war spürbar und konnte durchaus eine Kindheit beschatten, wie die Erinnerungen einer Duderstädterin zeigen.[531] Ein Mädchen, das im Duderstadt der Nachkriegszeit in einer privilegierten Familie aufwuchs, sah nicht nur die Kriegsversehrten, auch in der eigenen Familie, Menschen ohne Bein, ohne Arm, mit verbranntem Gesicht, behindert beim Sprechen. Einer, der als „Hitlers letzte Garde"[532] eingezogen worden war, war überhaupt verstummt. Das Kind – so die Erinnerung – erlebte auch unberechenbares, unverständliches Verhalten von vertrauten Menschen, unerklärliche Ausbrüche von Gefühlen und von unerklärlich unbarmherziger Härte. Wir würden solches heute als posttraumatische Belastungsstörungen deuten. Das Mädchen begegnete auch einer Duderstädterin, die unter schweren Depressionen litt, und fand später eine Erklärung dafür, als es erfuhr, dass diese Frau Beihilfe zu den Massenerschießungen in der Schlucht Babyn Jar[533] in der Ukraine geleistet hatte. Am 29. und 30. September 1941 waren dort mehr als 33 000 Juden aus Kiew in 36 Stunden umgebracht worden. Die Duderstädterin hatte als Rot-Kreuz-Helferin die uniformierten deutschen Mörder zu versorgen.

---

[530] Assmann, Aleida (2006): S. 195.
[531] Text im Archiv des Verfassers.
[532] A.a.O.
[533] Russisch: Babij Jar.

Das Kind war verwundert über den Satz „Ihr seid ja keinen Schuss Pulver wert!". Es bemerkte in der Duderstädter Gesellschaft einen fortbestehenden Antisemitismus, der sich in einer Redewendung wie „Hier sieht es ja aus wie in der Judenschule!" ausdrückte. Das war, wohlgemerkt, eine Äußerung, die nach der Verfolgung und dem Völkermord an den Juden getan wurde und die in der Nachkriegszeit keine Empathie mit den jüdischen Opfern erkennen ließ, sondern alte, vorurteilsvolle Herabsetzung fortführte. Die Figur des Anreischke, von der es in Duderstadt viele Nachbildungen gab, machte dem Kind Angst, weil es in ihrem Erscheinungsbild Judenhass wahrnahm. Im Geschichtsunterricht der Ursulinenschule sei die Judenverfolgung entweder ausgespart oder beschönigt worden.

Das Kind spürte, dass es Dinge gab, die mit einem Tabu belegt waren, über die man nicht sprechen durfte, unverständliche, verunsichernde, unheimliche, ängstigende Geheimnisse, die nicht erklärt wurden. Es ahnte, dass der Vater irgendetwas mit Polen zu tun hatte, etwas Abgründiges. Die frühere Duderstädterin erinnert sich: „In beiden Häusern, in denen ich aufgewachsen bin, waren dunkle Ecken nicht einfach nur dunkle Ecken, sondern sie standen symbolisch für das ungesagte, unaussprechliche Grausen."

Die oft herausgestellte christliche Tradition des Eichsfeldes hatte nicht davor bewahrt, dass Duderstadt tief verstrickt gewesen war in die Zeit des Nationalsozialismus. Das blieb nach 1945 trotz allen Verdrängens und Abstreitens nicht völlig verborgen, zumal es offensichtlich in der Stadt weiterhin eine manchmal drastisch sich zeigende Kontinuität von Denkweisen aus der NS-Zeit gab. Die gegenüber dem Autor Hans Grimm, der nach dem Untergang des „Dritten Reiches" weiterhin Nationalsozialist war, von Duderstädter Bürgern zum Ausdruck gebrachte Hochachtung belegt beispielsweise Fortdauer von Einstellungen und Haltungen aus dem „Dritten Reich". Dies trat auch zu Tage bei der Pflege nationalsozialistischer Sichtweisen des 1939 entfesselten Zweiten Weltkrieges – bei Gedenkfeiern für die Gefallenen und in den Reden von Spätheimkehrern. Veteranen gaben ihre Kriegserlebnisse zum Besten. So ein Lehrer, der ein Holzbein hatte und in der Katholischen Knabenschule, ungeachtet der Anwesenheit von zwei in seinem Unterricht hospitierenden Pädagogik-Studentinnen, den gespannt lauschenden Schülern eine ganze Schulstunde lang von seinen Kriegserlebnissen erzählte.[534] Er war damit nicht der einzige, wie das an anderer Stelle berichtete Beispiel des Musiklehrers Jung belegt. Schulkinder wurden wiedereingestellten Lehrern ausgesetzt, die ihre NS-Vergangenheit nicht oder zu wenig aufgearbeitet hatten.

---

[534] Mitteilung einer der beiden früheren Studentinnen an den Verfasser.

Die Auseinandersetzung mit solcher Vergangenheit war dabei eine eigentlich unerlässliche Aufgabe: kritisch zurückzuschauen und zu lernen. Dazu gehörte auch, sich solidarisch mit den Opfern der Verbrechen zu verbinden, an sie zu erinnern, ihrer zu gedenken, ihre Namen auszusprechen und aufzuschreiben auf Gedenksteinen, Stolpersteinen, in Büchern, um sie zu bewahren. So kann man gewahr werden, was ihr Schicksal lehrt: Demokratie und Rechtsstaatlichkeit sind verletzlich, zerbrechlich und bedroht. Bürgerinnen und Bürger sind aufgerufen, sich gegen Unrecht in der Gesellschaft, gegen gedankenlose, bedenkenlose Gewalt in der Welt, gegen sonstiges Unrecht wie die Zerstörung der Umwelt als Lebensgrundlage der Menschen zu stellen und zu stemmen und sich für die Achtung der Menschenrechte, der Würde eines jeden und einer jeden einzutreten. Aus der Wahrnehmung der Geschichte des „Dritten Reiches" kann somit als Lehre die Verantwortlichkeit des Individuums gezogen werden, nämlich, dass der mündige Mensch die Verantwortung für sein Handeln nicht auf andere, nicht auf weltliche und kirchliche Obrigkeiten übertragen kann, dass er persönlich gefordert ist, nicht nur im privaten Bereich seines Lebens, sondern auch bei der politischen Gestaltung der Gegenwart und Zukunft. Die historische .Erfahrung, die aus dieser Geschichte zu gewinnen ist, kann ihn für eine solche Aufgabe aber auch tauglicher machen.

Lehren aus der NS-Zeit zu gewinnen, versagte sich Duderstadt lange. Vieles, was zur Aufarbeitung der nationalsozialistischen Vergangenheit gehörte, begann erst spät. Der Lehrer Maring aus Werxhausen war in der unmittelbaren Nachkriegszeit eine Ausnahme gewesen. Aleida Assmann hat dargelegt, eine Erinnerungskultur wie die kritische Thematisierung der deutschen Schuld stelle sich „nach beschämenden und traumatischen Ereignissen in der Regel erst nach einem zeitlichen Intervall von fünfzehn bis dreißig Jahren ein"[535]. In Duderstadt dauerte es länger, bis eine als Erinnerungskultur zu bezeichnende Beschäftigung mit der NS-Zeit in Gang gebracht wurde, nämlich bis in die 1980er Jahre und später. Dies geschah nicht durch die christlichen Kirchen, die trotz mancher Konflikte mit den Nationalsozialisten den NS-Staat letztlich loyal unterstützt hatten, weil sie ihm nahe gestanden hatten in ihrem Nationalismus, Antiparlamentarismus, Antisemitismus, Antiliberalismus, Antibolschewismus sowie ihrer Befürwortung autoritär-hierarchischer Ordnungen[536] – und die ihre Mitschuld hinterher doch jahrzehntelang zu leugnen versuchten.

---

[535] Assmann, Aleida (2006): S. 27 f.

[536] Vgl. die Erklärung des Bensberger Kreises, welche unter der Überschrift >„Die Kirche selbst hatte die Feuerprobe glänzend bestanden." Wider die Entsorgung der (katholischen) kirchlichen Vergangenheit< am 19.1.1990 in der Frankfurter Rundschau

Die allmähliche Hinwendung zu einer Aufarbeitung der NS-Zeit in Duderstadt erfolgte auch nicht dadurch, dass die ältere Generation insgesamt sich nunmehr den Erinnerungen an die NS-Zeit kritisch aufarbeitend gestellt hätte. Sie mochte nunmehr den Nationalsozialismus teils verurteilen, aber nicht den eigenen Anteil daran. Der öffentliche Diskurs dazu war nicht bestimmt durch Schuld und Reue. Man distanzierte sich nicht vom eigenen Verhalten in der Zeit des und ließ kein schlechtes Gewissen erkennen. Das bedeutet auch, eine kollektive Gewissenlosigkeit reichte angesichts der furchtbar begangenen Verbrechen über 1945 hinaus.

Es waren Randgruppen der weit überwiegend konservativen Duderstädter Gesellschaft – Sozialdemokraten, Grüne und der Verein Geschichtswerkstatt – die sich mehr und mehr Gehör und dem Erinnern Raum verschaffen konnten, nicht zuletzt auch durch das Wegsterben der älteren Generation. Diese Randgruppen waren es, die die Initiativen zur Aufarbeitung der NS-Zeit in Duderstadt entwickelten, oft gegen Widerstreben und Widerstand aus der konservativen gesellschaftlichen Mitte in der Stadt. Deren Motiv war dabei auch, auf die eichsfeldische Heimat keinen Schatten von Mitschuld und Mitverantwortung fallen zu lassen. Dazu war ein hohes Maß an Beschweigen, Leugnen, Verdrängen und Vergessen vonnöten. Das Abstreiten von Schuld erforderte einen hohen Aufwand.

Viele Duderstädter hatten offensichtlich, wie der Bürgermeister Dornieden, nationalsozialistische Gesinnung und das Bekenntnis zum Christentum miteinander vereinbaren können. Zwar waren sie Augenzeugen zahlreicher NS-Untaten in ihrer Stadt oder auch andernorts geworden, teils auch selbst auf unterschiedliche Weise beteiligt gewesen, und sei es als kleines Rädchen im Getriebe des verbrecherischen Systems. Zwar war Zwangsarbeit war allgegenwärtig gewesen und der Rassismus gegenüber Zwangsarbeitenden, der mit Erniedrigung und auch mit Tod einherging. Zwar geschah die Verfolgung der Juden, ihre Diffamierung, Entrechtung und Enteignung bis hin zu ihrer Vertreibung und Deportation, in Duderstadt vor aller Augen. Zwar beging die Wehrmacht, in der Kleinstadt unübersehbar, Kriegsverbrechen an ihren Gefangenen. Doch hatten viele Duderstädter den Nationalsozialismus nicht kritisch an ihrem christlichen Glauben gemessen oder aber die NS-Ideologie über den Glauben gestellt. Als es jedoch nach dem Untergang des „Dritten Reiches" opportun war, kein Nazi gewesen zu sein, beteuerten zahlreiche der ehemals gleichgültigen Zuschauer, der Sympathisanten und der aktive Parteigenossen, als Christen der nationalsozialistischen Ideologie widerstanden zu haben, in ihrem Innersten stets

---

dokumentiert wurde.

Gegner des Nationalsozialismus gewesen und deshalb auch benachteiligt worden zu sein. Sie benutzten jetzt ihr Christentum als eine Art Alibi zur Beglaubigung und zum Beweis ihrer Unschuld. Entsprechend verhielten sich auch viele gesellschaftliche Gruppen und Institutionen: einst in nationalsozialistischem Sinne aktiv und danach mit der selbstbetrügerischen Behauptung aufwartend, Widerstand geleistet zu haben und unterdrückt worden zu sein. – Vor solchem Verhalten hatte bereits 1942 in ihrem vierten Flugblatt die Widerstandsbewegung „Weiße Rose" gewarnt: „Vergesst auch nicht die kleinen Schurken dieses Systems, merkt Euch die Namen, auf dass keiner entkomme! Es soll ihnen nicht gelingen, in letzter Minute noch nach diesen Scheußlichkeiten die Fahne zu wechseln und so zu tun, als ob nichts gewesen wäre!"[537] – Doch genau das gelang vielen in Duderstadt. Wenn aber eine Aufarbeitung der NS-Zeit, wenn eine kritische Auseinandersetzung mit dem eigenen Verhalten im „Dritten Reich" nicht stattfand, wenn der christliche Weg des Umgangs mit Schuld – also jener der Reue, des Bekenntnisses und der Wiedergutmachung – nicht eingeschlagen wurde, dann bedeutet dies auch: Duderstadt und das Untereichsfeld wurden insoweit ihrem Anspruch als erklärt christliches Milieu nicht gerecht.

Die Jahre nach dem Krieg waren auch in Duderstadt eine Zeit der Not, für Einheimische, Flüchtlinge und Heimatvertriebene, ebenso wie unter der Aufsicht der Besatzungsmacht eine Zeit der Errichtung eines demokratischen Staatswesens als Gegenentwurf zur NS-Diktatur.[538] Es waren Jahre des wirtschaftlichen Wiederaufbaus, des „Wirtschaftswunders". Dies alles forderte viel Aufmerksamkeit und trat zusätzlich verdrängend zur Abneigung gegen die Aufarbeitung der NS-Zeit hinzu. Außerdem entwickelte sich der Ost-West-Konflikt. Auch in Duderstadt entfaltete sich das Bewusstsein, gegen die aus dem Osten aufsteigende Gottesentfremdung sei ein unübersteigbarer Wall des Glaubens aufzubauen. Dem sowjetischen Totalitarismus und Expansionsdrang, dem Ziel der Bolschewisierung der Bundesrepublik müsse der Wille zur Selbsterhaltung, die Entschlossenheit, die Freiheit zu verteidigen, und die Stärke von Verteidigungsbündnissen entgegengesetzt werden. So ist es in den lokalen Duderstädter Zeitungen etwa des Jahres 1952 nachzulesen. Die UdSSR, das war ein alter Feind, den auch das „Dritte Reiche" schon bekämpft hatte. Der Antikommunismus/Antibolschewismus hatte Wurzeln in der Weimarer Republik und war ein Kernstück der NS-Ideologie geworden. In den Zeiten des Kalten Krieges konnte dieses alte Feindbild weiterhin als gerechtfertigt erscheinen. Die damit zu

---

[537] Scholl, Inge (2006): S. 90.
[538] Siehe dazu Ebeling, Hans-Heinrich/Fricke, Hans-Reinhard (1992): S. 305 ff.

verbindende Auffassung, nicht alles am Nationalsozialimus sei falsch gewesen, konnte die Einsicht in die dringende Notwendigkeit der Aufgabe, sich mit der NS-Vergangenheit aufarbeitend auseinanderzusetzen, zusätzlich erschweren.

Das Leben ging jedoch auch ohne gründliche Aufarbeitung der NS-Zeit und ohne Empathie mit den Opfern weiter. Die Vergangenheit des „Dritten Reiches" wurde zurückgelassen. Dass dabei die Verdrängung der nationalsozialistischen Vergangenheit in der Bundesrepublik Deutschland lähmend wirkte und zu einer „Blockierung der sozialen Phantasie" und zu einem „Mangel an sozialer Gestaltungskraft" führte, haben Margarete und Alexander Mitscherlich in ihrem Werk „Die Unfähigkeit zu trauern" dargelegt.[539] Möglicherweise hätte die bundesrepublikanische Gesellschaft sich nach 1945 anders entwickeln können, als sie es tat – zum Beispiel solidarischer, von mehr Empathie und stärkerem Gerechtigkeitssinn durchdrungen. Es ließe sich daher an die Darstellungen des Verdrängens der NS-Vergangenheit die Frage knüpfen, ob es damit in Verbindung zu bringen ist, wenn in Duderstadt zum Beispiel Kriegsdienstverweigerer so lange missachtet wurden, wenn zur Zeit des Kalten Krieges Propaganda so leicht und ungeprüft für wahr gehalten wurde, wenn im Schulwesen Schülerinnen und Schüler so lange nach Konfession und Herkunft getrennt und sie dadurch nicht nur einander entfremdet, sondern ihnen auch unterschiedliche Bildungschancen zugewiesen wurden.[540] Es ließe sich nicht ohne eine gewisse Berechtigung darüber spekulieren, ob beispielsweise bei einer mehr kritischen und wahrhaftigen Aufarbeitung der Vergangenheit dennoch eine Kopie des Anreischke im Rathausturm installiert worden wäre, ob die Wiedereinstellung früherer NS-Lehrer und die mit Verharmlosung und Lügen verbundene Rehabilitierung anderer ehemaliger Nationalsozialisten hätte verhindert werden können, ob die Zwangsarbeitenden und die KZ-Häftlinge so weitgehend vergessen, ob die Kirchen sich ihrer behaupteten Verweigerungs- und Widerstandsrolle in der NS-Zeit so gewiss geblieben wären und ob nicht die Nachkriegszeit in Duderstadt auch in manch anderer Hinsicht noch einen etwas anderen Verlauf genommen hätte.

---

[539] Mitscherlich, Alexander und Margarete (1968): S. 21.

[540] Im Duderstädter Grundschulzentrum konnte die öffentliche katholische Grund schule ihres konfessionellen Charakters wegen die Aufnahme von Schülerinnen und Schülern steuern, während die benachbarte Janusz-Korczak-Grundschule sich we gen der daraus resultierenden stark ungleichmäßigen Verteilung von Kindern mit Migrationshintergrund zahlenmäßig zu einem sozialen Brennpunkt entwickelte.

Der Wandel vom Verdrängen zum Erinnern war in Duderstadt ein jahrzehntelanger Prozess, den immer neue Erkenntnisse, immer weitere Ausgrabungen in der NS-Geschichte der Stadt förderten. Der zunehmenden Wahrnehmung der nationalsozialistische Vergangenheit entsprechend wurde zugleich das lange währende eigene Versagen bei der Aufarbeitung der NS-Zeit in den Nachkriegsjahrzehnten bemerkt. Dessen Erkenntnis aber widersetzte sich das Image-Denken, welches eine Beschädigung des Ansehens der eichsfeldischen Heimat nicht zulassen wollte. Nur so ist zu erklären, dass der Duderstädter Bürgermeister Nolte, der das Erinnern an die NS-Zeit durchaus fördert und das Gedenken ihrer Opfer pflegt, nicht müde wird, bei jeder sich bietenden Gelegenheit zu betonen, die Stadt Duderstadt habe sich aus eigener Überzeugung und aus eigenem Antrieb seit Jahrzehnten aktiv und verdienstvoll um die Aufarbeitung der nationalsozialistischen Zeit bemüht, um anschließend die in Duderstadt erfolgten Erinnerungsleistungen aufzuzählen. Diese aber hatten der konservativen Mehrheit in den beiden letzten Jahrzehnten des 20. Jahrhunderts immer noch hartnäckig abgerungen werden müssen oder die Stadt hatte sie nicht einmal selbst erbracht. So schmückte sie sich auch mit fremden Leistungen. Auf das Verdrängen nach 1945 folgte also das Verdrängen des lange währenden Verdrängens. Über eigenes Mitwirken der Stadt Duderstadt als Behörde in der NS-Zeit haben übrigens Rat und Verwaltung der Stadt bis heute kein Wort gesprochen und dafür keine Verantwortung übernommen. Das alles war und ist der Versuch, die jüngste Geschichte der Stadt zu beschönigen, anstatt sie so objektiv wie möglich darzustellen. An einem wahrhaftigen Bild der Stadt- und Heimatgeschichte sollte jedoch jedem gelegen sein.

In vielen Jahrzehnten, die der Verfasser überschauen kann, ist die Weltoffenheit in der Stadt Duderstadt gewachsen. Die Toleranz gegenüber Andersdenkenden hat spürbar zugenommen. Die Lebensweisen der Menschen sind vielfältiger geworden. Insgesamt beachtlich ist inzwischen auch die Fortentwicklung des Erinnerns und Gedenkens der NS-Zeit in der Stadt. Das hat ohne Zweifel eine Sensibilisierung gegenüber rechtsextremen Tendenzen zur Folge. Im Winter 2015/2016 stellte sich ein breites Bündnis innerhalb der Duderstädter Gesellschaft eindrucksvoll demonstrativ und ausdauernd gegen rechte Demokratiefeinde, die mit wöchentlichen „Mahnwachen" Anhänger und Mitläufer zu gewinnen versuchten. Unter das Aufarbeiten der NS-Zeit in Duderstadt kann jedoch noch längst kein Schlussstrich gezogen werden. Es sind immer noch weitere Untersuchungen vonnöten, zum Beispiel über das erwähnte Kriegsgefangenen-Durchgangslager in der Ziegelei Bernhard und die dort begangenen Kriegsverbrechen der deutschen Wehrmacht. Auch „Euthanasie" ist ein bis heute in Duderstadt unbeachteter Bereich. Über die Verhütung „erbkranken Nachwuchses" zum Schutz der „Volksgemeinschaft" vor dem „Krankhaften" gab es im „Dritten Reich" auch in Duderstadt eine Diskussion. Mitte der 1930er Jahre bemühte sich die NSDAP auch hier, über die Nutzlosigkeit von körperlich Behinderten und psychisch Kranken aufzuklären. So berichtete die Südhannoversche Volkszeitung über eine Veranstaltung: „Wer nicht gesund ist an Körper und Geist, darf nichts vererben, sagt der Führer in seinem Buch ‚Mein Kampf'."[541] Außerdem wurde auf die finanzielle Belastung der Volkswirtschaft durch Behinderte hingewiesen: „Wieviel Licht, Luft und Sonne, wieviel Freude könnten für diese ungeheuerlichen Summen in gesunde Familien gebracht werden. Statt der großen Paläste mit Irren könnten schöne Siedlungsbauten für gesunde Volksgenossen und ihre Familien geschaffen werden."[542] Von solchen Denkweisen her führte dann im „Dritten Reich" der Weg zur „Euthanasie", zum Mord an den Behinderten. Zweifellos fielen dem auch Menschen aus dem Untereichsfeld zum Opfer. Aber die Tötung von Behinderten wurde in Duderstadt bis heute nicht untersucht, ja, es wurde noch nicht einmal gesprochen, wenigstens öffentlich nicht.

Dennoch, vieles ist bis heute erforscht worden. Die Einsicht, dass auch Duderstadt teilhatte an den geistigen Verirrungen und dem verbrecherischen Handeln der NS-Zeit, hat sich bei denen, die für die Wahrnehmung historischer Fakten aufgeschlossen sind, weithin durchgesetzt. Jedoch darf bei dieser insoweit positiven Bilanz nicht übersehen werden, dass gleichzeitig viele Menschen hier trotz vielerlei Bemühungen um Aufklärung nichts beziehungsweise wenig über die nationalsozialistische Vergangenheit als Teil der städtischen Geschichte wissen und zum Beispiel über das KZ-Außenlager und über die Schuld der Kirchen kaum oder überhaupt nicht unterrichtet sind.

Die nationalsozialistischen Verbrechen sind zu groß, als dass sie je vergessen werden könnten und dürften. Der NS-Staat, der sich ein tausendjähriges Reich nannte, wird dieser großspurigen Bezeichnung zumindest in einer Hinsicht gerecht: Auch in tausend Jahren noch wird man davon wissen, sofern nicht die Menschen durch Kriege, Atomwaffen oder den Klimawandel ihre Zivilisation weitgehend selbst zerstören. Im mehr als tausendjährigen Duderstadt wird eine solche zeitliche Dimension nicht ganz unbegreiflich sein.

---

[541] Rassepolitik und Erbkrankheiten", Südhannoversche Volkszeitung am 26.4.1936.
[542] A.a.O.

14 Archive

Archiwum Państwowe w Kaliszu = Staatsarchiv Kalisz (Kalisch)
Archiwum Państwowe w Poznaniu = Staatsarchiv Poznań (Posen)
Bistumsarchiv Hildesheim
Bundesarchiv Berlin-Lichterfelde
Kreisarchiv Göttingen
Niedersächsisches Landesarchiv Hannover
Stadtarchiv Duderstadt

15 Literatur

Akten deutscher Bischöfe über die Lage der Kirche 1933-1945: Bd. I: 1933 – 1934, Bd. II: 1934 – 1935, Bd. III: 1935 – 1936, bearbeitet von Bernhard Stasiewski, Mainz 1968, 1979, 1979; Bd. IV: 1936 – 1939, Bd. V: 1940 – 1942, Bd. VI: 1943 – 1945, bearbeitet von Ludwig Volk, Mainz 1981, 1983, 1985.

Becker, Maximilian: Mitstreiter im Volkstumskampf. Deutsche Justiz in den eingegliederten Ostgebieten 1939-1945, München 2014.

Beckmann, Johannes (Hg.): Kirchliches Jahrbuch für die evangelische Kirche in Deutschland 1933-1944, 2. Auflage, Gütersloh 1976.

Benz, Wolfgang: Authentische Orte. Überlegungen zur Erinnerungskultur. In: Der Nationalsozialismus im Spiegel des öffentlichen Gedächtnisses, hrsg. von Frank, Petra/ Hördler, Stefan, Berlin 2005, S. 197-203.

Benz, Wolfgang/Schardt, Angelika (Hg.): Deutsche Kriegsgefangene im Zweiten Weltkrieg. Erinnerungen, Frankfurt 1995.

Benz, Wolfgang (Hg.): Wie wurde man Parteigenosse? Die NSDAP und ihre Mitglieder, Frankfurt am Main 2009.

Die deutschen Bischöfe. Umkehr und Versöhnung im Leben der Kirche. Orientierungen zur Bußpastoral, hrsg. vom Sekretariat der Deutschen Bischofskonferenz, Bonn 1997.

Boegehold, Franz: „Anreischken, kumm rut mit en Speite!" In: Die Goldene Mark, 25. Jg., 1974, S. 21 – 26.

Bitzan, Tassilo: Fuhrbach im Eichsfeld. Geschichte und Geschichten. Eine Ortschronik, Duderstadt 1985.

Bormann, Irene: Das Staatliche Gymnasium in Duderstadt 1931 – 1945, Göttingen 1994.

Bormann, Irene: Keine Schule wie jede andere. Geschichte des staatlichen Gymnasiums in Duderstadt 1876 – 2001, Duderstadt 2001.

Braunbuch. Kriegs- und Naziverbrecher in der Bundesrepublik und in Berlin (West). Reprint der Ausgabe 1968 (3. Auflage), hrsg. von Norbert Podewin, Berlin o.J.

Breuning, Klaus: Die Vision des Reiches. Deutscher Katholizismus zwischen Demokratie und Diktatur (1929-1934), München 1969.

Buchholz, Marlis: Die hannoverschen Judenhäuser. Zur Situaton der Juden in der Zeit der Ghettoisierung und Verfolgung 1941 – 1945, Hildesheim 1987.

Chiampo, Giuseppe: Überleben mit Stift und Papier. Aus dem Tagebuch eines Italienischen Militärinternierten im Zweiten Weltkrieg in Hilkerode/Eichsfeld, herausgegeben von Günther Siedbürger für die Geschichtswerkstatt Duderstadt, Göttingen 2004.

Cornelißen, Klinkhammer, Schwentker: Erinnerungskulturen. Deutschland, Italien und Japan seit 1945, 2. Aufl., Frankfurt 2004.

Czauderna, Guntram/Hütt, Götz: Stolpersteine in Duderstadt, Norderstedt 2012.

Denzler, Georg / Fabricius, Volker: Die Kirchen im Dritten Reich. Christen und Nazis Hand in Hand? Band 1: Darstellung; Band 2: Dokument. Frankfurt 1986.

Diederich, Mario: Tiftlingerode. Ein lebendiges Dorf und seine Menschen auf ihrer Reise durch die Zeit, 2 Bände, Göttingen 2004.

Diedrich, Rudolf: Das Dorf Hilkerode. Eine historisch-politische und sozio-ökonomische Beschreibung, Duderstadt 1999.

Dörries, Johannes: Die Krise der Demokratie und der Vorstoß der Nationalsozialisten zur politischen Macht in Duderstadt 1932/33, Hausarbeit im Rahmen einer 1. Staatsprüfung, unveröffentlichtes Manuskript.

Drobisch, Klaus/Fischer Gerhard: Widerstand aus Glauben. Christen in der Auseinandersetzung mit dem Hitlerfaschismus, Berlin (Ost) 1985.

Ebeling, Hans-Heinrich: Der Duderstädter Anreischke. In: Die Goldene Mark, 1989, Heft 1-4, S. 17 – 41.

Ebeling, Hans-Heinrich / Fricke, Hans-Reinhard: Duderstadt 1929 – 1949. Untersuchungen zur Stadtgeschichte im Zeitalter des Dritten Reichs. Vom Ende der Weimarer Republik bis zur Gründung der Bundesrepublik Deutschland, Duderstadt 1992.

Ebeling, Hans Heinrich: Duderstadt 1945-1949. Kriegsende und Neubeginn, Duderstadt 1997.

(Ebeling, Hans-Heinrich / Wagner, Dieter u.a.): Die Dorfgeschichte von Westerode, Duderstadt 1996.

Engfer, Hermann (Hg.): Das Bistum Hildesheim 1933-1945, Hildesheim 1971.

Finckh, Renate: Sie versprachen uns die Zukunft. Eine Jugend im Nationalsozialismus, Tübingen 2002.

Frei, Norbert: Vergangenheitspolitik. Die Anfänge der Bundesrepublik und die NS-Vergangenheit, 2. Auflage, München 2003.

Frei, Norbert (Hrsg.): Hitlers Eliten nach 1945, 2. Auflage, München 2004.

Frei, Norbert: 1945 und wir. Das Dritte Reich im Bewusstsein der Deutschen, München 2009.

Frieling, Christian: Priester aus dem Bistum Münster im KZ, Münster 1992.

Gailus, Manfred/Nolzen, Armin (Hg.): Zerstrittene >Volksgemeinschaft<. Glaube, Konfession und Religion im Nationalsozialismus, Göttingen 2011.

Garbe, Detlef: Die Täter. Kommentierende Bemerkungen. In: Herbert, Orth, Dieckmann 2002, S. 821 – 838.

(Geisenhanslüke, Hans): Gerblingerode. Geschichtliche Entwicklung eines Dorfes, Duderstadt 2001.

Gemeinde Tiftlingerode: Festschrift zur 700-Jahrfeier vom 17. bis 20. Juni 1966.

Gerlach, Wolfgang: Als die Zeugen schwiegen. Bekennende Kirche und die Juden. In: Wollenberg, Jörg, (Hg.): „Niemand war dabei und keiner hat's gewusst". Die deutsche Öffentlichkeit und die Judenverfolgung 1933-1945, S. 94-112, München 1989.

Giordano, Ralph: Die zweite Schuld *oder* Von der Last Deutscher zu sein, Hamburg 1987.

Graf Kielmannsegg, Peter: Lange Schatten. Vom Umgang der Deutschen mit der nationalsozialistischen Vergangenheit, Berlin 1989.

Grimm, Hans: Die Erzbischofsschrift. Antwort eines Deutschen, Göttingen 1950.

Gross, Alexander: Gehorsame Kirche – ungehorsame Christen im Nationalsozialismus, Kevelaer 2004.

Grosse, Heinrich / Otte, Hans / Perels, Joachim: Bewahren ohne Bekennen? Die hannoversche Landeskirche im Nationalsozialismus, Hannover 1996.

Grosse, Heinrich / Otte, Hans / Perels, Joachim: Neubeginn nach der NS-Herrschaft? Die hannoversche Landeskirche nach 1945, Hannover 2002.

Haase, Enno: Die Evangelischen in Duderstadt von der Reformation bis zur Gegenwart, Duderstadt 1984.

Hansen, Georg: Als Kalisch deutsch war … Die Tochter auf den Spuren der Besatzer. Ein dokumentarischer Roman. Oldenburg 2005.

Hauff, Maria: 700 Jahre Schützen in Duderstadt. 1302-2002. Eine Dokumentation, Duderstadt 2001.

Hentig, Hartmut von: Bildung. Ein Essay, Darmstadt 1996.

Herbert, Ulrich / Orth, Karin / Dieckmann, Christoph (Hg.): Die nationalsozialistischen Konzentrationslager. Entwicklung und Struktur. Frankfurt 2002.

Hummel, Karl-Joseph /Kißener, Michael: Die Katholiken und das Dritte Reich. Kontroversen und Debatten, 2. Auflage, Paderborn 2009.

Hütt, Götz: Das vergessene Gedenken, in: Der Regenbogen Nr. 17, 1993, S. 17 – 23.

Hütt, Götz: Das Außenkommando des KZ Buchenwald in Duderstadt. Ungarische Jüdinnen im Rüstungsbetrieb Polte, Norderstedt 2005.

Hütt, Götz: Geschichte der neuzeitlichen jüdischen Gemeinde in Duderstadt, Norderstedt 2012.

Hütt, Götz: Urteile des Sondergerichts Kalisch und der Richter Ferdinand Trümper aus Duderstadt, Norderstedt 2015.

Ivanji, Ivan: Die Macht der Erinnerung, die Ohnmacht der Worte. In: Knigge, Volkhard/Frei, Norbert (Hrsg.): Verbrechen erinnern. Die Auseinandersetzung mit Holocaust und Völkermord, München 2002.

Jaeger, Julius: Wie sind die Duderstädter zu dem Spitznamen Anreischken gekommen? In: Heimatland 1910, S. 60 – 61.

Jaspers, Karl: Die Schuldfrage. Von der politischen Haftung Deutschlands, Neuausgabe München 1987.

Keim, Wolfgang: Erziehung unter der Nazi-Diktatur (2 Bde.), Darmstadt 1995.

Kielmannsegg, Peter Graf: Lange Schatten. Vom Umgang der Deutschen mit der nationalsozialistischen Vergangenheit, Berlin 1989.

Kirchliches Jahrbuch für die Evangelische Kirche in Deutschland 1933 – 1944, hrsg. von Joachim Beckmann, 2. Auflage Gütersloh 1976.

Kitchen, Martin: Kurze Geschichte des Dritten Reiches, Darmstadt 2006.

Klee, Ernst: >Die SA Jesu Christi<. Die Kirche im Banne Hitlers, Frankfurt 1989.

Klügel, Eberhard: Die Lutherische Landeskirche Hannovers und ihr Bischof 1933-1945, Berlin und Hamburg 1964.

Klügel, Eberhard: Die Lutherische Landeskirche Hannovers und ihr Bischof 1933-1945. Dokumente, Berlin und Hamburg 1965.

Knigge, Volkhard / Frei, Norbert (Hg.): Verbrechen erinnern. Die Auseinandersetzung mit Holcaust und Völkermord, München 2002.

Knigge, Volkhard: Statt eines Nachworts: Abschied der Erinnerung. Anmerkungen zum notwendigen Wandel der Gedenkkultur in Deutschland. In: Knigge, Volkhard / Frei, Norbert (Hg.): Verbrechen erinnern. Die Auseinandersetzung mit Holcaust und Völkermord, München 2002.

Königseder, Angelika: Das Ende der NSDAP. Die Entnazifizierung. In: Benz, Wolfgang: Wie wurde man Parteigenosse? Die NSDAP und ihre Mitglieder, Frankfurt am Main 2009, S. 151-166.

Kösters, Christoph / Ruff, Mark Edward (Hg.): Die katholische Kirche im Dritten Reich. Eine Einführung, Freiburg 2011.

Kreißl, Egon: Chronik von Nesselröden im Eichsfeld, Bd. 2, Duderstadt 1987.

Kruse, Kai und Kruse Wolfgang: Kriegsdenkmäler in Bielefeld. Ein lokalhistorischer Beitrag zur Entwicklungsanalyse des deutschen Gefallenenkultes im 19. und 20. Jahrhundert. In: Koselleck, Reinhart und Jeismann, Michael, (Hg.): Der politische Totenkult. Kriegerdenkmäler in der Moderne, München 1994, S. 91 – 128.

Kuby, Erich: Als Polen deutsch war. 1939 – 1945, Ismaning 1986.

Kukliński, Mirosław: Als Zwangsarbeiterkind in Südniedersachsen, filmisches Interview, auf DVD veröffentlicht durch die Geschichtswerkstatt Duderstadt e.V. 2011.

Lerch, Christoph: Die Juden in Duderstadt In: Die Goldene Mark, 25. Jg., 1974, S. 15-20.

Lerch, Christoph: Duderstädter Chronik von der Vorzeit bis zum Jahre 1973, Duderstadt 1979 (Herausgeber: Stadt Duderstadt und Ortsrat Duderstadt).

Lilje, Hanns: Der Krieg als geistige Leistung, Berlin 1941.

Lindemann, Gerhard: Die Kritik der innerkirchlichen Opposition am Umgang mit der nationalsozialistischen Vergangenheit in der Ev.-luth. Landeskirche Hannovers. In: Grosse, Heinrich / Otte, Hans / Perels, Joachim: Neubeginn nach der NS-Herrschaft? Die hannoversche Landeskirche nach 1945, S. 61 – 84, Hannover 2002.

Lübbe, Hermann: Vom Parteigenossen zum Bundesbürger, München 2007.

Meier, Kurt: Kreuz und Hakenkreuz. Die evangelische Kirche im Dritten Reich, München 1992.

Meyn, Kathrin / Grosse, Heinrich: Die Haltung der hannoverschen Landeskirche im Zweiten Weltkrieg. In: Grosse, Heinrich / Otte, Hans / Perels, Joachim: Bewahren ohne Bekennen? Die hannoversche Landeskirche im Nationalsozialismus, Hannover 1996, S. 429 – 460.

Mitscherlich, Alexander und Margarete: Die Unfähigkeit zu trauern. Grundlagen kollektiven Verhaltens, München 1968.

Müller, Andreas: Mingerode. Geschichte eines Dorfes im Untereichsfeld. Vom Ratsdorf zum Stadtteil. Zehn Jahrhunderte in Schlaglichtern, Duderstadt 2003.

Müller, Johannes: Das Eichsfeld In: Eichsfelder Heimatstimmen Jg. 1980.

Müller, Rolf-Dieter: Der Zweite Weltkrieg 1939 – 1945. Gebhardt, Handbuch der Geschichte Bd. 21, 10. Auflage, Stuttgart 2004.

Nellessen, Bernd: Die schweigende Kirche. Katholiken und Judenverfolgung. In: Büttner, Ursula (Hg.): Die Deutschen und die Judenverfolgung im Dritten Reich, Hamburg 1992, S. 259-271.

Niemöller, Wilhelm: Die Evangelische Kirche im Dritten Reich. Handbuch des Kirchenkampfes, Bielefeld 1956.

Nolte, Alfons: Das Dorf Werxhausen und seine Duderstädter Ratsvorwerke. Eine historische, topographische und soziologische Beschreibung, Duderstadt 1983.

Nolzen, Armin: Nationalsozialismus und Christentum. In: Gailus, Manfred/Nolzen, Armin: Zerstrittene >Volksgemeinschaft<. Glaube, Konfession und Religion im Nationalsozialismus, Göttingen 2011, S. 160.

Prolingheur, Hans: Kleine politische Kirchengeschichte, Köln 1985.

Prolingheuer, Hans / Breuer, Thomas (Hg.) : Dem Führer Gehorsam: Christen an die Front. Die Verstrickung der beiden Kirchen in den NS-Staat und den Zweiten Weltkrieg. Studie und Dokumentation, Oberursel 2005.

Reichel, Peter: Vergangenheitsbewältigung in Deutschland. Die Auseinandersetzung mit der NS-Diktatur von 1945 bis heute, München 2001.

Röhrbein, Waldemar: Gleichschaltung und Widerstand in der Evangelisch-lutherischen Landeskirche Hannovers 1933-1935. In: Grosse, Heinrich/Otte, Hans/Perels, Joachim: Bewahren ohne Bekennen? Die hannoversche Landeskirche im Nationalsozialismus, Hannover 1996, S. 11-42.

Schäfer-Richter, Uta/Klein Jörg: Die jüdischen Bürger im Kreis Göttingen 1933-1945. Göttingen – Hann. Münden – Duderstadt. Ein Gedenkbuch, Göttingen 1992.

Schildt, Axel: Die Eltern auf der Anklagebank? Zur Thematisierung der NS-Vergangenheit im Generationenkonflikt der bundesrepublikanischen 1960er Jahre. In: Cornelißen, Klinkhammer, Schwentker (2004): Erinnerungskulturen. Deutschland, Italien und Japan seit 1945, 2. Aufl., Frankfurt 2004, S. 317 – 332.

Schlink, Bernhard: Auf dem Eis. Von der Notwendigkeit und Gefahr der Beschäftigung mit dem Dritten Reich und dem Holocaust. In: Aust, Stefan/Spörl, Gerhard (Hg.) (2004): Die Gegenwart der Vergangenheit. Die langen Schatten des Dritten Reiches, Hamburg 2005, S. 120 – 127.

Schlüter, Holger o. J.: „… für die Menschlichkeit im Strafmaß bekannt …" Das Sondergericht Litzmannstadt und sein Vorsitzender Richter. Juristische Zeitgeschichte NRW, Bd. 14., o.O.

Schneider, Bernhard (o. J.): Daniel Libeskind. Jüdisches Museum Berlin, o.O.

Scholder, Klaus: Die Kirchen und das Dritte Reich, Band 1, Vorgeschichte und Zeit der Illusionen 1918 – 1933, Frankfurt/M und Berlin, 1986.

Scholder, Klaus: Ein Requiem für Hitler. Kardinal Bertram, Hitler und der deutsche Episkopat im Dritten Reich. In: Scholder, Klaus: Die Kirchen zwischen Republik und Gewaltherrschaft, hrsg. von K-O. von Aretin und Gerhard Besier, Berlin 1988, S. 228-238.

Scholl, Inge: Die weiße Rose, 12. Auflage, Frankfurt 2006.

Schwan, Gesine: Politik und Schuld. Die zerstörerische Macht des Schweigens, 3. Auflage, Frankfurt 2001.

Schwedhelm, Hans-Georg: Pfarrer Robert Hartmann – Der Weg nach Dachau, Broschüre der Geschichtswerkstatt Duderstadt 1989.

Schwedhelm, Hans-Georg: „Bei denen konnte man immer gut einkaufen". Das Ende des jüdischen Lebens in Duderstadt, Göttingen 2006.

Shirer, William Lawrence: Aufstieg und Fall des Dritten Reiches, Bindlach 1990.

Siebert, Heinz: Das Eichsfeld unterm Hakenkreuz. Eine Dokumentation, im Selbstverlag 1982.

Siedbürger, Günther: Zwangsarbeit im Landkreis Göttingen 1939-1945, Duderstadt 2005.

Spicer, Kevin P: Hitler's Priests. Catholic clegy and national socialism, Illinois 2008.

Spohr, Johannes: Esplingerode. Chronik einer Landgemeinde, Duderstadt 1972.

Staeck, Klaus/Adelmann, Dieter: Eine Zensur findet gelegentlich statt oder: Kunst muß nicht schön sein, aber sie muß etwas sichtbar machen, Göttingen 1977.

Stargardt, Nicholas: Der deutsche Krieg 1939-1945, Frankfurt am Main 2015.

Steinbach, Peter: Nach Auschwitz. Die Konfrontation der Deutschen mit der Judenvernichtung, Bonn 2015.

Ueberschär, Gerd R. / Wette, Wolfram (Hg.): Der deutsche Überfall auf die Sowjetunion – „Unternehmen Barbarossa" 1941, Frankfurt a. M. 1991.

Ueberschär, Gerd R. (Hg.): NS-Verbrechen und der militärische Widerstand gegen Hitler, Darmstadt 2000.

Unruh, Karl: Langemarck. Legende und Wirklichkeit, 2. Auflage, Sonderausgabe Bonn 1995.

Wagner, Dieter: Duderstadt und das Untereichsfeld während der NS-Diktatur. In: Eichsfeld-Jahrbuch 2000, 8. Jahrgang, S. 169 – 201.

Waldhelm, Franz: Juden- und Kirchenpolitik im Dritten Reich. Interdependenzen aus der Sicht des Eichsfeldes. In: Eichsfelder Heimatstimmen 9 und 10, 1988, S. 439 – 443 und 482 – 489.

Weinmann, Martin (Hrsg.): Das nationalsozialistische Lagersystem (CCP).

Welzer Harald/Moller, Sabine/Tschuggnall, Karoline: >Opa war kein Nazi<. Nationalsozialismus und Holocaust im Familiengedächtnis. 5. Auflage, Frankfurt 2005.

Wiesemüller, Hans-Wilhelm: Chronik von Nesselröden, Duderstadt 1977.

Wolfrum, Edgar: Die Suche nach dem >Ende der Nachkriegszeit<. Krieg und NS-Diktatur in öffentlichen Geschichtsbildern der >alten< Bundesrepublik Deutschland. In: Cornelißen, Klinkhammer, Schwentker (2004): Erinnerungskulturen. Deutschland, Italien und Japan seit 1945, 2. Aufl., Frankfurt 2004, S. 183 – 197.

Wunderlich, Axel: Entnazifizierung in der hannoverschen Landeskirche. In: Grosse, Heinrich / Otte, Hans / Perels, Joachim: Neubeginn nach der NS-Herrschaft? Die hannoversche Landeskirche nach 1945, Hannover 2002, S. 85 – 104.

Wüstefeld, Karl: 1000 Jahre Duderstadt. Geschichte der Stadt Duderstadt. Zur Tausendjahrfeier herausgegeben und der Bürgerschaft gewidmet vom Magistrat, Duderstadt 1929.

Fotos (soweit sie nicht vom Verfasser stammen):

Seite 031: Stadtarchiv Duderstadt
Seite 036: Stadtarchiv Duderstadt
Seite 047: Rowinski, Stadtarchiv Duderstadt
Seite 055: Archiwum Państwowe w Poznaniu = Staatsarchiv Poznań
    (Posen)

Veröffentlichungen der Geschichtswerkstatt Duderstadt e.V.:

I. Bücher:

Chiampo, Guiseppe: Überleben mit Stift und Papier. Aus dem Tagebuch eines Italienischen Militärinternierten im Zweiten Weltkrieg in Hilkerode/Eichsfeld, herausgegeben von Günther Siedbürger, Göttingen 2004.

Dies ist die Geschichte von Guiseppe Chiampo, der als 21jähriger italienischer Soldat 1943 nach Deutschland verschleppt wurde. Während der 19 Monate seiner Gefangenschaft im Arbeitskommando Nr. 6008 in Hilkerode im Eichsfeld führte er heimlich Tagebuch, wobei er die bedrückende Situation und die Leiden seiner Gruppe aufzeichnete. Fast 60 Jahre später setzte sich der Autor daheim in Italien noch einmal mit seinen Erlebnissen auseinander und ergänzte und kommentierte die Tagebucheintragungen aus der Erinnerung.

Entstanden ist eine Schilderung der Barbarei des Nationalsozialismus auch in der Provinz, eine faszinierende Mischung aus unmittelbarer und detailgetreuer Wiedergabe der damaligen Ereignisse und einer distanzierten, gelegentlich ironischen Reflexion eines gereiften Mannes im Alter. Der Überlebenswille der Gefangenen, ihr italienischer Erfindungsreichtum und Witz werden ebenso deutlich wie die teilnamslose, kaltherzige Ausbeutung durch das Wachpersonal und das Werk. Dem steht die wohltuende Hilfsbereitschaft einiger Dorfbewohner gegenüber.

Czauderna, Guntram/Hütt, Götz: Stolpersteine in Duderstadt, Norderstedt 2012.

Stolpersteine sind ein Projekt von Gunter Demnig. Sie erinnern an Menschen, die Opfer des Nationalsozialismus wurden – an Juden, Sinti und Roma, Zeugen Jehovas, aus politischen Gründen Verfolgte, Homosexuelle und Euthanasieopfer. Es sind Messingtafeln mit Namen und Schicksalsdaten, die vor dem letzten selbstgewählten Wohnort von Opfern plan in den Bürgersteig eingelassen sind.

Das kleine Buch stellt die Geschichte der Verlegung von Stolpersteinen in Duderstadt dar.

Hütt, Götz: Urteile des Sondergerichts Kalisch und der Richter Ferdinand Trümper aus Duderstadt, Norderstedt 2015.

In diesem Buch wird die Urteilspraxis des Sondergerichts Kalisch im Reichsgau Wartheland untersucht, ferner die Beteiligung des Richters Ferdinand Trümper an den dort begangenen Kriegsverbrechen. Der Warthegau, 1939 annektiertes polnisches Staatsgebiet, sollte eingedeutscht werden durch Unterdrückung, Enteignung, Vertreibung und Vernichtung der polnischen und jüdischen Bevölkerung sowie durch die Ansiedlung von Deutschen an ihrer Stelle. Auch die deutsche Justiz war an diesem Unrecht beteiligt, ohne dass dies nach 1945 in der Bundesrepublik geahndet worden wäre. Ferdinand Trümper stieg unbehelligt zum Leiter des Amtsgerichts Duderstadt auf.

Hütt, Götz: Geschichte der neuzeitlichen jüdischen Gemeinde in Duderstadt, Norderstedt 2012.

Im Herbst 1812 zogen fünf jüdische Familien in die mitteldeutsche Kleinstadt Duderstadt und bildeten hier eine jüdische Gemeinde. Sie wurden als Fremde wahrgenommen und erschienen höchst unwillkommen, mussten aber auf Grund der liberalen Gesetze des Königreichs Westfalen geduldet werden. Von Trödlern und Lotterie-Einnehmern stiegen die jüdischen Einwohner der Stadt in einer Jahrzehnte währenden Emanzipation zu bürgerlichen Kaufleuten und Bankiers auf. Sie bauten sich als weiterhin kleine religiöse Minderheit in einem christlichen Milieu selbstbewusst eine ansehnliche Synagoge. Im „Dritten Reich" führten Unterdrückung, Verfolgung, Vertreibung und schließlich die Deportation der letzten jüdischen Einwohner in die Vernichtungslager im Osten zum Untergang der Synagogengemeinde. Und es gibt eine Nachgeschichte: Die Duderstädter Gesellschaft hatte sich nach 1945 in einem schwierigen Prozess der Aufarbeitung auch diesem Teil der städtischen Geschichte zu stellen.

Hütt, Götz: „Jede Minute, die wir noch leben, ist von Nutzen". Lebensgeschichtliche Interviews mit ehemaligen Häftlingen des KZ-Außenlagers Duderstadt, Norderstedt 2011.

Sechs Frauen, Ibolya Frisch, Katalin Forgács, Katalin Rutkai, Emma Farkas, Judit Nyitrai und Marta Schweitzer erzählen die Geschichten ihres Lebens. Zweierlei verbindet sie: ihre Herkunft aus ungarisch-jüdischen Familien und ihr Weg 1944/45 durch mehrere deutsche Konzentrationslager – Auschwitz, Bergen-Belsen, das Außenlager Duderstadt des KZ Buchenwald sowie, mit einer Ausnahme, Theresienstadt. Den Erinnerungen von Marta Schweitzer ist als literarisches Dokument aus dem Jahr 1945 ein Erlebnisbericht der damals Siebzehnjährigen über die „Evakuierung" des KZ-Außenlagers Duderstadt beigefügt.

Hütt, Götz: Das Außenkommando des KZ Buchenwald. Ungarische Jüdinnen im Rüstungsbetrieb Polte, Norderstedt 2005.

Auschwitz, Bergen-Belsen, Duderstadt und Theresienstadt waren im letzten Jahr des 2. Weltkrieges nacheinander die gemeinsamen Orte der Gefangenschaft von 750 jüdischen Frauen aus Ungarn. 1944 nach Auschwitz deportiert, dort als Arbeitskräfte selektiert, über Bergen-Belsen nach Duderstadt transportiert, mussten sie von November 1944 bis April 1945 in der Munitionsfabrik Polte Sklavenarbeit leisten – in einem Außenkommando des Konzentrationslagers Buchenwald. Im April 1945 wurden sie in dreiwöchiger Fahrt nach Theresienstadt gebracht, wo sowjetische Soldaten sie befreiten.

Das Buch schildert das Schicksal dieser Frauen. Es stellt das KZ-Außenkommando unmittelbar vor den Toren der mitteldeutschen Kleinstadt Duderstadt dar. Und es thematisiert auch, wie dieses KZ-Lager nach 1945 für Jahrzehnte vergessen wurde und welche Widerstände es gegen das Erinnern gab.

Schwedhelm, Hans Georg: „Bei denen konnte man immer gut einkaufen". Das Ende des jüdischen Lebens in Duderstadt, Göttingen 2006. (Vergriffen!)

II. CD:

Marta Schweitzer: „Jede Minute, die wir leben, ist von Nutzen." Evakuierung aus dem KZ in Duderstadt. Aufzeichnungen vom 29.4.1945. Sprecherin: Jenny König.

III. DVD:

Mirosław Kukliński: Als Zwangsarbeiterkind in Südniedersachsen 1944 – 1946. Filmisches Interview.

Der vierjährige Mirosław erlebte Kämpfe während des Warschauer Aufstandes 1944 und wurde mit seinen Eltern verschleppt. Er erinnert sich an die Zeit als Zwangsarbeiterkind mit seiner Mutter in Duderstadt, seine Befreiung durch Truppen der USA, das Schicksal der Displaced Persons und das Wiederfinden des Vaters in Warschau. Er erzählt, wie sein eigenes Leben nach dem Krieg beeinflusst wurde durch eine Liebe zu den USA, die in Duderstadt der Begegnung mit den amerikanischen Befreiern ihren Anfang nahm.

Der Film enthält das Interview mit Mirosław Kukliński in drei Teilen mit deutschen Untertiteln.

Kontakt:

geschichtswerkstatt-duderstadt@t-online.de

www.geschichtswerkstatt-duderstadt.de